高等农林教育"十三五"规划教材

信息检索与利用

白建华　刘凤侠　主编

中国农业大学出版社
·北京·

内 容 提 要

基于编者多年的一线教学实践经历和大量的文献资料积累，本书以信息检索、信息利用和信息评价为主线，共分 8 个章节编写而成。第 1 章以数字型文献信息源为中心，介绍计算机信息检索系统、检索语言、检索技术、检索策略和检索功能等信息检索基础理论；第 2 章介绍 SCI、EI、CAB Abstracts 等参考数据库；第 3 章是关于中国知网、万方数据知识服务平台、EBSCO host、Science Direct 等重要的国内外全文数据库方面的内容；第 4 章介绍较大出版商或颇有名气学会所属的电子期刊和电子图书；第 5 章介绍学位论文、专利文献、科技报告、会议文献、标准文献等特种文献的检索；第 6 章是关于多媒体学术资源的检索；第 7 章介绍学术搜索引擎、知识发现系统和网络资源导航系统等网络学术资源检索系统；第 8 章介绍如何应用文献管理软件进行有效的文献管理，介绍科学研究、科技查新和学术论文写作等文献利用领域，以及定性评价法和定量评价法等文献资源评价方法。另外，书内附有一定数量的知识拓展案例，非常便于对知识进行前后衔接和融会贯通。本书内容实用、全面，是具有指南作用和参考价值的信息检索课程的教材，对培养和提高高校学生的信息素养能力具有重要的指南作用。

图书在版编目(CIP)数据

信息检索与利用/白建华，刘凤侠主编. —北京：中国农业大学出版社，2017.4
ISBN 978-7-5655-1799-0

Ⅰ. ①信… Ⅱ. ①白… ②刘… Ⅲ. ①信息检索 Ⅳ. ①G254.9

中国版本图书馆 CIP 数据核字(2017)第 068226 号

书　　名 信息检索与利用
作　　者 白建华　刘凤侠　主编

策划编辑 张秀环　　**责任编辑** 韩元凤
封面设计 郑　川　　**责任校对** 王晓凤
出版发行 中国农业大学出版社
社　　址 北京市海淀区圆明园西路 2 号　　**邮政编码** 100193
电　　话 发行部 010-62818525,8625　　**读者服务部** 010-62732336
编辑部 010-62732617,2618　　**出　版　部** 010-62733440
网　　址 http://www.cau.edu.cn/caup　　**E-mail** cbsszs@cau.edu.cn
经　　销 新华书店
印　　刷 北京时代华都印刷有限公司
版　　次 2017 年 4 月第 1 版　2017 年 4 月第 1 次印刷
规　　格 787×1 092　16 开本　18.25 印张　455 千字
定　　价 39.00 元

编 写 人 员

主编　白建华　刘凤侠

编者　（以姓氏拼音为序）

白建华　董惠娜　董新玲　付晓光　康　猛　李　迎　刘凤侠

刘婷婷　潘香岑

前　言

当今社会，泛在信息环境下，信息是一种无形财富和特种资源，无论是学习与研究，还是休闲与娱乐，人们均离不开信息检索与信息利用。谁优先掌握了信息，谁就可以赢得时间和机会、积累物质和财富、获得成功和认可。因此，高校学生的信息检索、信息管理、信息利用和信息评价能力必须得到充分培养，使学生具备在任何时间地点，通过 PC 机、笔记本、手机、平板电脑等任意终端设备获取信息资源的能力，并具备对所获信息进行严格鉴别与分析、科学评价与选择，甚至基于文献进行知识发现和知识创新的能力。本书即是以信息检索、信息管理、信息利用和信息评价为主线编写而成的，具有指南作用和参考价值的信息检索课程教材，是编者多年信息检索课一线教学工作实践的经验总结和积累。

本教材以培养高校学生的信息综合利用能力为目标，以数字资源和计算机检索为核心，以信息的检索、管理、利用和评价为主线，具有很强的科学性、系统性和针对性。

(1)科学性　本教材以信息检索理论为基础，注重检索理论与检索实践的有机结合，揭示了检索语言、检索技术、检索策略等信息检索基础理论与检索实践的内在联系，既有理论又有方法，二者比例适中，又密切联系；章节架构设置充分考虑了用户的信息检索习惯和信息利用特点，内容安排遵循先主后辅顺序，各章节的篇幅适中、层次分明、重点突出，充分体现了科学性。

(2)系统性　全书紧紧围绕系统性原则，以检索课程知识内容间的相互关系为基础，组织编写内容和架设章节框架。如第 2～7 章是以第 1 章信息检索理论为基础所设置的章节，其具体内容与第 1 章内容前后呼应、浑然一体；第 8 章为体现本书“信息检索、管理、利用和评价”这一主线中“信息管理、利用和评价”部分的章节。同时，以信息分析为基础的知识拓展案例贯穿全书的各个章节，充分体现了有效的信息分析是信息检索、信息管理、信息利用和信息评价的基础。

(3)针对性　基于对信息检索课程结构的系统研究和对已出版信息检索教材的充分调研，本书以高校学生的实际知识结构和信息利用现状为基础，以培养宽口径、厚基础的复合型人才所需信息综合利用能力为目标，以本科生为主要适用对象，以非图书馆学专业的公共教育类信息检索课为研究内容，具有很强的针对性。

该书编写人员分工如下：白建华负责拟定教材大纲和全书统稿，编写第 1、2、3、7、8 章以及第 4 章的 4.1.1、4.1.2 和 4.1.3；康猛负责编写第 6 章；董惠娜负责编写第 4 章的 4.2.5、第 5 章的 5.1 和 5.5；董新玲负责编写第 4 章的 4.2.1、4.2.2、4.2.3 和 4.2.4；刘凤侠负责编写第 4 章的 4.1.4 和 4.1.5；付晓光负责编写第 4 章的 4.1.6；李迎负责编写第 5 章的 5.2；刘婷婷负责编写第 4 章的 4.2.6 和第 5 章的 5.3；潘香岑负责编写第 5 章的 5.4。另外，王立新为本书做了大量的文字校对工作。

本书编写作为沈阳农业大学2016年的本科生教学改革项目(项目编号:2016－30),得到了沈阳农业大学教务处和沈阳农业大学图书馆的鼎力支持。本教材的出版,也承蒙中国农业大学出版社的大力支持,尤其得益于中国农业大学出版社张秀环老师的热情帮助。在教材编写过程中,我们也参阅了大量文献,因篇幅所限,仅列出主要参考文献,请有关作者谅解。借此机会,一并向本书所有的参考文献作者,以及对支持本书出版的所有单位和个人,表示最诚挚的谢意。

受编者水平和编写时间所限,书中错误和不当之处在所难免,敬请同行专家和读者批评指正。

白建华

2016年12月

目　录

第 1 章　信息检索基础理论

1.1　信息与信息检索

1.1.1　数据、信息与知识

1.1.1.1　数据

为了解某一现状、分析某一过程的原因和影响等，往往需要收集数据，进行数据研究。那么，什么是数据？

数据在多数人头脑中的第一反应就是数字。其实，数字只是一种最简单的数据，是对数据的一种传统和狭义的理解。广义理解的数据，其种类很多，各种字母、数字符号的组合，文字，图形，图像，声音，视频等都可以是数据。数据是关于自然、社会现象和科学试验的定量或定性记录，是科学研究最重要的基础。数据包括计量型数据和记数型数据。某人身高 173 cm、某产品尺寸 10.04 mm 等通过定量测量方法获得的数据，称为计量型数据。一批产品中的不合格品个数、一块玻璃上有几个气泡、一张图纸上出现多少错误点数等通过计数方法、而不是测量方法获得的数据称为记数型数据。

无法在一定时间内用传统数据软件和工具对其内容进行获取、管理和处理的数据集合，称为大数据。“大数据已经成为一种新的经济资产类别，就像货币或黄金一样”(引自 2012 年瑞士达沃斯论坛报告《大数据，大影响》)。数据，尤其是大数据，在发现行业运行规律、了解市场偏好与机会、辅助决策等方面的价值，在各行各业均已显露。对大数据的合理共享和科学利用，可以节省大量生产资料，可以创造巨大财富。来自美国研究机构 2011 年的统计数据表明，大数据能够为美国医疗服务业带来每年 3 000 亿美元的价值，为欧洲的公共管理带来每年 2 500 亿欧元的价值，帮助美国零售业提升 60%的净利润，帮助美国制造业降低 50%的产品开发和组装成本。对于大数据中蕴含的这种巨大商业价值，有人形象地将其称为“数据钻出石油”。

数据的应用价值往往以数据研究为前提和基础。数据研究即是对数据进行采集、分类、录入、储存、统计分析和检验等一系列活动的统称，包括数据的描述性分析、线性回归分析、方差分析、主成分分析和典型相关分析、判别分析、聚类分析等常用数据分析方法。在数据处理时，数据具有集合性、隶属性、稳定性、方便性、重复性、共同性和指向性等属性，同时，数据具有一定的运算规则和运算约束。

知识拓展：什么是大数据？什么是数据研究？

农夫山泉矿泉水的业务员每天例行公事来到上海城乡接合部九亭镇的新华都超市，拍摄水怎么摆放、位置有什么变化、高度如何等内容的 10 张照片，每个业务员一天要跑 15 个新华都超市这样的拍摄点，按照规定，在每天下班之前，每个业务员都要向杭州总部传送 150 张照片，每天会产生10 M数据量，全国1万个农夫山泉业务员每天产生100 G，每月产生3 TB数据量。

通过对上述数据的处理、研究和分析，能够了解怎样摆放矿泉水的水堆更能促进销售；什么年龄的消费者在水堆前停留时间更久，以及他们一次购买的量有多大；气温的变化会使购买行为发生怎样的改变；竞争对手的新包装对销售会产生怎样的影响等问题。

1.1.1.2 信息

信息是经过加工、处理的数据集合，是事物运动的状态与方式，是物质的一种属性。“事物”泛指一切可能的研究对象，包括外部世界的物质客体，也包括主观世界的精神现象；“运动”泛指一切意义上的变化，包括机械运动、化学运动、思维运动和社会运动；“运动方式”是指事物运动在时间上所呈现的过程和规律；“运动状态”则是事物运动在空间上所展示的形状与态势。信息不是事物本身，而是事物发出的消息、指令、数据、符号所包含的内容。

信息具有如下基本特征：

(1)普遍性　信息是事物运动的状态和方式，只要有事物存在，就有其运动状态和方式，也就存在信息。信息与物质、能源一起，构成客观世界的三大要素。一切事物都会发出各种各样的信息，由此显示出大千世界的五彩缤纷和千差万别。如眼睛所能看到的各式各样图像，飞机、舰艇上反射回来的电磁波或者超声波，地震之前的鸡飞狗叫，天空中的风暴、闪电，地壳中的断层、矿物，宇宙中的天体等，都能给人们带来信息。

(2)存储性　信息必须依附于一定的载体(声波、电磁波、纸张、磁性材料、化学材料等)才能流通和传递，否则，信息的价值就无法体现。人类可以利用磁带、U盘、光盘和半导体存储器等不同载体存储信息。由于信息的存储性，人类的文化遗产得到保存，人类文明得以延续，使人们能在前人智慧的基础上去发展和创造新的文明。

(3)传递性　世界上不存在没有运动的物质，也不存在没有物质的运动。当物质运动时，信息也就随之运动。信息可以通过一定的载体从时间或空间上的某点向其他点传递，在一定条件下可以不受时间和空间的限制，由近及远、从古至今地传递。信息的传递亦可是无意识的自然传递，如天空乌云密布向人们传递着雨、雪即将来临的信息，地震向人们传递地球板块运动的信息；也可以是有意识的人为设计活动，如出版图书期刊，拍摄、制作电影等。信息可以通过多种渠道、多种方式进行传递。正是由于信息的传递性，才使世界充满生机和千变万化。

(4)共享性　信息与物质不同，信息交换不仅不会失去原有信息，而且还会增加新的信息，这种特性是信息的共享性。不同用户可以在同一时间或地点，或不同时间或地点利用同一信息，不需要任何限制条件。如一部电影可以同时被众多观众欣赏；互联网信息，不管多少人查阅、多少人利用，都不会损失或减少，相反，在信息利用中会产生新的信息。信息共享缩短了人类认识世界和改造世界的时间，节省了人力、物力和财力。

(5)时效性　信息从发出、接收到利用的时间间隔及效率即为信息时效性。由于客观事物不断在发展变化，那么，表征事物存在方式和运动状态的信息也必然随之改变。现今社会，新知识不断涌现，新技术层出不穷，新产品不断更新，新信息日益丰富，信息的使用周期日趋缩短，要实现信息价值就必须及时、有效地搜集和利用信息。一般来说，如若不能及时把握和运用新信息，信息就会失去新颖性，信息的价值就会随着时间的推移而衰减甚至毫无价值。然而，有些信息年代越久远就越珍贵、越有价值。如古农文献，有利于研究农业发展历史；生物科学年代久远的文献，对研究物种起源价值不菲。

(6)开发性　信息的开发性是指信息现象不是孤立的，某一信息常常蕴藏着多方面的情况。苹果丰收，意味着运输量的增大，价格可能下跌；一种质优价廉的新产品问世，预示着其他一些同类老产品可能被淘汰。开发性是信息的价值基础和生命所在。人们在改造自然、改造社会的过程中，开采、利用物质资源，同时产生和积累了大量的信息资源。这些信息资源同物质资源一样，极具使用价值。同时，利用信息的开发性，研究信息现象之间的因果联系，在已有信息基础上开发和催生新信息，可以发现新价值，创造新财富，促进科学技术进步和社会发展。

知识拓展：世界是如何知道大庆油田的？

1959年9月26日，松嫩平原上一个叫大同的小镇附近，一座油井里喷射出的黑色油流宣告中国松辽盆地发现了世界级的特大砂岩油田！当时正值国庆10周年，时任黑龙江省委书记的欧阳钦提议将大同改为大庆，将大庆油田作为一份特殊的厚礼献给成立10周年的新中国。但在当时，大庆的具体地点等信息是对外保密的，不做详细公开报道。那么，世界是如何知道大庆油田的呢？其经过是这样的：

1.1964年4月20日，《人民日报》发表了记者袁木等撰写的长篇通讯《大庆精神大庆人》。

信息开发：日本从中知晓中国已建立一个新的大油田叫大庆油田。这篇通讯附有一张"铁人"王进喜等5名先进工作者的合影，照片中，王进喜等身穿大皮袄，头戴大皮帽。日本人根据照片上王进喜等的衣着判断，大庆应在冬季－30℃的东北，大致位于齐齐哈尔与哈尔滨之间。

2.1964年4月25日，《人民日报》发表长篇通讯《永不卷刃的尖刀——记大庆油田一二〇二钻井队》。

信息开发：文中介绍该队的先进事迹，其中有段话是"钻机运到了火车站，吊车、汽车、拖拉机还没有运到，公路也还没有修好。一二〇二钻井队的工人们合计了一下：全队六十四个汉子，加起来力气能抵二十马力，一部分人用肩扛，用绳拉，一部分人用滚杠撬。小伙子们拉着棕绳，喊号子……一寸多粗的棕绳拉断了，换一根！嗓子喊哑了，换一人！右肩磨破了，换左肩！总计几十吨的一件件笨家伙，就这样拖到了井场。"日本人从这段文字推测：油田离火车站不远，否则人力是办不到的。

3.1966年7月，《人民画报》刊登了"铁人"王进喜的一张照片：头戴大狗皮帽，身穿厚棉袄，顶着鹅毛大雪，握着钻机手柄眺望远方，在他身后散布着星星点点的高大井架。

信息开发：日本人根据照片中王进喜所握手柄的架式，推断出油井的直径；从王进喜所站的钻井与背后油田间的距离和井架密度，推断出油田的大致储量和产量。

4.1966年10月，《人民中国》杂志有篇歌颂大庆和大庆人的通讯，其中在介绍王进喜时有以下文字："王进喜一进马家窑，望着一片荒原，兴奋地说：'好大的油海！这一下可把石油工业落后的帽子甩到太平洋去了！'"

信息开发：日本人分析出大庆油田在马家窑。他们从地图上查到了马家窑，这是位于黑龙江省海伦县东南的一个小村庄，马家窑附近有个火车站叫安达车站，马家窑在北安铁路上这个小车站东边十多里处。至此，日本人终于查清了大庆油田的地理位置。

1.1.1.3 知识

知识是人脑通过思维重新组合的、系统化的信息集合。"是人们在社会实践中所获得的认识和经验的总和"。信息是构成知识的原料，这些原料通过人的接收、选择、整理、提炼等加工过程，去粗取精、去伪存真，由此及彼，由表及里，形成各种各样的知识。国际经济与合作组织(OECD)系统地提出了知识的4种类型：

第一，知道是什么(Know What)，即关于事实的知识；

第二，知道为什么(Know Why)，即关于自然原理和规律的科学知识；

第三，知道怎么做(Know How)，指的是做某件事情的技能和能力方面的知识；

第四，知道谁有知识(Know Who)，即关于到哪里寻求知识的知识。

知识存在的基本形式主要有两种：一是客观知识，也称作显性知识，指用文字、图形、符号、视频、音频等技术手段记录在载体上的知识，通常人们把这类知识称作文献信息。上述4种类型知识中，第一、第二种知识属于显性知识，可以通过阅读、视听和检索获得。二是主观知识，也称作隐性知识，指存在于大脑记忆中的知识，如个人的经验诀窍、判断联想、解决问题的思维方法等。上述4种类型知识，第三、四种属于隐性知识，主要靠实践获得。人类所拥有的隐性知识，是个人长期创造和积累的结果，存在于所有者的潜在素质中，与所有者的性格、个人经历、年龄、修养等因素有关。因此，我们不仅要学会学习，还要学会"悟"。因为学会学习，只能帮助我们获得显性知识，或者提高我们获得显性知识的能力；学会"悟"，懂得体验(也叫实践)，并进行"运用知识、通过思考、达成目标"的实践体验，才能积累隐性知识。当个人的隐性知识积累到一定程度，发生由量变到质变的突破，个人就成了"大师"。

1.1.1.4 数据、信息、知识三者之间的关系

数据、信息与知识三者之间关系密切。

首先，数据是信息的符号表示或载体，是按照一定规则排列组合的载荷或记录信息的物理符号，可以是数字、文字、图像，也可以是计算机代码。信息则是数据的内涵，是对数据的语义解释，对于同一信息，其数据表现形式可以多种多样。数据与信息的关系可以表示为"数据＋背景＝信息"，其中，背景是接收者针对特定数据的信息准备。在某些不需要严格区分的场合，人们又经常把这两个词互换使用。信息与数据又是不同的。信息本身有意义，数据本身没有含义。数据按一定规则、形式组织起来时，就可以传达某种意义。赋予一定意义，并对客观世界产生影响的数据集合就是信息。数据只是信息的表现形式，正确的数据可以表达信息，而虚假、错误的数据只能表达谬误，不能表达信息。

其次，知识是信息接收者通过对信息的提炼和推理而获得的正确结论，是人通过信息对自然界、人类社会以及思维方式与运动规律的认识与掌握，是人脑通过思维重新组合的、系统化的信息集合。知识包含于信息之中，是信息的一个特殊子集，是一种具有普遍性和概括性的高层次信息。信息经接收、选择、整理、提炼等加工过程，去粗取精、去伪存真，由此及彼、由表及里，形成各种各样的知识。但是，并非所有信息经过加工都能转化成知识，信息在加工之后能否转化为知识，取决于它是否能达到"知识"的标准。

第三，在管理过程中，同一数据往往因每个人的不同解释，对决策产生不同影响。决策者利用数据做出决策，可能取得成功，也可能失败，关键在于对数据的解释是否正确，是否正确运用知识对数据做出了合理解释。

就数据、信息和知识三者的关系而言，数据涵盖范围最广，信息次之，知识最小。数据是信息的原材料，而信息则是知识的原材料。三者之间可以相互转化，通过对数据的认知和解读，数据可以转化为信息；通过对大量信息的体验和学习，并从中提取关于事物的正确理解和对现实世界的合理解释时，信息可以转化为知识。

1.1.2　文献与文献信息源

1.1.2.1　文献

人类为了继承和传播知识，使用文字、图形、符号、音频、视频等各种手段将其记录下来，这样就形成了文献。文献是数据、信息和知识存在的载体，数据、信息和知识是文献的内容。

随着科学技术的发展和社会进步，物质载体和记录手段呈多样化，文献的外延不断扩大，文献种类不断增长，不仅包括传统的书刊资料，而且包括缩微制品、音像资料、机读资料、多媒体资料和电子出版物等。因此，我国国家标准《文献著录总则》把文献定义为"记录有知识的一切载体"。国际标准化组织在其制定的《文献情报术语》中，将文献定义为"在存储、检索、利用或传递记录信息的过程中，可作为一个单元处理的，在载体内、载体上或依附载体而存储有信息或数据的载体"。可见，凡是记录知识或信息，并能存储和传播知识或信息的一切载体均为文献。文献必须具备 4 个要素：

(1)知识内容，即文献的内容。

(2)物质载体，如甲骨、竹简、纸张、胶卷、磁盘、光盘等。

(3)记录符号，如文字、图像、符号、音频、视频等。

(4)记录手段，如刀刻、书写、印刷、录音、录像等。

文献具有记录、存储和传递知识的作用。人类社会用来存储知识的载体主要有 3 类：一是人的大脑，它是一种自然载体，是活载体；二是实物载体，即将知识物化在人们所需的实物(如模型、样品和产品等)上；三是文献载体，即记录信息知识的物质材料。人脑和实物作为载体存储知识的容量与时间都是有限的，既不能保存，又不便于利用，只有当人脑和实物所存储的知识内容转嫁到文献载体上，人类社会积累的经验和知识才能保存下来，繁衍下去。特别是随着现代科学技术的发展，文献的存储功能已发展到令人难以想象的地步，过去称为"汗牛充栋"的印刷型文献，现在只需要薄薄的为数不多的光盘就可以将其内容全部存储。在现代社会，文献的传递既不受时间限制，又不受空间控制，既可以将人类知识世世代代纵向传递下去，又可以在广泛的地理范围内横向传递。

1.1.2.2　文献信息源

联合国教科文组织(United Nations Educational，Scientific and Cultural Organization，UNESCO)出版的《文献术语》，将文献信息源定义为：组织或个人为满足其信息需要而获得信息的来源。人们在科研教学、生产经营和其他一切活动中所产生的成果和各种原始记录，以及对这些成果和原始记录加工整理得到的产品都可称为信息源。

按照存在形式划分，信息源主要有 4 种类型：

一是存在于人脑记忆中，人们通过交谈、讨论、报告会等方式进行传播交流，被称为口头信息源。口头信息源的获取速度快，但其可靠程度低。

二是存在于实物(如产品、样机、样品等)中，人们通过采集、实地考察和举办展览等方式加以交流传播，被称为实物信息源。实物信息源是直接为生产服务的信息源。

三是各级各类组织机构信息源，组织机构既是社会信息的大规模集聚地，也是发布各种专业信息的主要源泉。组织机构信息源中的各种组织机构，或从事研究开发，或从事生产经营，或从事监督管理，因此，它们所发布的信息相对集中有序，也较准确可靠，具有一定的权威性。

知识拓展：组织机构信息源

兰德公司，其名字来自1946年由美国陆军航空队独家资助，旨在和平时期继续推进战时所聘民用科学家研究成果的“兰德计划”项目。

兰德公司比较有代表性的报告，包括《政治局的行动准则》，详细而深刻地分析了苏联领导人和决策机构的行事习惯，它最终被白宫用来预测苏联的未来行动；《苏联军事学说》，是西方第一本关于苏联军事理论的著作。兰德公司对苏联最著名的研究，是根据公开信息成功预测到苏联于1957年发射第一颗人造卫星，其预测时间与实际时间仅相差两周。不过，令兰德公司一举成名的分析情报，却是它成功预测中国出兵朝鲜。朝鲜战争爆发后，兰德公司分析中国动向后，得出中国将向朝鲜半岛派出军队的结论，并将“中国必将出兵朝鲜”的一句话结论提交美国政府，希望以数百万美元的报价出售该分析情报的全部内容，美国军界对此却不以为然。结果就是美国将军哀叹“我们是在一个错误的时间，一个错误的地点，和一个错误的敌人，打了一场错误的战争”。

四是用文字、图形、符号、音频、视频等手段记录在某种载体上，形成文献交流传播，被称为文献信息源。文献信息源系统所记录的知识能够长期保存并可直接利用，是信息检索与利用的主体。根据物质载体的不同，文献信息源可划分为印刷型、缩微型、声像型和数字型文献信息源。

1. 印刷型文献信息源

印刷型文献是一种传统文献，主要以纸张为载体，通过印刷手段（油印、铅印、胶印、石印等）把负载知识的文字固化在纸张上的文献。其优点是便于直接阅读、使用方便，其缺点是较为笨重、存储密度低、收藏占用空间大，其加工保存需花费较大的人力、物力和财力。

2. 缩微型文献信息源

缩微型文献以感光材料为载体，以缩微照相为记录手段。如缩微胶卷、缩微胶片等。其优点是存储密度较大、体积小、便于收藏保存、便于远距离传递，其缺点是不能直接阅读，需借助缩微阅读机才能阅读。

3. 声像型文献信息源

声像型文献又称视听资料，它以磁性和感光材料为载体，是借助特殊的机械装置（如复录机、摄像机、录像机等）记录声音、图像而形成的文献。如唱片、录音带、录像带、幻灯片、电影片、多媒体资料等。其优点是可以做到闻其声、观其形，直观而真切，给人以鲜明生动的直观印象。

4. 数字型文献信息源

数字型文献也称电子型文献，是指以数字代码方式将图形、文字、声音、影像等信息存储到磁、光、电等介质上，通过计算机或类似设备进行阅读和使用的一种文献形式。如电子图书、电子期刊、各种数据库、网络信息资源等。其优点是存储密度大、存取速度快、识别和提取易于实现自动化。随着计算机技术和网络技术的发展，数字型文献信息源成为当今重要的信息源。

(1)按格式,数字型文献信息源可以划分为文本格式文件、音频文件和视频文件。

①文本格式文件 包括纯文本、可移植文档、Word 文档等。

a. 纯文本:文献扩展名为 TXT,可以用记事本、网络浏览器等大多数文件格式打开。

b. 可移植文档:文献扩展名为 PDF,可以用 PDF 阅读器或编辑器打开。

c. Word 文档:文献扩展名为 DOC,可以用微软公司的 Word 软件打开。

②音频文件 包括 WAV、MP3、WMA、RA 等。

a. WAV 是由微软公司开发的一种声音文件格式,是最早的数字音频格式。

b. MP3 是一种音频压缩技术,其全称是动态影像专家压缩标准音频层面 3,英文名字 Moving Picture Experts Group Audio Layer 3,简称 MP3。

c. WMA 是微软公司推出的与 MP3 格式齐名的一种音频格式,在压缩比和音质方面甚至都超过了 MP3,其英文名字 Windows Media Audio。

d. RA 是一种可以在网络上实时传送和播放的音乐文件音频格式流媒体技术,可以随网络带宽的不同而改变声音质量,适合在网络传输速度较低的互联网上使用。

③视频文件 如静止图像、动画、动态影像等,包括点阵图像格式(TIFF、GIF、JPG、PNG、PCD、MRSID)、矢量图像格式(EPS、FLA、SWF、SVG、VML、VRMI 等)、动态图像格式(3D、MPEG2、MPEG4、MPG、WMV、RM、SWF)。

(2)按生产途径和发布范围,数字型文献信息源可以划分为商用电子资源、网络学术资源、特色资源和其他资源。

①商用电子资源 商用电子资源也称正式电子出版物,一般由正式出版机构或出版商、数据商出版发行。商用电子资源包括各类数据库、电子期刊、电子图书、多媒体资源、部分正式出版的特种文献等,在数字型学术信息资源中所占比例最大。其特点是学术信息含量高,具备检索系统,便于检索利用,出版成本高,必须购买使用权方可使用,因此并不面向社会公众完全免费开放。

②网络学术资源 完全面向公众开放使用,包括各种政府机构、商业部门、学术团体、行业协会、教育机构等在网上正式发布的网页及其信息,以及开放获取资源等。该部分信息主要依靠搜索引擎、分类指南、网络学术资源学科导航等二次文献资源来获取,用于揭示图书馆印刷型馆藏的联机公共目录(OPAC)也属于该部分范畴。

③特色资源 主要基于各教育机构、政府机关、图书馆、学术团体、研究机构的一些特色收藏制作,在一定范围内按不同层次发行,不完全面向公众发行,有时需要特别申请。例如教师的教学课件(CAI)和大学的学位论文,只在校园网范围内的教学范畴允许使用,大部分特种文献,如会议论文、学位论文、科技报告等,均属此类特色资源。

④其他资源 如 FTP 资源、新闻组、论坛(BBS)、博客(Blog)、个人视频(播客)、网络百科、电子邮件、社交网络服务(SNS)等,属于非正式出版物。该类资源的大众传播速度很快,受众广泛,由于缺乏编辑和审读,在学术研究方面仅有一定的参考性。

(3)按资源的组织形式,数字型文献信息源可以划分为数据库资源和网络信息资源。

①数据库资源 数据库是目前使用最广、影响最大的一种数字文献信息源,它产生于 20 世纪 50 年代末,70 年代得到迅速发展,到 80 年代逐步走向成熟。国内数据库主要包括商业数据库和文献收藏单位自建的数据库。

a. 商业数据库:是国内外商业公司出版的大型数据库。从收录内容划分,包括期刊论文数据库、电子图书数据库、学位论文数据库、事实和数值数据库等。其特点是学术信息含量高，具备检索系统，便于检索利用，同时，出版成本高，不面向社会公众完全免费开放，购买其使用权后方可使用。

b. 文献收藏单位自建数据库：包括自建书目数据库和特色数据库。自20世纪90年代起，随着信息技术的发展以及互联网的普及，一些图书馆陆续建立起来的馆藏查询系统，以及在此基础上，各图书情报部门合作建立的各种地区性、全国性联合目录数据库，均属于自建书目数据库。CALIS(中国高等教育文献保障体系，China Academic Library Information System)联合目录数据库是比较著名的自建书目数据库。自建特色数据库是文献收藏单位以自己的收藏特色文献为基础所建立的数据库，例如一些高等院校图书馆根据院校专业设置、科研方向等特点建立的教学参考书数据库、重点学科专业文献数据库等。

②网络信息资源　网络信息资源可以归纳为以下几种类型。

a. 学术网站资源　可分为综合网站和专题网站。综合网站内容丰富，集中了诸如研究动态、专家学者、专业论坛、重要文献、组织机构、学术期刊、统计数据、法律法规、学术会议、专业基本知识等各类信息，如中国经济信息网、中国法律网、中国新闻网等；专题专业网站提供某一学科或某一专业领域的信息，如中国期货网、人类学资源库、道教文化资料库等。

b. 组织机构资源　包括政府机构、教育研究机构、学会、协会等学术团体的资源。在上述组织机构主页上，可以获得专业学科最新研究信息和学术动态信息，还可以获得正式传播渠道中难以查询到的“灰色信息”，如非正式出版物、政府新闻信息、政府白皮书等。

c. 其他相关资源　主要包括学科专业论坛、专家个人主页等。专业论坛主要提供交互式学术讨论园地，供专家学者进行学术交流。专家个人主页是个人学术频道，用来探讨专业理论、进行交流学习和探讨研究成果。

(4)按加工深度和内容性质，数字型文献信息源可以划分为一次文献、二次文献和三次文献。

①一次文献　即原始文献，指反映最原始思想、成果、过程以及对其进行分析、综合、总结的信息资源，包括全文数据库、电子期刊、电子图书、电子报纸、开放获取(Open Access)论文平台等。用户可以从一次文献中直接获取自己所需的原始信息。

a. 全文数据库　即收录有原始文献全文或其中主要部分的一种源数据库。所谓“源数据库”，是指能直接提供原始资料或具体数据的自足性数据库，用户查阅了源数据库之后，通常不再需要查阅其他信息源。全文数据库以期刊论文、会议论文、政府出版物、研究报告、法律条文和案例、商业信息等为主。如中国知网(CNKI)全文数据库、万方数据知识服务平台全文数据库。

b. 电子期刊　包括与纸本期刊并行的电子期刊，如著名的《科学》(Science)、《自然》(Nature)等，这些电子期刊网站有时也发展成为综合性网站，包含但不限于印本期刊的内容；纯电子期刊，如《数字图书馆杂志》。

电子期刊具有多种划分标准。按载体形态可分为单行电子期刊和网络电子期刊，单行电子期刊以磁盘、集成电路卡和光盘等为载体，网络电子期刊被认为是真正的电子期刊，即从投稿、编辑、出版、发行、订购和阅读的全过程完全电子化；按内容性质划分为社会科学类电子期刊、自然科学类电子期刊、综合科学类电子期刊等；按加工程度划分为一次文献电子期刊、二次文献电子期刊和三次文献电子期刊；按信息获取途径划分为单机型、联机检索型和网络型电子期刊。

c. 电子图书　电子图书又称数字图书，是随着电子出版、互联网以及现代通信电子技术的发展应运而生的图书形式，主要包括封装型电子图书、基于PC的网络型电子图书和离线电子图书（移动阅读终端）。

封装型电子图书主要指光盘电子书，包括只以光盘载体形式出版的电子书，以及书刊附盘等，需在电脑上使用。

基于PC的网络型电子图书指存放于网络服务器，使用通用浏览器或专门阅读软件阅读，一般需在连通网络的电脑上使用，部分网站的电子图书也可下载到终端设备中进行离线使用。图书馆向读者提供服务的电子图书服务系统，国内主要有方正阿帕比数字资源平台、超星数字图书馆、书生之家数字图书馆、时代圣典电子图书等，国外主要有NetLibrary、Safari、Ebrary、MyiLibrary等。另外，基于网站的电子书城、基于出版社或IT技术公司的电子书店等也一般属于此类。

离线电子图书（移动阅读终端）是指利用移动阅读设备下载或借阅后、不依赖于网络就可以阅读的电子图书。离线电子图书必须基于移动阅读终端设备而使用，常见的设备包括专用的电子图书阅读器、手机、平板电脑等。

d. 电子报纸　电子报纸以刊载新闻和评论为主，其信息量大，现实感强，传播面广，具有群众性和通俗性，是重要的社会舆论工具和信息源，对社会经济和政治生活有着广泛的影响。

目前网上已有数千种电子报纸供用户使用。同电子期刊一样，电子报纸有印刷型报纸的电子版和纯电子报纸2种类型，前者有时也发展成为包含但不限于印刷性报纸内容在内的综合性报纸网站，例如在《人民日报》报纸内容基础上发展起来的“人民网”。

e. 开放获取（Open Access）论文平台　简称OA资源，即作者和版权所有者授权所有用户免费、广泛和长期访问使用，可以以任何数字媒体形式进行公开复制、使用、传播、展示以及在原作基础上创作和传播其演绎作品的学术资源，OA资源要求用户的使用是基于合法目的，并在使用时注明引用信息。目前这类文献以论文为主，因此又称为OA论文。OA文献发表后以一种标准的数字格式存储在在线仓储中，由研究所、学会/协会、政府部门等机构支持，称为OA仓储（Archive）或者机构库（Institutional Repository）。如中国科技论文在线平台。

f. 特种文献　包括学位论文、会议论文、专利、标准、科技报告、内部刊物、教学课件等。由于该部分文献的出版一直由各机构自主进行，发行范围有限，因此在印刷型文献中被称为难得文献、灰色文献和特种文献；在数字信息资源中，大部分特种文献仍只限于各机构自身的特色收藏范围，但也有一部分正式出版发行，如专利、标准、少量会议论文等。

②二次文献　指对一次文献进行加工、整理后所形成的便于利用一次文献的信息资源，如参考数据库、网络资源学科导航目录、搜索引擎/分类指南等。二次文献可以把大量分散的一次文献按学科或主题集中起来，组织成无数相关信息的集合，向公众报道原始信息的产生和存在，同时也是一种有效的检索工具，供用户查找信息线索之用。

a. 参考数据库　参考数据库是通过对各类文献的再加工和过滤，如编目、索引、摘要、分类后形成的，包含各种数据、信息或知识的原始来源和属性的数据库。它报道文献信息的存在，揭示文献信息的重要内容，将体积庞大的一次文献浓缩成体积较小的二次文献，具有明显的汇集性、系统性，数据量大、累积性强，用户可从中判断信息的可用性，并指引用户到另一信息源获取原文或其他详细信息。

b. 网络资源学科导航目录　专业人员利用现代信息技术对互联网上的开放信息进行搜

寻，然后再对其进行逻辑判断、推理、核对、佐证、综合归纳和分析研究，将其按学科重新组织后所形成的学科导航系统。与搜索引擎或分类指南不同，网络学术资源的学科导航库通常是由图书馆单独或联合建设的。如中国高等教育文献保障体系（China Academic Library & Information System，CALIS）的“重点学科导航”库和上海交通大学的“重点学科导航”库。

c. 搜索引擎/分类指南　是目前利用互联网开放信息的常用工具，也可称得上是互联网开放信息的索引目录。搜索引擎主要是使用一种计算机自动搜索软件，在互联网上检索，将检索到的网页编入数据库中，并进行一定程度的自动标引，用户使用时输入检索词，搜索引擎将其与数据库中的信息匹配，然后产生检索结果。例如常用的Google、百度等。分类指南是将搜索到的网页按主题内容组织成等级结构（主题树），用户按照这个目录逐层深入，直到找到所需文献。通常搜索引擎与分类指南是结合在一起的，例如搜狗等。

③三次文献　指对二次文献进行综合分析、加工、整理的信息资源，如专门用于检索搜索引擎的元搜索引擎，比较典型的是WebCrawler，被称为“搜索引擎之搜索引擎”（Search Engine of Search Engine），当用户进行检索时，其结果是各搜索引擎的结果。

1.1.2.3　文献增长及老化规律

1. 文献增长规律

文献增长是指随着人类文化、教育、科学技术的发展，记载其内容的文献数量随之增加的宏观社会现象。一般认为，非科技文献每30～50年增加1倍，科技文献每10年左右增加1倍。如1960—1970年，在数学、物理学、机械工程、航空与宇航工程、生物学和生理学等领域的文献，大致都增长1倍。20世纪40年代后，由于当时图书馆管理的需要，特别是科学史研究以及科技情报工作发展的需要，文献增长规律取得了一系列研究成果。其中最具代表性的理论，是普赖斯（D. Price）在对文献增长现象进行研究的基础上提出的“科学文献指数增长规律”。

（1）科学文献指数增长规律　1949年，美国科学家和情报学家物理学博士普赖斯（Derek de Slla. Price）研究发现，日益增长的科学领域内文献是按指数增长的。他以年代为横坐标，以科学文献量为纵坐标，绘制出文献的指数增长曲线，即“普赖斯曲线”。

（2）科学文献线性增长规律　1971年，普赖斯进一步认识到，科学文献的增长并不是无极限地按指数规律增长，在文献增长到一定极限时，文献便会达到饱和状态，其增长即由指数增长转为线性增长。

（3）逻辑斯蒂曲线　苏联科学家弗拉杜茨和纳米莫夫用“逻辑斯蒂曲线”（Logistic Curve）来修正和重新描述文献的增长过程。

2. 文献老化规律

文献老化有2种含义：一是指文献在产生或出版以后，随着其出版“年龄”的增长，由于各种因素影响，其内容价值逐渐降低，从而导致其利用率越来越低的现象。二是指文献在产生或出版以后，随着其出版“年龄”的增长，其物质载体形态逐渐蜕化变质的现象。通常所说的文献老化主要指文献内容的老化。目前，较常使用的文献老化度量指标主要有半衰期（英国学者J·D·贝尔纳率先引用）、普赖斯指数、中值引文年龄等。

（1）半衰期　是指某学科现正在利用的全部文献中较新的一半是在多长一段时间内发表或出版的。这与该学科一半文献的失效所经历的时间大体相当。一般来说，比较稳定的学科，其期刊半衰期要比正在经历重大变化的学科，或者说发展较快、较活跃学科的期刊半衰期长；

基础理论学科的期刊半衰期要比技术学科的期刊半衰期长；历史悠久的学科期刊半衰期要比新兴学科的期刊半衰期长。

(2)普赖斯指数　在1971年由普赖斯最初提出的普赖斯指数，和半衰期一样，也是衡量文献老化的重要指标。他认为，可以把5年作为划分文献情报利用的标准，以研究时间为基准，出版年限在5年以内的文献被称为"现时有用"的文献，而出版年限超过5年的称为"档案性"文献。那么研究对象集中，出版年限不超过5年的文献数量与参考文献总量之比，即为著名的普赖斯指数。普赖斯指数越大，半衰期越短，老化速度越快。

(3)中值引文年龄　指某学科或某专业目前正在被利用的全部文献中较新的一半是在多长时间被发表的。例如，某个领域中被引用的文献总数为N，其中N/2的被引用文献是在最近n年发表的，那么，这个领域文献的中值引文年龄为n年。中值引文年龄往往可以通过引文统计求得。

1.1.3　信息检索

1.1.3.1　信息检索的含义

信息检索是指将信息按一定的方式组织和储存起来，并根据用户的需要检索出有关信息的过程。广义的信息检索包括信息存储与检索，狭义的信息检索仅指从信息集合中检索出所需信息的过程。

1.1.3.2　信息检索的类型

1.根据存储和检索内容划分

(1)文献检索　以文献(包括图书、期刊、资料等)为检索对象的一种检索。如检索有关"转基因大豆安全性"的文献。文献检索是信息检索中最重要的一部分。根据检索结果的不同，文献检索又可划分为全文检索和二次文献检索。全文检索是利用各种全文数据库或搜索引擎检索，提供给用户的是原文或原文中的章、节、段等文本。二次文献检索是利用书目数据库或文摘、题录、目录等检索工具检索，检索结果大多为文献线索，必须通过阅读，认真筛选出与检索课题密切相关的文献线索，进一步获取原文。

(2)数据检索　以数据为检索对象的一种检索，包括数值、公式、图表等。查找技术参数、统计数字、财政信息数据、市场行情数据等都属于数据检索，如检索"2008年中国汶川发生了几级地震"、"2008年中国北京奥运会设立了多少块金牌"等。数据检索是确定性检索，检索结果直接回答用户问题。

(3)事实检索　以事实为检索对象，查找某一事物发生的时间、地点及过程。如检索"知识经济的概念是何时提出的""中国汶川地震是何年、何月、何日、几点、几分发生的"等。事实检索也是一种确定性检索，检索结果是具体的事实情况，它直接提供用户有关问题的具体答案。

2.按检索对象的信息组织方式划分

(1)全文检索　是将存储在数据库中的整本书、整篇文章中的任意内容信息查找出来的检索。可以根据需要获得全文中的有关章、节、段、句、词等信息，也可进行各种统计和分析。

(2)超文本检索　是对每个节点中所存信息以及信息链网络进行的检索。强调中心节点之间的语义联结结构，靠系统提供的工具进行图示穿行和节点展示，提供浏览式查询，可进行跨库检索。

(3)超媒体检索　是对存储的文本、图像、声音等多种媒体信息的检索。它是多维存储结构，与超文本检索一样，可提供浏览式查询和跨库检索。

1.2 信息检索系统

1.2.1 信息检索系统概述

1.2.1.1 信息检索系统的概念

信息检索系统是一类具有信息存储和检索功能的信息服务设施（或工具），是为一定的检索目标而建立的、拥有一定检索设备、存储有经过加工的某种类型文献信息、并能提供检索服务的工作系统。在网络环境下，信息检索系统通常是一类基于计算机和网络的人机交互信息系统。美国国会图书馆（https://www.loc.gov/）、中国国家图书馆（http://www.nlc.gov.cn/）等都是著名的信息检索系统。

1.2.1.2 信息检索系统的类型

按使用设备，可将信息检索系统划分为书本式检索系统、卡片式检索系统、缩微式检索系统以及计算机检索系统。

1.书本式检索系统

书本式检索系统通常被称为检索工具，是用来报道文献、存储文献和提供查找文献线索的工具。它实际上是对众多分散、无组织的科技文献（一次文献）进行筛选、积累、加工和整理，并按一定的科学体系组织编排，使其成为有序化、系统化的二次文献或三次文献，从而方便人们检索和利用。科技人员利用检索工具能够快速、准确、全面地获得所需文献线索或数据事实的直接答案。

2.卡片式检索系统

卡片式检索系统的主要形态是普通卡片或传统卡片，如目录卡片以及连续发行的题录卡片、文摘卡片、索引卡片等。由于卡片式检索系统成本低、便于积累和更新、适用于单位和个人自用等特点，因此，卡片式检索系统曾经发挥过重要作用，目前目录卡片已经被联机公共检索目录（OPAC）取代，题录卡片、文摘卡片和索引卡片也被机读数据库所取代。

3.缩微式检索系统

其存储介质是缩微胶卷和胶片，可分为手工、半自动和自动3种方式，主要用于图形、图像检索，其最新发展形式是计算机辅助缩微检索系统。

4.计算机检索系统

计算机检索系统是利用计算机技术、电子技术和网络技术，检索存储在计算机或计算机网络内信息资源的检索系统，也是现在发展迅速、应用极为广泛的现代化检索系统。存储时，需将大量的信息进行搜集、整理、标引、著录，形成不同的数据库，并存储于计算机或其他机检介质中；检索时，计算机将存储在数据库中的信息与用户检索指令进行比较、分析后反馈给用户。计算机检索系统是我们目前最常用的信息检索系统。

1.2.2　计算机信息检索系统

1.2.2.1　计算机信息检索系统的构成

计算机信息检索系统由硬件、软件和数据库 3 部分组成。硬件设备是计算机信息检索系统用于处理数据和传送数据的各种硬件设备，包括服务器、检索终端、网络通信设备、辅助设备以及其他与数据处理或数据传送有关的设备。各种硬件之所以能够执行运算和处理数据是因为信息检索系统的软件设备。软件设备是信息检索系统中各类程序和各种文件数据的总称，分为系统软件和应用软件。数据库是计算机信息检索系统的物质基础，是信息检索系统的重要组成部分，也是用户进行检索的对象，由一系列信息记录组成。对于不同的信息需求，数据库可以随时按照不同检索策略提供各种组合信息，满足检索者的需求。

1.2.2.2　计算机信息检索系统的类型和特点

计算机信息检索系统在发展过程中经历了以下 4 个阶段。

1. 脱机检索系统(1954—1964)

第一台计算机 1946 年诞生于美国的宾夕法尼亚州，最早的脱机检索系统是 1954 年美国海军兵器中心图书馆建成的。脱机检索系统下，用户不直接与计算机对话，仅提出检索要求，由专职检索人员把用户的检索要求编制成“检索提问式”，并以文档形式存储在磁带上，提供定题检索服务，由于采用的是单机独立进行，所以称为脱机检索。脱机检索系统只能进行批量检索，用户不能与系统进行实时对话，不能及时修正检索策略，检索结果也不能及时得到，必须等待成批处理或定期检索处理。

2. 联机检索系统（20 世纪 60 年代至今）

允许用户以联机会话方式直接访问系统及其数据库，只要利用一个电话和一个终端，就可以连接到许多计算机系统。世界上著名的联机检索系统有美国的 DIALOG 系统、ORBIT 系统、MEDLINE 系统，欧洲的 ESA-IR5 系统，日本的 JOCST 系统，德美日联合开发的 STN 系统等。其中，美国的 DIALOG 系统是世界上最大的国际联机检索系统，拥有各种联机数据库共计 380 多个，约占世界机读文献总量的 50%以上。其学科范围包括自然科学、社会科学、日常生活各个领域，数据库类型包括书目数据库、指南数据库和各种源数据库，文献类型包括图书、期刊、专利、标准等。

3. 光盘检索系统(1985—)

20 世纪 80 年代，在电子计算机技术、激光技术等现代最新科学技术的基础之上，光盘检索系统迅速发展。除了具有信息存储速度高、容量大、信息存储类型多等优点外，光盘检索系统最大的优势是免除了联机检索系统必须支付的电信费和联机检索系统使用费。光盘检索可以单机检索，也可网上共享。

4. 网络信息检索系统(20 世纪 80 年代至今)

20 世纪 80 年代末，由于光纤的应用使信道容量大大增加，多媒体技术的发展和多媒体信息网络的出现，特别是互联网络的建成并广泛应用，网络信息检索已成为人们获取信息最便利、最广泛、最有效的途径。网络信息检索系统是基于客户机/服务器这一目前主流的计算机网络支撑环境，充分利用网络传输优势，使用户突破时间、地域的限制，远程访问数据库所在的服务器。网络信息检索系统下的用户和服务器是平等的，一个服务器可被多个客户访问，一个客户也可访问多个服务器。具有简单、灵活、方便、快捷、低费用等诸多优点和如下特点。

(1)突破时域限制,通过局域网为全世界的用户提供检索服务。

(2)数据库分布式存储,信息量大;资源内容丰富,形式多样化;数据库更新速度快,时效性强。

(3)检索机制多数通过 www 浏览器完成,对非专业人员来说,易学易用;检索界面也多基于 www 浏览器开发,方便友好。

(4)通过建立导航库或利用某种资源整合的形式,对多种数据库进行资源整合,用户一次检索操作,就可以在多个数据库系统内进行跨库检索。

(5)可以通过在国内建立国外大型数据库镜像站点的方式,免除国际流量费,提高访问速度,从而提高用户对国外网络数据库的利用率。

(6)用户可以自建特色网络数据库。特色网络数据库使分散凌乱的特色文献资源得到系统、有序化的整理和深层次的挖掘,并通过网络传播使用,使传统文献在网络环境下展现出更为巨大的知识价值。

1.2.2.3 计算机信息检索系统的评价

主要从计算机检索系统的功能是否全面、界面是否友好和服务是否周到来评价计算机检索系统。

1. 检索功能

检索功能主要是指系统提供给用户的各种检索途径和检索入口,可供选择的越多,用户就越方便。比较关键的问题是如何使各种功能配置合理,并在检索系统首页选择用户最易接受的缺省功能。

2. 检索技术

主要是指系统是否允许用户使用各种检索技巧,以便准确而快速地找到所需信息。

3. 检索结果

即用户是否得到了内容全面、准确,且下载和使用比较方便的检索结果。

(1)内容全面　查全率是考察检索系统内容是否全面的指标。检出文献中合乎需要的文献数量占数据库中存在的合乎需要的文献总量之比称为查全率。查全率的补数就是漏检率。

影响查全率的因素主要有:数据库收录文献不全,索引词汇缺乏控制和专指性,词表结构不完整,标引不详细或不恰当,检索策略过于简单,检索词的选择及其逻辑组配不当,选用的检索途径和方法太少,导致不能全面描述检索需求等。

(2)内容准确　查准率是考察检索系统内容准确程度的指标。检出文献中合乎需要文献数量占全部检出文献数量的比例称为查准率。查准率的补数就是误检率。

影响查准率的因素包括:索引词不能准确描述信息主题和检索要求,标引过于详尽,检索系统不具备逻辑"非"功能和反馈功能,检索式中允许容纳的检索词数量有限,检索词间逻辑关系不正确,检索时所用的检索词或检索式专指度不够,截词部位不当,检索式中使用逻辑"或"不恰当等。

(3)下载和使用方便　考察检索系统的下载和使用是否方便,主要考察其显示格式包含的内容是否全面,检索结果数量较多时是否允许在翻页的同时标记记录,是否提供存盘、打印、E-mail 发送等多种下载功能,检索结果是否与其他资源之间存在链接,是否为用户提供查找其他资源的捷径等。

1.3　信息检索语言

1.3.1　检索语言的含义

检索语言是应文献信息加工、存储和检索需要而编制的专门语言，是表达一系列概括文献信息内容和检索课题内容的概念及其相互关系组成的概念标识系统，是沟通信息存储与信息检索两个过程的桥梁。

通过检索语言，当存储信息时，检索系统对文献内容进行分析，概括分析出若干能代表文献内容的语词，并赋予一定的标识，如题名、作者、主题词等，作为存储与检索的依据，然后纳入到数据库；当检索信息时，检索人员首先要对检索课题进行分析，同样形成若干能代表信息需求的语词，然后通过检索系统，在数据库中匹配具有同样语词和标识的文献，找到所需信息。不同的检索语言构成不同的标识和索引系统，给用户提供不同的检索点和检索途径。

1.3.2　检索语言的类型

1.3.2.1　按构成原理划分

1. 表述文献外部特征的语言

(1)题名特征　它是从文献标题和副标题角度反映文献外部特征的重要形式，也是文献存储和检索的基本依据之一。

(2)著者特征　它是从文献责任者(如著者、编辑者、注释者等)角度反映文献外部特征的重要形式，也是文献存储和检索的基本依据之一。

(3)出版者特征　它是从文献出版(包括出版地、出版者、出版日期，以及印刷地、印刷者、印刷日期)角度反映文献外部特征，是揭示文献出处的重要依据之一。

(4)代码特征　它是指对事物的某方面特征，用某种代码系统来表示和排列事物概念，从而提供检索途径的语言。代码语言包括分子式、专利号、标准号、报告号、ISBN、ISSN等。例如，根据化合物的分子式这种代码语言，可以构成分子式索引系统，允许用户从分子式出发，检索相应的化合物及其相关的文献信息。

2. 表述文献内容特征的语言

(1)分类语言，是用分类号和类名来表达文献主题概念并将文献按学科性质分门别类地系统组织起来的一种检索语言。分类语言能反映事物的从属派生关系，便于按学科门类进行族性检索。分类检索语言按照分类方式分为体系分类语言、组配分类语言和混合分类语言3种。国内信息检索系统最常用的分类检索语言为体系分类语言。

体系分类语言，是一种直接体现知识分类等级概念的标识系统。它以科学分类为基础，以文献内容的学科性质为对象，运用概念划分与概括的方法，按照知识门类的逻辑次序，进行层次划分，产生许多不同级别的类目。体系分类语言广泛使用于图书分类和检索，世界上比较有影响的图书分类法有杜威十进分类法、国际十进分类法、冒号分类法、中国科学院图书馆图书分类法和中国图书馆图书分类法等。

(2)主题检索语言，又称主题法，是以文献主题为依据，用语词作为概念标识，将概念标识进行字顺排列,并用参照系统等方法显示概念之间相互关系的一种检索语言。主题检索语言按特定的事物集中文献信息,具有较强的直观性。与分类检索语言相比,主题检索语言的专指度高、灵活性强。但由于主题检索语言是按字顺排列,所以同学科的文献易被分散在各处,在族性检索方面不及分类检索语言。根据其规范程度可以分为标题词语言、叙词语言和关键词语言。

①标题词语言,是一种完全先组式的规范化检索语言。它是文献信息工作中最早使用的一种主题语言。

标题词语言的规范工具为标题词表,在编制标题词表时,事先将主标题词和副标题词加以固定组配,将标题词之间及标题词与非标题词之间的关系通过参照系统加以联系。参照有3种方式:等义参照即"见"(see),指引用户由非标题词去查找作为检索标识的标题词;相关参照即"参见"(see also),指引用户从其他相关标题词去检索所需文献信息,以扩大检索范围;范围注释是对标题词的含义和使用情况作简要说明,以提高选用标题词的准确性。标题词语言具有较好的通用性、直接性和专指性,但是,灵活性很差。

②叙词语言,是指以从自然语言优选出来、经过规范化处理、能够表达主题的最小概念单元作为信息存储和检索的依据,并以概念组配为基本原理的检索语言。

叙词语言是采用经过严格规范并能代表文献内容实质的专业名词术语或词组表示单元概念,具有单一性,每一个主题概念在主题词表中只有唯一对应的主题词,使得内容相同或相近的文献集中在同一个主题词下,避免多次检索,提高查全率。叙词语言的词表称为叙词表,叙词表的显示格式为轮排式结构,也称轮排索引,即数据库中每一个具有检索意义的词轮流做引导词出现在排检位置,成为检索入口。

③关键词语言,以直接从原文标题、摘要或正文中抽选,具有实质意义,未经规范化处理的自然语言语词作为信息存储和检索依据的一种检索语言。如篇名为"不同形态钙对高温逆境下番茄叶片光合作用的调控作用"的文献,"番茄""光合作用"能直接表达该篇名的主要含义,是检索入口的重要词语,可作为关键词;"不同形态钙"包括"糖醇钙""纳米钙"和"氯化钙";高温逆境下植物会有高温胁迫反应,因此,"高温胁迫"较"高温逆境"更适宜作为本文关键词;"番茄""光合作用""糖醇钙""纳米钙""氯化钙"和"高温胁迫"是本文的全部关键词。

出现在篇名、文摘或正文中的关键词作为文本词纳入文献数据库索引,提供更多的检索入口。从某个关键词出发,可能查出成千上万篇文献,其中可能有诸多误检文献,必须与其他途径结合使用,做进一步检索。

关键词语言具有灵活性强、易于掌握、查检方便等特点,其最大优点是科学领域新出现的专业名词术语能够及时进入索引系统。另外,编制关键词索引比较快捷。因此,关键词语言被广泛应用于各种信息检索系统。但是,由于关键词直接取自作者用词,未经规范化处理,同一主题概念文献,因作者表达方式、用词等方面的差异,容易出现同一主题内容文献分散在各处,造成漏检,影响查全率。

1.3.2.2 按规范化程度划分

1. 规范化检索语言

规范化语言是对自然语言中的同义词、近义词、反义词、多义词、上位词、下位词、相关词等经过一系列规范化处理的语言。规范化处理的目的是确保一个词只能表达一个概念,一个概念只能用一个词表达,必要时还可以对概念进行扩大、缩小和延伸。标题词、单元词、叙词以及分类号都属于规范化检索语言，它们分别取自人工编制的标题表、单元词表、叙词表和分类表。规范化语言的特点是保证信息存储与检索双方的用语一致，不会发生偏差，但要求用户在使用规范化检索语言时，必须熟悉和掌握词语的规范化规则，从而大大增加了用户的额外负担。目前，规范化语言较多地用于联机检索。

2.自然语言

自然语言是不经过任何规范化处理的语言。自然语言可以取自文献的题名、文摘、关键词、作者单位，也可以取自参考文献、注释、表题、图题等；可以是单字、单词、词组，也可以是句子或段落。自然语言的特点是用户可以利用自己熟悉的词语进行检索，不必考虑语词是否规范，没有额外负担，但不能保证信息存储与检索双方的用语一致，从而降低了查全率和查准率，目前，自然语言多用于网络检索。

1.3.3　检索语言的标引功能

1.3.3.1　标引的概念

标引是指在文献信息处理过程中，将文献的内容特征和外部特征分析转换成检索标识的过程。即对信息资源中具有检索价值的特征信息，例如题名、作者、主题内容、类别等进行提取与标识，并组织成索引文档，为用户的查询和访问提供准确而有效的检索入口。其目的在于使文献管理者能够有效组织文献，使文献利用者能够迅速准确、全面地查找所需文献。

1.3.3.2　标引的类型

1.按信息标识的形态和性质划分

(1)分类标引　即赋予信息分类号标识的标引过程。具体而言，就是依据某个分类表，全面分析标引对象的特征，确定所属类目，并将标引对象的学科特征及有关信息，用分类法中规定的符号代码标识出来。

通过分类标引，使原本杂乱无章的信息按照分类法规定的序列组织排列成一定的学科体系。分类标引能较好地体现信息内容的学科系统性，把同一学科领域的信息集中在一起，把不同学科领域的信息区分开来，从而满足用户按学科专业进行信息检索的需求。因而，分类标引是建立分类检索系统的基础。

(2)主题标引　即赋予信息主题词标识的标引过程。所谓主题，是指某个信息所论及或涉及的事物，而主题词是指表达主题的语词。具体而言，主题标引就是根据信息论及或涉及的事物和概念，依据某个主题词表，为标引对象赋予恰当语词标识的过程。

通过主题标引，可以把有关同一主题的信息集中在一起，并将其按字顺排列。与分类标引相比，主题标引可以集中某个主题的各方面信息，且直观性、专指性都比较好。主题标引所赋予的主题词标识可以是叙词，也可以是标题词。主题标引是编制主题索引、建立主题检索系统的基础。

主题标引包括2个很不相同的智力活动，即主题分析与用词的“转换”。主题分析就是对信息内容进行分析，提炼其主题概念，确定主题类型以及剖析主题结构的过程，主题分析所形成的概念是自然语言；用词转换是在主题分析基础上，依据检索语言词表，将主题分析所形成的概念转换成规范化的检索语言。

2.按标引技术和手段划分

(1)人工标引　是指标引人员对标引源(如题名、文摘、全文)进行浏览阅读,然后采用概念分析的方法,概括、提炼和选择文献中具有标引价值的主题概念。

早期的标引工作主要是由专业人员手工完成的,通常标引员用人工方式进行标引,工作量大、效率低、一致性差,而且标引质量也因人而异。因此,早在20世纪50年代计算机投入应用后,研究人员即开始探讨、研究如何利用计算机实现对信息资源的自动标引处理。

(2)自动标引　是指根据文献信息内容,依靠计算机系统全部或部分地自动给出标引符号的过程。

在自动标引的处理过程中,标引词的来源和选取方式各有不同,据此可以把自动标引区分为自动抽词标引和自动赋词标引。自动抽词标引是指利用计算机直接从文献题名、文摘或正文中抽取关键词作为标引词,标引词直接来源于文献本身,不进行规范化控制;自动赋词标引则是让计算机模仿标引员的赋词标引方法,通过分析文献内容,从词表中选取与文献主题相符或密切相关的词语符号作标引词,即在自动抽词标引的基础上,依据自然语言词汇与叙词表中受控词汇的对应关系,将抽取出来的关键词自动转化成规范化语词。

1.3.3.3　标引的质量

信息检索主要是在标引工作所建立起来的检索系统中,找出所需文献信息的过程。这个过程是对标引工作产品和成果的直接应用。因此,标引质量对文献信息的检索效果具有直接而决定性的影响。衡量标引的质量,一般采用2个客观上可比的指标,即:标引深度与专指度。标引深度又称网罗度,是衡量标引详尽程度的指标,其含义是标引词对数据库每条记录各方面内容的表达和识别程度。专指度是衡量标引词对信息记录特定内容描述的精细程度。网罗度越高,越有利于提高检索的查全率;专指度越高,则越有利于提高检索的查准率。

知识拓展:如何标引?

题名为“太湖猪为母本的杂交组合试验”一文,其标引过程如下:仔细阅读和分析文摘,找出“猪”“杂交组合”“太湖猪”“母本”和“产肉性能”这5个基本能够代表该篇文献主题内容的关键词;进一步将描述文献主题作用较弱的“母本”和专指性不够的“猪”等词去掉;得到该文的最终标引词为“太湖猪”“杂交组合”和“产肉性能”。

1.4　信息检索技术

1.4.1　布尔逻辑检索

布尔逻辑检索就是采用逻辑与、逻辑或、逻辑非等运算符对检索词(或检索代码)进行组配,形成检索提问表达式,再根据检索提问表达式来查找符合限定条件的文献。布尔逻辑检索是现代信息检索系统中最常使用的检索技术之一,Google、百度等网络搜索引擎都使用了该项检索技术。

1.布尔逻辑算符及其含义

布尔逻辑算符用来表示两个检索词之间的逻辑关系,用以形成一个检索概念。常用的布尔逻辑算符有逻辑与(AND)、逻辑或(OR)和逻辑非(NOT)3种。

(1)逻辑与　逻辑"与"是一种用于交叉概念或限定关系的组配,它可以缩小检索范围,有利于提高查准率。检索词A和检索词B若用逻辑与组配,则检索提问式可以表示为A AND B,或者A*B。

逻辑"与"表示它所连接的2个检索词必须同时出现在检索结果中才满足检索条件,即对于检索提问式"A AND B"来说,数据库中同时含有检索词A和检索词B的文档才算命中文档。

(2)逻辑或　逻辑"或"通常用于并列概念之间的组配,表示相同概念词之间的关系。它可以扩大检索范围,有利于提高查全率。检索词A和检索词B若用逻辑或组配,则检索提问式可以表示为A OR B,或者A+B。

逻辑"或"表示它所连接的2个检索词,只要其中任何1个出现在结果中就满足检索条件,即对于检索提问式"A OR B"来说,数据库中的文档凡含有检索词A,或者含有检索词B,或者同时含有检索词A和B的,均为命中结果。

(3)逻辑非　逻辑"非"用于从原来的检索范围中排除不需要的概念,或排除影响检索结果的概念。它能够缩小命中文献范围,增强检索的准确性。检索词A和检索词B若用逻辑非组配,则检索提问式可以表示为A NOT B,或者A－B。

逻辑"非"表示它所连接的2个检索词应该包含第1个检索词而不包含第2个检索词才算满足检索条件,即对于检索提问式"A NOT B"来说,数据库中凡含有检索词A,而不含有检索词B的文档均为命中文档。

2. 布尔逻辑算符的使用说明

上述各种布尔逻辑运算符可以组合在一起使用。当检索课题比较复杂时,会涉及多种布尔逻辑算符的混合使用。当检索提问式中含有多种布尔逻辑算符时,需注意各种算符之间的运算次序。通常绝大多数检索系统通常按照如下规则进行检索运算。

(1)同级运算自左向右进行。

(2)布尔逻辑算符AND和NOT先执行,OR其次执行。

(3)可用括号改变运算执行顺序,括号内的运算先执行。具有多层括号时,按层次从内到外逐次进行。

(4)当检索提问式含有截词符、位置算符、限制符时,布尔运算最后执行。

布尔检索作为一种主要的检索技术,简单实用,检索匹配机制清晰,能够把复杂的提问,通过布尔逻辑算符进行明确表达。但布尔检索只是形式上的匹配,无法区分命中文献在重要性上的差异,检索结果有时会不切题,因此常常需要结合其他检索技术一起使用。

1.4.2　限制检索

在文本检索系统中,为了提高或保证检索的准确率,常常提供一些缩小或约束检索结果的检索技术,称之为"限制检索"。限制检索主要包括限定字段检索和二次检索。

1. 限定字段检索

最主要的限制检索技术是通过限制检索词在命中记录中的出现位置(主要指文本数据库记录的不同字段位置)来实现,这种限制检索也被称为"限定字段检索"。限定检索字段的方式有2种。

(1)检索命令方式　检索命令方式使用系统规定的字段检索符号及字段代码。例如:在Science Direct数据库中查找摘要含有“wheat”的文献,可在检索框中输入检索提问表达式:AB(wheat);若查找题名含有“wheat”的文献,在检索框中输入检索提问表达式:TI(wheat)。

(2)菜单选择方式　菜单选择方式是在检索界面字段列表的下拉菜单中进行选择,如图1-1所示。

图 1-1　菜单方式选择字段

2. 二次检索

除限定字段检索外,进行限制检索的另一种常见形式是“二次检索”,即在提供给用户的检索结果中进行再次检索。二次检索是在一次检索的检索结果中运用“与、或、非”进行再限制检索,以得到理想的检索结果。图1-2所示界面中“结果中检索”即为二次检索。

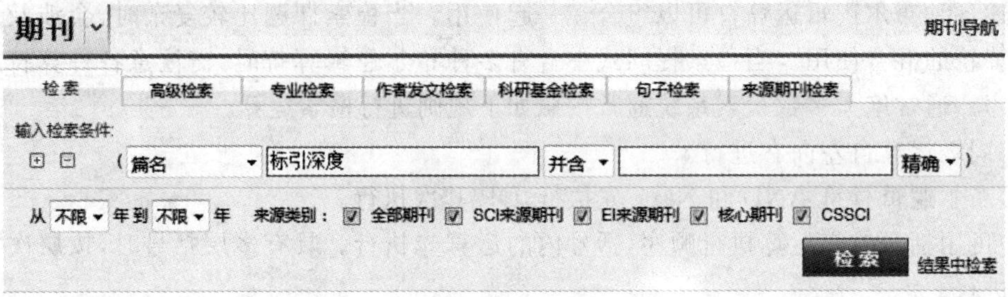

图 1-2　二次检索

1.4.3　截词检索

截词检索也称“模糊检索”,指在检索式中用专门符号(截词符号)来表示允许检索词的某部分有一定的词形变化。在截词检索中,检索词不变部分加上由截词符号所代表的变化部分构成合法检索词。截词检索的主要目的是提高信息检索的查全率。不同的数据库和搜索引擎有不同的截词符号,常见的截词符号有“?”“*”“+”“$”等。截词检索包括以下几种类型。

(1)右截词　又称后截词、前方一致。允许检索词的词尾有若干变化,右截断主要用于词的单复数、年代、作者和同根词。例如“comput*”将检索出computer、computers、computerized、computerization等结果。

(2)中间截词 又称中间一致。允许检索词中间有若干变化,中间截断是为解决有些单词的英、美拼写方式不同,或者有些词在某个元音位置上出现的单、复数不同而设置。例如 wom*n 将检索出 woman、wowen 等结果。

(3)左截词 又称前截词、后方一致,允许检索词的词前有若干变化,例如 *physics 就可检索到 physics、astrophysics、biophysics、geophysics 等结果。

1.4.4 词间位置检索

词间位置检索是指在检索词之间使用位置算符来规定算符两侧检索词出现在记录中的位置,用以检索含有检索词且检索词之间的相对位置也符合特定要求的记录,以确保检出文献的相关性。一般情况下,不同的数据库检索系统所支持的位置算符有所差异。下面介绍几个常见的位置算符。

1. W 算符

W 是"With"的缩写,表示算符两侧的检索词相邻,且两者之间只允许有一个空格或标点符号,不允许有任何字母或词,词的顺序不能颠倒。例如:"computer(W)control"表示包含"computer control"或"computer-control"等的文献记录将被全部命中。

2. N 算符

N 是"Near"的缩写,表示算符两侧的检索词相邻,且两者之间只允许有一个空格或标点符号,不允许有任何字母或词,词的顺序可以颠倒。如:"computer(N)control"可以检索出"computer control"和"control computer"等。

3. nW 和 nN 算符

"nW"和"nN"算符分别是"W""N"算符的扩展,表示算符两侧的检索词之间最多允许插入 n 个词(实词或虚词),n 为自然数,但不能太大,一般不超过 5,否则将失去意义。如:"computer(1W)control"表示检索词 computer 和 control 之间最多可以插入 1 个词,且两者的顺序不能颠倒;"computer(1N)control"则表示检索词 computer 和 control 之间最多可以插入 1 个词,两者的顺序可以颠倒。

除上述常用的位置算符外,还有"S"和"F"算符。其中,"S"是"Sentence"的缩写,表示其两侧检索词必须出现在文献记录的同一句子中,但不限制它们在该句中的相对位置;"F"含义为"Field",表示其两侧检索词必须出现在文献记录的同一字段中,但不限制它们在字段中的相对次序、位置和距离。

1.4.5 全文检索

全文检索是指直接对原文进行检索,这种检索深入原文内容之中,扩展了检索面,使用户直接面对文献内容,检索更直接、更彻底。全文检索技术通常用于全文数据库以及搜索引擎中,使用全文检索可以提高查全率,但直接从原文查找检索词,会同时检索出很多与查找愿望不相关的结果。因此,通常情况下,在检索其他字段未能得到满意结果的情况下才会考虑使用全文检索。

另外还有嵌套检索、大小写敏感、禁用词等检索技术。

1.5 信息检索策略

1.5.1 信息检索策略概述

检索步骤的科学安排称为检索策略，它是为实现检索目标而制定的全盘计划或方案。广义上说，计算机信息检索策略一般包括课题分析（需求与概念分析）、将概念转化为检索词、构造检索式、选择相关信息资源、选择检索入口检索、调整检索策略等部分；狭义的计算机信息检索策略则仅指构建检索式环节，包括检索式的确定、运算符的选择、检索字段的设定及限制选项的设置等。

1. 积木型检索策略

把检索课题剖析成若干个不同的概念面，逐个查找各个概念面；在每个概念面检索时尽可能列举同义词、近义词和相关词，用 OR 连接，构成针对每个概念面的检索式，即多个子检索式；最后根据课题要求，选用合适的布尔逻辑算符把所有检索式连接起来，构成一个总检索式。

2. 逐次逼近型检索策略

先用一个较宽泛的检索式，确定一个范围较广的命中文献初始集，然后逐步用各种检索限制或限定措施，逐步提高检索式的专指度，缩小命中文献集，直到得到最接近课题主题、且数量适宜的文献集为止。

3. 最专指面优先检索策略

先从课题中最专指的概念面入手检索，得到初步结果后再决定是否加入其他概念面。这些其他概念只有在提高查准率时才要加入，各概念面在检索式中呈逻辑与关系。如果命中文献太少，通常不需要在检索式中再加入其他概念面。

1.5.2 信息检索策略构建

1.5.2.1 分析检索课题

对一个检索用户来说，对检索课题进行分析，是下一步制定检索策略的前提和基础。其目的是让用户搞清楚自己的检索需求和检索概念，要解决哪些问题，因此要弄清以下几个方面。

(1)明确检索目的。一般来说，用户的信息需求和检索目的包括以下几类。

①需要某一课题的系统详尽信息。包括掌握其历史、现状和发展，如撰写硕士、博士论文，申请研究课题，进行科技成果查新，鉴定专利，编写教材等。这类需求要求检索得全面、彻底，检索的资源多，覆盖的时间年限长。

②需要某个课题的最新信息。这类需求的用户通常一直对某个课题进行跟踪研究，或从事管理决策、工程工艺的最新设计等工作。如果是这样的检索目的，需要检索的资源则必须是更新速度较快的资源，如联机数据库、网络数据库、搜索引擎检索等，覆盖的年限也应比较短。

③了解一些片断信息，解决一些具体问题。带有这类需求目的的用户通常比较多。例如写一般论文时，针对某个问题查找一些相关参考资料；或进行工程设计施工时需要一些具体数

字、图表、事实数据等;或查找某个人的传记、介绍,某个政府机关或商业公司的网页,某个术语的解释等。这类需求不需要查找大量资源,但必须针对性很强,结果必须准确,速度要快。解决这类需求,除数据库外,网上搜索引擎、专题 BBS 都是可供使用的资源。

(2)明确课题的主题或主要内容。要形成若干个既能代表信息需求又具有检索意义的主题概念,包括所需的主题概念有几个、概念的专指度是否合适,哪些是主要的,哪些是次要的,概念之间的关系如何等。

(3)搞清楚课题所涉及的学科领域,是否是跨学科研究,以便按学科选择信息资源。

(4)所需信息的数量、语种、年代范围、类型等具体指标。

1.5.2.2　选择信息检索系统

通过对检索需求和目的的分析,选择合适的信息检索系统,主要确定以下几个方面。

(1)是否检索所有与检索课题相关的资源,如果是,则不但要考虑检索一次文献和二次文献数据库,而且对于网上其他资源,如搜索引擎/分类检索指南、学科导航、专题 BBS 等也要查询。

(2)选择哪些学科的信息资源:例如查找农业方面的信息,则可能会涉及生物方面的信息资源,因此要特别注意跨学科检索的问题。

(3)选择哪些语种的信息资源:是中文还是西文,或是二者兼顾。

(4)信息资源覆盖的年限是否符合需求:大多数数字信息资源覆盖的年限都是近 30 年的内容,如果需要更早的资料,就要考虑手工检索的问题;还有些数据库由于更新速度的原因(例如光盘数据库,或数据加工的速度不够快),无法提供最新信息,这时更多地使用其他一些相关数据库(如内容相近的网络数据库)或其他网络资源来互为补充。

(5)信息检索系统的特点及其针对性如何:必须了解所选信息检索系统的查询特点是否与自己的信息需求相吻合。例如,查询某个机构或公司网页,最好使用搜索引擎;查询新闻时事,则可以通过一些新闻网站;查找学位论文,一定要使用学位论文数据库。

1.5.2.3　确定检索词并构造检索式

检索式是用来表达用户检索提问概念和策略的逻辑表达式,由基于检索概念产生的检索词和各种组配算符构成。检索式的好坏决定着检索质量的高低。检索词可以是一个单元词,表达一个单一概念;也可以是一个或多个词组,表达多个概念。检索词可以由检索用户提出,也可以在数据库的受控词表(主题词表、分类表等)中选择,在人工检索语言和自然检索语言并用的数据库中,最好先浏览一下主题词表、叙词表和分类表,二者并用,以保证查全、查准。组配算符通常有布尔逻辑算符、截词符(通配符)、位置算符、嵌套算符(优先算符)几种。

例如,在 SCI 数据库,对题为“磁悬浮控制算法”的检索课题,可以将其检索式设计为 magnet * AND(suspens * OR levital *)AND control * AND(program * OR algorithm * OR function *)。

1.5.2.4　调整检索策略

检索策略输入检索系统后,系统响应的检索结果不一定能满足课题检索的要求,或检出文献过多,而且不相关文献所占比例较大;或检出文献太少,有时甚至为零。这时就需要调整检索策略,扩大检索范围或缩小检索范围。一般将检索范围设置得太小、命中文献不多、需要扩大检索范围的方法称为扩检,而将检索范围设置得太大、命中文献太多、需要缩小检索范围的方法称为缩检。扩检与缩检是检索时经常面临的问题。调整检索策略之前，首先要分析造成检索结果不理想的原因。

(1)输出篇数过多　应分析是否由以下原因造成：选用了多义性检索词、截词截得过短、输入检索词太少；应使用“与”运算符的时候错用“或”运算符；优先运算符（括号）使用错误等。

(2)输出篇数过少　应分析是否由下述原因造成：检索词拼写错误、遗漏重要的同义词或隐含概念、检索词过于冷僻具体、选用了不规范的检索词、没有使用截词运算符，对所选检索词的截词截得太长、位置运算符和字段运算符使用过多、“与”运算符使用过多。

针对上述原因，如果是属于需要扩大检索范围、提高文献查全率的，调整检索策略的方法有：

(1)减少逻辑与运算符的使用，增加同义词或同族相关词，多使用逻辑或运算符。

(2)在词干相同的单词后使用截词符。

(3)去除已有的字段限制、位置算符限制（或者改用限制程度较小的位置算符）。

如果属于缩小检索范围、提高文献查准率的，调整检索策略的方法有：

(1)减少同义词或同族相关词。

(2)增加限制概念，用逻辑与运算符将它们连接起来。

(3)使用字段限定，限定检索词在指定的基本字段或者指定的辅助字段出现，限制检索结果的文献类型、语种、出版国家、时间等。

(4)使用适当的位置算符。

(5)使用逻辑非运算符，排除无关概念。

1.6 信息检索功能

所谓检索功能，是指检索系统在检索界面上提供给检索用户的基本功能。比较通用的检索功能有：浏览、索引、简单检索、高级检索、自然语言检索、多媒体检索等。

1.6.1 浏览

在英文数据库，浏览功能通常用 Browse 表示。该功能是人工检索语言的应用与延伸，由系统提供一个树状结构的概念等级体系，用户可以沿着这棵“树”进入不同分支，到达叶子节点，并在节点看到检索结果列表。浏览功能最重要的作用就是为用户提供一个知识体系，让用户可以俯瞰全貌，了解某一方面信息的总体情况。

浏览时可以根据系统使用的人工语言标引情况，先构造“树”，再抽取有效数据，如主题浏览、分类浏览；也可以在信息著录基础上，反过来构造树状体系，例如文献类型浏览（根据标引的文献类型确定）。任何一个标引字段都可以提供浏览功能，关键是要构建一棵合理的概念“树”。最常见的浏览体系是在电子期刊检索中，通常先按分类类目浏览期刊（图 1-3），再按浏览期刊的某年、卷、期（图 1-4）。随着检索技术的发展，浏览和检索也正在逐步结合起来，即在浏览的同时，对选定类目进行检索，也称为浏览搜索法。

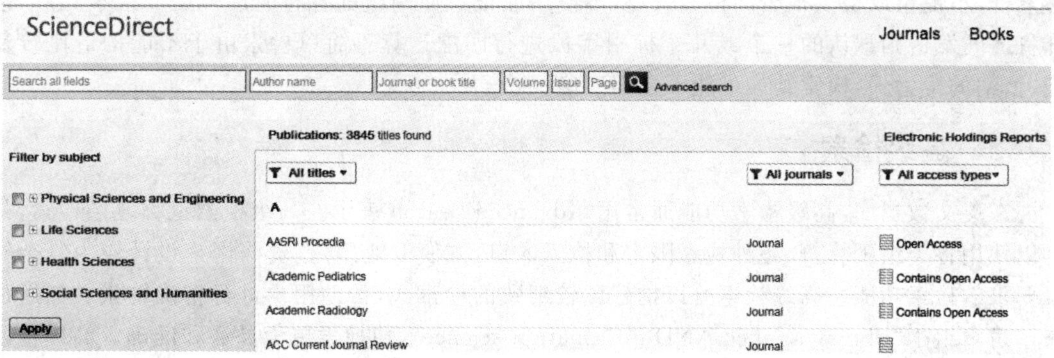

图 1-3　按学科浏览期刊(引自 Science Direct 数据库)

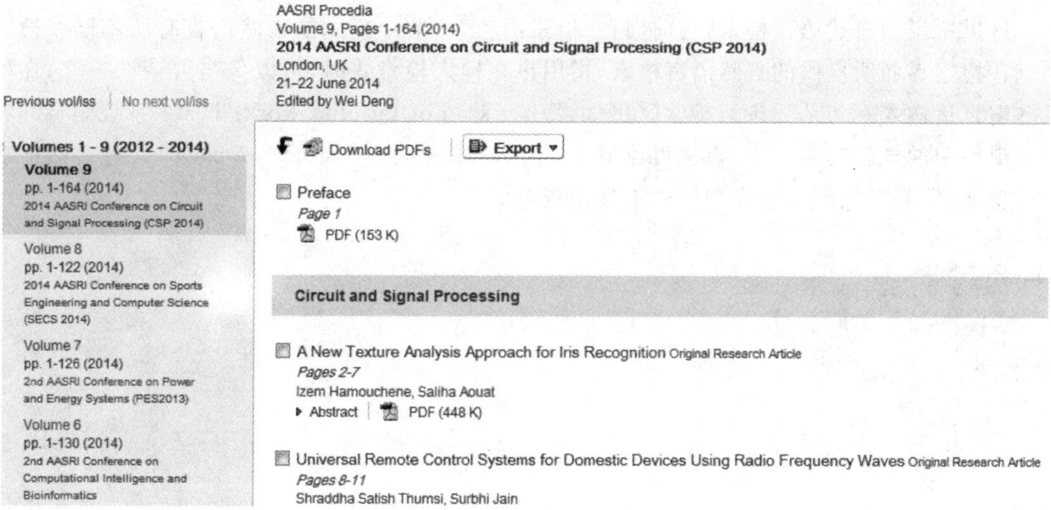

图 1-4　浏览某期刊的各期

1.6.2 索引

在英文数据库,索引功能通常用 Index 表示。该功能是一个线性表单,可以将任何一个标引字段中的概念按字母顺序不分等级地线性排列起来,不分等级。用户通过检索,可以在索引系统中定位任意位置,并浏览在这个位置附近的所有词语,进而查询与所需词语对应的结果列表。索引的种类很多,如人名索引、出版物索引、地名索引、主题索引、机构索引等。

索引与浏览最大的不同在于浏览提供给用户一个树状结构概念体系,而索引是一个简单的线性列表。但在检索界面上,索引和浏览有时合而为一,统称为浏览,用户在界面上看不到严格区分的索引和浏览功能,只在使用时有所不同。

1.6.3 简单检索

简单检索又称为基本检索(Basic Search)、快速检索(Quick Search),即为用户提供一个简单的检索界面,帮助非专业或初入门用户方便地提交检索式。简单检索页面上通常只有一个检索框，不提供或提供很少的检索入口，不使用或很少使用组配算符。用户提交检索式后，系统将提问发送到默认的一个或几个标引字段进行匹配运算。简单检索由于不能构造比较复杂、精细的检索式，检索结果可能不是很准确。

1.6.4 高级检索

在英文数据库，高级检索功能通常用 Advanced Search 表示。高级检索也称复杂检索，是可以使用各类组配算符、各种检索限定和检索入口，方便专业用户、资深用户设计较为复杂检索要求的检索功能。高级检索可以构建比较细致的检索式，帮助用户进行精确检索。如通过布尔逻辑组配“library science AND information science”，使检索更为灵活和准确。高级检索的检索技术部分参见本章前文的“检索技术”部分。

1.6.5 自然语言检索

这里所说的自然语言检索，与前面在“检索语言”一节中提到的自然语言有所不同。检索系统在检索界面所提供的自然语言检索，指用户在输入检索式时，可以像与人谈话一样，在检索框内直接输入一句话后进行检索。例如：What kind of farming works best? 系统则自动将用户提问中的概念提取出来，再去匹配答案。OvidSP 平台的“Basic Search”即具有自然语言检索功能，但其自然语言检索功能尚不具备查全效果。

第 2 章　参考数据库

2.1　参考数据库概述

2.1.1　参考数据库的含义

参考数据库是指通过对各类文献的再加工和过滤，如编目、索引、摘要、分类后形成的包含各种数据、信息或知识的原始来源和属性的数据库。

2.1.2　参考数据库的特点和功能

参考数据库具有内容全面、情报源广、信息量大、时效性强、报道迅速、数据结构简单、记录格式固定、生产费用相对较低、连续性累积性强和索引系统完备等特点。

早期的参考数据库通常是针对印刷型出版物而开发，是文摘索引型期刊和图书目录实现计算机化生产的产物。随着网络和数字资源的发展，参考数据库已逐步发展为网络版，而且不再仅仅针对印刷型出版物，网上的任何数字资源，如电子期刊、电子图书、学位论文、会议录、网站、人物、数据等，都可通过参考数据库来揭示、报道和检索。

但是，随着计算机和网络技术的发展，以及全文数据库广泛运用的冲击，参考数据库的检索功能正逐渐淡化，转而充分运用自身的数据量大、累积性强、知识框架清晰等优势，发挥出了更多引文分析、全文链接、文献评价等增值服务功能。

(1)全文链接　在图 2-1 所示界面，点击“Full Text”按钮，即可由二次文献界面链接跳转至文献全文界面，实现由二次文献到一次文献的全文链接。

(2)引文评价　在图 2-2 所示界面，点击“创建引文报告”，即可对某组文献进行引文评价，实现对文献、科研成果、科研工作者、科研机构、学科等的引文评价功能。

(3)跨库检索　在图 2-3 所示界面，选择 2 个及以上数据库，即可对 CAB Abstracts、AGRICOLA、AGRIS 等数据库进行跨库检索，实现多个数据库联合查询的跨库检索功能。

(4)统计分析　在图 2-4 所示界面，设置显示选项、选择依据排列字段和排序方式后，即可实现对检索结果的各类统计分析。

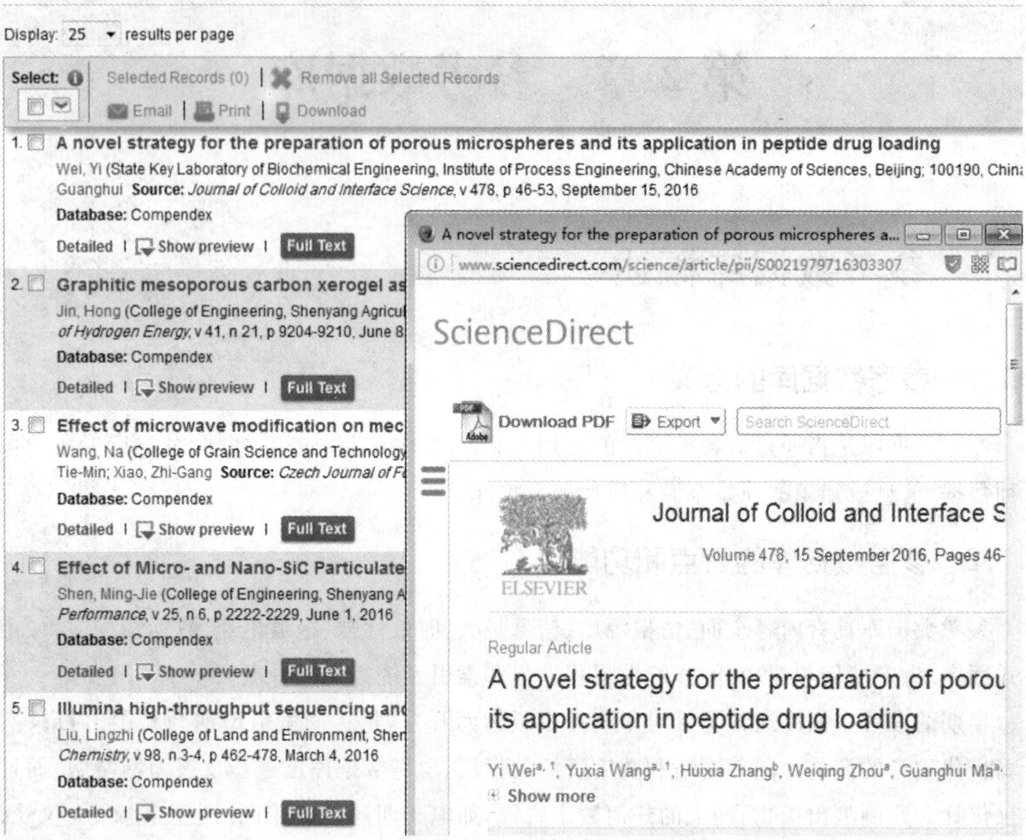

图 2-1 全文链接功能(引自 EI 数据库)

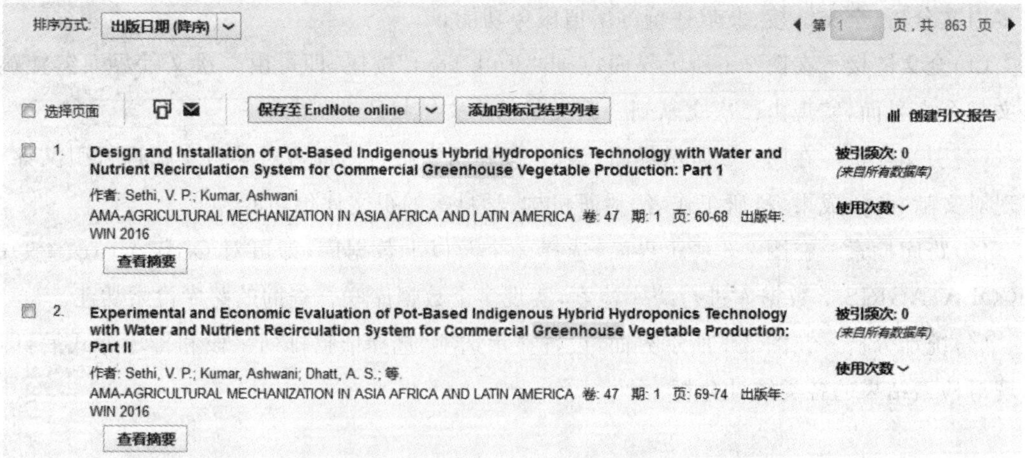

图 2-2 引文分析(引自 WOS 数据库)

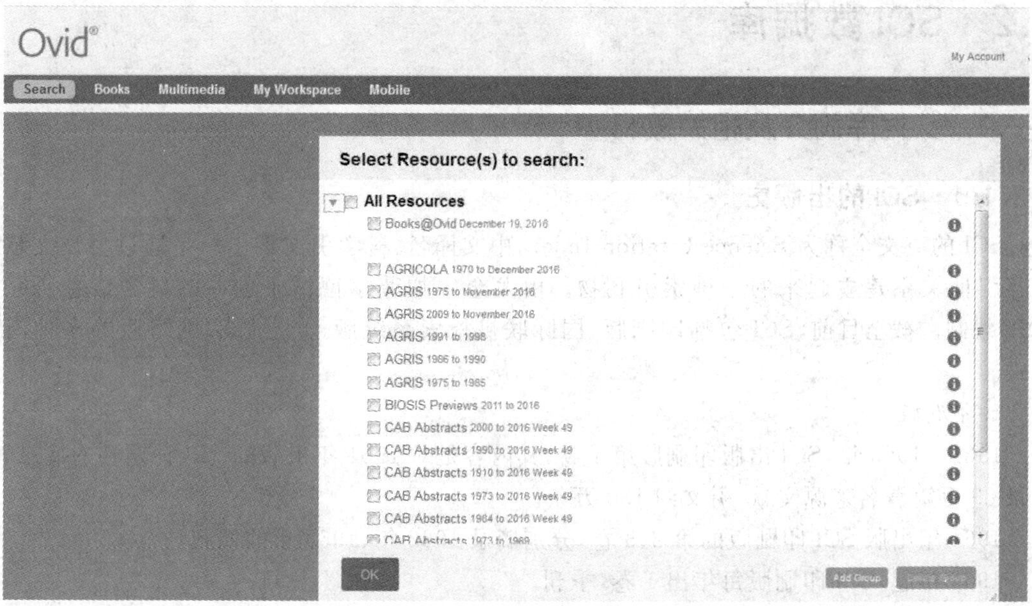

图 2-3　跨库检索(引自 OVID 数据库)

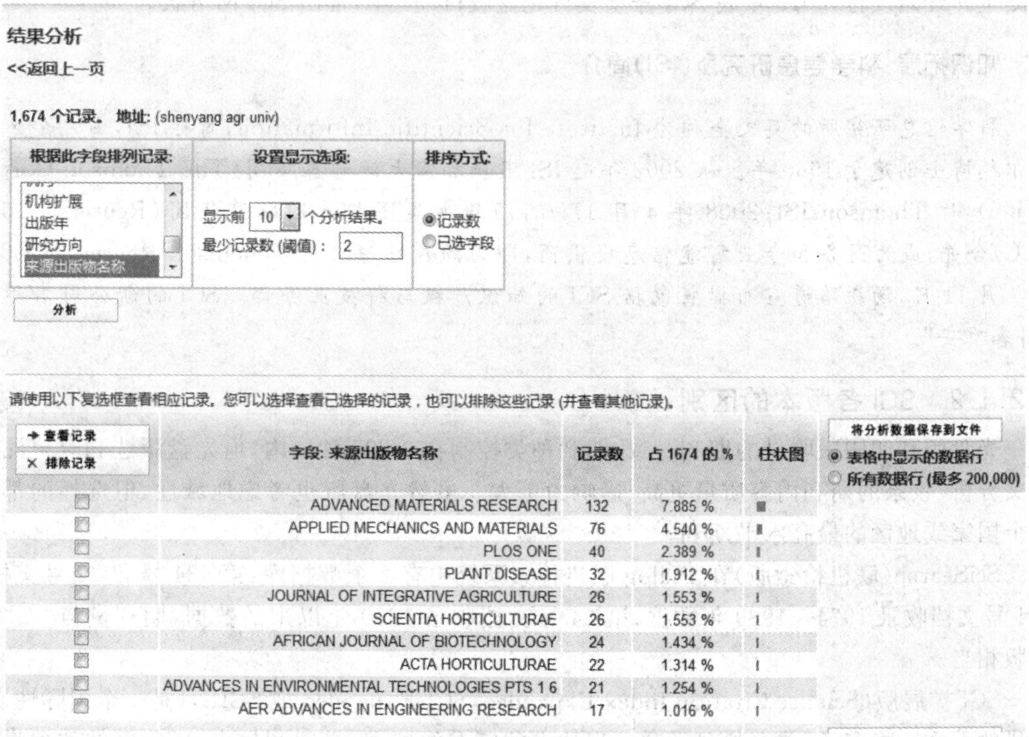

图 2-4　统计分析(引自 WOS 数据库)

2.2 SCI 数据库

2.2.1 数据库简介及相关概况

2.2.1.1 SCI 的出版史

SCI 的英文全称为 Science Citation Index,中文译名《科学引文索引》,是通过科技文献间相互引证关系建立起来的一种索引刊物。由尤金·加菲尔德博士创办的科学信息研究所(ISI)编制。截至目前,SCI 包括印刷版、国际联机检索系统版、光盘版和网络版等多种出版形式。

1. 印刷版

1961—1963 年,SCI 出版印刷版第 1 卷,其内容是对 1961 年出版的 613 种期刊的摘录,共收录 89 万篇署名来源文献,引文约 130 万条。

1964 年出版 SCI 印刷版的第 2、3 卷,分别摘录 1962 年、1963 年的期刊。

1965 年起,SCI 印刷版每年出 1 卷,季刊。

1979 年起,SCI 印刷版改成双月刊,并有年度累计本和 5 年度累计本。

2. 其他版

1974 年,SCI 进入 Dialog 国际联机检索系统,面向全球提供联机检索;1988 年,SCI 光盘版诞生并开始发行,2013 年底 SCI 停止发行光盘版;1997 年,推出 SCI 网络版。

知识拓展:科学信息研究所(ISI)简介

科学信息研究所的英文全称为 Institute for Scientific Information,简称 ISI,由尤金·加菲尔德博士创建于 1960 年。从 2002 年起 ISI 隶属加拿大汤姆森集团(The Thomson Corporation),称 Thomson ISI;2008 年 4 月 17 日,汤姆森集团与英国路透集团(Reuters Group PLC)合并,成为商务和专业智能信息提供商,即为汤森路透公司(Thomson Reuters)。2016 年 7 月 11 日,汤森路透宣布抛售包括 SCI 的知识产权与科技业务部。SCI 的新公司名称是"科睿唯安"。

2.2.1.2 SCI 各版本的区别

光盘版和印刷版收录的期刊一致,期刊种类控制在 3 800 种以内,但光盘版选刊时更注重引文分析,收录的期刊内容质量更高、影响力更大。虽然光盘版也考虑地域性,但选择的都是每个国家或地区的最高水平期刊。

SciSearch(联机检索版)在 Dialog 联机检索系统中有 2 个数据库:第 434 号和 34 号文档,434 号文档收录 1974—1989 年数据,第 34 号文档收录 1990 年以来的数据,期刊量与 SCI 扩展版相当。

SCI 扩展版(Science Citation Index Expanded,SCI-Expanded 或 SCIE),是一个国际性、多学科的引文数据库,涵盖自然科学和工程技术的所有领域,收录期刊最多,所收录的数据最早回溯至 1899 年。随着网络版的普及,目前各机构基本以 SCIE 作为学术统计和评价的标准。

除了内容方面的差别,各种版本的使用方法也有较大不同。网络版借助强大的网络功能,检索更便捷，查询更全面，尤其具有灵活的各类链接，可以节省查询步骤。光盘版虽功能不如网络版强大，但其检索较为精确，又不受网络传输速度等的限制，也有其独特优势。联机检索系统中的 SCI 适合专业检索人员使用，可以组织各种精确复杂的检索表达式，结果通常十分准确，但联机检索系统一般都很昂贵。

2.2.1.3　SCI 选刊标准

1. 出版标准

考虑期刊的时效性和国际编辑体例，同时考虑期刊是否有英文文献编目信息和同行评议制度。

(1)时效性　期刊按照固定出版周期及时出版，此原则下，评估团在完成评价前必须能按时收到被评估出版物的 3 期期刊。

(2)国际编辑惯例　建立 SCI 数据库的基本目的是使用户通过该数据库检索得到他们所需文献，因此，期刊编辑是否遵循国际体例，即是否具有规范的期刊名称，是否有描述性的论文标题、完整的作者地址信息和完整的参考文献编目信息，非常重要。

(3)英文文献编目信息　最好提供英文题名、文摘、主题词、英文参考文献和音译作者姓名等信息。

(4)同行评议制度　通过同行评议过程，可以保证期刊论文的质量，也能保证参考文献的完整性。

2. 编辑内容

编辑人员会时刻关注 SCI 数据库是否覆盖了随着科学研究发展而不断涌现的新专业、新领域，如果没有，则会增加该领域期刊，丰富数据库内容。

3. 国际多样性

科学研究是全球化的，因此，SCI 数据库在考察期刊时不但看论文水平，也要看其国际化程度，如作者和编辑是否来自多个国家。

4. 兼顾地域性

为了全面反映全球范围内科学研究和发展情况，并保持对每个学科范畴的平衡收录，SCI 也力求收录最优秀的地域性期刊。在评估一种非国际化的地域性期刊时，SCI 数据库会考察期刊内容，如果数据库中还没有收录该区域同类期刊，则认为有必要收录该期刊。

5. 引文分析

SCI 数据库通过引文数据衡量期刊的应用情况、重要性和影响力。但是，由于新期刊并没有引文历史，因此，SCI 在用引文数据评价期刊时，对新期刊和发行数年期刊所采取的方式各有不同。评价新期刊的方式是利用引文数据对新期刊中的主要作者或编委会成员进行评估，分析他们以往发表在其他期刊的论文被引用情况，从而判断这本新期刊是否能吸引那些高质量论文和高被引作者；评价已发行数年期刊的方式是通过引文数据计算该期刊的影响因子、引文量以及立即指数等重要引文分析指标。

2.2.1.4　SCI 数据库的特点

(1)收录面广，综合性强　SCI 数据库收录自然科学方面 250 多个学科的数据，主要涉及以下领域：农业、天文学、生物化学、生物学、生物工艺学、化学、计算机科学、材料科学、数学、内科学、神经系统科学、肿瘤学、小儿科、药理学、物理学、植物学、精神病学、外科学、兽医学、动物学等，主要侧重基础理论研究。

（2）权威度高　SCI数据库以文献计量学为依据，根据文献之间的引证与被引证关系，选录被引频次排名靠前的期刊，其来源期刊更新频率为年更新。SCI期刊均是自然科学各领域的高质量核心期刊，权威度很高。

（3）编制独特　SCI和一般的参考数据库不同，它是应用引文索引原理编制的数据库。其内容除了包括论文本身的各项信息外，还将参考文献即引文作为重要的对象和检索点加以揭示与反映，因而形成了一种独特的编制方法。

（4）功能强大　SCI数据库的功能十分强大，除了能够进行一般的检索之外，其引文索引能够揭示文献之间的相互关系，将相关领域的文献很好地组织和联系起来，使用户无形中获取了很多有价值的检索结果，实现了扩展检索功能。另外，随着新兴学科、边缘学科以及学科交叉情形的不断出现，仅靠范畴和主题限制有时会漏掉重要的检索结果，而从引文索引角度进行检索，无论涉及哪个学科或领域，只要它们之间存在引证或被引证关系，便可被检索出来，保证了检索的全面性。

2.2.2 SCIE数据库检索

2.2.2.1 Web of Science(WOS)检索平台简介

WOS是ISI公司于1997年推出的组合检索平台，由SCI、SSCI（社会科学引文索引）、A&HCI（艺术与人文科学引文索引）、CPCI（科技会议录引文索引）、BKCI（图书引文索引）、Current Chemical Reactions、Index Chemicus等共7个数据库组成，内容包含来自自然科学、社会科学、艺术及人文科学等多学科领域具有高影响力的1.2万种期刊、超过12万种国际会议录以及书籍、丛书、报告和其他出版物的信息。

2.2.2.2 检索功能

1. 基本检索

图2-5是WOS的基本检索界面，点击“添加另一字段”可增加输入框。在图2-5界面，选择检索字段和布尔逻辑算符，并输入检索词后即可实现检索。系统设置了如下主要检索字段：

（1）主题　该字段是复合字段，包括标题、摘要、作者关键词以及扩展关键词（Keywords Plus）字段。其中，扩展关键词字段是由汤森路透创立的一种索引方式，其索引词来自文章参考文献题名中的重要词汇。

①主题字段下可按任意顺序输入检索词。即输入“radioactive decay”和“decay radioactive”的效果相同。

②可使用精确匹配、逻辑算符、截词符等检索技术，支持中截断和后截断检索，系统自动识别单复数。

（2）标题　是指期刊文献、会议录论文、书籍或书籍章节的标题。可使用逻辑算符、截词符等各种检索技术。

（3）作者　可检索包括文章作者、书籍作者、团体作者、书籍团体作者、发明人在内的所有相关作者和编者。输入格式为：作者姓氏的全称＋空格＋名字的首字母；也可只输入姓，在姓后加截词符；还可以用姓名的全拼格式。例如：李天来的姓名输入方式包括 LI TL、

图 2-5　SCIE 网络数据库的基本检索界面

LI＊、LI TIANLAI 等。

(4)作者识别号　作者识别号是指 Researcher ID 标识符或 ORCID 标识符。其中，Researcher ID 字段的内容包含作者姓名、作者 Researcher ID 和转至 Researcher ID. com 上该作者出版物列表的链接，ORCID 标识符是目前使用最广的“全球科研人员的学术身份证”，是免费的、全球唯一的 16 位身份证识别码。Researcher ID 着重对作者的展示以及对其著作的分析，ORCID 着重对作者的标识。作者识别号，无论是 Researcher ID 标识符，还是 ORCID 标识符，都具有唯一性，可以检出唯一作者的全部文献。

(5)团体作者　具有来源出版物(如期刊文献或书籍)著作权的组织或机构。输入团体作者的姓名，可以检索全记录中的“机构作者”和“书籍团体作者”字段。

(6)编者　编者指数据库所收录的与来源文献(例如期刊文献、会议论文等)相关的所有编者姓名，检索格式与个人作者编写格式完全相同。

(7)出版物名称　出版物名称包括期刊名称、书籍名称和丛书名称等，可通过完整或部分出版物名称检索，如果输入出版物的部分名称，需要使用截词符(＊)。输入出版物名称时，系统会同时检索其英语和原语种标题的出版物名称。

(8)DOI　DOI 是一种用于永久标识和交换数字环境中知识产权的系统，由前缀和后缀两部分组成，前缀和后缀之间用“/”分开，并且前缀以“. ”再分为目录代码和登记机构代码两部分。检索 DOI 字段，可使用截词符(＊)。

知识拓展:国际数字对象识别号基金会

国际数字对象识别号基金会(IDF)成立于1998年,属非营利组织,是DOI系统的行政主体,目的在于保障与DOI系统相关的知识产权,推广DOI的运用,并确保DOI系统的一切改进。目前,存在数千万个已经分配并解析的DOI号码、8个RA(DOI注册代理机构)和几百个使用单位,跨越了美国、欧洲和澳大利亚以及一些非英语国家,应用领域也扩展到政府部门。国外Elsevier、Blackwell、John Wiley、Springer等大型出版商也大多使用DOI对数字资源进行标识,形成了比较完整的命名、申请、注册、变更等管理机制。2007年初,中国科学技术信息研究所和万方数据联合向IDF申请取得了DOI的中文注册权,并在此基础上成立了中文DOI注册中心,成为中文信息服务领域的第一个国际DOI基金会组织下的中文代理机构,负责运作中文DOI的推广与应用,万方数据研究院则是注册中心的日常管理基地。

知识拓展:DOI码的组成

DOI是一套识别涵盖视频、报告或书籍等数字资源的机制。DOI号码是数字时代的"身份证"号码,数字对象唯一性是其典型特征。DOI号码由前缀和后缀两部分组成,前缀和后缀之间用"/"分开,如DOI号10.1016/j. foodchem. 2016. 05. 126中,"10. 1016"部分为其前缀,"j. foodchem. 2016. 05. 126"为其后缀。

DOI码前缀由国际数字对象识别号基金会确定,包括目录代码和登记机构代码两部分。以DOI号"10. 1016/j. foodchem. 2016. 05. 126"为例,"10."是其目录代码(所有DOI的目录都是"10.",即所有DOI代码都以"10."开头),"1016"是其登记机构代码(任何想登记DOI的组织或单位都可以向IDF申请登记机构代码,登记机构代码的分配非常灵活,一个出版商可以为其所有的信息资源只申请一个前缀,也可以为其数字图书、音像制品各申请一个前缀)。

DOI码后缀由资源发布者自行指定(DOI后缀在一个特定前缀下具有唯一性,由登记机构分配并确保其唯一性),后缀可以是任何字母数字码,也可以是一个机器码,或者是一个已有的ISBN号或ISSN号等规范码。

(9)出版年　出版年检索可以检索特定年份或某一年代范围发表的文献,年份输入为4位数。例如:2008或2005—2010。出版年字段必须与其他字段组配使用,例如在进行主题、标题、作者或出版物名称检索时,若与出版年或出版时段组配,可以缩小检索范围,出版年检索允许的最大跨度为10年。注意:检索时输入的年代指文献出版时间,检索界面所选择的年代检索范围则指文献入库时间。

(10)地址　作者所在的机构名称和地理位置。将地址与作者组配检索可得到精确检索结果。在地址字段检索中,使用SAME运算符,可使其检索词位于同一地址,而不仅仅是位于相同字段。例如检索策略"(Shenyang Agr Univ)SAME Hort",其检索结果仅是沈阳农业大学园艺学院的文献;检索策略"(Shenyang Agr Univ) AND Hort",其检索结果既包括沈阳农业大学园艺学院的文献,又包括沈阳农业大学其他学院与外校园艺学院合作完成的文献。注意:地址字段必须以检索词的缩略词进行检索,系统为地址检索设置了缩略词表可供查看,2015年汤森路透对全球范围内超过5 600多家的一级机构名称做了归并统一处理,如Shenyang Agr Univ是沈阳农业大学在WOS的唯一规范化名称。

2. 高级检索

此处的高级检索(图 2-6),其实是指命令检索,可以灵活编写检索式,但检索式中的每个检索词都必须用字段标识指明检索范围,字段标识只能用英文表示;不同字段之间必须用布尔逻辑运算符连接,允许使用截词符、括号等各种检索技术,可进行检索式的组配检索。如检索式:AD=((Shenyang Agr Univ) SAME (Hort OR Vegetable OR Fruit OR Herbal OR Prataculture OR Grass OR (Ind Agr) OR Cruciferou)),可执行高级检索。

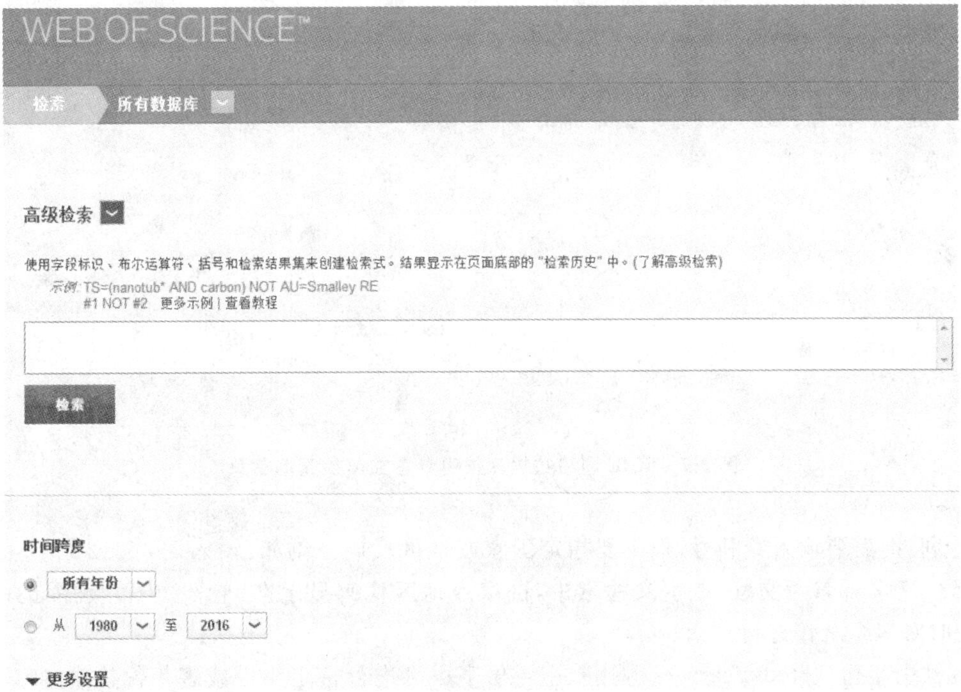

图 2-6　SCIE 网络数据库的高级检索界面

3. 被引参考文献检索

被引参考文献检索(图 2-7 至图 2-9),也称引文检索,可以了解某个已知概念、观点或创新所获得的认可,并可了解其应用、改进、扩展或纠正的过程。

(1)检索字段　引文检索提供了被引作者、被引著作、被引年份、被引卷、被引期、被引页和被引标题字段(图 2-7)。

①被引作者(Cited Author)　被引作者输入格式和基本检索中的作者输入格式相同。可使用算符 OR 同时检索多位作者的引用情况。需要说明的是:一部分被引文献没有被 SCIE 收录,对于这些引文只有第一作者信息,因此用第一作者检索会得到更准确的结果;如果被引文献本身是期刊文献,且被 SCIE 收录,可以用第一作者以外的其他作者检索。注意:作者检索最多可输入 15 个字符,如果姓氏所含字符多于 15 个,则后面部分用截词符(*)表示剩余的字符。

②被引著作(Cited Work)　被引著作需要输入缩写格式进行检索,若所输入缩写格式与数据库内描述不符,将会得到错误结果,因此,进行期刊或书籍著作检索时建议更多地使用截词符(*)。例如:输入 COMM*MOD*,可以检索到著作"Comments on Modern Physics"。如果被引著作是 SCI 收录的期刊文献,可参考引文检索页面的"期刊缩写列表";如果被引文

图 2-7　SCIE 网络数据库被引参考文献检索的首页

献为专利，则需要输入专利号，但不要指定国家或地区代码。例如：输入 5345712 可查找专利号 JP5345712 的参考文献，在引文检索中，国家或地区代码显示在"卷"栏中。使用布尔算符 OR 同时对多个著作进行检索。

③被引年份(Cited Years)　利用被引年份字段可进行特定年份或多年份检索，年份输入格式为 4 位数字，可使用算符 OR。例如：2005 OR 2008；2005—2008。注意：检索被引年份时，只能与被引作者和(或)被引著作组配检索。提示：在进行特定文献引文检索时，最好不指定被引年份，因为同一篇被引参考文献会有不同形式，尤其是书籍，由于各种原因会出现不同的年份。

④被引卷、期、页　被引文献卷、期、页字段最好与被引作者、被引著作组配检索，直接输入卷号、期号或页码即可。

⑤被引标题　是指期刊文献、会议录论文、书籍或书籍章节的标题。

(2)引文检索过程　首先，按主要被引作者姓名、被引著作的缩写名称检索，得到一组被引参考文献。如图 2-8 为被引作者是"Li tianlai"的一组被引参考文献。其次，在图 2-8 页面，选择所需进一步了解引文过程的目标文献，再单击"完成检索"按钮，页面显示的检索结果即为施引文献，如图 2-9 即为图 2-8 页面中第 3 篇被引参考文献的 5 篇施引文献列表。施引文献检索结果显示格式与该数据库中其他检索方式所产生的检索结果相同。

4. 作者检索

在作者检索功能下，提供通过"作者姓氏全称""作者姓氏全称＋名字首字母(最多允许输入前 4 个字母)""作者姓氏全称＋名字首字母＋作者所从事研究领域""作者姓氏全称＋名字首字母＋作者所从事研究领域＋作者所在机构"共 4 种组合检索方式。

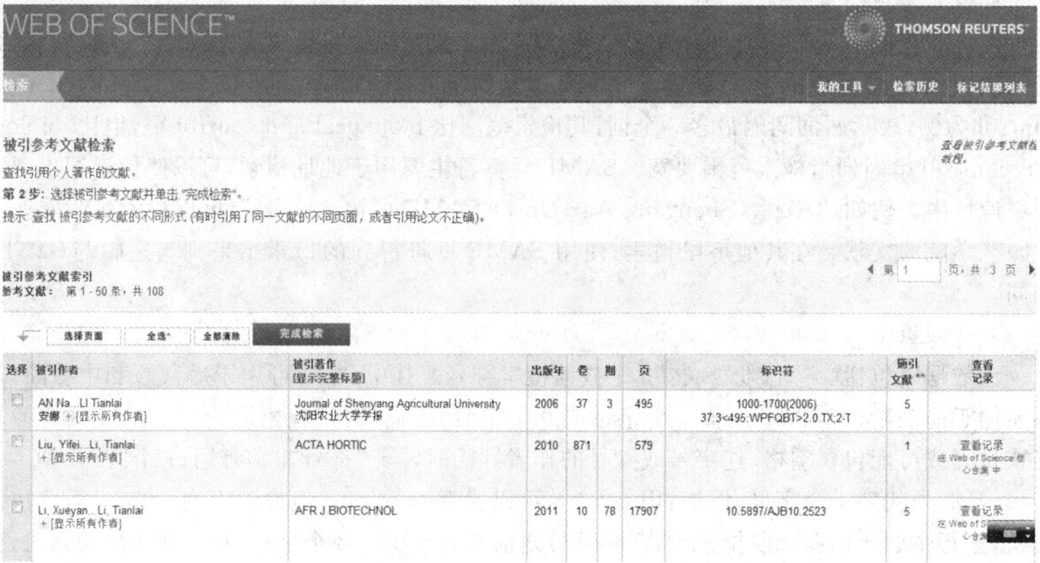

图 2-8　SCIE 网络数据库被引参考文献检索的被引参考文献列表

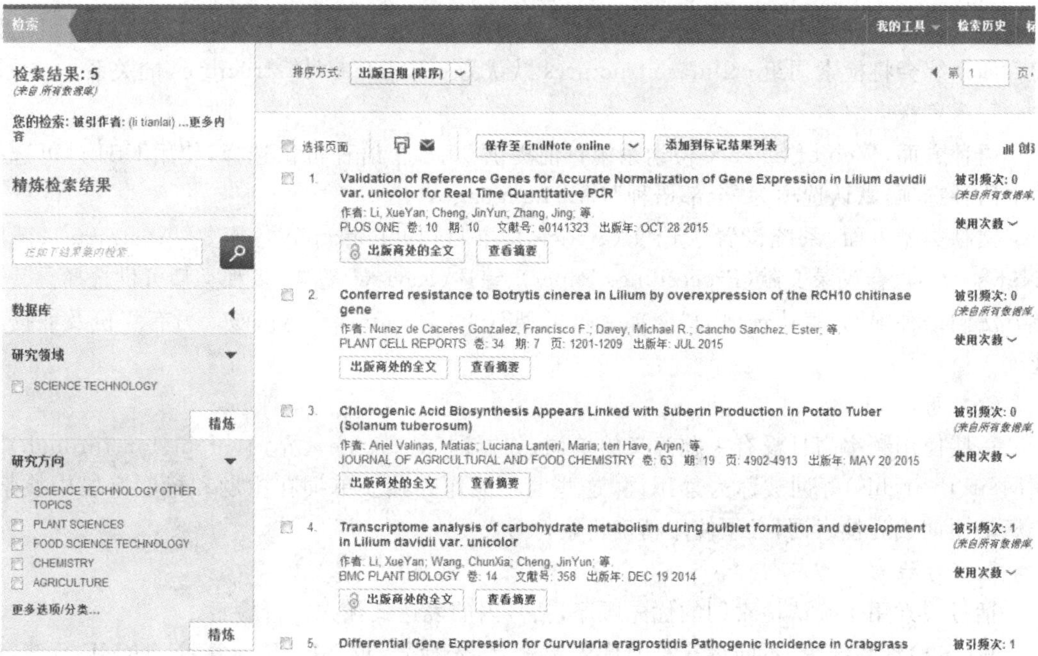

图 2-9　SCIE 网络数据库被引参考文献检索的施引文献列表

2.2.2.3　检索技术

1. 布尔逻辑检索

布尔逻辑算符包括逻辑与(AND)、逻辑或(OR)和逻辑非(NOT)。检索词之间进行布尔逻辑组配,扩大或缩小检索范围,提高查全率或查准率。布尔逻辑运算符不区分大小写。

2.位置算符检索

位置算符包括NEAR/x和SAME。位置算符不仅可以确定检索词之间的物理位置，而且指定检索词之间相隔的单词数量。NEAR/x运算符中，x可以取值，以biological NEAR/3 control为例，表示两词间隔最多3个词，其检索范围比biological and control窄，但比"biological control"精确词组检索范围要宽。SAME运算符主要用于地址检索，可以使检索词出现在同一地址中。例如："AD=(Shenyang Agr Univ) SAME (Hort Coll)"，可以检索沈阳农业大学园艺学院的文献。在其他字段检索，使用SAME算符得到的检索结果则与逻辑与(AND)相同。

3.截词检索

该数据库包括"*"、"$"和"?"3个截词检索符号。其中，"*"可用于后截断和中截断，但不能用于前截断；1个"$"代替1个字母或0个字母，因此，对于检索同一单词的英式拼写和美式拼写或可能包含空格、连字号或撇号的作者姓氏时，"$"符号非常有用；1个"?"代替1个字母，且必须代替1个字母，例如：用colo?r，可以检索到colour，但检索不到color。需要注意的是，进行主题或标题字段检索时，截词符号之前必须至少有3个字符，在其他字段检索时，截词符号之前必须至少有1个字符。

4.精确检索

英文状态下的双引号可做精确词组检索符号。如"biological control"，系统会完全按照输入方式检索。没有使用引号的词组，系统自动将检索词按照逻辑与(AND)关系进行组配检索。如系统会将检索词组cellular structures默认为cellular AND structures的关系。

5.限定检索

语种方面，Web of Science检索系统目前提供50多个语种可供选择，使用Ctrl键可选择多个语种选项，默认选项为"全部语种"(All Languages)。

文献类型方面，系统设置了论文(Article)、书目(Bibliography)、摘要(Abstracts)、新闻(News Item)、会议录文献(Proceedings Paper)、综述(Review)等30多种类型可供选择。其选择方法同语种限制，默认选项为"全部文献类型"(All Document Types)。另有年份及数据库选项。

6.禁用词

一些使用频率高且没有主题意义的单词，如冠词(a、an、the)、介词(of、in、for、through)和代词(it、their、his)等词被称为禁用词，这些词不能作为独立单词在主题和标题字段中检索。若想禁用词成为检索词，必须使用精确检索符号。

7.括号检索

括号检索用来确认检索词的优先顺序，括号内的表达式优先执行检索。

WOS检索系统中，不同运算符的优先顺序是，先括号，再NEAR/x算符、SAME算符，最后为逻辑非、逻辑与、逻辑或。

2.2.2.4 检索结果

1.检索结果列表

检索结果列表(图2-10)包括标题、作者、来源出版物和被引频次，检索词在记录中为高亮显示。检索结果默认按记录的入库时间进行排序，新处理的记录排在前面。其他排序方式包括：出版日期、最近添加、被引频次、相关性、第一作者、来源出版物、会议标题等。在图2-10检索结果列表界面上，点击“出版商处的全文”按钮，可链接跳转至相应的出版商主页，若所在机构具有该文献的阅读全文权限，点击“出版商处的全文”，并在随后出现的出版商主页进一步检索，即可获取该文献全文。

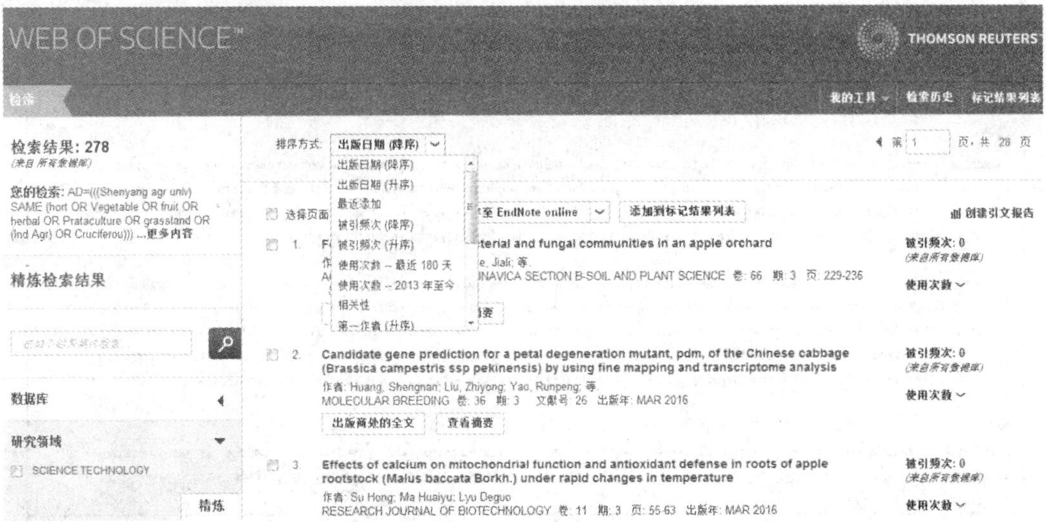

图 2-10　SCIE 网络数据库检索结果列表

2. 全记录格式

在图 2-10 界面，单击文献标题即可打开该文章的全记录格式，如图 2-11 所示。

如图 2-11 所示，全记录格式显示 SCIE 数据库所收录的有关该记录的完整信息，包括标题、作者、书籍作者、团体作者、书籍团体作者、编者、来源文献、文章编号、被引频次、参考文献、引证关系图、会议信息、摘要、图形摘要、文献类型、语种、作者关键字、关键词、通信作者地址、地址、电子邮件地址、基金资助致谢、出版商、学科类别、IDS 编号、国际标准连续出版编号(ISSN)、国际标准书号(ISBN)、数字资源唯一标识(DOI)、化合物、化学反应等字段信息。但不同数据库、不同文献的显示字段有所区别。

在全记录显示状态下，单击“引用的参考文献”，即显示该篇文章所引用的参考文献。若参考文献为 ISI 收录文献，则显示为短记录格式，进一步单击题名，链接至其全记录数据；若参考文献不是 ISI 收录文献，只显示该参考文献的题名、第一作者和来源文献信息，且其文章题名没有到全记录的链接。

3. 检索结果输出

首先标记所要输出的记录。有 2 种标记形式。

一种是当前标记输出，也是无记忆标记输出。其标记方法为：在图 2-12 所示当前显示页面，选择标记记录，利用检索结果上部或下部的输出工具条，选择“输出”，可以打印、电子邮件发送、保存到其他软件等，“保存到其他软件”是将所选记录导出到 EndNote online、EndNote desktop、RefMan、ProCite、RefWorks 等参考文献管理工具(需要注意的是，此法只有在计算机上安装有相应的参考文献管理程序时方可使用)。

另一种标记形式是将所需文献添加到标记结果列表，这种标记具有记忆功能，如果不做删除标记操作，该标记会保持到退出检索系统。使用时须单击记录左侧的复选框并添加到标记

Effects of calcium on mitochondrial function and antioxidant defense in roots of apple rootstock (Malus baccata Borkh.) under rapid changes in temperature

作者: Su, H (Su Hong)[1]; Ma, HY (Ma Huaiyu)[1]; Lyu, DG (Lyu Deguo)[1]

RESEARCH JOURNAL OF BIOTECHNOLOGY
卷: 11 **期:** 3 **页:** 55-63
出版年: MAR 2016
查看期刊信息

摘要

Calcium, an important second messenger, is involved in plant temperature stress response. In order to explore the effect of calcium signaling on mitochondrial function in response to rapid changes in temperature, the seedlings of Malus baccata Borkh. were used as a research subject and treated with distilled water (control), calcium chloride (CaCl2), calmodulin antagonist and trifluoperazine (TFP) before temperature treatment. In this study, rapid changes in temperature caused mitochondrial dysfunction and accumulation of reactive oxygen species which finally resulted in lipid peroxidation and decline in root vitality.

Exogenous application of CaCl2 improved calmodulin concentration effectively alleviated mitochondrial dysfunction and oxidative damage triggered by rapid changes in temperature and raised the activities of alternative (Alt) pathway and antioxidant enzymes which ultimately improved root vitality. The TFP treatment reversed the effects of CaCl2. This study provides the evidence of the important and protective roles of exogenous calcium in M. baccata response to rapid changes in temperature, partially via enhancing the calcium signal transduction and activating the antioxidants and Alt pathway. Calcium (e.g., CaCl2) application on M. baccata in northern China should be conducted in early spring to mitigate damages induced by rapid changes in temperature.

关键词

作者关键词: Calmodulin; mitochondrial swelling; mitochondrial transmembrane potential; respiratory chain; reactive oxygen species; antioxidant enzyme
KeyWords Plus: PROGRAMMED CELL-DEATH; PERMEABILITY TRANSITION; OXIDATIVE DAMAGE; ALTERNATIVE OXIDASE; STRESS; TOLERANCE; PLANTS; L.; CALMODULIN; RESPONSES

基金资助致谢

基金资助机构	授权号
Nation Natural Science Foundation of China	31000887
Research and Demonstration of the Main Natural Disasters Prevention of Fruits Trees	2014BAD16B0703
Institutions of Higher Learning Fruit Tree Cultivation and Physio-Ecology Innovation Team of Liaoning Province	LT2014014
Science and Technology Research Projects for Apple of Liaoning Province	2014204004
Liaoning BaiQianWan Talents Program	2013921036
China Agriculture Research System	CARS-28

查看基金资助信息

出版商

RESEARCH JOURNAL BIOTECHNOLOGY, SECTOR A-80, SCHEME NO 54, VIJAY NAGAR, A B ROAD, INDORE, 452 010 MP, INDIA

类别 / 分类

研究方向: Biotechnology & Applied Microbiology
Web of Science 类别: Biotechnology & Applied Microbiology

文献信息

文献类型: Article
语种: English
入藏号: WOS:000371240800008
ISSN: 2278-4535

期刊信息

Impact Factor (影响因子): Journal Citation Reports®

其他信息

IDS 号: DF3JT
Web of Science 核心合集中的 "引用的参考文献": 40
Web of Science 核心合集中的 "被引频次": 0

图 2-11 SCIE 数据库的全记录

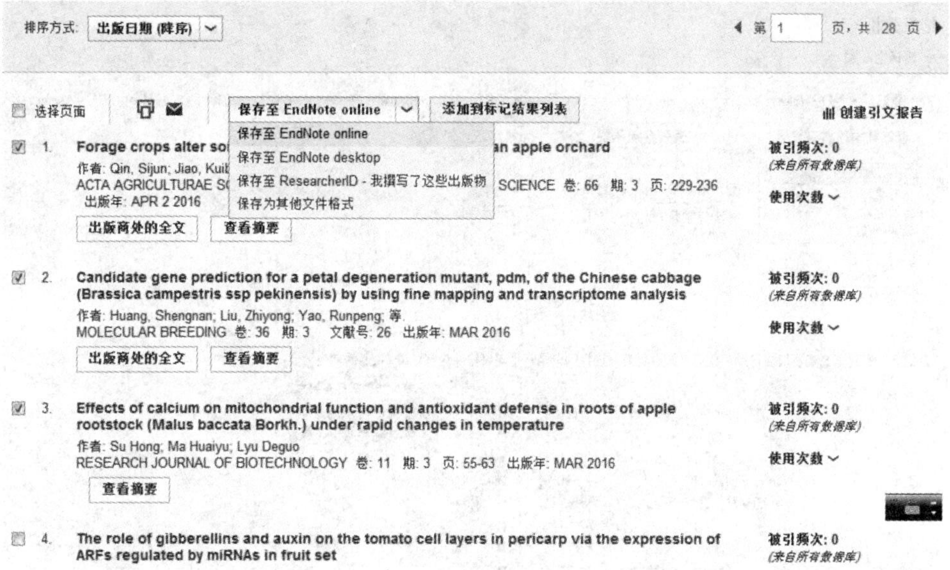

图 2-12　SCIE 网络数据库标记记录页面

结果列表，便于集中打印、保存、发送电子邮件、订购或导出记录。

4. 精练检索结果

系统对检索结果按学科类别、文献类型、作者、来源出版物、出版年、会议标题、机构、基金资助机构、语种、国家/地区等字段进行了多项分析，其分析结果在精练检索结果栏目列出，用户可以根据分析结果进一步精练检索结果、排除特定记录，或者按照记录数或字母顺序对记录进行排序。也可按“结果内检索”，也就是二次检索，过滤或精简初始检索结果，此检索将只返回原始检索式中包含了第二次所输入主题词的记录，就是说后来输入的检索式与原始检索式之间是逻辑与关系。

5. 分析检索结果

分析检索结果是指在用户所选择的字段中提取数据值，然后形成按顺序排列显示该值大小的分析报告，可分析的项目与检索字段相同，并可设置分析记录的最大数量、显示选项（显示前多少条分析结果）、设置最少记录数、排序方式等。例如：在图 2-13 界面，如果选择作者字段，阈值设为 16，则当该作者至少有 16 篇文献被收录时，分析检索结果列表中才会显示该作者姓名。

用上述分析检索结果的方法，对文献作者进行分析，用户不仅可以得到高产作者，快速了解本研究领域中重要的学术专家和学术榜样，还可以从中选择某位专家以跟踪其成果；对作者机构进行分析，可以帮助用户全面了解研究成果的机构分布，获知最有实力的研究机构，并跟踪其研究成果；对文献出版年进行分析，可以帮助用户了解某一主题每一年度发文的多少，掌握该主题研究成果随时间的变化趋势，进一步分析出所查课题的未来研究热度走向；对国家/地区进行分析，用户可以获知该研究领域的重要国家/地区；对来源出版物进行分析，用户既可以获得高发文量的出版物，快速掌握该领域的文献分布状况，又可以根据自己需要，选择某一重要刊物阅读其所刊载文献，同时，还可以帮助用户确定核心情报源，为投稿经验较少的科研

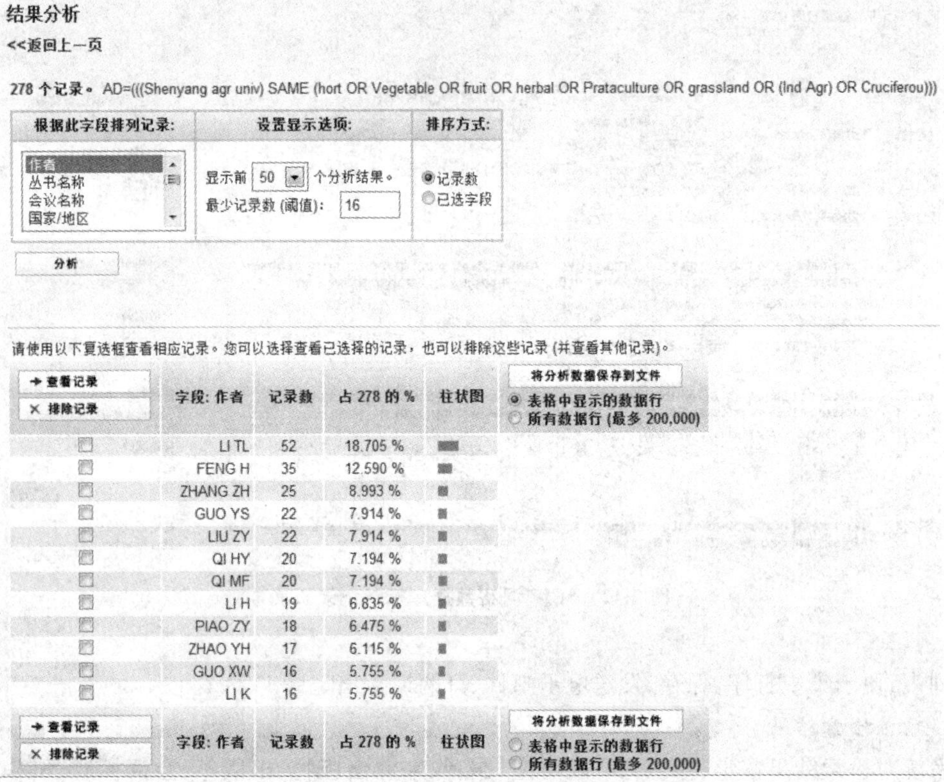

图 2-13 SCIE 网络数据库分析检索结果显示

人员选择合适的期刊进行投稿。

6. 相关记录

WOS数据库相关记录的设定是主题相关性设定，认为引用相同文献的记录即具有主题关系性，并不考虑它们的标题、摘要或关键字是否包含相同词语。因此，两篇文献共同引用的参考文献越多，其主题关系越密切。例如：文献线索为“SOIL BIOLOGY & BIOCHEMISTRY，43(9)：1812-1836，2011”的文献与文献线索为“ECOLOGICAL ENGINEERING，77：324-347，2015”的文献具有63篇共引参考文献，说明这2篇文献的主题关系相当密切。WOS的这种根据共同引用参考文献情况来查找相关记录的做法，是一种查找相关文献的好方法。在全记录浏览页面，单击引文网络中的“查看 Related Records”，相关文献按照相关性由高到低的顺序进行排序。

2.2.2.5 用户服务

1. 创建引文报告

创建引文报告功能可以获得“每年出版的文献数”和“每年的引文数”柱状分析图，以及按照被引次数排序的论文集合。被引频次来源于对 Web of Science 核心合集、BIOSIS Citation Index、中国科学引文数据库、Data Citation Index、Russian Science Citation Index(由俄罗斯科研人员编写的学术论文题录信息以及引用情况，数据库所包含的出版物是由俄罗斯最大的科研信息提供方 Scientific Electronic Library 精心挑选)、SciELO Citation Index(拉丁美洲、葡萄牙、西班牙及南非等国在自然科学、社会科学、艺术和人文领域的前沿公开访问期刊中发表的权威学术文献数据库）等数据库引用情况的统计。如图 2-14 所示，引文报告主要包括：

（1）检索式、检索条件及检索结果的记录内容；

（2）检索结果集的年度出版情况和年度被引用情况；

（3）检索结果总数、检索结果集的总被引频次、篇均被引频次；

（4）h 指数（h-index）；

（5）单篇文献的年度被引次数、总被引次数、年均被引次数等内容。

知识拓展：什么是 h 指数？

美国物理学家 Jorge E Hirsch 于 2005 年提出的一种用于科研人员学术成就评价的指标。如果一位科研人员发表的 Np 篇论文中有 h 篇论文被引次数至少为 h，其他（Np－h）篇论文中每一篇的被引次数都小于等于 h，那么这位科研人员的 h 指数就是 h。某科研人员的 h 指数为 20，则表示该科学家至少发表了 20 篇被引频次在 20 次以上的论文。该指标将论文的数量和质量（被引频次）综合考虑，论文数量很多，但论文被引频次不高的科研人员，其 h 指数一定不高；被引频次很高，但论文数量不多的科研人员，其 h 指数受论文数量限制也不会很高；只有当论文数量多，而且多数论文具有高被引频次时，才能获得高 h 指数。h 指数基于 WOS 引文数据库的引文数据，要确定一个人在某个时间段的 h 指数，可以在 WOS 数据库中检索出这个人在该时间段发表的所有 SCI 论文，将检索结果按照被引次数从高到低排列，并依次核对，直到某篇论文的序号大于该论文被引次数，该序号减去 1 就是 h 指数。WOS 会自动计算被检索作者的 h 指数，在引文报告中有一个分隔标记线，标记线上部的最大序号即为 h 指数。

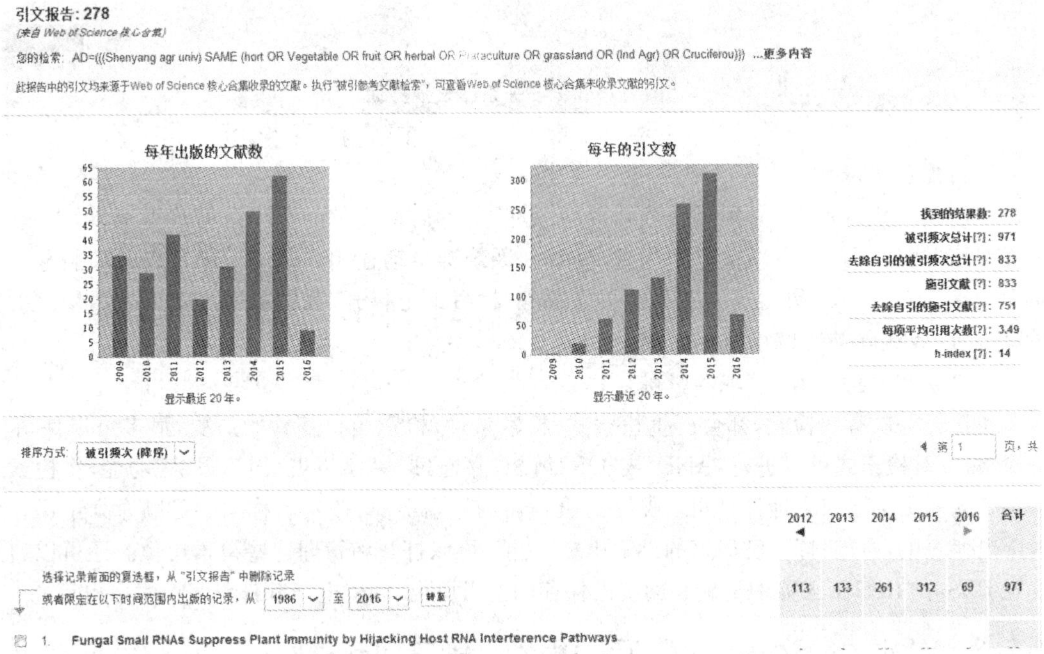

图 2-14　SCIE 网络数据库引文报告显示

2. 引证关系图

引证关系图是一种示意图，利用各类可视化工具和技术来揭示某篇论文（即后面提及的目标文献）与其他论文（目标文献的参考文献和施引文献）之间的引用关系。在文献全记录界面的右侧，点击“查看引证关系图”，在随即出现的如图 2-15 所示界面，选择方向（前向引证关系、后向引证关系和双向引证关系）和深度（1 层或 2 层），点击“创建映射”，即能查看该目标文献的引证关系图。通过引证关系图，可将目标文献的参考文献和施引文献之间进行关联，揭示科学文献间的相互继承关系，帮助研究人员快速深入了解科学研究课题发展的来龙去脉，追踪历史，把握现状，预测未来，也可从论文引证关系图看出研究者之间的关系。

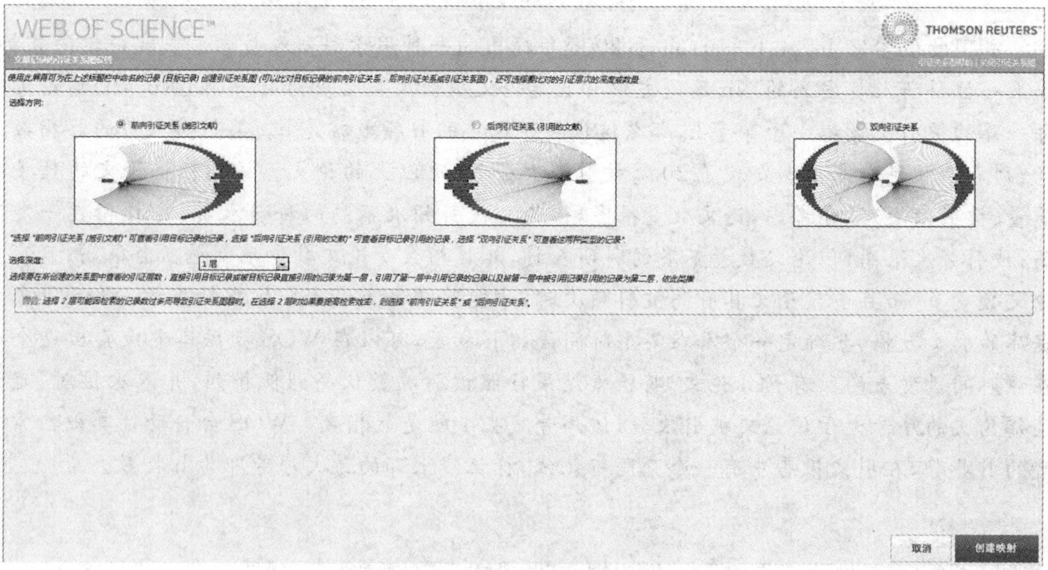

图 2-15　引证关系图设置界面

3. 创建引文跟踪

定制引文跟踪服务，必须首先注册并登录账号，然后在文献的全记录格式页面，单击“创建引文跟踪”链接。每当有新文献引用此文献时，系统会自动往用户邮箱发邮件。此项服务需要向 Web of Science 订购，之后在“我的引文跟踪”栏目即可打开“我的被引文章列表”，修改引文跟踪设置，或删除被跟踪引文的文献。

4. 检索历史的保存、管理和跟踪

每执行一次有效检索，都会产生检索式、检索条件、检索结果等检索历史，最多可以保留 40 条检索式，对检索式可以进行“AND”或“OR”组配，并通过“保存历史/创建跟踪”功能，将检索式保存到远程服务器或本地计算机。保存到服务器的检索历史，按其名称的字母顺序列于保存检索历史列表中，通过“打开已保存的检索历史”功能，可以打开和管理这些检索历史。还可以通过设置 RSS，在 RSS 阅读器中更新和阅读已保存的检索历史，创建电子邮件跟踪检索历史等。

2.2.3　Web of Science(WOS)检索平台其他数据库

1. SSCI 数据库

SSCI 的英文全称为 Social Science Citation Index，中文译名社会科学引文索引。1973

年，ISI将引文索引法应用于社会科学领域，出版了针对社会科学期刊文献的多学科索引社会科学引文索引（SSCI）印刷版。

SSCI的出版类型与SCI一样，包括印刷版、光盘数据库、网络数据库、联机等4种，不过SSCI的各种出版类型之间所收录内容基本一致，不像SCI有核心收录和扩展收录的差别。在Dialog、DIMDI、STN等联机检索系统，SSCI均能提供服务。国内则以Dialog系统的使用为主，SSCI在Dialog系统中称作Social Sci Search，文档号为7号。

2. A&HCI数据库

A&HCI的英文全称为Arts & Humanities Citation Index，中文译名艺术与人文科学引文索引，创建于1978年，由美国ISI，即现在的汤森路透公司出版，是针对艺术和人文科学期刊文献的多学科索引。

A&HCI目前所收录数据最早回溯至1975年。涵盖考古学、建筑学、艺术、亚洲研究、古典文学、舞蹈、民间传说、历史、语种、语言学、文学、音乐、哲学、诗歌、广播、电视和电影、宗教以及戏剧等学科领域。A&HCI的一项独特功能是将一些暗引著作标引成了被引参考文献。即将一些在文章中被提及或复制，但文章作者并没有将这些文献作为正式被引参考文献列在脚注或尾注中的艺术著作，如书籍、绘画、照片、建筑图纸、音乐乐谱、书信、手稿、日记等，根据文献内容将其标引成被引参考文献。A&HCI在Dialog系统中称作Arts & Humanities Search，文档号439号。

SSCI和A&HCI相辅相成，它们互为补充，共同构成了社会科学、人文与艺术科学领域的权威检索工具。

3. CPCI数据库

CPCI数据库的英文全称为Conference Proceedings Citation Index，中文译名会议论文引文数据库，数据来源于自然科学、工程技术、社会科学及人文科学等多学科领域的国际会议录。数据最早可追溯至1990年。

CPCI包括CPCI-S（Conference Proceedings Citation Index-Science）和CPCI-SSH（Conference Proceedings Citation Index-Social Science & Humanities）。其中，CPCI-S由ISTP更名而来，ISTP的英文全称Index to Scientific and Technical Proceedings，中文译名科学技术会议录索引；CPCI-SSH由原ISSHP更名而来，ISSHP的英文全称Index to Social Science & Humanities Proceedings，中文译名社会科学与人文科学会议录索引。

4. BKCI数据库

BKCI的全称为Book Citation Index，中文译名图书引文索引，是WOS平台产品，其设计目的是为了使那些出版周期较长，传递信息速度较慢，且内容比较系统、全面、成熟可靠的学术著作在学术文献中所扮演的重要角色能够充分体现出来。BKCI内容包括电子和纸质学术图书，收录研究论文或综述的全部参考文献。所收录图书均是根据严格标准选出的学术著作，极具文献资料价值。BKCI覆盖了自然科学、社会科学和艺术人文的众多领域，内容最早可回溯至2005年。

5. 化学类索引数据库

Web of Science核心合集包括Current Chemical和Reactions Index Chemicus这2个化学类索引数据库。其中，Current Chemical包括超过100万种化学反应信息，数据最早可回溯至1985年；Reactions Index Chemicus包括420万种化合物，数据最早可回溯至1993年。在

这2个化学索引数据库，通过输入化学结构绘图或任何所需数据创建化学结构检索式，可以检索与该检索式所对应的化合物和化学反应相关联的数据。即这2个化学类索引数据库可以检索化合物或化学反应数据，而不是化学结构检索。

2.3 EI数据库

2.3.1 数据库简介及相关概况

工程索引的英文全称为 The Engineering Index，简称 EI，是由美国工程信息公司(Engineering Information Inc.)编辑出版的一部历史悠久的大型综合性检索工具。工程索引网络版(Engineering Index Compendex Web，简称 EI Compendex)是当今最大的综合性工程技术领域参考数据库。收录年代始于1969年，每周更新。其内容涵盖核技术、生物工程、交通运输、化学和过程工程、光及光学技术、农业工程和食品技术、计算机和数据处理(加工)、应用物理、电子及通信、控制、土木、机械、材料、石油、航空航天工程等学科。其中，化工和工艺的期刊文献最多，约占15%。该数据库大约22%的数据是有主题词和摘要的会议论文，90%的文献是英文文献。从1992年开始收录中国期刊。

2.3.1.1 EI出版史

工程索引创刊于1884年，最初只是美国工程师学会联合会会刊中名为“索引注释”(Index Notes)的一个文摘专栏。1895年，美国《工程杂志》(The Engineering Magazine)杂志社购买该文摘专栏的版权，该专栏正式更名为 The Engineering Index，后沿用至今。

1. 印刷型

印刷型工程索引称为 The Engineering Index，包括：

(1)年刊(The Engineering Index Annual)，1906年开始出版，每年出版1卷。

(2)月刊(The Engineering Index Monthly)，1962年开始出版，报道时差为6～8周。

(3)累积索引(The Engineering Index Cumulative Index)，1892—1905年间共出版4卷累积索引；1973年起编撰3年累积索引(用于手工回溯检索)。

(4)工程索引卡片，1928—1976年间出版了工程索引卡片，该卡片按主题分组发行，报道时差更短，便于灵活地积累资料。

2. 缩微胶卷

缩微胶卷型工程索引称为 EI Microfilm，1970年开始发行。

3. 机读磁带

1969年开始发行为计算机检索使用的工程索引机读磁带。

4. 联机检索版

20世纪70年代开始生产电子版数据库 EI Compendex，1972年通过 Dialog 大型联机系统提供检索服务，其文档为8号文档，数据起始于1884年。

5. 光盘版数据库

1981年，工程索引公司更名为工程信息公司(Engineering Information，Inc.)，并于20世纪80年代后期开始发行光盘，称为 EI Compendex * Plus，收录1987年以来的 EI 文献，记录每月更新，共收录2 600种来源出版物，所收录的出版物种类与印刷版相对应。

6. 网络版数据库

网络版 EI 数据库包括 EI Compendex Web(1969 年至今的资料)和 EI Backfile(1884—1969 年的资料)。

EI 于 1995 年开始推出"EI Engineering Village"的系列网上统一检索平台，EI Compendex Web 即为 EI Engineering Village 平台中的一个数据库，由早期的 EI Compendex(EI 核心数据)和 EI Page One(EI 非核心数据)合并而成，覆盖年代范围为 1969 年至今。

2.3.1.2　EI 各版本的区别

EI 印刷版、光盘版 EI Compendex * Plus、缩微胶卷和机读磁带所收录的资源大体相同，网络版与联机数据库具有相同的收录范围，涵盖了联机检索版 EI Compendex 和 EI Page One 两部分内容，只是网络版数据库分为两个时间段：现代版的 EI Compendex Web(1969 年至今的资料)和回溯版 EI Backfile (1884—1969 年数据)。

2.3.1.3　EI 核心出版物

网络版的 EI Compendex 是由早期的联机检索版 EI Compendex 和 EI Page One 合并而成。与光盘版相比，增加了 EI Page One 部分，两个版本的文献来源有较大不同。通常把 EI 网络版中的 EI Compendex 称为 EI 网络版的核心收录部分，其所涉及的期刊和会议录共计 2 600 余种(与光盘版基本相同)，这部分期刊和会议录在 EI 网络版中可以通过字段内容来筛选或甄别。Compendex Web 数据库中的核心和非核心数据的主要区别在于：记录中有分类码(EI Classification Codes)和主题标引词(EI Main Heading)的记录为核心数据，没有这两项内容的为非核心数据。

EI 从 1992 年开始收录中国期刊，1992—2009 年间有核心期刊与非核心期刊之说。EI 公司在 2009 年度对期刊收录进行了调整，从 2009 年 1 月开始，所收录的中国期刊数据不再区分核心数据和非核心数据。检索 2009 年之前的数据，可以参考核心数据和非核心数据的区别。

2.3.1.4　EI 的选刊原则

1. 出版物所属学科与主题

化学工程(Chemical Engineering)、土木工程(Civil and Structural Engineering)、电气/电子工程(Electrical and Electronic Engineering)、机械工程(Mechanical Engineering)、冶金矿业(Metals and Alloys)以及石油工程、计算机工程及软件为 EI 的核心领域，这些学科期刊内除编者按和讨论外，由作者编写的文章会全部被 EI 收录，而这些期刊通常被称为核心期刊。

EI 对农业工程、工业工程、纺织工程、应用化学、应用数学、大气科学以及造纸化学和技术等领域的期刊文献，仅选择性收录其中有关工程技术方面的文章，而非整刊收录。

2. 出版物语种、覆盖领域和同行评议制度

出版物语种、覆盖领域和同行评议制度是 EI Compendex 选刊的一个重要方面，文章用英文写作更有助于被收录，期刊要清楚地陈述其覆盖领域，使 EI Compendex 很容易判断该期刊是否属于其收录范围，而同行评议也是 EI 选刊的一个重要条件。

3. 投稿

期刊论文应是原始研究或原始工作。

4. 出版物品种

期刊必须有英文刊名、国际标准刊号(ISSN)和分类代码,以及其他完整的出版信息,若有网络版形式,其 URL 地址必须标注在印刷型期刊的封皮;会议文献必须有英文会议名称、地点、起止日期、主办者、国际标准期刊号或国际标准书号和出版者信息等描述项;且各类描述项必须有规范的书写格式。

2.3.2 Engineering Village 平台和 EI 数据库检索

2.3.2.1 检索平台简介

EI Compendex 网络数据库检索平台采用的是 Engineering Village 2(简称 EV2)。EV2 涵盖了工程、应用科学相关的最为广泛的学科领域,资源类型包括学术文献、商业出版物、发明专利、会议论文和技术报告等。除 EI Compendex 之外,通过 EV2 检索平台还可以访问《工程索引回溯文档》(EI Backfile)、《科学文摘》(INSPEC)、《美国政府报告数据库》(NTIS)、《EI 专利》(EI Patents)、《地学参考数据库》(GeoRef)、《地理参考数据库》(GeoBase),可以链接到美国专利及欧洲专利数据库。

2.3.2.2 检索功能

Engineering Village 2 检索平台设置了快速检索、专业检索和叙词表检索。

1. 快速检索(Quick Search)

快速检索实际上是一种填空和选择式检索,可选择特定字段进行有针对性的限制检索,使用逻辑与(AND)、逻辑或(OR)或逻辑非(NOT)算符进行组配。可选择词根运算,可以使用括号、截词符以及精确词组检索等。

如图 2-16 所示,EI Compendex 网络数据库的检索字段包括:全部字段(All Fields)、主题词/标题/文摘(Subject/Title/Abstracts,将从摘要、题目、翻译题目、EI 受控词、EI 主标题词和自由词字段进行检索)、文摘(Abstract)、作者(Author,其格式为姓在前,接着是逗号、空格和名字)、作者机构(Author Affiliation)、标题(Title)、EI 分类代码(EI Classification Code,是系统赋予某一类文献的指定分类代码)、期刊代码(CODEN)、会议信息(Conference Information)、会议代码(Conference Code)、国际标准刊号(ISSN)、EI 主标题词(EI Main Heading)、出版者(Publisher)、来源出版物名称(Source Title,包括期刊、专著、会议录、会议文集的名称)、EI 受控词(EI Controlled Term)、原始国家(Country of Origin)。其中,记录中是否有分类码(EI Classification Codes)和主题标引词(EI Main Heading),是区分该记录是否为 EI 核心数据的唯一条件。默认状态下,在快速检索中,系统对除作者字段外的其他字段自动执行词干检索(具体见"通配符"部分的内容)。

2. 专业检索(Expert Search)

图 2-17 是 EI Compendex 网络数据库的专业检索界面,用户可以利用布尔逻辑算符、括号、位置算符、截词符、字段代码(见专业检索界面的字段表)、精确检索算符等构造复杂的检索式进行检索。例如,(("Single-walled carbon nanotube" OR SWCNT) AND (Biomacromolecule$ OR DNA)) WN KY AND{dai hongjie} WN AU(注:WN 表示检索词限定在一个字段内),该检索式包含 KY(Subject/Title/Abstracts)和 AU(Author/Inventor)两个字段,逻辑与(AND)、逻辑或(OR)、精确检索符号({}和"")以及截词符号($)。

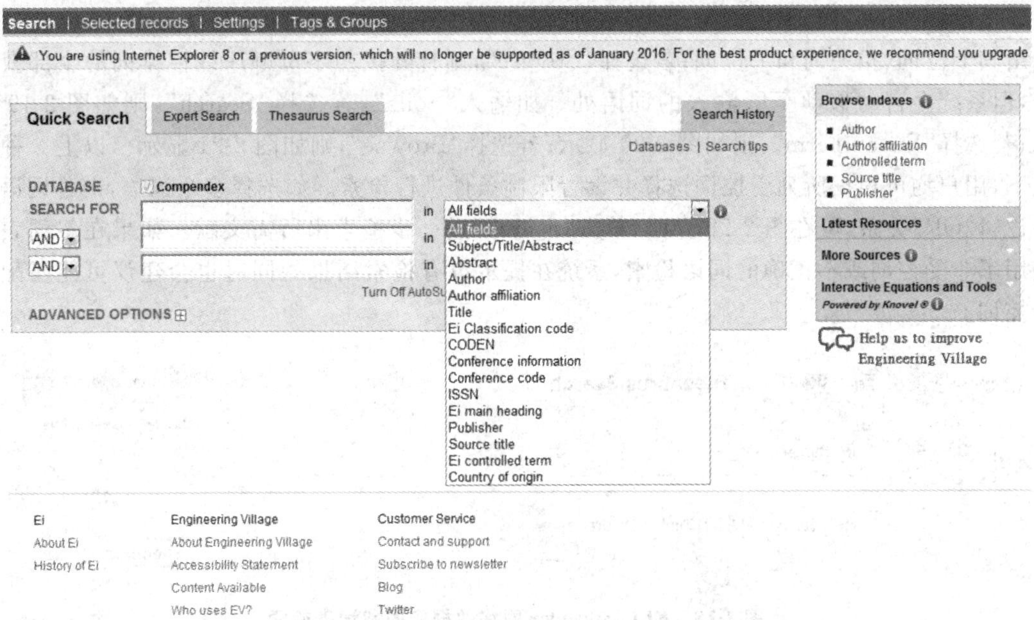

图 2-16　EI Compendex 网络数据库的快速检索界面

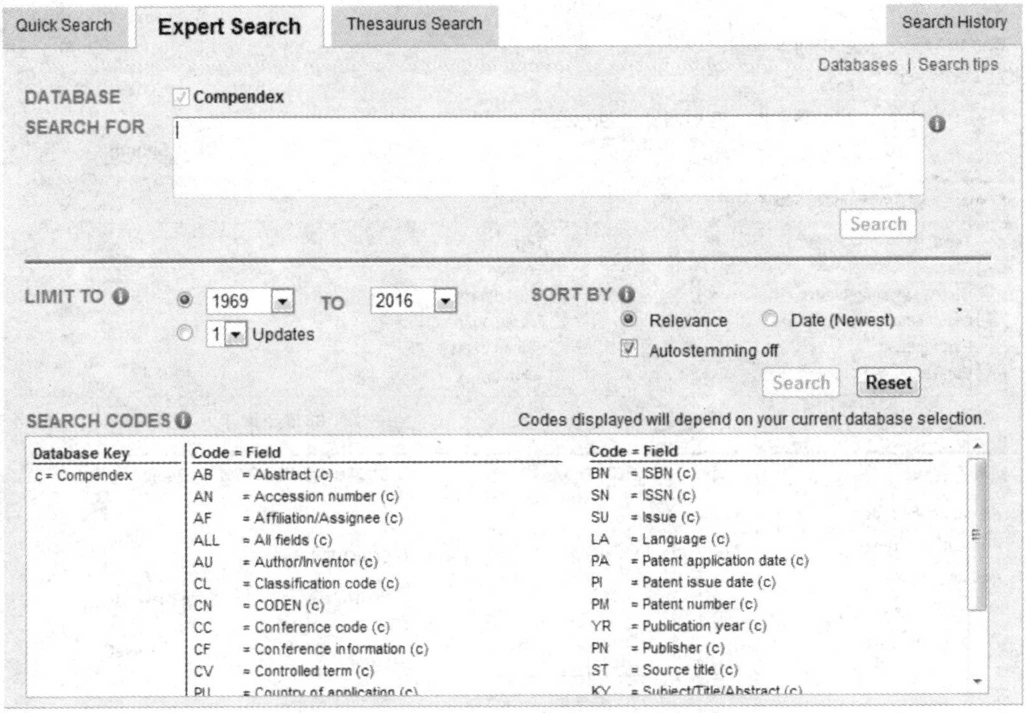

图 2-17　EI Compendex 网络数据库的专业检索界面

3. 叙词表检索(Thesaurus Search)

在图 2-18 叙词表的查询框中输入词或词组后,如选择“Search”,系统按照字母顺序方式将该受控词的上位词、下位词及相关词线性混合排列出来；如选择“Exact Term”，系统会分别列出其上位词、相关词和下位词；若选择“Browse”，则打开按照字母顺序线性排列的全部叙词表，但系统会自动移动至所输入的词语处。如输入“Soils”，若选择“Search”，则如图2-19显示；若选择“Exact Term”，则如图2-20显示；若选择“Browse”，则如图2-21显示。以上3种情况下，用户均可根据所列受控词选择并设置限制条件进行检索。如选择多个词语，则各词语间为逻辑“OR”关系，可在图2-22界面，单击“Search”进一步检索出所需文献。如果在叙词表中使用了非受控词或不正确的词语检索，系统在提示没有检索结果的同时也会建议可能匹配的受控词。

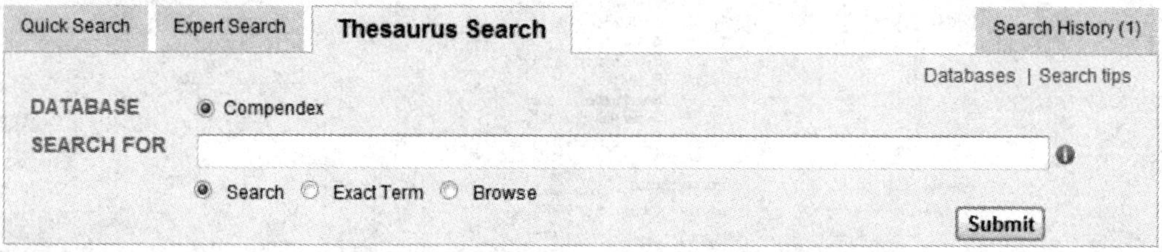

图 2-18 EI Compendex 网络数据库的叙词表检索

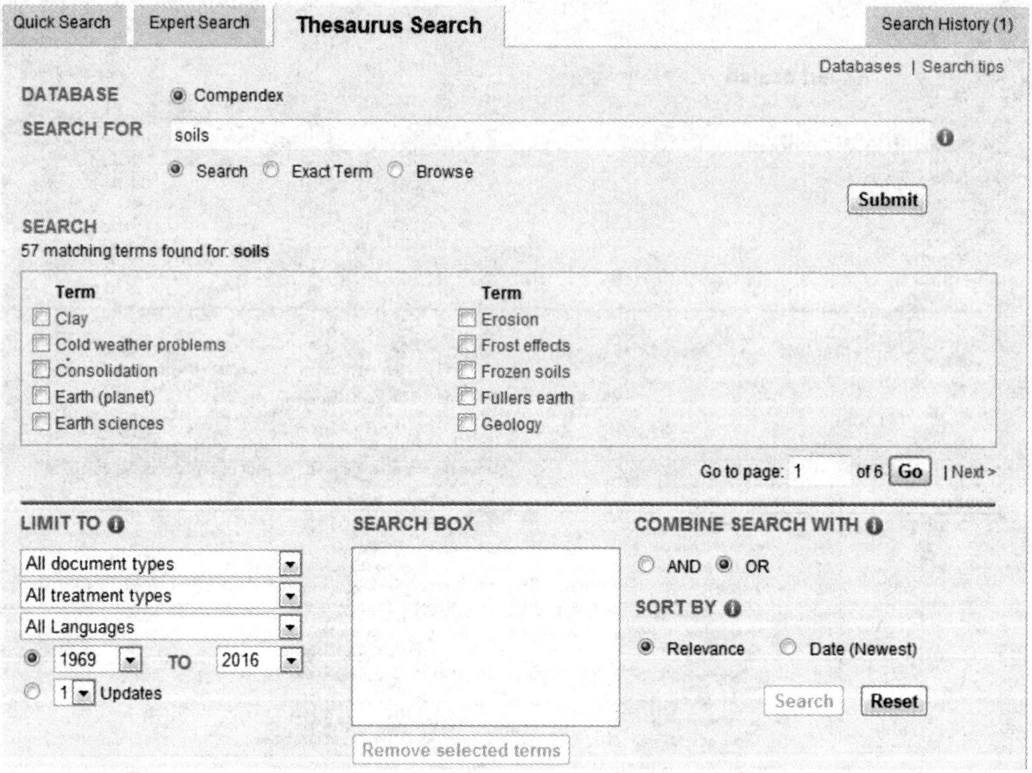

图 2-19 EI Compendex 网络数据库叙词表检索 Search 显示

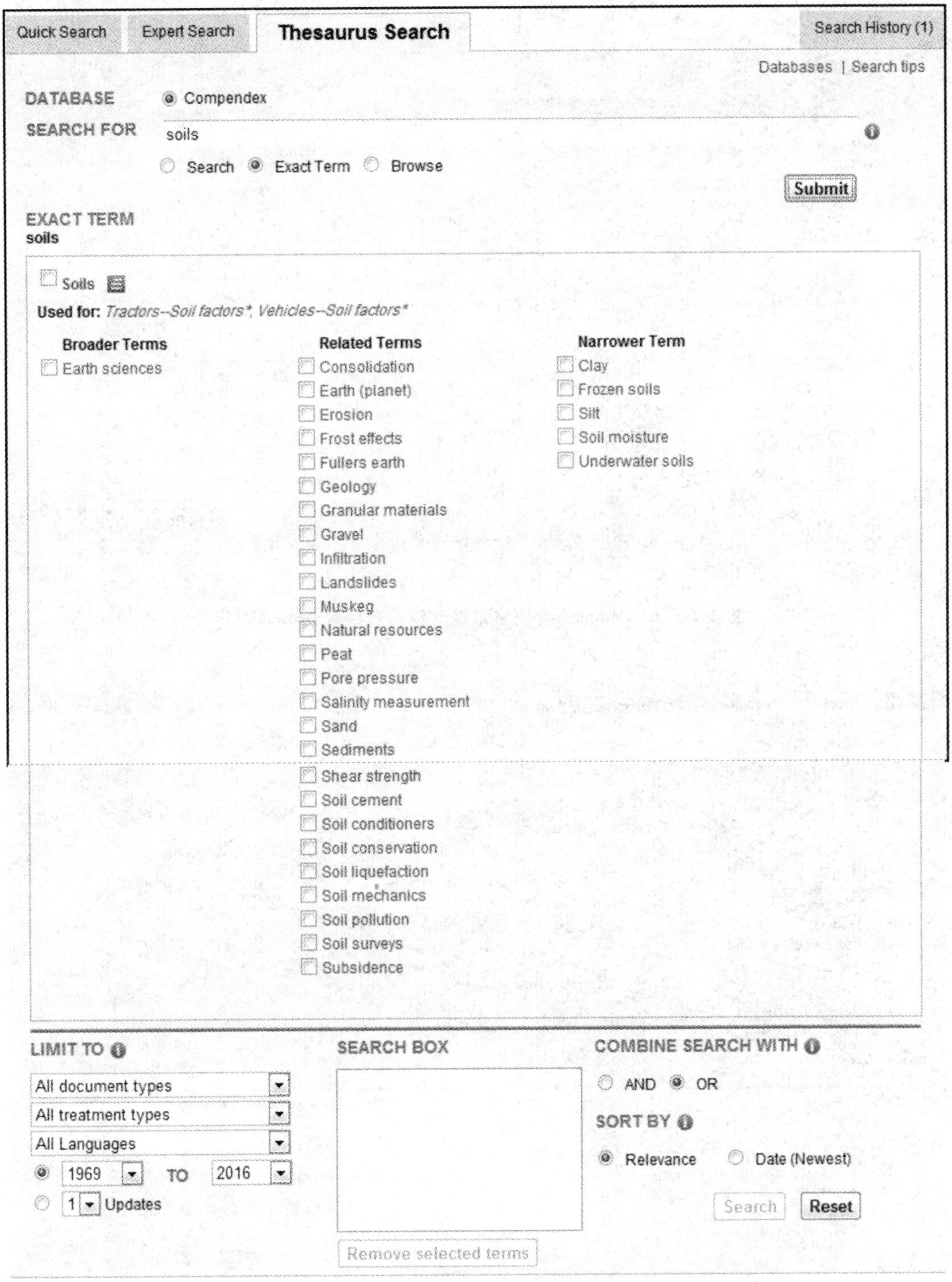

图 2-20　EI Compendex 网络数据库叙词表检索 Exact Term 显示

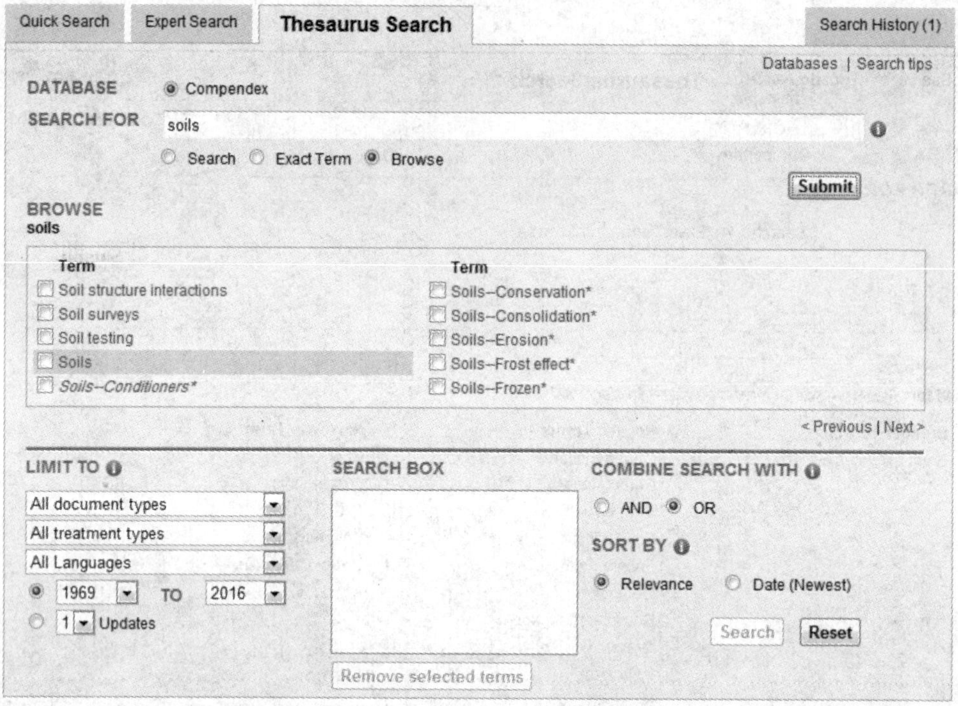

图 2-21 EI Compendex 网络数据库叙词表检索 Browse 显示

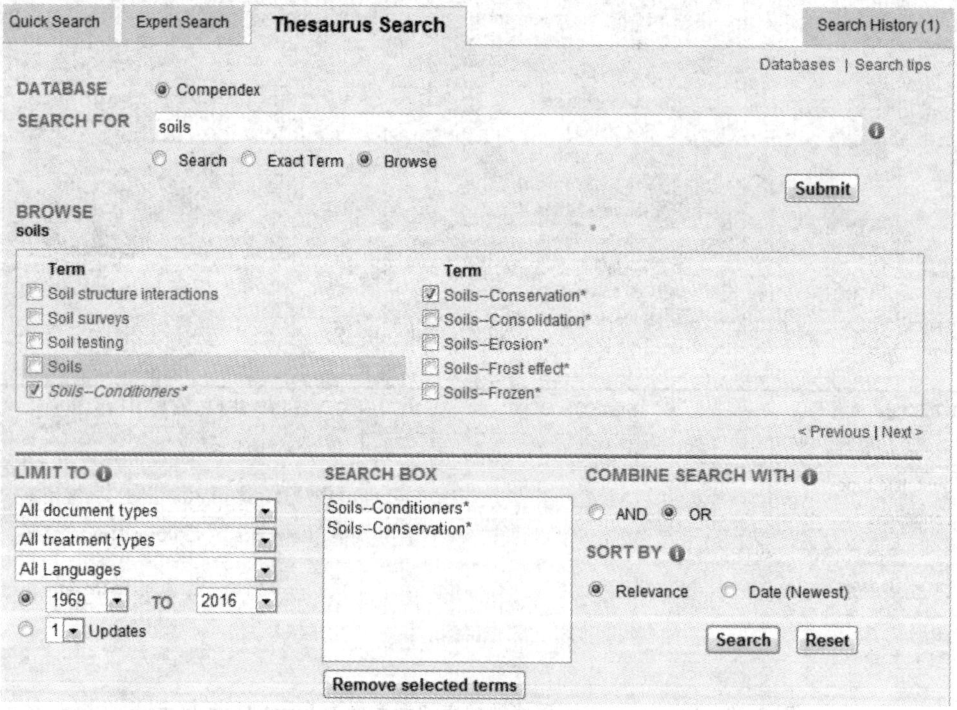

图 2-22 EI Compendex 网络数据库叙词表检索 Browse 显示界面的继续检索

知识拓展:什么是EI叙词?

在EI Compendex数据库,均由多个受控词(Controlled Term)来揭示文献内容。受控词汇集在词表中,被组织成等级结构,亦称树形结构,所涵盖概念设定为上位词、下位词和相关词关系,即称叙词表。在每条记录的多个受控词中,其中一个受控词作为主标题词(Main Heading)来表示文献主题,同时还要用更多的受控词来描述文献中所涉及的其他概念。在2001年更新的第4版EI主词表中含有1.8万个主题词,其中包括9 000个受控词,9 000个引导(Lead-in)词。在叙词表中,受控词为正体字,引导词以斜体字呈现。引导词有2种情况:一种是受控词的同义词但不属于受控词;另一种是曾经用来标引文献的早期受控词(在叙词表中打星号),而现在已被新的受控词所替代的词语。引导词不能直接用于检索,单击引导词后,系统会自动指引到与引导词相对应的同义受控词或替代受控词。叙词表有多种用途,比如当利用受控词检索文献时,叙词表是受控词选词指南,用来确定受控词,查找同义词和相关词,利用词表中的推荐词和下位词来精确检索策略等。

2.3.2.3 检索技术

1. 布尔逻辑检索

EI数据库的布尔逻辑检索包括逻辑与(算符为AND)、逻辑或(算符为OR)和逻辑非(算符为NOT)。

2. 位置算符

NEAR:检出的文献要同时包含NEAR两侧的检索词,且两词要彼此接近,前后顺序不限,两词间隔与数字有关。如laser NEAR/5 diode表示两词间隔在5个词以内。

ONEAR:检出的文献要同时含有ONEAR两侧的词,彼此按照输入顺序出现。如laser ONEAR/5 diode表示两词间隔5个词以内,在记录中的顺序为laser在前,diode在后。

对于位置算符,如果没有数字,则系统默认两词间隔为4个词以内。如laser NEAR diode表示两词相互间隔0～4个词。

3. 优先算符

括号是本系统的优先算符,括号中的检索式将被优先执行。

4. 截词符

本系统包括星号(*)、问号(?)和美元符号($)3个截词符。

(1)"*":可用于右截断、左截断和中截断,可以代表任意多个字符。例如:optic* 能够检索出以optic为起始的所有词,如optic、optics、optical等;*sorption能够检索到adsorption、absorption、resorption等;h*emoglobin能够检索到hemoglobin、haemoglobin等。

(2)"?":代表一个字符。如t?? th可检索到tooth、teeth、truth、tenth等。

(3)"$":以输入词为词根,检索同一词族中的所有派生词。例如:$computer将检索出与该词根具有同样语意的多个词,如computing、computation、computational、computers等。

在快速检索和专业检索界面中,系统对输入的所有检索词(除作者字段外)均设定了自动词根功能,可以方便有效地提高查全率。如果不想使用自动词根功能,可以单击检索界面上Auto stemming off左侧的方框后关闭该功能。如果检索词(词组)使用了引号""或括号{}做精确检索,系统将不会进行词根运算。另外,截词符和代字符不能与词根运算、位置算符、引号""和括号{}同时使用。

5.词组检索符号

英文状态下的引号或大括号可用于精确词组检索,如"carbon nanotubes"。没有使用引号或大括号的词组,系统会自动将各词组配成逻辑与关系。

6.特殊字符

除a～z、A～Z、0～9、?、*、#、()或{}等字符外,其他符号均视为特殊符号,检索时将被忽略。如果检索短语中含有特殊符号,则需将此短语放入大括号或引号中。

7.禁用词

短语检索时,句中允许使用AND、OR、NOT、NEAR等禁用词,其使用方式为用引号或大括号将该短语括起,如"black and tackle"。

8.检索限制选项

EI数据库包括文献类型、语种、检索年代等检索限制选项。其中,文献类型有期刊、会议、专著等;EI文献处理类型有应用、理论、实验、综述、传记、经济等;语种指原始文献的语言;检索年代指文献的出版年代;更新时间可将检索限制在数据库最新更新的1～4周时间范围内。

2.3.2.4 检索结果

1.检索结果显示

系统默认每屏显示25条记录,每20屏500条记录为一组。选择某一记录下的"Detailed",可显示该记录的全记录格式。

2.检索结果排序

检索结果的排序方式包括相关性(Relevance)、出版年(Date)、作者(Author)、来源(Source)、出版者(Publisher)。其中,相关性排序只能按照递减顺序排序,其他选项可以分别按正、反序排列。相关性排序的规则如下:

(1)判断检索词是作为一个精确词组检索到的,还是在一条记录中被分别检索到的,被精确检索到的记录将排在前。

(2)如果检索词是被分别检索到的,被检索到的词越接近,该条记录排列越靠前。

(3)按词或短语在记录中出现的次数。

(4)按词在文档中的位置(在文档开始字段中发现的排在前,靠近末尾的则排在后)。

(5)检索词是否是在重要字段检索到的,例如标题字段。

(6)这个词是否经常被使用。

3.检索结果输出

在如图2-23所示页面,可对检索结果进行标记,然后,Email(发送)、Print(打印)、Download(下载)标记过的检索历史。

4.精炼检索结果

在检索结果页面,可对检索结果进行作者和机构等进行精炼。如果初次检索结果不能满足要求,用户可以根据分析结果,选择其中某个分析项目做排除或包含检索。例如:检索式biochar WN TI在2006—2016年间的检索结果为1 369篇文献,在结果显示分析页面,单击该作者前面的选择框,选择limit to限定检索,可以筛选出作者为"Gao,Bin"的所有文献;同样,单击"Exclude",可排除某项内容。限定和排除检索均可进行多项多词语选择。

图 2-23　EI Compendex 网络数据库检索结果

5.检索结果聚类

实际上，精炼检索结果功能也是一个检索结果的多项分析功能，分析内容包括：作者、作者机构、来源名称、受控词、分类代码、文献类型、国家、语言、出版年、出版机构等。对于每一项内容，都会有一个分析列表，按照记录数量递减顺序排列，缺省显示条目最多的 10 条记录。例如其中的作者项，当执行一个检索命令后，在检索结果分析栏会列出当前检索结果中发文量最多的前 10 位作者。在图 2-23，单击“more”则显示更多的分析结果，单击每一个分析项目后的图标，则显示对应的分析图表，从而直观浏览检索结果的分布情况，见图 2-24。

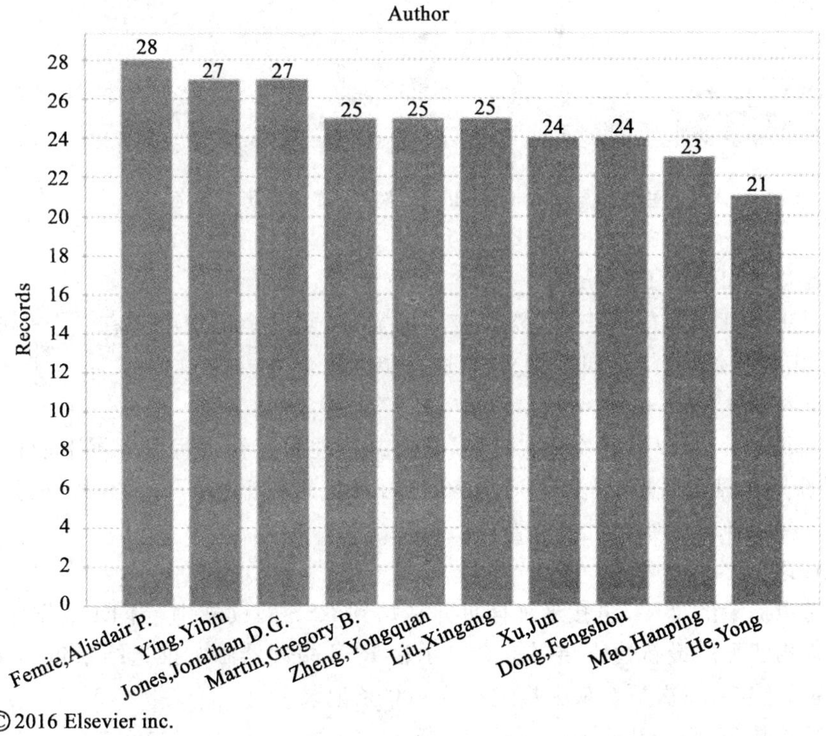

图 2-24　EI Compendex 网络数据库按作者聚类图

2.3.2.5 用户服务

1. 检索历史(Search History)

可以使用“Search History”功能来查看系统所记录的检索历史。如图 2-25 所示，检索历史显示内容包括检索式序号、检索式、排序方式(SORT BY)、检索结果的数量以及所检索的数据库。在图 2-25 界面，点击 Query details，可查看相应检索式的检索模式(包括快速检索、专家检索、叙词检索等模式)和年代等信息；可以按照序号对检索式进行逻辑组配，例如：(＃1 AND ＃3) OR (＃2 AND ＃4)；可点击 Save Search 按钮，将任意一个检索式保存到远程服务器上；可以点击 Create Alert 按钮，创建电子邮件定题跟踪通报(E-mail Alerts)；使用查看已保存检索(View Saved Searches)功能，可以调出和查看检索历史，并进行删除(Delete)或清空已保存的检索历史(Delete Search History)。注意：保存或管理检索式时首先要进行个人账户注册。

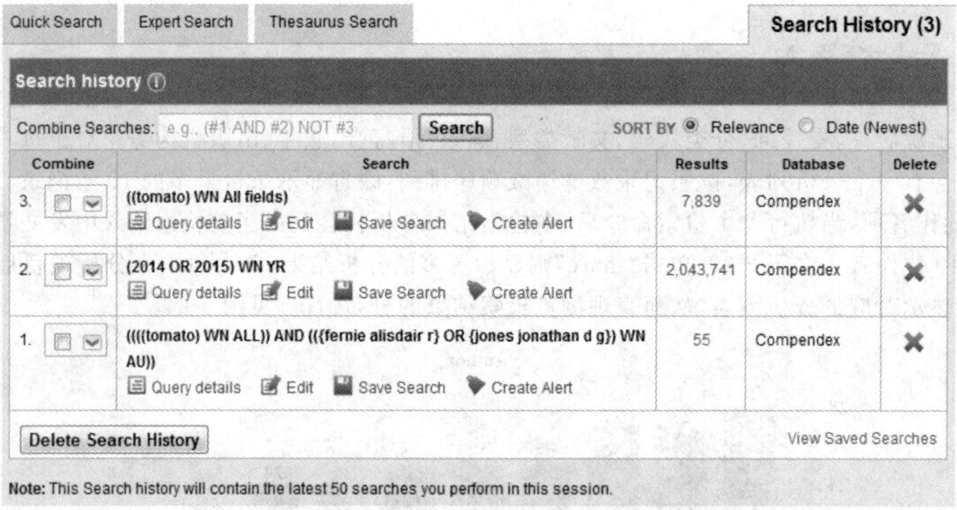

图 2-25　EI Compendex 网络数据库检索历史界面

2. 全文链接(Fulltext Linking)

对于用户所在机构具有电子全文浏览权限的文献，文献全记录中会有一个全文链接按钮 Full Text，单击该按钮，直接指向原始文献，进一步浏览全文。

3. 注册个人账户(Personal Account)

注册个人账户后，可以保存检索式，可以删除或管理保存在远程服务器上的检索结果、创建 E-mail 最新期刊目次通报、建立 RSS 服务，也可对记录打标签(Tag)，还可通过 My Profile 对已制定的各种个性化服务项目进行管理。

4. RSS 订阅

将信息窗中提示的 URL 链接地址拷贝并粘贴到 RSS 阅读器中，当 EI 数据库更新时，与用户检索策略相匹配的最新检索结果就会显示在 RSS 阅读器中。推送结果包括文献题目和阅读详细记录的链接，每次更新最大推送量为 400 条记录。

5. 定题跟踪服务(E-mail Alerts)

在检索历史界面，选择需设置为 E-mail 专题服务的检索式，单击 Create Alert 按钮，即可建立定题跟踪服务。定题跟踪服务设置成功后，每当数据库更新时，系统会将检索结果发送到注册时留下的 E-mail 信箱。

6. 文献标签及标签组(Tags & Groups)

Tag 标签是一种灵活、自定义的网络信息分类方式，用户可以为每篇日志、每个帖子或者每张图片等添加一个或多个标签(如关键词或人名)，然后可以看到一定范围内所有相同标签的内容，由此和他人产生更多的联系，看到更多自己感兴趣的文献。Tag 体现了群体的力量，使得内容之间的相关性和用户之间的交互性大大增强。

通过 Engineering Village 2 的文献标签及标签组功能，用户可对文献进行自主分类，并建立共用文献群。Engineering Village 2 的文献标签及标签组功能主要包括：

(1)添加、编辑、删除自己的标签；

(2)创建或删除标签组以及小组成员；

(3)检索浏览标签。

可以检索、浏览并管理在 Public、Private 或 My Institution 范围内以某词做标签的记录，如在图 2-26 所示界面，点击 View/Edit Groups 可浏览或编辑标签组；点击 Rename Tags 可改变标签名字；点击 Delete Tags，可删除标签。也可直接单击 Tag 列表中任何感兴趣的标签。系统设定了 3 类标签权限：Public 标签组所建标签为所有 Engineering Village 用户可见；My Institution 标签组所建标签为所有本机构用户可见；Private 标签组所建标签只为本人可见。

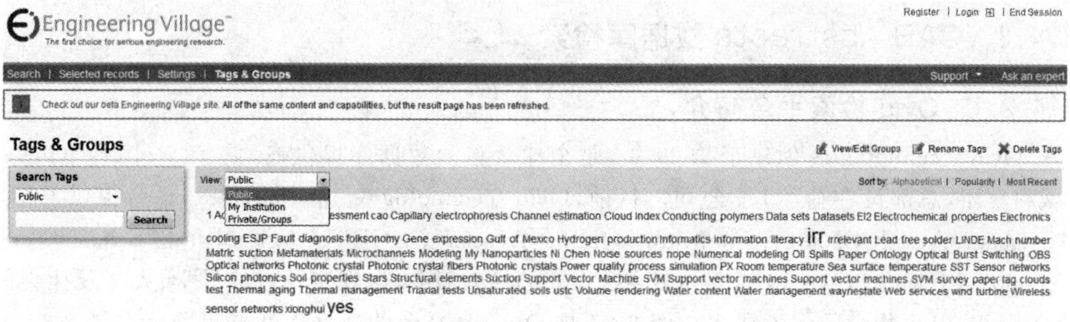

图 2-26　EI Compendex 网络数据库标签及标签组

2.4　CAB Abstracts 数据库

2.4.1　数据库简介及相关概况

1. 数据库简介

CAB Abstracts 数据库来源于 CABI 文摘。CABI 文摘由国际农业和生物科学中心(Centre for Agriculture and Bioscience International，CABI)编辑出版，是国际上三大农业信息源之一(国际三大农业信息源包括 CABI 文摘、农业文献题录和农业索引)。CABI 文摘，其数据内容来源于世界上 130 多个国家、70 多个语种的 1.4 万种以上的期刊、会议录、图书、报告等，包括印刷型、文摘磁带、光盘数据库、网络数据库和联机数据库等各种版本。

2. CABI 文摘各版本介绍

除 46 种印刷型 CABI 文摘外，自 1973 年起，CABI 开始建立农业文献数据库，并由世界知名的数据库提供商——美国 Silver platter（银盘）为用户提供光盘数据机检和咨询服务。该公司于 2001 年 6 月与美国 Ovid Technologies 公司合并，组成全球最大的数据库出版公司之一，继续提供 CABI 网络数据（1910 年至今的数据）服务。

另外，DIALOG 联机情报检索系统的第 50 号和 53 号文档、ESA-IRS 欧洲空间组织情报检索系统的第 16 号文档，都是 CABI 文摘。

中国农业科学院科技文献信息中心从 1981 年起引进了 CABI 文摘磁带，从 1983 年起向全国用户开展定题服务、回溯和联机检索，发行 CABI 文摘磁带版和光盘版。

知识拓展：国际农业和生物科学中心

国际农业和生物科学中心的前身为英联邦农业局（Commonwealth Agricultural Bureau，CAB），成立于 1928 年；1985 年 9 月，在伦敦举行的第 10 次 5 年评议会上，倡议将英联邦农业局升级为国际组织，并于 1987 年正式注册改名为"CAB International"；1993 年 6 月在 CABI 第 12 次回顾大会，改名为国际农业和生物科学中心。CABI 致力于改善和提高人类的福利，通过传播、应用及产生科技知识来支持农业、林业、人类健康、自然资源等领域的持续发展，尤其注重满足发展中国家在这些领域的需求。我国于 1995 年 8 月正式成为 CABI 成员。

2.4.2 CAB Abstracts 数据库检索

2.4.2.1 Ovid 检索平台简介

Ovid Technologies 创建于 1989 年，是全球著名的数据库提供商，属于 Wolters Kluwer（威科集团，总部设在荷兰）子公司。目前，Ovid Technologies 通过 OvidSP 平台提供 CABI Abstracts、AGRICOLA（Agricultural Online Access）、AGRIS（Agricultural Sciences and Techno）、BIOSIS Previews 等 200 多个数据库的检索服务，内容涉及自然科学、人文及社会科学等学科，以生物学数据库居多。图 2-27 是 OvidSP 平台的数据库选择界面。在图 2-27 界面，选择好需要检索的数据库，点击 OK 按钮进入如图 2-28 所示的数据库默认检索界面。

（1）选择界面语言　图 2-28 界面最下方，提供英文、法文、德文、日文、繁体中文、西班牙文、简体中文和韩文界面语言的链接，用户可以根据自己需要，选择合适的界面语言。

（2）介绍检索界面　如图 2-28 所示 Ovid 检索平台默认界面包括检索历史区、检索条件输入区和检索结果显示区。

最上部是检索历史区。检索历史区的默认状态为隐藏状态，在图 2-28 界面，点击 Search History，可打开如图 2-29 所示检索历史区。检索历史区可以显示检索式及其相应的检索记录数，如在图 2-29 界面，点击检索结果显示标识“Display Results”，即可显示检索结果的具体记录；也可对检索式进行修改、保存逻辑运算（具体方法参见“2.4.2.5 检索历史”）。

检索历史区之下是检索条件输入区。如图 2-30 所示检索条件输入区用于输入检索词或组合检索式，并用字段代码限定检索字段，还可点击 Limits 按钮，调出语种、全文、摘要、出版年等选项限制检索条件（详细内容参见“2.4.2.2 检索功能”和“2.4.2.3 检索技术”）。

最下部是检索结果显示区（详细内容参见“2.4.2.4 检索结果”）。

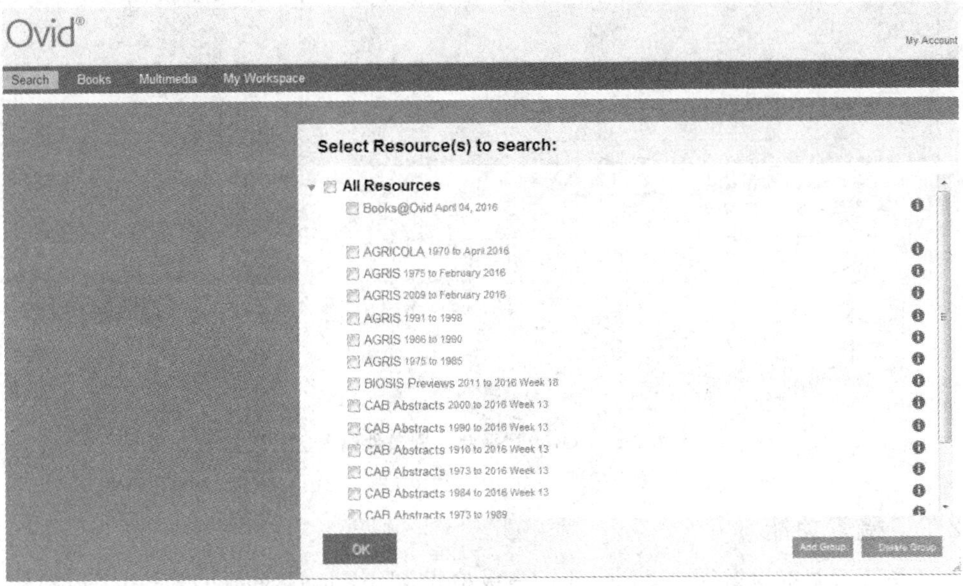

图 2-27　OvidSP 平台的数据库选择界面

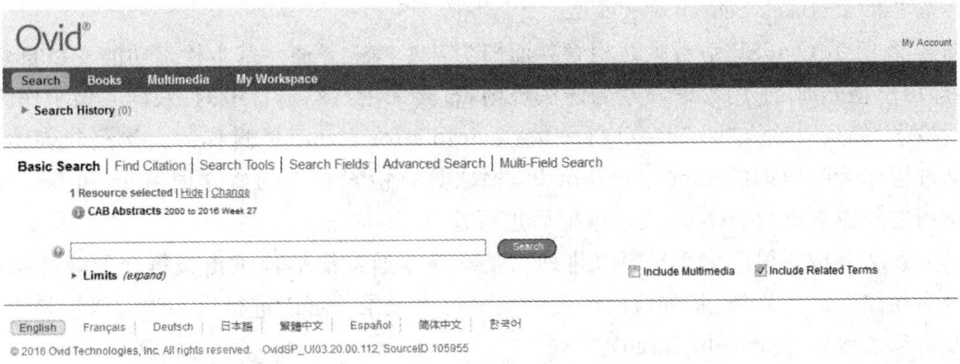

图 2-28　OvidSP 平台默认检索界面

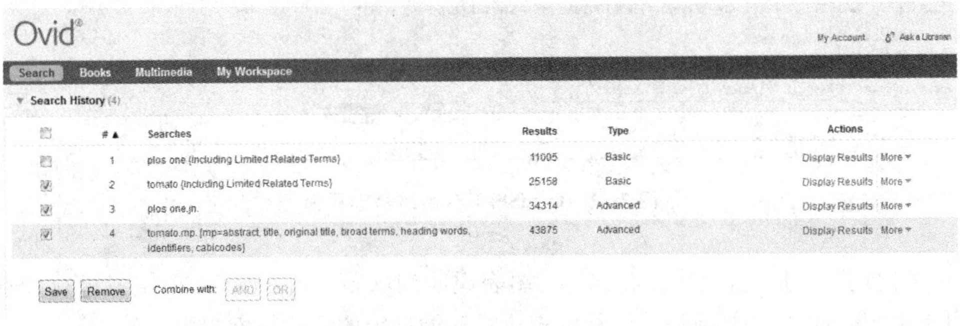

图 2-29　OvidSP 平台检索历史区

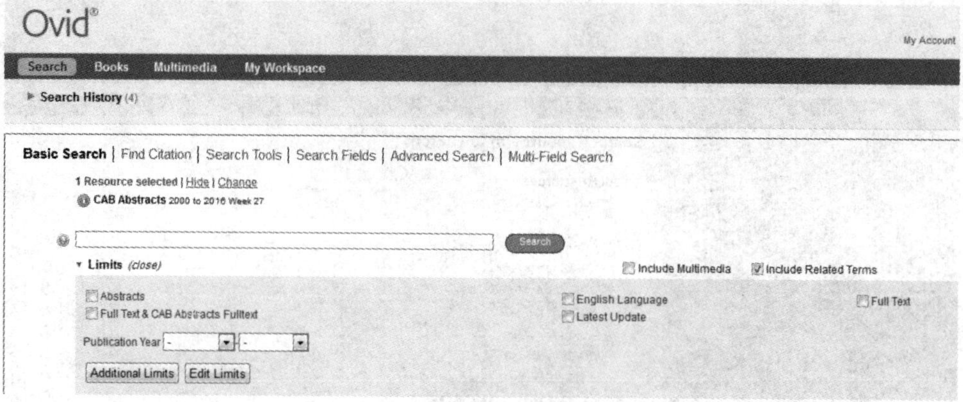

图 2-30 OvidSP 平台检索条件输入区

2.4.2.2 检索功能

Ovid 系统有基本检索(Basic Search)、高级检索(Advanced Search)、常用字段检索(Find Citation)、字段检索(Search Fields)、检索工具(Search Tools)、多字段检索(Multi-Field Search)等检索功能。

1. 基本检索(Basic Search)

图 2-28 所示 OvidSP 平台默认检索界面即为基本检索界面。基本检索功能支持自然语言检索，即用户检索时，不用考虑检索的语法规则，直接采用自然语言中的字、词或句子作为提问式进行检索，如可以输入“some soils are not suitable for farming”这样的自然语句表达式，系统自动过滤作为噪声词的 some、are、not 等，抽取具有检索意义的概念词 soils 和 farming，并将检索词之间以逻辑与(AND)关系组配后进行检索。

其检索结果按相关度大小呈星级排列。基本检索通常能够检索出最符合题意的文献，但其查全率往往不足。另外，基本检索产生的检索历史记录不可以进行进一步的组配检索。

2. 高级检索(Advanced Search)

在图 2-28 界面，点击 Advanced Search，即可切换出图 2-31 所示 OvidSP 平台的高级检索界面。在该界面，可实现关键词、作者、题名和刊名字段的限定检索。

图 2-31 OvidSP 平台高级检索界面

(1)关键词　是指在篇名、文摘、全文、图表说明词(Caption Text)4 个字段进行检索。检索时可使用“$”或“*”等截词符。检索表达式遵循传统的语法检索规则。

(2)作者　是指在检索框直接键入作者姓名进行检索，作者姓名的键入方式为姓在前(用全称)、名在后(可用全称或首字母)，姓名之间用空格隔开。

(3)题名　是在题名字段键入检索词或词组后进行检索。

(4)刊名　是利用期刊名称进行检索,可键入刊名的全称或一部分,但不能使用刊名缩写,利用刊名一部分进行检索时,只能键入刊名全称的开头部分,而不能用刊名中关键词进行检索,利用刊名检索时,可在刊名索引列表勾选一个或多个刊名后进行检索,多个刊名间的默认逻辑关系为逻辑或(OR)。

3. 常用字段检索(Find Citation)

图 2-32 为常用字段检索界面,用于快速检索特定文献。通过直接键入某一文献的相关信息,如篇名(也可以是篇名中包含的部分词汇)、作者姓名、刊名(全称或刊名中的关键词)、卷、期、起始页码、出版年、唯一标识符(Unique identifier,例如 ISI:000259889100041 是 ISI 分配给某一文章的唯一标识符,可以唯一地识别该条参考文献)以及 DOI 号,检索切题文献。

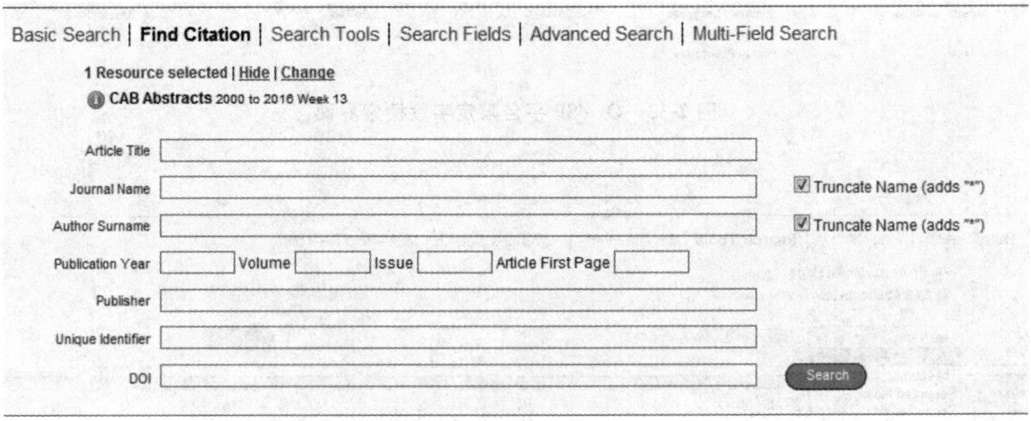

图 2-32　OvidSP 平台常用字段检索界面

4. 字段检索(Search Fields)

图 2-33 所示字段检索提供包括著者、机构、刊名、文摘、全文、DOI 号、文献类型等 47 个检索字段,是将检索词或检索式限定在某一或某些字段中进行针对性更强的检索。

5. 多字段检索(Multi-Field Search)

多字段限定检索基本等同"限定字段检索"。提供包括作者、机构、刊名、文摘、全文、DOI 号、文献类型等 47 个检索字段。不同在于,该检索功能还提供限定条件选项和根据需要增加检索框的按钮。

6. 检索工具(Search Tools)

图 2-34 所示为检索工具功能。该检索功能提供主题词(Map Term,对键入检索词提供系统建议的主题词)、叙词(Thesaurus,提供主题词在词表中的位置)、轮排索引(Permuted Index,也称轮排表,是将词表中的叙词按词素字顺排列,使含有同一词素的叙词集中显示于一处的词汇表)、范围注释(Scope Note,又称主题词注释,显示主题词的含义、相关参照、代参照等)、扩展检索(Explode,对该主题词及其所有副主题词同时进行检索)等检索工具。

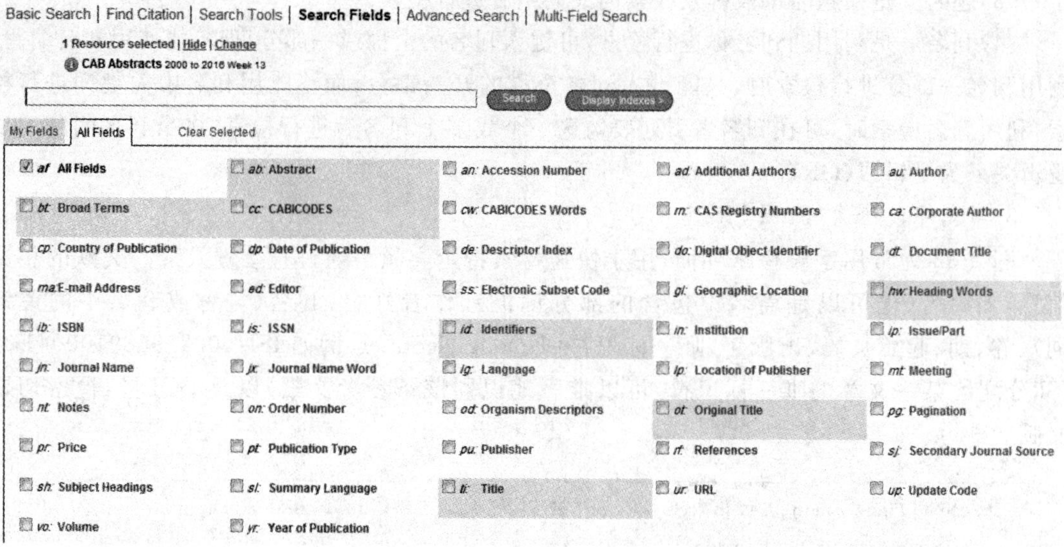

图 2-33 OvidSP 平台限定字段检索界面

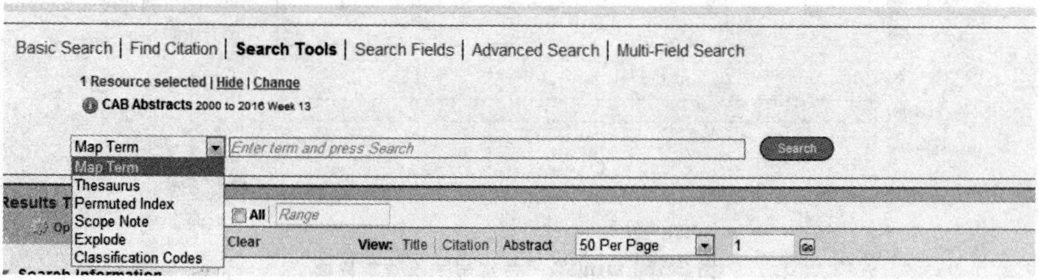

图 2-34 OvidSP 平台检索工具界面

2.4.2.3 检索技术

1. 布尔逻辑检索

可使用算符 AND(逻辑与)、OR(逻辑或)和 NOT(逻辑非),直接连接检索词或检索历史列表中的检索式序号,如 3 AND 4(注意,不需要输入“#”),表示检索同时满足检索式 3 和检索式 4 条件的记录;apple AND culture 表示检索同时包含 apple 和 culture 的资料。

2. 截词检索

(1)“$”或“*” 用作右对齐,作无限截词,实现词根检索。如 rat$ 能检索 rat、rats 等,也能检索 rate、rationalize、ratify 等。

(2)“$n”或“*n” 该截词符号的 n 可以取值,当 n 值为 1 时,可以代表 1 个或零个字符,如 dog$1,可检索 dog 、dogs 等方面的资料,但检索不到 dogma 方面的资料。

(3)“#” 代表单词中部或末尾的 1 个字符,dog# 可以检索 dogs 方面的文章,但检索不到 dog 方面的文献。该字段可用于检索不规则复数,如 wom#n,可以同时检索 woman 和 women 方面的文献。

(4)“?” 用在单词中间或末尾，代替 1 个或 0 个字符，可用于检索具有英美不同拼法变化的单词，colo? r 将查找 color 和 colour 方面的资料。

3. 字段检索

OvidSP 平台数据库的字段检索格式为“检索词. 字段名.”，多个字段名之间用逗号隔开，如“leukemia. ti，ab.”，可检索出所有篇名、摘要字段包含 leukemia 的文献。

4. 词间位置检索

词间位置检索的算符是 Adjacency，格式为 adjn，n 可以在 1～99 之间取值，该算符可插在 2 个检索词之间使用，如(apple adj2 culture). ti，表示检索结果中含有的 2 个检索词必须相邻，且 2 个词之间最多可插入 2 个词。

2.4.2.4 检索结果

1. 检索结果筛选

筛选检索结果选项(Filter By)位于检索结果显示页面的左侧下方，检索结果筛选条件包括相关度、年代、作者、期刊、出版类型等。所有筛选选项均可扩展或折叠，“+”标记指示折叠视图，“-”标记指示扩展视图。当用户扩展筛选类别时，系统将显示该类别的 5 个最佳选项；若要清除筛选，选择筛选分类下的所有选项(如 ALL YEARS)。

2. 检索结果排序

Ovid 最多可对 6 000 条记录进行排序，排序条件包括 Score(相关度分数，仅限于基本检索模式)、Author(作者)、Country of Publication(出版国家)、Journal(期刊)、Title(标题)等字段，具体可用于排序的字段会根据数据库的不同而变化。

3. 检索结果显示

检索结果可按题录视图(默认)、标题视图、摘要视图方式显示检索结果。题录视图下，会以标准 Ovid 题录格式，显示每个结果的题录信息，也可通过自定义显示方式进行显示格式定制。对于每个题录，点击其超链接标题，即可查看更多可用信息，当全文可用时，超链接标题将显示全文，当全文不可用时，超链接标题将显示完整数据(图 2-35)；标题视图下，仅显示标题，该选项可用于快速浏览标题列表，查找最具关联性的结果；摘要视图介绍每个结果的引文信息和摘要信息。

4. 检索结果处理

检索结果列表上下方均设有 Print、E-mail、Export 等可对当前显示结果进行处理的按钮，可对已选记录进行打印、发送 E-mail、导出和“新增到我的课题”等操作。

5. 检索结果工具

检索结果工具位于检索结果列表左侧，包括检索结果的“查看方式”、“检索信息”、“筛选检索结果”和“我的课题”等内容，是通过一系列自定义方式，实现对检索结果进行管理的工具。

如在图 2-36 所示检索结果左侧，显示了 Crop yield、China、Triticum、Triticum aestivum、USA 等主题筛选结果选项，Nierobca，P.、Bjornlund，H.、Bjornlund，V.、Calciu，I.、Grabinski，J. 等作者筛选结果选项，Research Journal of Agricultural Science、Transactions of the Chinese Society of Agricultural Engineering、Acta Horticulturae、Journal of Environmental Management、Acta Scientiarum Polonorum-Agricultura 等刊物筛选结果选项。

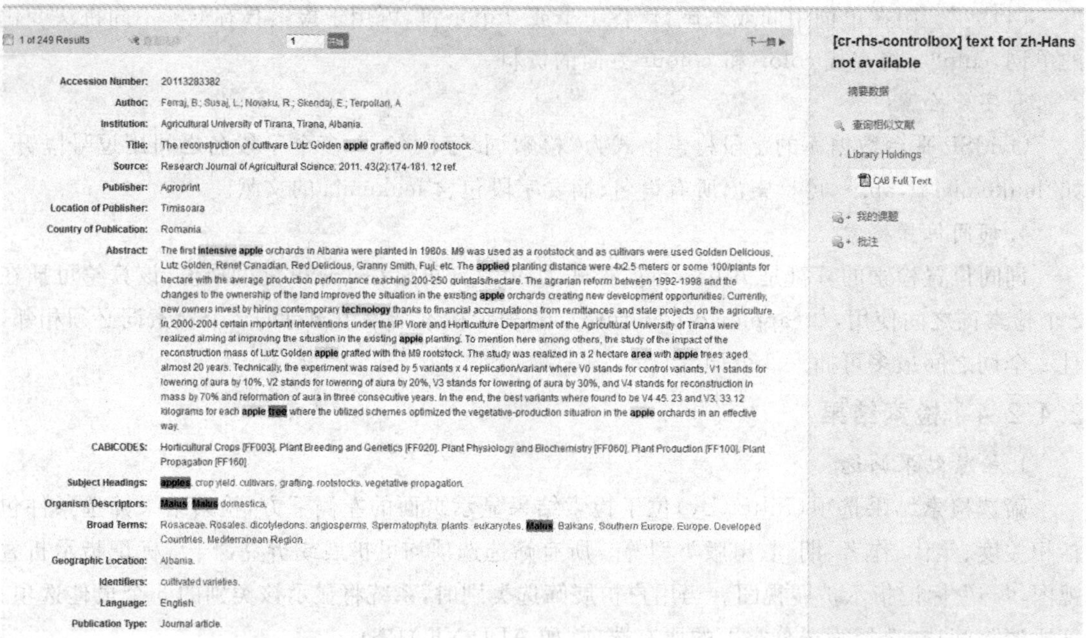
1 of 249 Results
下一篇▶
Accession Number: 20113283382
Author: Ferraj, B.; Susaj, L.; Novaku, R.; Skenderi, E.; Terpollari, A.
Institution: Agricultural University of Tirana, Tirana, Albania.
Title: The reconstruction of cultivare Lutz Golden apple grafted on M9 rootstock.
Source: Research Journal of Agricultural Science, 2011. 43(2):174-181. 12 ref.
Publisher: Agroprint
Location of Publisher: Timisoara
Country of Publication: Romania
Abstract: The first intensive apple orchards in Albania were planted in 1980s. M9 was used as a rootstock and as cultivars were used Golden Delicious, Lutz Golden, Renet Canadian, Red Delicious, Granny Smith, Fuji, etc. The applied planting distance were 4x2.5 meters or some 100/plants for hectare with the average production performance reaching 200-250 quintals/hectare. The agrarian reform between 1992-1998 and the changes to the ownership of the land improved the situation in the existing apple orchards creating new development opportunities. Currently, new owners invest by hiring contemporary technology thanks to financial accumulations from remittances and state projects on the agriculture. In 2000-2004 certain important interventions under the IP Vlore and Horticulture Department of the Agricultural University of Tirana were realized aiming at improving the situation in the existing apple planting. To mention here among others, the study of the impact of the reconstruction mass of Lutz Golden apple grafted with the M9 rootstock. The study was realized in a 2 hectare area with apple trees aged almost 20 years. Technically, the experiment was raised by 5 variants x 4 replication/variant where V0 stands for control variants, V1 stands for lowering of aura by 10%, V2 stands for lowering of aura by 20%, V3 stands for lowering of aura by 30%, and V4 stands for reconstruction in mass by 70% and reformation of aura in three consecutive years. In the end, the best variants where found to be V4 45. 23 and V3, 33.12 kilograms for each apple tree where the utilized schemes optimized the vegetative-production situation in the apple orchards in an effective way.
CABICODES: Horticultural Crops [FF003], Plant Breeding and Genetics [FF020], Plant Physiology and Biochemistry [FF060], Plant Production [FF100], Plant Propagation [FF160]
Subject Headings: apples, crop yield, cultivars, grafting, rootstocks, vegetative propagation.
Organism Descriptors: Malus, Malus domestica.
Broad Terms: Rosaceae, Rosales, dicotyledons, angiosperms, Spermatophyta, plants, eukaryotes, Malus, Balkans, Southern Europe, Europe, Developed Countries, Mediterranean Region.
Geographic Location: Albania.
Identifiers: cultivated varieties.
Language: English.
Publication Type: Journal article.
[cr-rhs-controlbox] text for zh-Hans not available
摘要数据
查询相似文献
Library Holdings
CAB Full Text
我的课题
批注

图 2-35 OvidSP 平台全记录

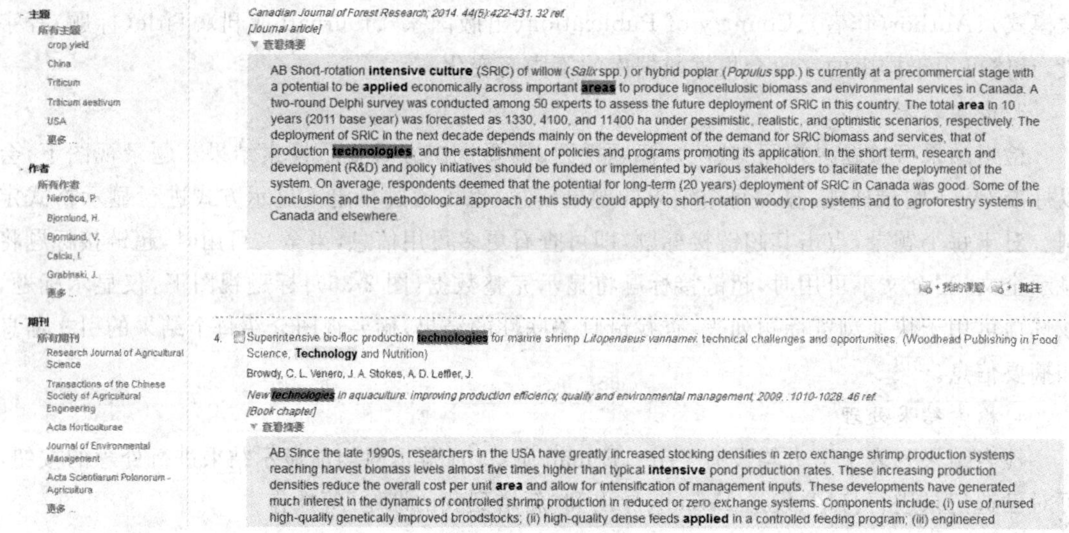
主题
所有主题
crop yield
China
Triticum
Triticum aestivum
USA
更多...
作者
所有作者
Nierobca, P.
Bjornlund, H.
Bjornlund, V.
Calciu, I.
Grabinski, J.
更多...
期刊
所有期刊
Research Journal of Agricultural Science
Transactions of the Chinese Society of Agricultural Engineering
Acta Horticulturae
Journal of Environmental Management
Acta Scientiarum Polonorum - Agricultura
更多...
Canadian Journal of Forest Research, 2014. 44(5):422-431. 32 ref.
[Journal article]
查看摘要
AB Short-rotation intensive culture (SRIC) of willow (Salix spp.) or hybrid poplar (Populus spp.) is currently at a precommercial stage with a potential to be applied economically across important areas to produce lignocellulosic biomass and environmental services in Canada. A two-round Delphi survey was conducted among 50 experts to assess the future deployment of SRIC in this country. The total area in 10 years (2011 base year) was forecasted as 1330, 4100, and 11400 ha under pessimistic, realistic, and optimistic scenarios, respectively. The deployment of SRIC in the next decade depends mainly on the development of the demand for SRIC biomass and services, that of production technologies, and the establishment of policies and programs promoting its application. In the short term, research and development (R&D) and policy initiatives should be funded or implemented by various stakeholders to facilitate the deployment of the system. On average, respondents deemed that the potential for long-term (20 years) deployment of SRIC in Canada was good. Some of the conclusions and the methodological approach of this study could apply to short-rotation woody crop systems and to agroforestry systems in Canada and elsewhere.
我的课题 批注
4. Superintensive bio-floc production technologies for marine shrimp Litopenaeus vannamei: technical challenges and opportunities. (Woodhead Publishing in Food Science, Technology and Nutrition)
Browdy, C. L. Venero, J. A. Stokes, A. D. Leffler, J.
New technologies in aquaculture: improving production efficiency, quality and environmental management. 2009. :1010-1028. 46 ref.
[Book chapter]
查看摘要
AB Since the late 1990s, researchers in the USA have greatly increased stocking densities in zero exchange shrimp production systems reaching harvest biomass levels almost five times higher than typical intensive pond production rates. These increasing production densities reduce the overall cost per unit area and allow for intensification of management inputs. These developments have generated much interest in the dynamics of controlled shrimp production in reduced or zero exchange systems. Components include: (i) use of nursed high-quality genetically improved broodstocks; (ii) high-quality dense feeds applied in a controlled feeding program; (iii) engineered

图 2-36 OvidSP 平台的检索结果页面

2.4.2.5 检索历史

检索历史包括检索序号(#)、检索式和检索条件(Searches)、检索结果篇数(Results)、检索途径(Type)、检索结果显示按钮(Actions)以及检索结果编辑按钮(Annotations)。在图 2-37 界面,勾选 2 个及以上相关检索式后,可对检索式进行逻辑与(And)、逻辑或(OR)关系的组合检索;点击 Remove 按钮,可以删除所选记录。下面重点介绍如何保存和调用检索历史。

1. 保存检索历史

第1步：在图2-37界面，点击 Save All。

第2步：输入在 Ovid 数据库免费注册的账号（Personal Account Name）和密码（Password）。

第3步：在图2-38界面，为正在保存的检索历史命名（Search Name）、选择文件类型（文件类型包括 Temporary\Permanent\Autoalert\My Projects）。

图 2-37　OvidSP 平台检索历史界面

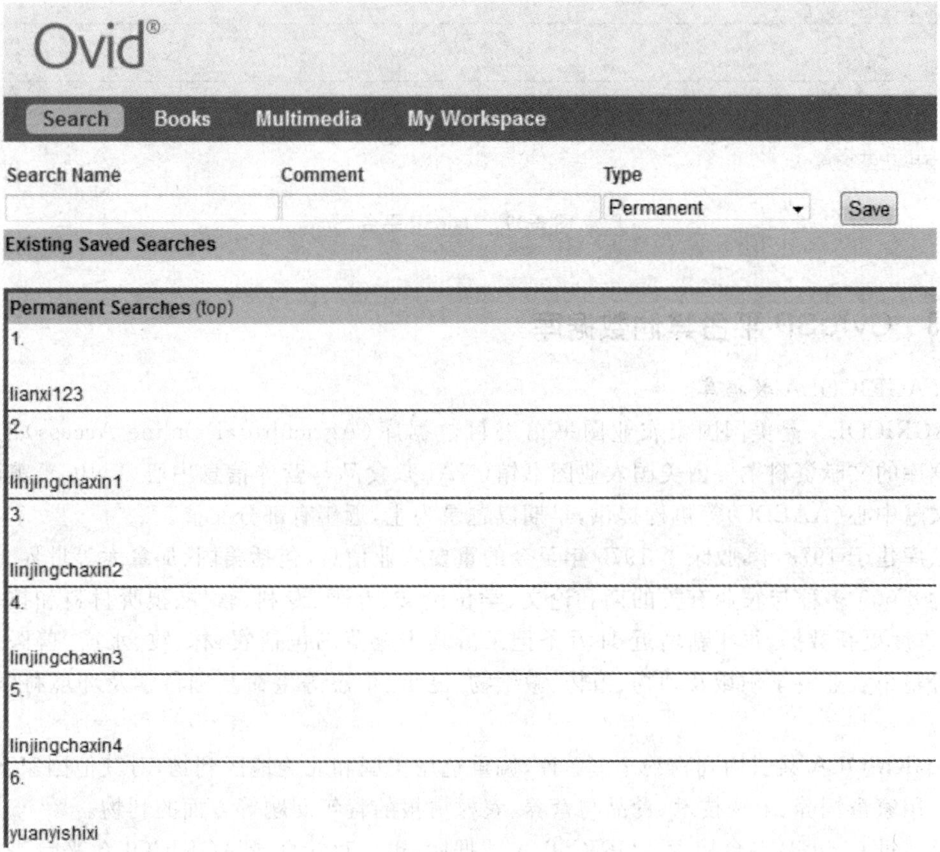

图 2-38　OvidSP 平台保存检索历史

2. 调用检索历史

第 1 步：在数据库默认检索界面，点击 View Saved。

第 2 步：输入在 Ovid 数据库免费注册的账号（Personal Account Name）和密码（Password）。

第 3 步：在图 2-39 界面，选择要打开的文件（鼠标点击所要打开文件之前的方框），点击 Copy，打开文件；点击 Run，以保存的检索策略运行最新选择的数据库。

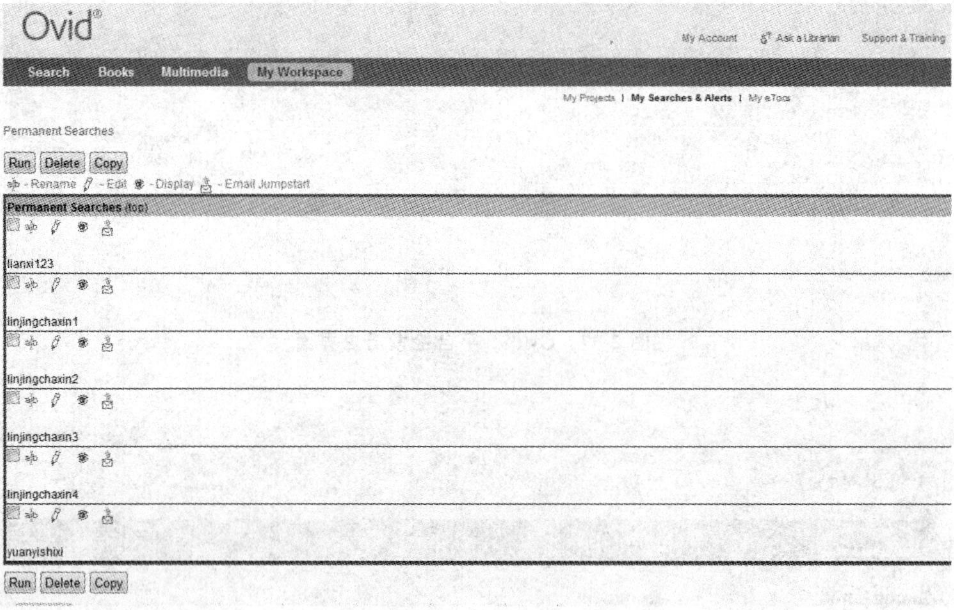

图 2-39 OvidSP 平台

2.4.3 OvidSP 平台其他数据库

1. AGRICOLA 数据库

AGRICOLA 是美国国家农业图书馆书目数据库（Agricultural Online Access）的简写。该数据库的文献资料主要由美国农业图书馆（NAL）、食品与营养信息中心（FNIC）、美国农业经济文献中心（AAEDC）等机构提供，早期以题录为主，近年有部分文摘。

该库建于 1973 年，收录了 1970 年至今的重要农业信息，包括美国、加拿大等世界上 40 多个文种 8 000 多种与农业有关的期刊论文、学位论文、专著、专利、软件、视听材料和技术报告等，按季度更新数据，每年新增近 11 万条记录。其主题范围包括农、林、牧、水产、兽医、园艺、土壤等整个农业科学领域及动物、植物、微生物、昆虫、生态等生命基础科学及环境科学、食品科学。

AGRICOLA 共引用刊物约 2 000 种，偏重选用美国和北美地区刊物，对其他国家刊物，仅着重引用家畜饲养、生物技术、食品与营养、农村情报的青年问题等方面的刊物。

可通过 OvidSP 平台检索 AGRICOLA 数据库，也可直接登录 AGRICOLA 平台进行检索（网址：http：//Agricola. nal. usda. gov）。

2. AGRIS 数据库

AGRIS数据库是联合国粮农组织根据各国农业科研和生产发展的需要，于1975年建立的国际情报交流系统，是世界农业领域的文献目录。

该数据库收录FAO编辑出版的全部出版物和180多个参加国家和地区提供的农业文献信息，特别是第三世界国家农业、林业及相关学科的应用研究方面的文献，1979年以后的部分数据提供了文摘。

其主题范围包括农业总论、地理和历史、教育推广与情报、行政与方法、农业经济、发展与农村社会学、植物科学与生产植物保护、收获后技术、林业、动物科学、渔业与水产养殖、农业机械与工程、自然科学与环境、农业产品加工、人类营养、污染等。

可通过OvidSP平台检索AGRIS数据库，也可直接登录AGRIS平台进行检索(网址：http://agris.fao.org/)。

3. BIOSIS Previews 数据库

BIOSIS Previews共收录生命科学期刊930多种，尤其强调分子科学和细胞科学，是生命科学与生物医学研究工具。内容涵盖临床前研究和试验研究、方法及仪器使用、动物学研究等。文献回溯至1926年。

第3章　全文数据库

3.1　中国知网(CNKI)全文数据库

3.1.1　数据库简介

中国知网是以《中国学术期刊(光盘版)》全文数据库为核心的数据库。收录资源包括期刊、报纸、博硕士论文、会议文献、专利文献、标准文献、年鉴和工具书等。覆盖理工、社会科学、电子信息技术、农业、医学等学科范围,数据每日更新,支持跨库检索。图 3-1 为中国知网(CNKI)全文数据库检索首页。

图 3-1　CNKI 检索首页

1. 中国学术期刊(网络版)

中国学术期刊(网络版)收录自 1915 年以来的期刊,部分期刊回溯至创刊。截至 2016 年 12 月,共收录国内学术期刊 8 222 种,是世界上最大的连续动态更新的中国学术期刊全文数据库,以学术、技术、政策指导、高等科普及教育类期刊为主,内容覆盖自然科学、工程技术、农业、哲学、医学、人文社会科学等各个领域。产品分为基础科学、工程科技Ⅰ、工程科技Ⅱ、农业科技、医药卫生科技、哲学与人文科学、社会科学Ⅰ、社会科学Ⅱ、信息科技、经济与管理科学共十大专辑，十大专辑又下分出168个专题。

2. 中国知网报纸全文数据库

收录2000年以来国内公开发行的500多种重要报纸刊载的学术性、资料性文献。

3. 中国知网硕博士论文数据库

中国知网硕博士论文数据库收录1984年至今的全国431家博士培养单位的博士论文和711家硕士培养单位的优秀硕士学位论文，是目前国内相关资源最完备、高质量、连续动态更新的中国优秀硕博士学位论文全文数据库。

4. 国内外重要会议论文全文数据库

国内外重要会议论文全文数据库重点收录1999年以来，中国科协系统及国家二级以上的学会、协会，高校、科研院所，政府机关举办的重要会议以及在国内召开的国际会议上发表的文献。其中，国际会议文献占全部文献的20%以上，全国性会议文献超过总量的70%，部分重点会议文献回溯至1953年。

5. 中国专利全文数据库

中国专利全文数据库收录1985年至今的中国专利和1970年至今的国外专利。与通常的专利数据库相比，本数据库的知网节集成了与某一专利相关的最新文献、科技成果、标准等信息，可以完整地展现专利产生的背景、最新发展动态、相关领域的发展趋势，可以浏览发明人与发明机构更多的论述以及在各种出版物上发表的文献。中国专利双周更新。国外专利月更新。

6. 标准数据总库

标准数据总库是国内数据量最大、收录最完整的标准数据库，分为中国标准题录数据库(SCSD)、国外标准题录数据库(SOSD)、国家标准全文数据库和中国行业标准全文数据库。

中国标准题录数据库(SCSD)收录了所有的中国国家标准(GB)、国家建设标准(GBJ)、中国行业标准的题录摘要数据。

国外标准题录数据库(SOSD)收录了世界范围内的重要标准，包括国际标准(ISO)、国际电工标准(IEC)、欧洲标准(EN)、德国标准(DIN)、英国标准(BS)、法国标准(NF)、日本工业标准(JIS)、美国标准(ANSI)、美国部分学协会标准(如ASTM，IEEE，UL，ASME)等的题录摘要数据。

国家标准全文数据库收录了由中国标准出版社出版的，国家标准化管理委员会发布的所有国家标准，占国家标准总量的90%以上。

中国行业标准全文数据库收录了现行、废止、被代替以及即将实施的行业标准，全部标准均获得权利人的合法授权。标准的内容来源于中国标准化研究院国家标准馆，相关的文献、专利、成果等信息来源于CNKI各大数据库。可以通过标准号、中文标题、英文标题、中文关键词、英文关键词、发布单位、摘要、被代替标准、采用关系等检索项进行检索。

7. 中国年鉴网络出版总库

中国年鉴网络出版总库收录1949年至今的年鉴资源全文数据库，内容覆盖基本国情、地理历史、政治军事外交、法律、经济、科学技术、教育、文化体育事业、医疗卫生、社会生活、人物、统计资料、文件标准与法律法规等各个领域。

8. 中国工具书网络出版总库

中国工具书网络出版总库是精准、权威、可信且持续更新的百科知识库，简称知网工具书库或 CNKI 工具书库，该数据库集成了近 200 家知名出版社的语文词典、双语词典、专科辞典、百科全书、图录、表谱、传记、语录、手册等 3 000 余部工具书，所有条目均由专业人士撰写，内容涵盖哲学、文学艺术、社会科学、文化教育、自然科学、工程技术、医学等各个领域。

3.1.2 检索功能

3.1.2.1 简单检索

在图 3-1 检索首页，默认呈现简单检索界面。在该界面，选择文献(在期刊、硕博士、会议、报纸、年鉴库中进行检索)、期刊、硕博士、会议、报纸等某一类型数据库，或点击输入框右侧的“跨库选择”按钮，选择多个数据库进行检索。简单检索界面仅提供一个输入框，可以在全文、主题(其含义为题名、关键词或摘要)、篇名、作者、单位、关键词、摘要、参考文献、中图分类号、文献来源等字段进行限定检索，也可在如图 3-8 所示十大专辑、168 个专题内选好类目后进行简单检索。

3.1.2.2 高级检索

如图 3-2 所示，系统提供了高级检索、专业检索、作者发文检索、科研基金检索、句子检索、文献来源检索等具体的高级检索方式。

1. 高级检索

图 3-2 为高级检索界面，该检索方式提供“二步骤”输入模式：

第 1 步：输入内容检索条件，包括主题、篇名、关键词、摘要、全文、参考文献、中图分类号等。

第 2 步：输入检索控制条件，包括发表时间、文献来源、支持基金、作者等。

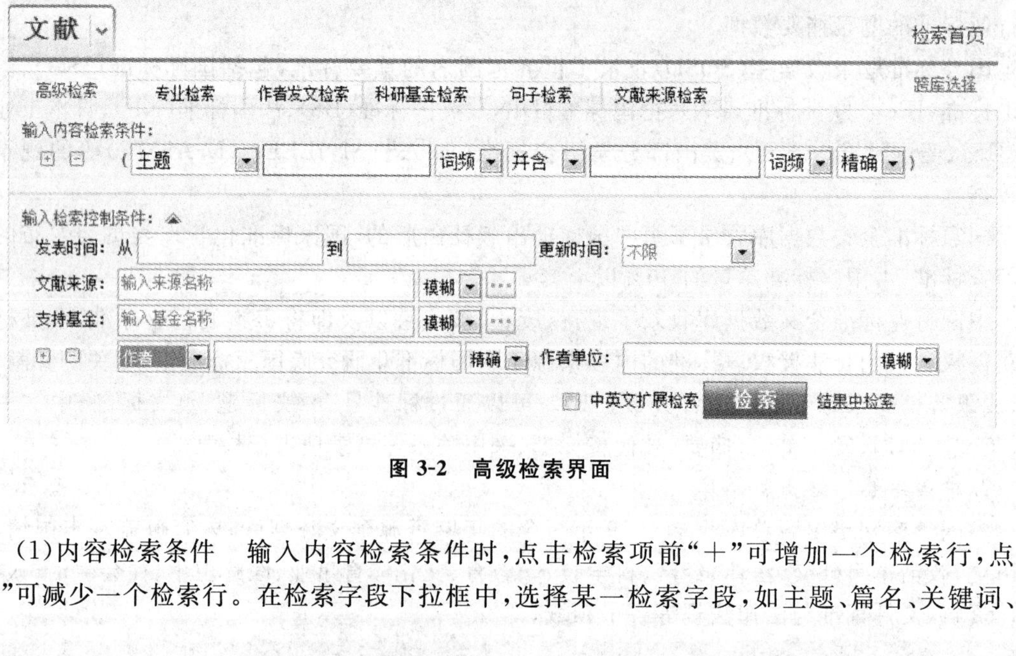

图 3-2 高级检索界面

(1)内容检索条件　输入内容检索条件时，点击检索项前“+”可增加一个检索行，点击“-”可减少一个检索行。在检索字段下拉框中，选择某一检索字段，如主题、篇名、关键词、摘要、全文、参考文献、中图分类号等字段中的任意一个，在其后的检索框中填入检索词，检索词之间选择“并含”（相当于逻辑与）、“或含”（相当于逻辑或）或“不含”（相当于逻辑非）等任一关系后，进行检索。

对所输入的检索词，系统提供精确、模糊 2 种匹配方式，选择“精确”表示检索完全等同或包含检索词的词语，选择“模糊”表示检索结果包含检索词中的词素（如检索词“沈阳农业大学”包含沈阳、沈阳农业、沈阳农业大学等词素）。系统还提供“词频”匹配方式，系统默认词频为 1，增加词频时可提高查准率，减少词频时可提高查全率。

（2）检索控制条件

发表时间：系统默认不对发表时间进行限定。检索时，通过在发表时间后的下拉菜单选择时间范围，或在日期输入框直接输入日期（输入格式为：2008-10-29）方式，进行发表时间限定。

文献来源：在检索框中直接输入来源文献名称，也可以点击图标…，在弹出的窗口中对来源文献进行选择。输入文献来源时，支持模糊或精确检索。

支持基金：可在检索框中直接输入基金名称，也可点击图标…，在弹出的窗口选择支持基金。

作者、作者单位：在检索中可限定文献的作者和作者单位。点击作者检索项前“＋”可增加一个检索行，点击“－”可减少一个检索行。

2. 专业检索

专业检索是利用 AND、OR、NOT 逻辑运算符、检索字段和检索词构造检索表达式后进行的检索。在该数据库中，3 种逻辑运算符的优先级别相同，如要改变运算顺序，使用英文半角圆括号将检索条件括起。如图 3-3 所示，可检索字段包括主题（SU）、题名（篇名，TI）、关键词（KY）、摘要（AB）、全文（FT）、作者（AU）、第一责任人（第一作者，FI）、机构（单位，AF）、中文刊名 & 英文刊名（刊名，JN）、引文（参考文献，RF）、年（YE）、基金（FU）、中图分类号（CLC）、ISSN（SN）、统一刊号（CN）、ISBN（IB）和被引频次字段（CF）。构建专业检索策略所需检索技术参见 3.1.3 检索技术部分。

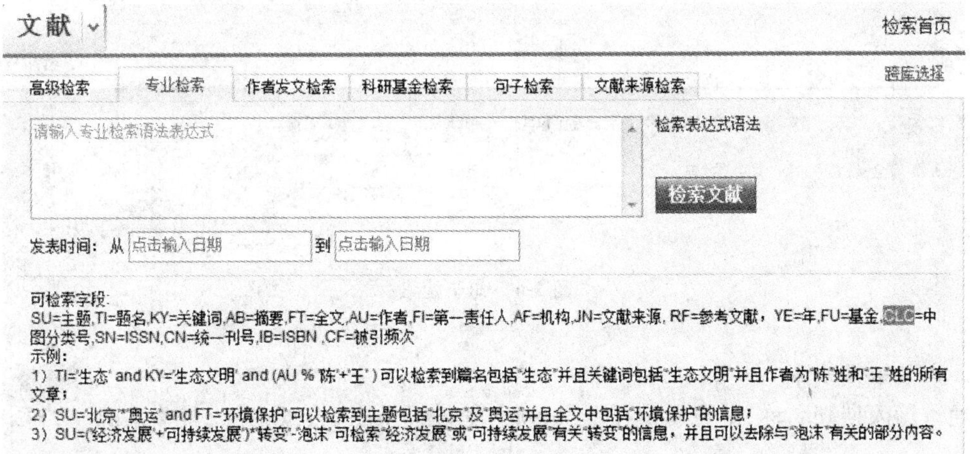
文献
检索首页
高级检索
专业检索
作者发文检索
科研基金检索
句子检索
文献来源检索
跨库选择
请输入专业检索语法表达式
检索表达式语法
检索文献
发表时间：从 点击输入日期 到 点击输入日期
可检索字段：
SU=主题,TI=题名,KY=关键词,AB=摘要,FT=全文,AU=作者,FI=第一责任人,AF=机构,JN=文献来源, RF=参考文献，YE=年,FU=基金,CLC=中图分类号,SN=ISSN,CN=统一刊号,IB=ISBN ,CF=被引频次
示例：
1）TI='生态' and KY='生态文明' and (AU % '陈'+'王') 可以检索到篇名包括"生态"并且关键词包括"生态文明"并且作者为"陈"姓和"王"姓的所有文章；
2）SU='北京'*'奥运' and FT='环境保护' 可以检索到主题包括"北京"及"奥运"并且全文中包括"环境保护"的信息；
3）SU=('经济发展'+'可持续发展')*'转变'-'泡沫' 可检索"经济发展"或"可持续发展"有关"转变"的信息，并且可以去除与"泡沫"有关的部分内容。

图 3-3　专业检索

3. 作者发文检索

作者发文检索是通过作者姓名和作者单位来检索该作者发表的所有文献(图 3-4)。

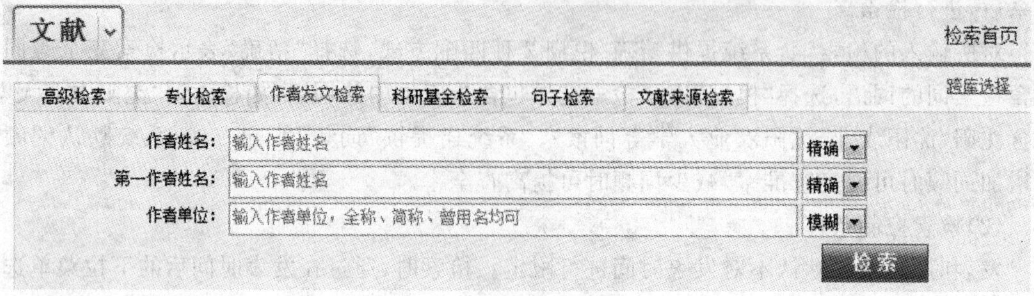

图 3-4　作者发文检索

4. 科研基金检索

科研基金检索是通过科研基金名称,查找科研基金资助的文献。如图 3-5 所示,可直接在检索框中输入基金名称,也可点击检索框后的图标[...]按钮,选择支持基金名称。

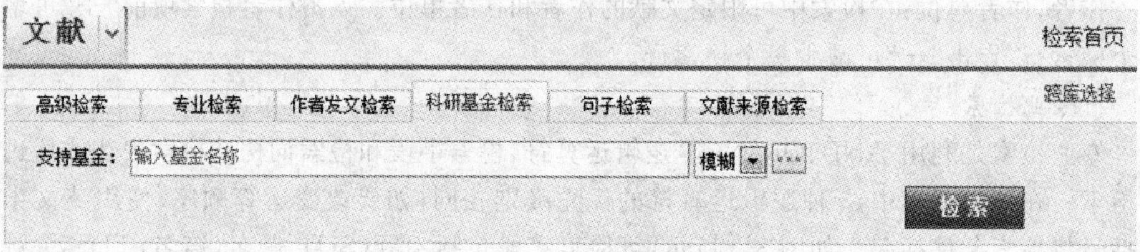

图 3-5　科研基金检索

5. 句子检索

在图 3-6 的检索框中输入 2 个检索词,选择在全文的“同一句”或“同一段”中进行检索,则系统将查找同时包含这 2 个词的句子。同句指 2 个标点符号之间,同段指 5 句之内。

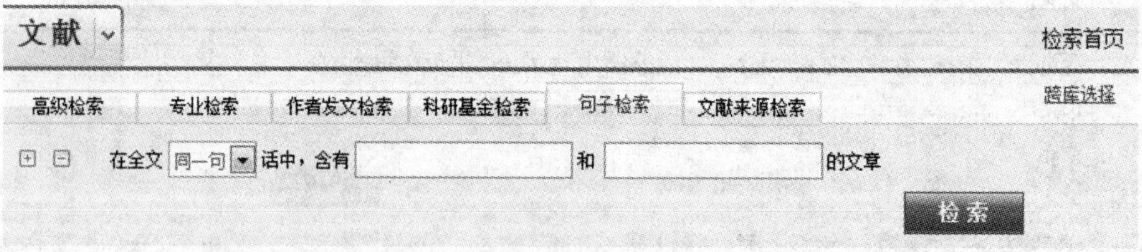

图 3-6　句子检索

6. 文献来源检索

通过输入期刊名称、博士学位授予点、硕士学位授予点、报纸来源、年鉴来源、辑刊来源等信息进行检索。如图 3-7 所示,可在检索框中直接输入文献来源名称,也可点击[...],在弹出的窗口中对文献来源进行选择。

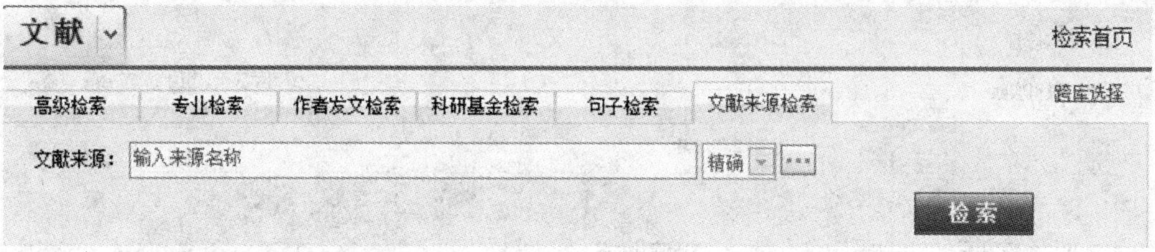

图 3-7　文献来源检索

3.1.2.3　出版物检索

出版物检索提供了分类检索、直接输入检索式检索、按出版物首字母浏览检索共 3 种方式。

1. 分类检索

分类检索按十大专辑、168 个专题进行分类(图 3-8)。

图 3-8　分类检索出版物

2. 直接输入检索式检索

选择来源名称、主办单位、出版者、ISSN、CN、ISBN 等字段后，在输入框输入相应的检索式进行检索。

在图 3-9 所示界面，点击“期刊”，选择“来源名称”字段，输入“沈阳农业大学学报”，得图 3-10 所示结果，显示期刊的复合影响因子、综合影响因子以及被引次数。复合影响因子与综合影响因子的区别在于统计范围不同，复合影响因子的统计范围不仅包含期刊，还包含了硕博士论文和会议论文；综合影响因子的统计范围仅限期刊。

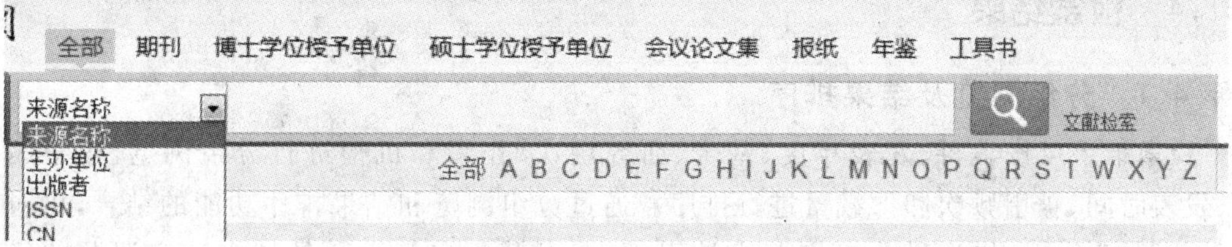

图 3-9　直接输入检索式检索出版物

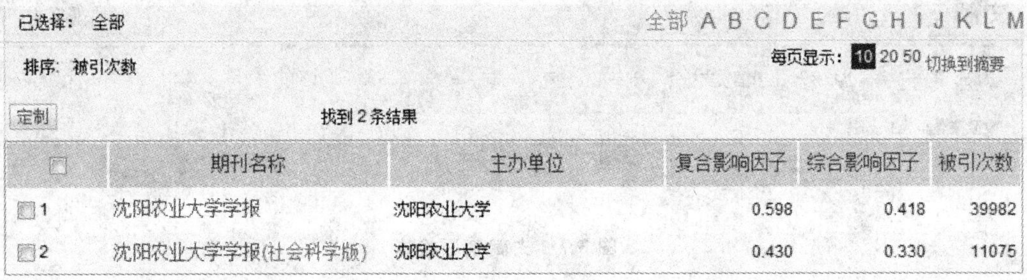

	期刊名称	主办单位	复合影响因子	综合影响因子	被引次数
1	沈阳农业大学学报	沈阳农业大学	0.598	0.418	39982
2	沈阳农业大学学报(社会科学版)	沈阳农业大学	0.430	0.330	11075

图 3-10 出版物检索结果

3. 出版物首字母浏览检索

在图 3-9 界面，点击某英文字母，系统显示所有以该字母为首字母的出版物，以逐条浏览方式找到所需出版物。

3.1.2.4 跨库检索

在图 3-1 中国知网(CNKI)数据库检索首页或图 3-2 所示高级检索界面，点击“跨库选择”按钮，出现可以跨库选择数据库的界面。在该界面，根据需要选择多个数据库后进行跨库检索。

3.1.3 检索技术

1. 布尔逻辑检索

布尔逻辑检索包括并含、或含和不含，适用于全部检索字段。并含即逻辑与，其运算符为“AND”；或含即逻辑或，其运算符为“OR ”；不含即逻辑非，其运算符为“NOT ”。3 种布尔逻辑运算符的优先级相同，通过英文半角圆括号“()”可改变运算符的优先顺序。

2. 精确检索

高级检索方式中的专业检索和句子检索默认精确检索匹配，其他检索方式下，可以实现精确检索和模糊检索间的自由切换检索。

3. 同句检索和同段检索

同句检索和同段检索适用于全文字段，同句检索的含义为 2 个标点符号之间，同段检索的含义为 5 句以内。

4. 词频检索

高级检索方式中的高级检索支持词频检索，其含义为检索词至少出现 n 次。

3.1.4 检索结果

3.1.4.1 分组浏览及结果排序

检索结果可按学科、发表年度、基金、研究层次、作者和机构进行分组浏览，按主题排序、发表时间、被引频次和下载量进行排序。通过分组浏览和结果排序功能的结合，可对检索结果进行分析，如学科分组浏览＋被引频次，可分析出某学科领域内特定课题的经典文献。

3.1.4.2　保存题录

"题录"是指文献的基本信息,包括题名、作者、作者机构、文献来源等。选择保存题录是指当获得检索结果后,若需保存检索结果的题录信息以供他用时,可点击检索结果概览页面序号前的□选择题录进行保存。保存题录的操作步骤为:选择题录(在图 3-11 页面,点击每一条记录前的方框进行逐条单选,或点击页面最上方的方框进行全选)→导出参考文献(点击图 3-11 页面的导出/参考文献)→ 选择存盘格式(图 3-12 所示简单、详细、引文、自定义等格式)→打印或输出到本地文件保存(在图 3-12 页面,点击打印等按钮)。

图 3-11　保存题录

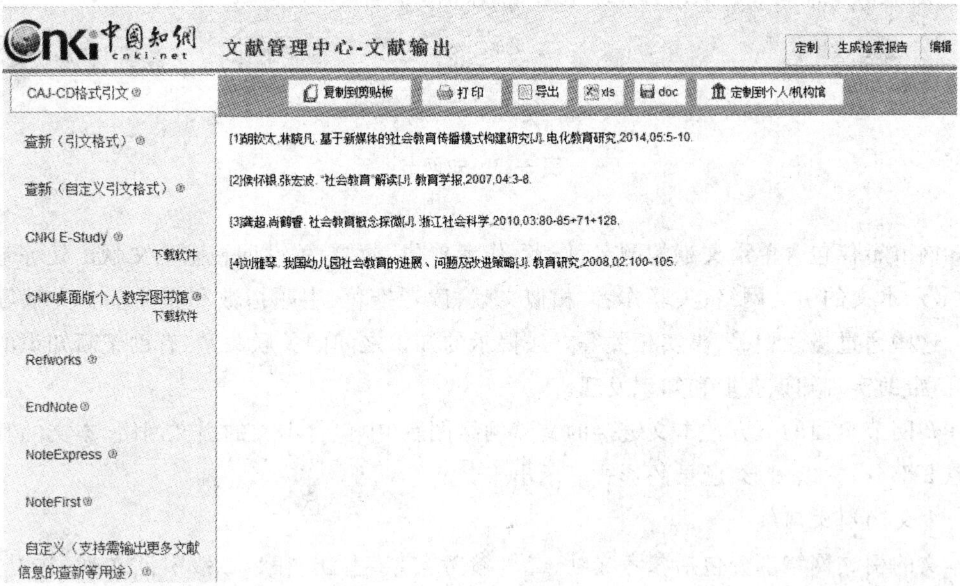

图 3-12　选择存盘格式

3.1.4.3 获取文献全文

点击文献篇名，进入图3-13所示文献知网节（“知网节”是提供单篇文献详细信息和扩展信息的页面）。在知网节页面，可以分别浏览或下载CAJ格式和PDF格式的文献全文（阅读全文需分别下载阅读器CAJViewer或Acrobat Reader）。

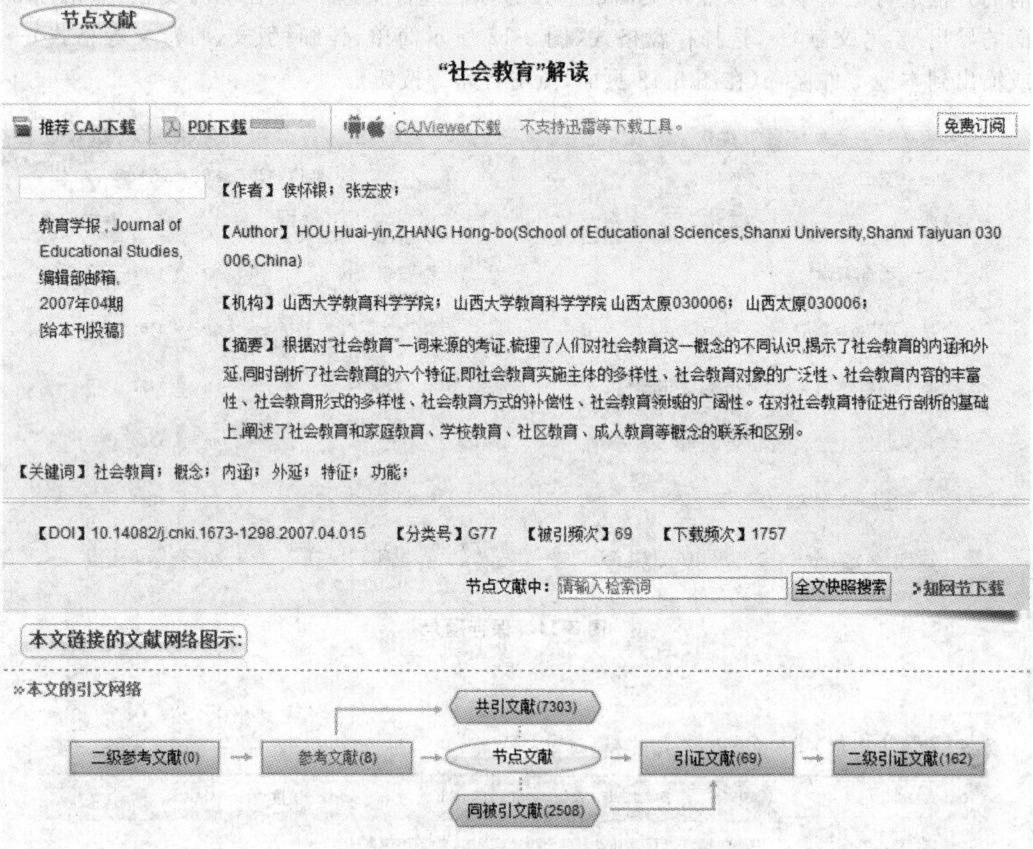

图3-13 知网节

知网节不仅包含单篇文献的题名、作者、作者单位、摘要、关键词、基金、文献出处等基本信息，还显示本文的引文网络、关联作者、相似文献、读者推荐、主题指数和相关基金文献等知识网络。这些通过概念相关、事实相关等方法揭示的知识之间的关联关系，有助于新知识的学习和发现，帮助实现知识获取和知识发现。

在知网节页面的下方，“本文链接的文献网络图示”中包含本文的引文网络、本文的其他相关文献2部分，并以图形、题录的形式显示出来。

1. 本文的引文网络

本文的引文网络部分包括参考文献、二级参考文献、引证文献、二级引证文献、共引文献、同被引文献等。

（1）参考文献　反映本文研究工作的背景和依据。

（2）二级参考文献　本文参考文献的参考文献，进一步反映本文研究工作的背景和依据。

(3)引证文献　引用本文的文献,是本文研究工作的继续、应用、发展或评价。

(4)二级引证文献　本文引证文献的引证文献,能够进一步反映本研究的继续、发展或评价。

(5)共引文献　与本文有相同参考文献的文献,与本文有着共同的研究背景或依据。

(6)同被引文献　与本文同时被作为参考文献引用的文献。

2. 其他相关文献

本文的其他相关文献包括相似文献、同行关注文献、文献分类导航、相关作者文献、相关机构文献。

(1)相似文献　与本文内容主题较为接近的文献。

(2)关联作者　提供本文引用文献的作者、引用本文的作者和与本文作者常合作的作者。

(3)读者推荐　提供喜欢本文的读者同时下载的其他文献。

(4)主题指数　可视化地显示主题的研究频率。

(5)相关基金文献　提供同属某基金支持的引证文献和参考文献。

3.2　中文科技期刊数据库(维普)

3.2.1　数据库简介

中文科技期刊数据库(维普)是重庆维普资讯有限公司开发研制的中文电子期刊数据库,收录我国社会科学、自然科学、工程技术、农业科学、医药卫生、经济管理、教育科学和图书情报等学科 9 000 余种期刊所发表文献,数据库中的期刊回溯至 1989 年,部分期刊存在收录不完整现象。其基于检索结果的发文被引分析、分面聚类筛选、多种排序方式等优化服务,方便用户快速找到目标期刊文献。

3.2.2　检索功能

3.2.2.1　快速检索

系统默认检索功能为如图 3-14 所示快速检索。在输入框输入检索词,点击搜索即可实现快速检索。另外,图 3-14 界面的“猜你喜欢”板块,系统按文章、期刊、主题词、作者、机构、基金、学科和地区途径主动推送基于大数据、挖掘算法、机器学习的个性化文献。

3.2.2.2　高级检索

高级检索功能提供向导式和检索式 2 种检索方式。

向导式检索提供分栏式检索词输入方法。其检索操作严格按照由上到下的顺序进行。如检索:水资源 *(承载力＋承载能力),可按图 3-15 选择逻辑算符和检索项,输入检索词,然后点击检索,同时还可以勾选精确或模糊选项,进行时间、期刊范围和学科等限定,获得更符合需求的检索结果。

检索式检索如图 3-16 所示,通过使用逻辑或(OR)、逻辑与(AND)和逻辑非(NOT)运算符,检索字段和检索词,构造检索表达式后所进行的检索。检索式内各项目的优先级别是:先

图 3-14 维普数据库首页

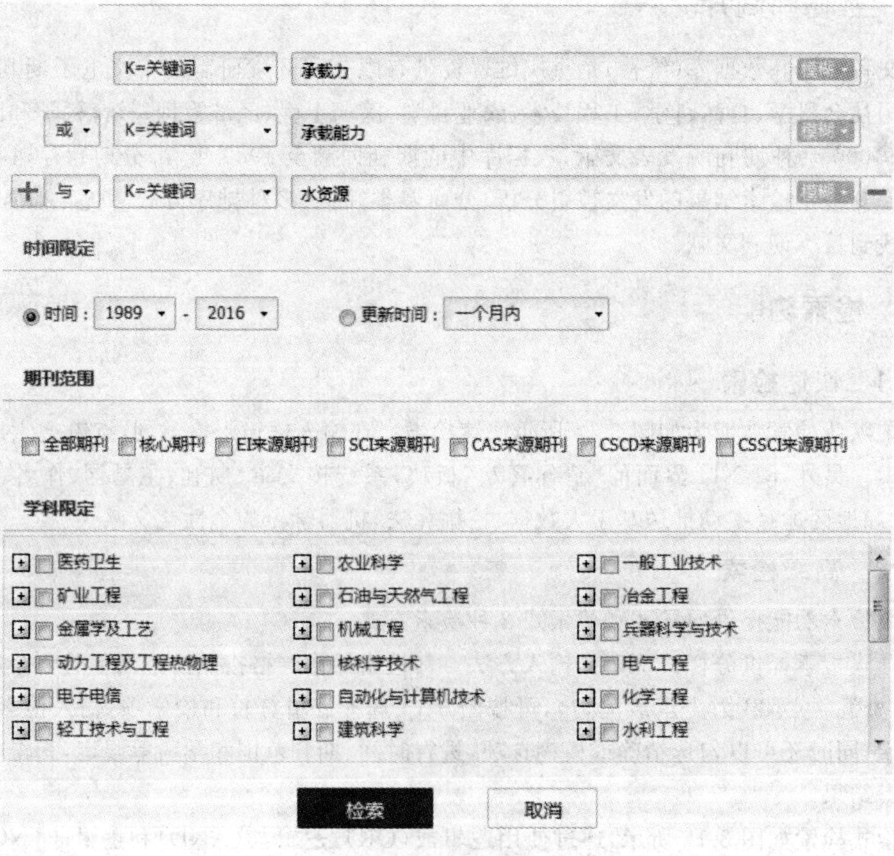

图 3-15 高级检索

括号内后括号外，括号()不能作为检索词进行检索，无括号时逻辑与优先。当检索式有错误时，系统会出现错误原因的提示，可返回检索界面，重新输入正确的检索表达式。如在检索条件输入框输入检索表达式"K＝水资源 AND (承载力＋承载能力)"(注意字母必须大写，运算符两边需空一格)，然后点击检索，可以检索"水资源承载力"方面的文献。

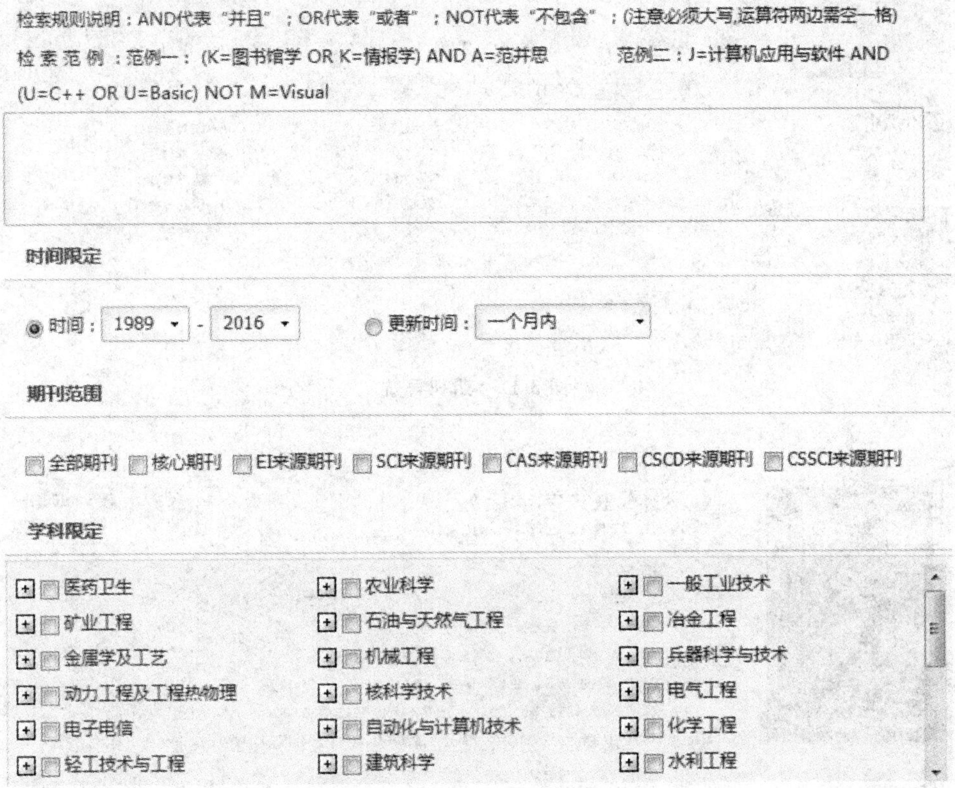

图 3-16　检索式检索

3.2.2.3　导航检索

导航检索包括期刊导航、学科导航和地区导航。

1. 期刊导航

图 3-17 所示期刊导航页面提供直接进行期刊检索、按字顺查找和期刊分类检索共计 3 种检索方式来查看所需期刊。

(1)直接进行期刊检索　系统提供刊名、ISSN(国际标准刊号)、CN(中国统一刊号)、主办单位、主编和邮发代号等检索字段的导航。如导航"沈阳农业大学学报"，在图 3-17 页面左上方"刊名"下选择刊名字段，在输入框输入"沈阳农业大学学报"，点击期刊检索即可。

(2)按字顺查找期刊　在"按首字母查找"后面的字母中点击某字母，系统即可列出所有以该字母为首字母的期刊，后进一步浏览查找所需期刊。如点击字母"S"，随之出现所有首字母为"S"的期刊名称列表，从中浏览选出"沈阳农业大学学报"。

(3)分类检索期刊　点击图 3-17 页面期刊学科分类导航下面的学科分类，点击一级类目

“农业科学”下的作物学、园艺学、植物保护、农业昆虫与害虫防治等二级类目，在所列期刊名称中选择“沈阳农业大学学报”，也可实现对沈阳农业大学学报的检索。

无论何种期刊导航方式，其最终导航结果均如图 3-18 所示，从上到下、从左到右，依次为

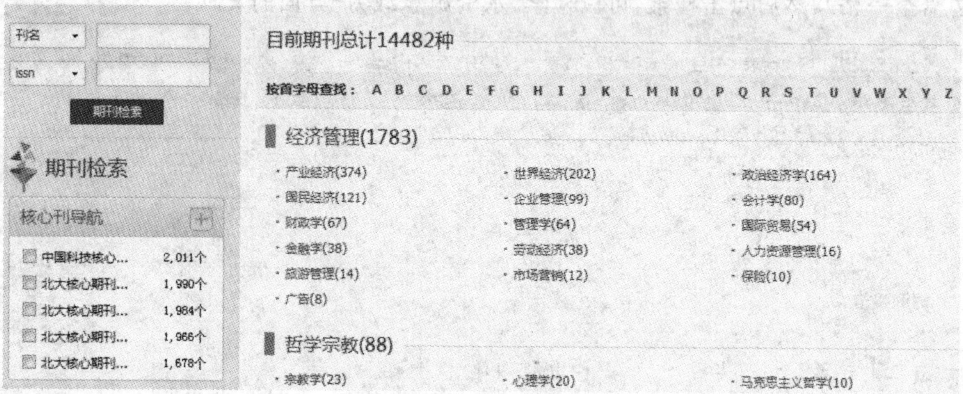

图 3-17 期刊导航

图 3-18 沈阳农业大学学报的导航结果

封面目录查看区域、发文情况概览区域、关注下载期刊区域、导出分析报告区域、相关标签切换区域、期刊详情展示区域、期刊价值展现区域和期刊收录汇总区域。

封面目录查看区域：点击“查看全部封面、目录”，可查看期刊的封面、封底及目录信息。

发文情况概览区域：查看期刊最新发文信息。

关注下载期刊区域：扫描二维码即可将期刊文献下载到移动设备。

导出分析报告区域：点击查看期刊计量分析报告并下载。

相关标签切换区域：切换收录汇总、发表作品、发文机构、发文作者、相关期刊、发文主题、发文基金、发文领域、360 网络图、分析报告等不同标签，查看相应信息。

期刊详情展示区域：查看期刊的主管单位、主办单位等基本信息。

期刊价值展现区域：查看期刊获奖及被国内外数据库收录情况。

期刊收录汇总区域：通过点击年、期链接，可查看该期刊的某期次发文信息。

2. 学科导航

学科导航包括总的学科导航和学科主题导航。总的学科导航显示学科的关系图谱（图 3-19 和图 3-20）和某学科的作品数、被引量、H 指数等数量指标，还可链接至该学科的发表作品、相关机构、相关作者、相关期刊、发文主题、发文基金、相关领域、360°网络图、分析报告等内容所在网页，显示其相应内容；学科主题导航显示学科领域内的高频主题共现知识图谱（图 3-21），并链接至该主题的发表作品、相关机构、相关作者、相关期刊、发文主题、发文基金、相关领域、360°网络图、分析报告等内容所在网页，显示其相应内容。

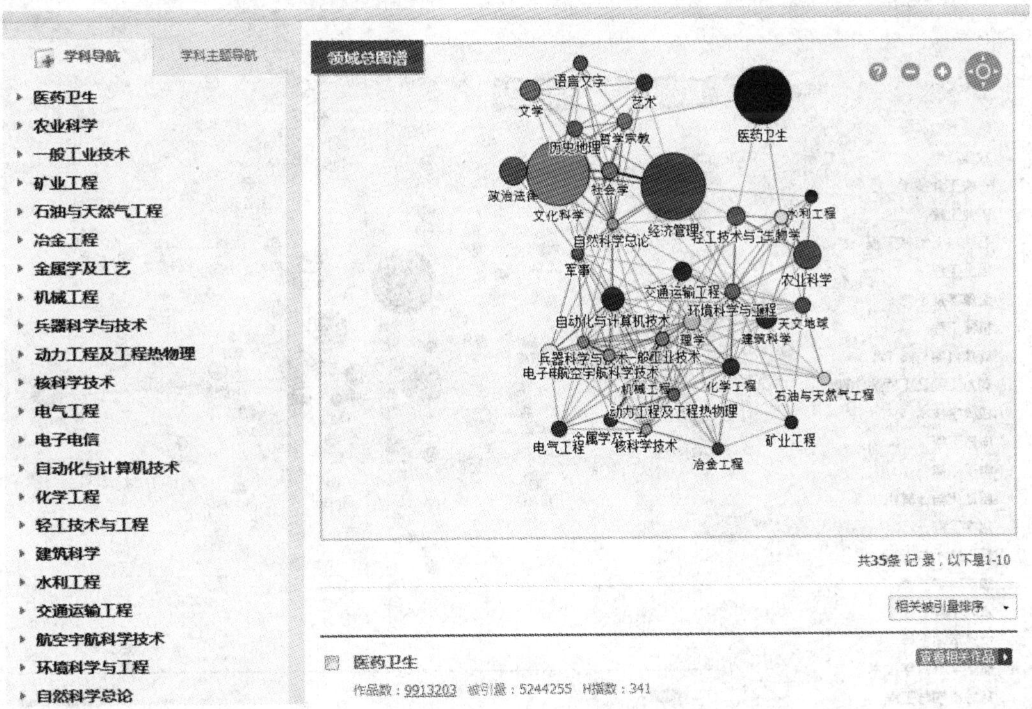

图 3-19　学科导航——领域总图谱

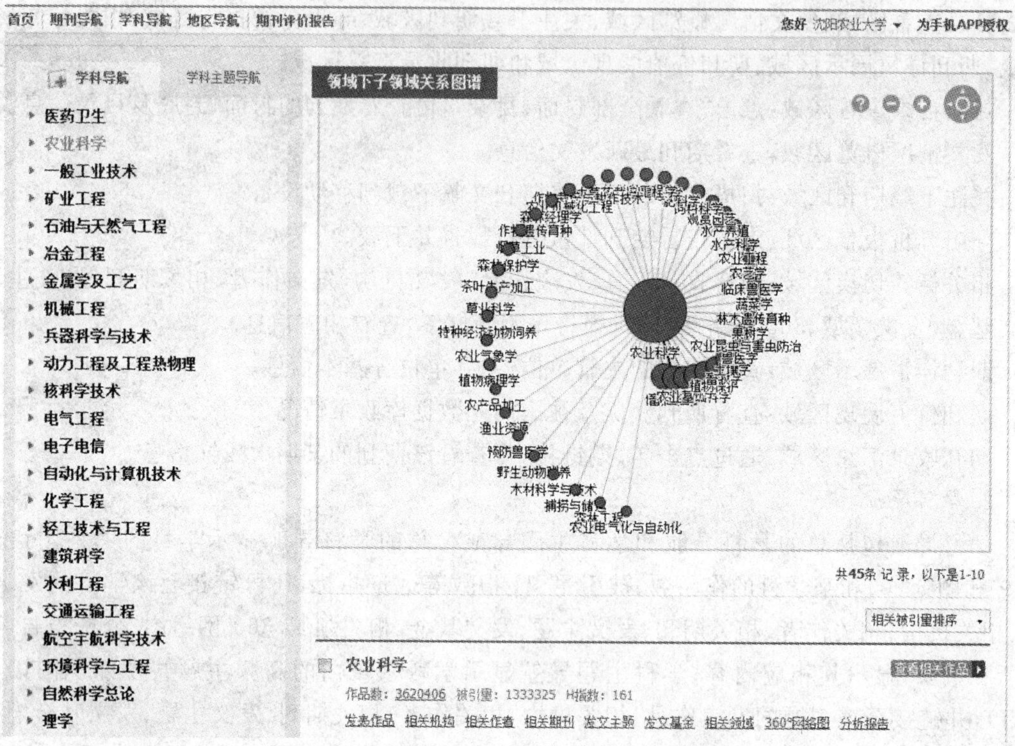

图 3-20 学科导航——农业子领域下关系图谱

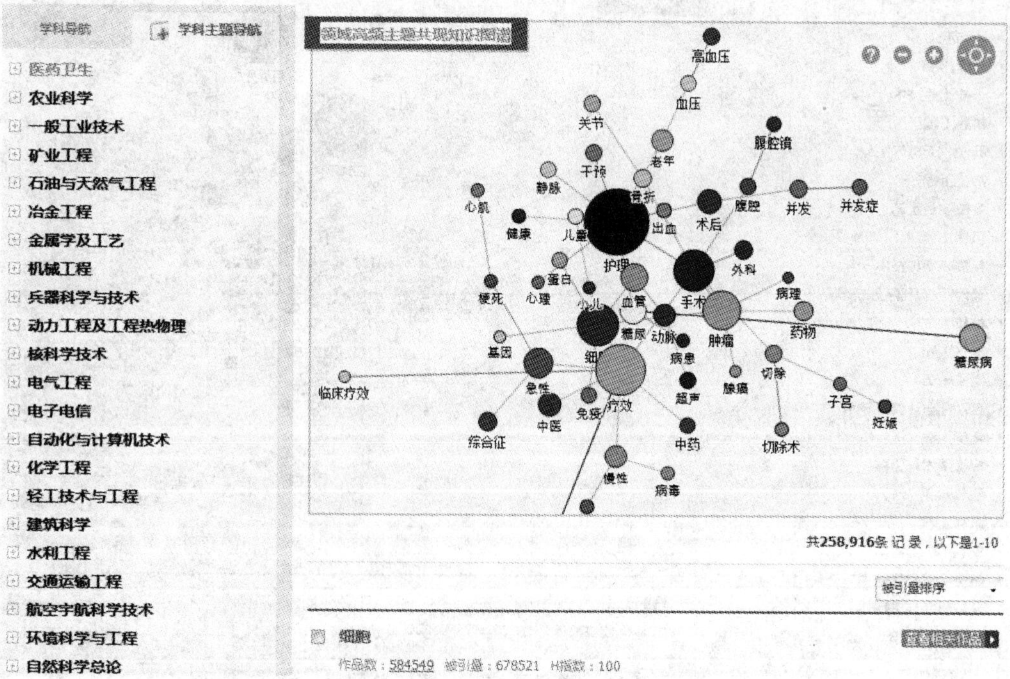

图 3-21 学科主题导航——高频主题共现知识图谱

3. 地区导航

地区导航按地区显示其被引量、H 指数、高产作者、高产机构等。如图 3-22 所示界面显示，辽宁地区文献数 1 090 588、被引量 1 585 106、H 指数 139，文献量最多的作者是张勇，文献量最多的机构为大连理工大学。

图 3-22 地区导航

3.2.3 检索结果

1. 主题扩展

图 3-23 为维普数据库的检索结果页面，系统提供与输入检索词相匹配的文章、期刊、主题、作者、机构和基金。检索结果页面最上方，显示本次检索关键词“社会教育”的扩展关键词，如社会教育活动、幼儿园课程等，按需勾选相关扩展主题词后，可对本次检索关键词“社会教育”进行联想式主题扩展检索。

2. 二次检索

在初步检索结果页面，系统提供“在结果中检索”这一基于本次检索结果下的二次检索功能。具体操作步骤为先切换至文章、期刊、主题、作者、机构、基金等任一检索类型，并输入检索词，点击“在结果中检索”，实现按需缩小或扩大检索范围，精炼检索结果。不同检索类型所提供的二次检索字段有所不同，检索类型为文章时，二次检索字段包括题名、作者、机构、刊名、关键词、文摘和任意字段，见图 3-24；检索类型为期刊时，二次检索字段包括刊名、ISSN、CN、主办单位、主编和邮发代号，见图 3-25；检索类型为主题、作者、机构和基金时，二次检索字段包括作者、机构、主题、期刊、基金、学科、地区和任意字段，见图 3-26。

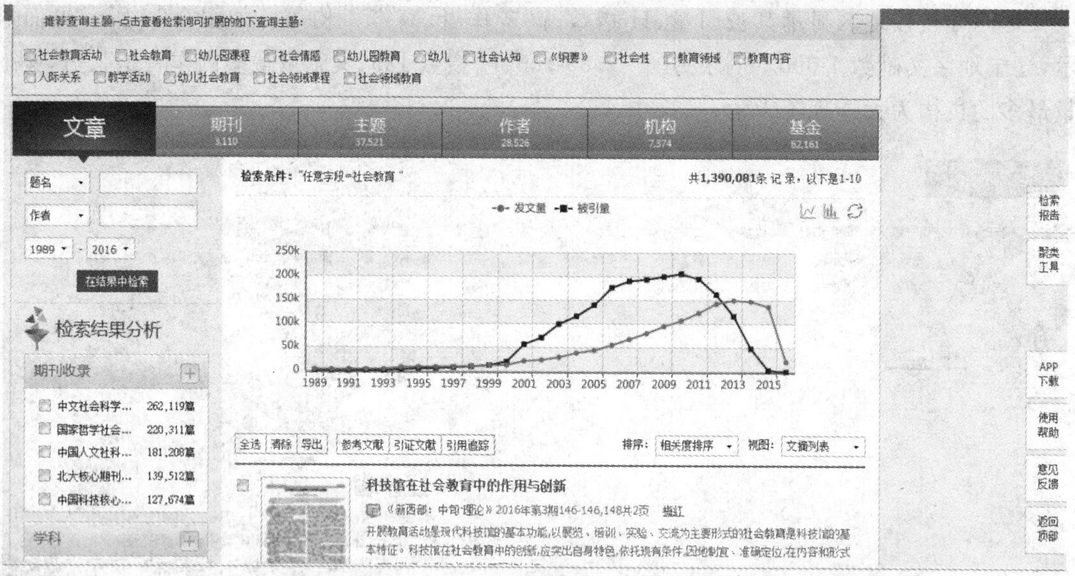

图 3-23 检索结果

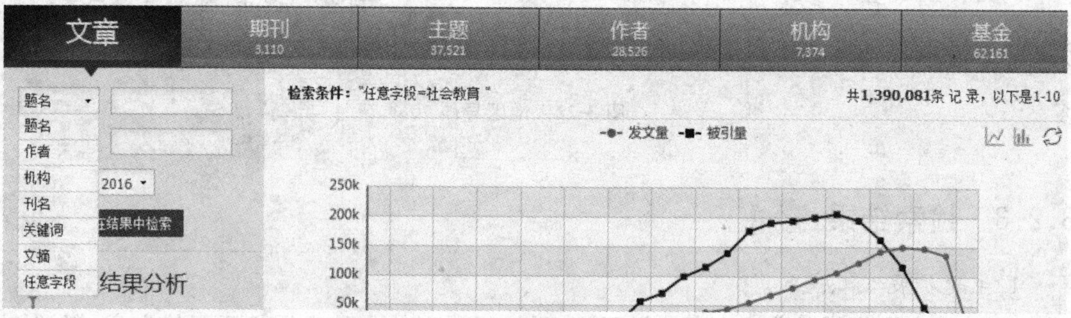

图 3-24 文章检索结果的进一步限定

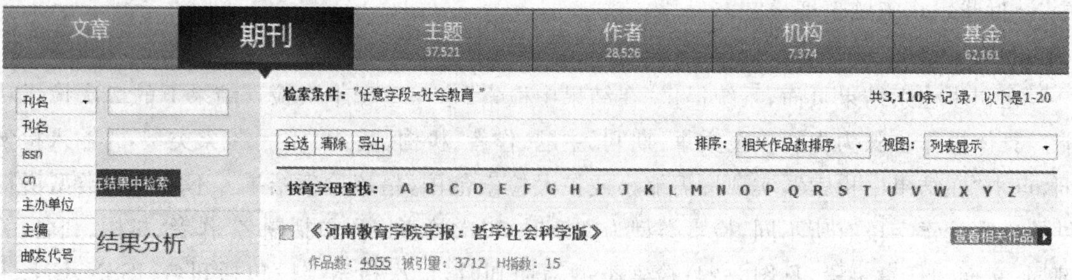

图 3-25 期刊检索结果的进一步限定

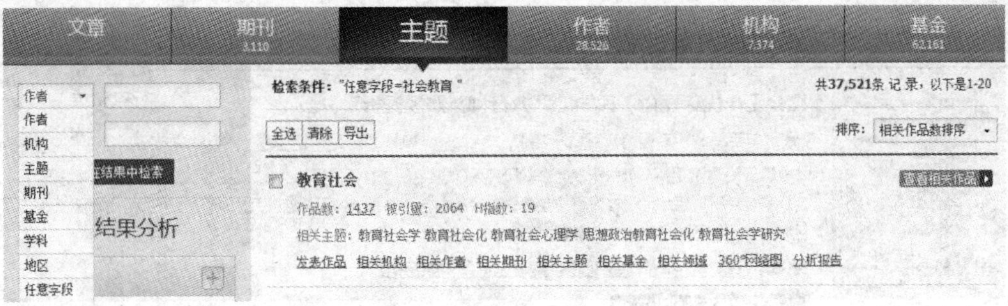

图 3-26　主题检索结果的进一步限定

3. 检索结果排序

系统提供如图 3-27 所示相关度、被引量、时效性降序、时效性升序等文献信息排序方式以及图 3-28 所示的文摘列表、标题列表和详细列表等视图形式。

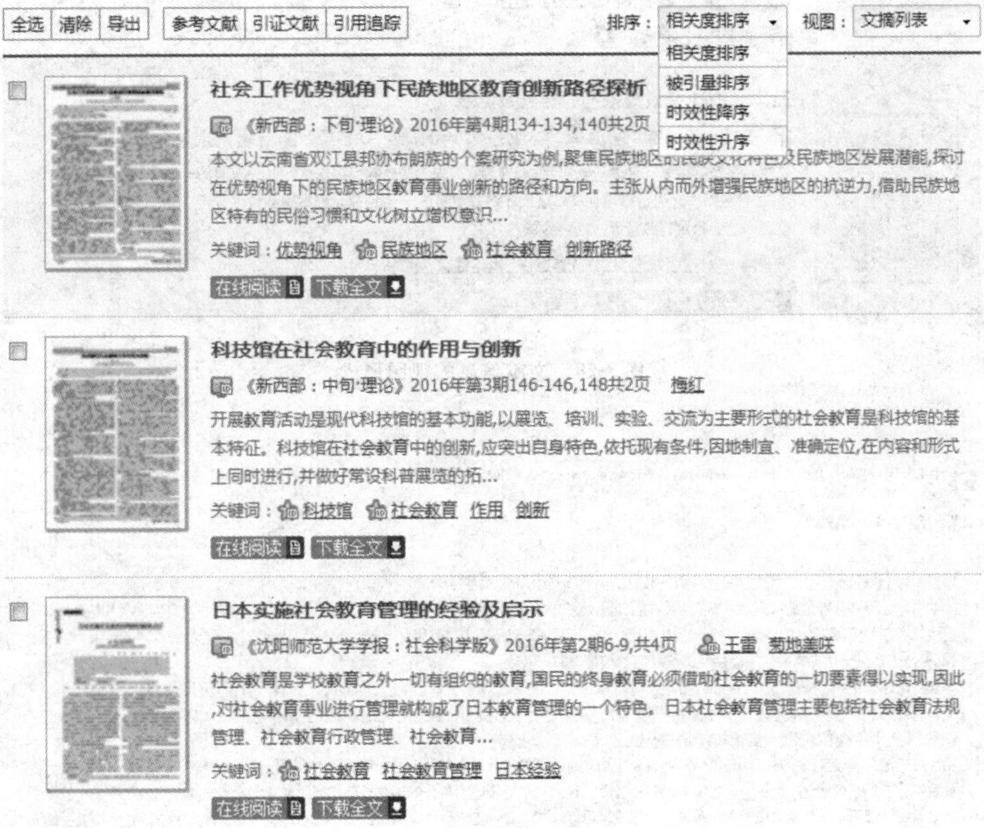

图 3-27　文献信息排序方式

4. 导出题录信息

导出题录信息的操作步骤为：选择题录（点击文章题目前的方框，图 3-27）→点击导出按钮（图 3-27）→选择格式（文本、参考文献、XML、NoteExpress、Refworks、EndNote、Note First、自定义等，图 3-29）→复制、导出或打印（图 3-29）。

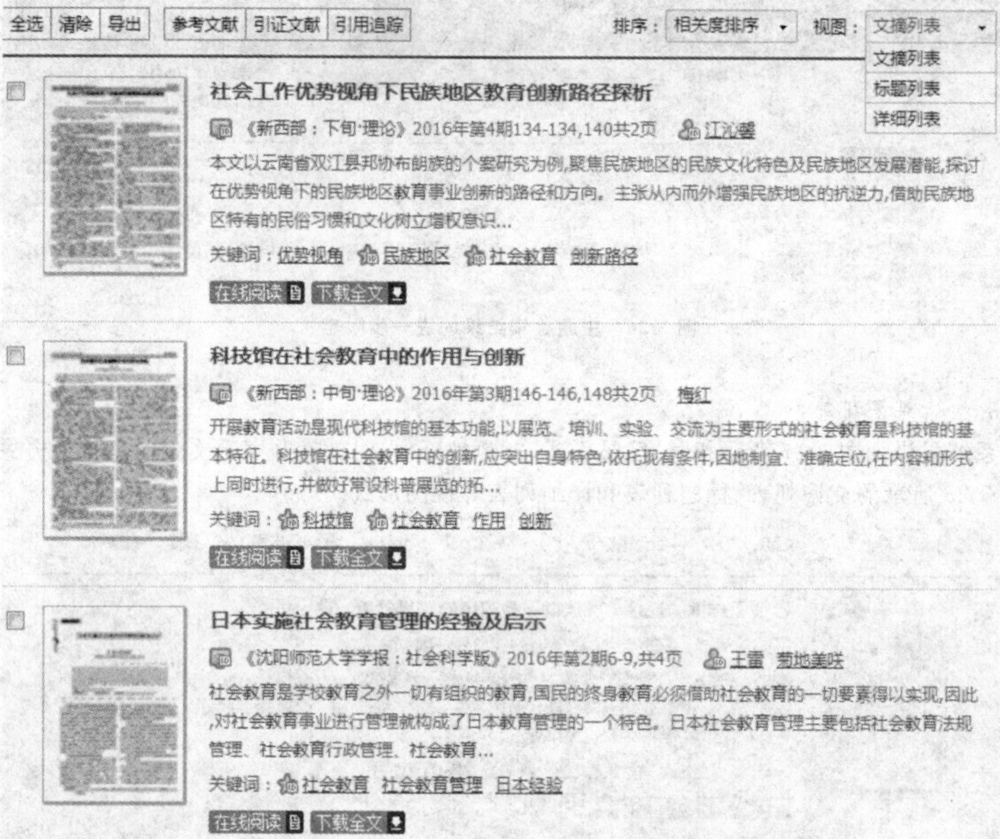
全选 清除 导出 参考文献 引证文献 引用追踪
排序：相关度排序 视图：文摘列表
文摘列表
标题列表
详细列表
社会工作优势视角下民族地区教育创新路径探析
《新西部：下旬·理论》2016年第4期134-134,140共2页 江沁馨
本文以云南省双江县邦协布朗族的个案研究为例,聚焦民族地区的民族文化特色及民族地区发展潜能,探讨在优势视角下的民族地区教育事业创新的路径和方向。主张从内而外增强民族地区的抗逆力,借助民族地区特有的民俗习惯和文化树立增权意识...
关键词：优势视角 民族地区 社会教育 创新路径
在线阅读 下载全文
科技馆在社会教育中的作用与创新
《新西部：中旬·理论》2016年第3期146-146,148共2页 梅红
开展教育活动是现代科技馆的基本功能,以展览、培训、实验、交流为主要形式的社会教育是科技馆的基本特征。科技馆在社会教育中的创新,应突出自身特色,依托现有条件,因地制宜、准确定位,在内容和形式上同时进行,并做好常设科普展览的拓...
关键词：科技馆 社会教育 作用 创新
在线阅读 下载全文
日本实施社会教育管理的经验及启示
《沈阳师范大学学报：社会科学版》2016年第2期6-9,共4页 王雷 菊地美咲
社会教育是学校教育之外一切有组织的教育,国民的终身教育必须借助社会教育的一切要素得以实现,因此,对社会教育事业进行管理就构成了日本教育管理的一个特色。日本社会教育管理主要包括社会教育法规管理、社会教育行政管理、社会教育...
关键词：社会教育 社会教育管理 日本经验
在线阅读 下载全文

图 3-28 文献信息的视图形式

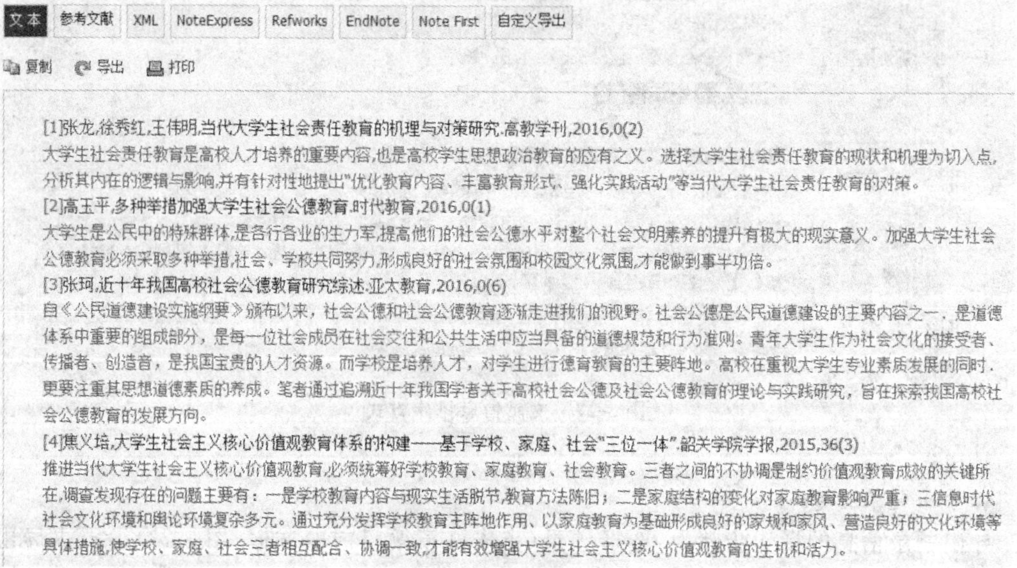
文本 参考文献 XML NoteExpress Refworks EndNote Note First 自定义导出
复制 导出 打印
[1]张龙,徐秀红,王伟明.当代大学生社会责任教育的机理与对策研究.高教学刊,2016,0(2)
大学生社会责任教育是高校人才培养的重要内容,也是高校学生思想政治教育的应有之义。选择大学生社会责任教育的现状和机理为切入点,分析其内在的逻辑与影响,并有针对性地提出"优化教育内容、丰富教育形式、强化实践活动"等当代大学生社会责任教育的对策。
[2]高玉平.多种举措加强大学生社会公德教育.时代教育,2016,0(1)
大学生是公民中的特殊群体,是各行各业的生力军,提高他们的社会公德水平对整个社会文明素养的提升有极大的现实意义。加强大学生社会公德教育必须采取多种举措,社会、学校共同努力,形成良好的社会氛围和校园文化氛围,才能做到事半功倍。
[3]张珂.近十年我国高校社会公德教育研究综述.亚太教育,2016,0(6)
自《公民道德建设实施纲要》颁布以来，社会公德和社会公德教育逐渐走进我们的视野。社会公德是公民道德建设的主要内容之一，是道德体系中重要的组成部分，是每一位社会成员在社会交往和公共生活中应当具备的道德规范和行为准则。青年大学生作为社会文化的接受者、传播者、创造者，是我国宝贵的人才资源。而学校是培养人才，对学生进行德育教育的主要阵地。高校在重视大学生专业素质发展的同时，更要注重其思想道德素质的养成。笔者通过追溯近十年我国学者关于高校社会公德及社会公德教育的理论与实践研究，旨在探索我国高校社会公德教育的发展方向。
[4]焦义培.大学生社会主义核心价值观教育体系的构建——基于学校、家庭、社会"三位一体".韶关学院学报,2015,36(3)
推进当代大学生社会主义核心价值观教育,必须统筹好学校教育、家庭教育、社会教育。三者之间的不协调是制约价值观教育成效的关键所在,调查发现存在的问题主要有：一是学校教育内容与现实生活脱节,教育方法陈旧；二是家庭结构的变化对家庭教育影响严重；三信息时代社会文化环境和舆论环境复杂多元。通过充分发挥学校教育主阵地作用、以家庭教育为基础形成良好的家规和家风、营造良好的文化环境等具体措施,使学校、家庭、社会三者相互配合、协调一致,才能有效增强大学生社会主义核心价值观教育的生机和活力。

图 3-29 选择导出格式

5. 获取文献全文

如图 3-30 所示，系统提供在线阅读、下载全文、文献传递、OA 全文链接和网络资源链接 5 种获取全文方式。

在图 3-30 页面，点击文献题名，进入图 3-31 所示文献细览页面。在图 3-31 页面，可查看

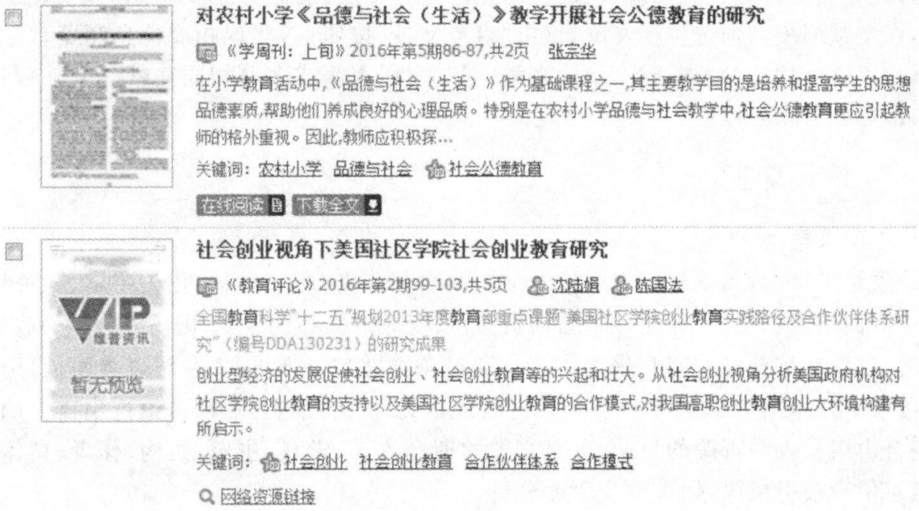
对农村小学《品德与社会（生活）》教学开展社会公德教育的研究
《学周刊：上旬》2016年第5期86-87,共2页　张宗华
在小学教育活动中,《品德与社会（生活）》作为基础课程之一,其主要教学目的是培养和提高学生的思想品德素质,帮助他们养成良好的心理品质。特别是在农村小学品德与社会教学中,社会公德教育更应引起教师的格外重视。因此,教师应积极探...
关键词：农村小学　品德与社会　社会公德教育
在线阅读　下载全文
社会创业视角下美国社区学院社会创业教育研究
《教育评论》2016年第2期99-103,共5页　沈陆娟　陈国法
全国教育科学"十二五"规划2013年度教育部重点课题"美国社区学院创业教育实践路径及合作伙伴体系研究"（编号DDA130231）的研究成果
创业型经济的发展促使社会创业、社会创业教育等的兴起和壮大。从社会创业视角分析美国政府机构对社区学院创业教育的支持以及美国社区学院创业教育的合作模式,对我国高职创业教育创业大环境构建有所启示。
关键词：社会创业　社会创业教育　合作伙伴体系　合作模式
网络资源链接
VIP
维普资讯
暂无预览

图 3-30　获取文献全文

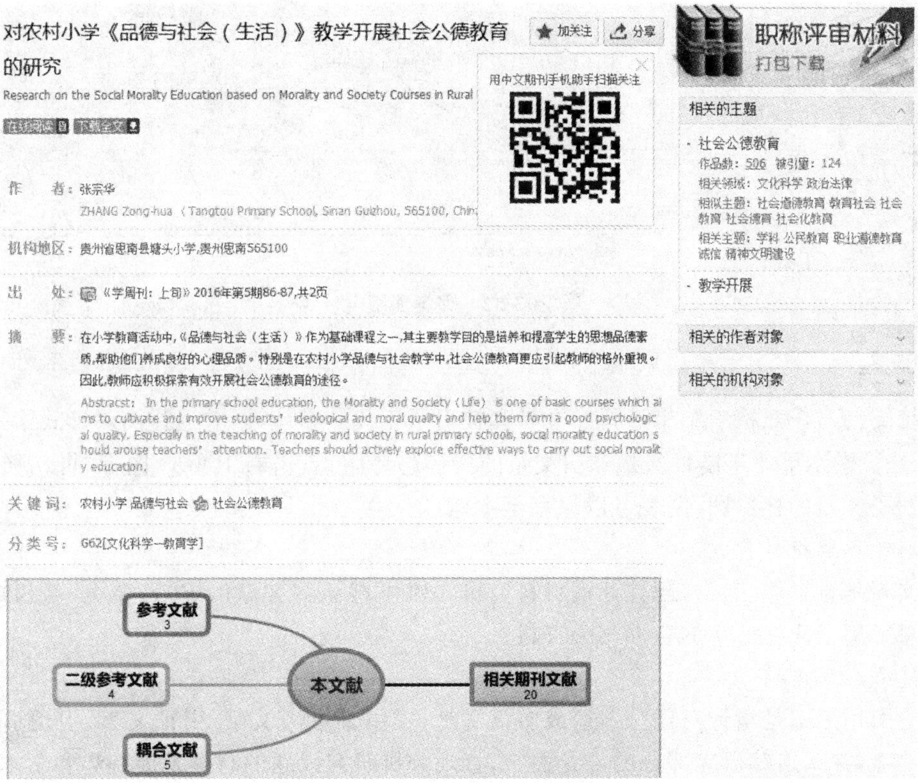
对农村小学《品德与社会（生活）》教学开展社会公德教育的研究
Research on the Social Morality Education based on Morality and Society Courses in Rural
在线阅读　下载全文
加关注　分享
用中文期刊手机助手扫描关注
作　者：张宗华
ZHANG Zong-hua（Tangtou Primary School, Sinan Guizhou, 565100, China
机构地区：贵州省思南县塘头小学,贵州思南565100
出　处：《学周刊：上旬》2016年第5期86-87,共2页
摘　要：在小学教育活动中,《品德与社会（生活）》作为基础课程之一,其主要教学目的是培养和提高学生的思想品德素质,帮助他们养成良好的心理品质。特别是在农村小学品德与社会教学中,社会公德教育更应引起教师的格外重视。因此,教师应积极探索有效开展社会公德教育的途径。
Abstracst: In the primary school education, the Morality and Society (Life) is one of basic courses which aims to cultivate and improve students' ideological and moral quality and help them form a good psychological quality. Especially in the teaching of morality and society in rural primary schools, social morality education should arouse teachers' attention. Teachers should actively explore effective ways to carry out social morality education.
关键词：农村小学　品德与社会　社会公德教育
分类号：G62[文化科学—教育学]
参考文献 3
二级参考文献 4
本文献
相关期刊文献 20
耦合文献 5
职称评审材料
打包下载
相关的主题
社会公德教育
作品数：506　被引量：124
相关领域：文化科学 政治法律
教学开展
相关的作者对象
相关的机构对象

图 3-31　文献细览页面

该文献的详细信息和知识节点链接，如扫描“加关注”二维码，可以将期刊文献直接下载到移动设备上；点击“被引量”可查看该篇文献的引证文献明细；点击“在线阅读”可对该篇文献进行在线全文阅读；点击“下载全文”，可将该篇文献下载保存到本地磁盘；开放获取文献会出现“OA全文链接”按钮，点击该按钮，将会链接到该本期刊的官方OA页面；点击作者、机构地区、出处、关键词、分类号即可查看相应对象内容；点击参考文献（系统支持单篇或多篇文献的参考文献查看，在文献列表页勾选目标文献，点击“参考文献”按钮后，实现相应信息浏览）、二级参考文献（本文参考文献的参考文献）、耦合文献（同时引用1篇或多篇相同文献的文献）和相关期刊文献，即可查看相应详情。

3.2.4 个性化功能

1. 检索结果聚类

在检索结果页面，系统提供基于检索结果的期刊范围、所属学科、相关主题、相关机构、发文作者等分面聚类功能；在导航检索结果页面，系统提供核心刊导航、国内外数据库收录导航、地区导航、主题导航等多种期刊聚类方式。通过浏览并勾选图3-32左侧聚类面板目标分类，然后在图3-32右侧聚类工具中查看并确定所选分类，点击“执行”后即可筛选出需要的文献资料，达到自由组配查看资源的目的，可对文献的期刊收录、学科、主题、机构、作者、具体期刊名称、出版年份和被引情况，做进一步深度分析。

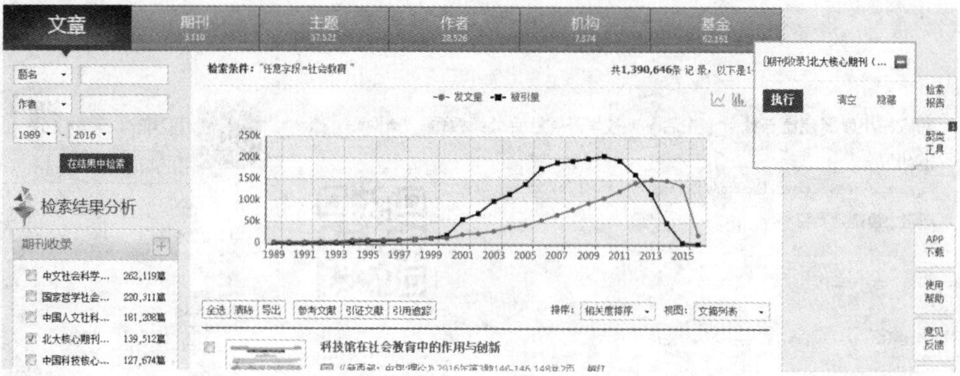

图3-32 聚类面板

2. 发文被引统计

系统支持对任意检索结果进行发文量和被引量年代分布统计，并通过图表形式给予展示。图3-33是检索结果的年度发文量和引文量的折形趋势图，点击右上角📊图标，可切换为年度发文量和引文量的柱形图，图表可以保存至本地。

3. 职称评审材料打包下载

在文献细览页面，点击“职称评审材料”，可一键下载该篇文献的PDF全文、期刊封面、封底和目录等用于职称评审的全部相关资料。

4. 建立引用追踪

建立引用追踪是指针对任意单篇或多篇文献，提供其参考文献、引证文献、引用追踪的延伸查询功能，深入追踪研究课题的来龙去脉，直观分析研究课题的总体发展趋势和学术影响力情况，系统解读某课题是否具有潜在挖掘价值。建立引用追踪的方法为选择题录（点击文章题目前的方框)→点击引用追踪按钮,形成如图 3-34 所示的引文追踪报告。

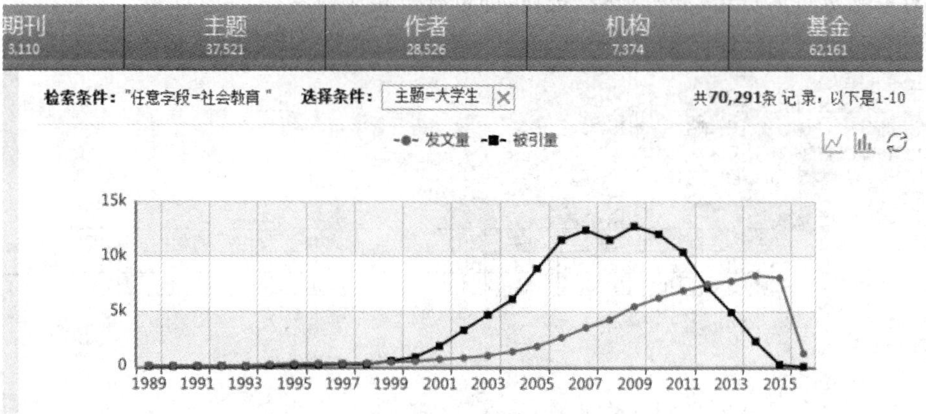

图 3-33　年度发文量和引文量的折形趋势图

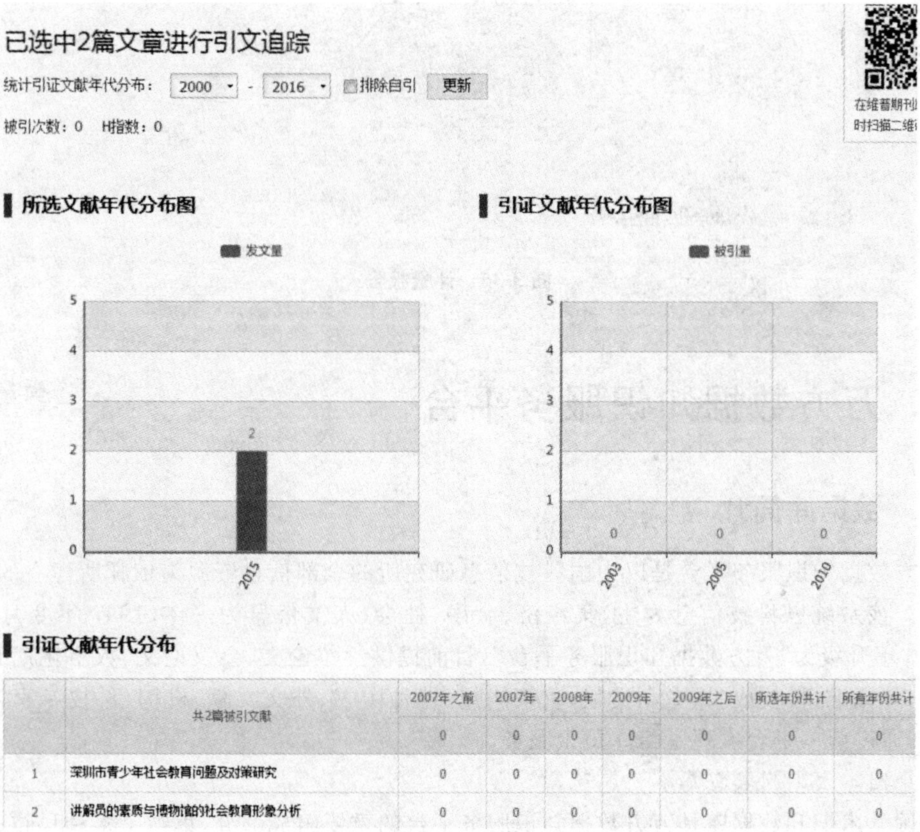

图 3-34　引文追踪

5. 提供计量报告

维普数据库提供如图 3-35 所示基于任意对象的计量分析报告。报告以学术计量体系为理论基础,以大数据分析为技术储备,以中文科技期刊数据库为数据源,经过严密的计算后自动生成。如需查看“沈阳农业大学园艺学院”的学术计量报告，可以在平台首页进行对象检索，进入该对象细览页后点击“分析报告”按钮，即可查看相应内容。

1. 机构分析报告——沈阳农业大学园艺学院

1.1. 机构概述

沈阳农业大学园艺学院

作品数：2,544　被引量：9584　H指数：33

1.2. 学术成果产出分析

1.2.1. 学术成果产出变化趋势分析

年限	2007	2008	2009	2010	2011	2012	2013	2014	2015	2016
发文量	197	238	270	233	220	161	138	115	113	61
被引次数	1,110	1,315	1,314	1,160	775	450	257	121	55	5

图表1 近10年学术成果产出统计表

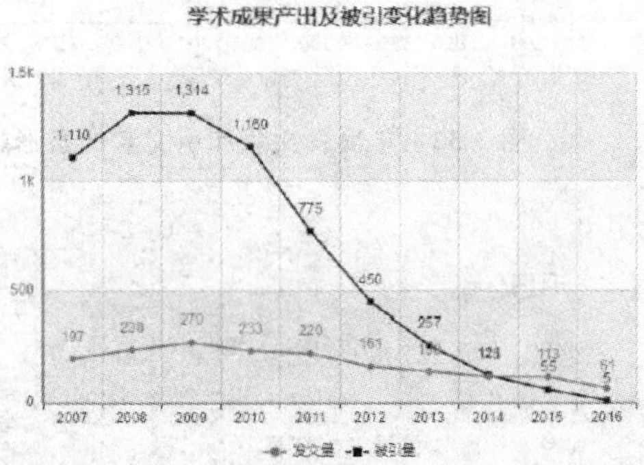

图表2 近10年学术成果产出及被引变化趋势

1.2.2. 作为第一机构的成果产出变化趋势分析

图 3-35　计量报告

3.3　万方数据知识服务平台

3.3.1　数据库简介

万方数据知识服务平台是以中国科技信息研究所的全部信息资源为依托所建立的信息服务系统。该系统以科技信息为主，集经济、金融、社会、人文信息为一体，1997 年 8 月开始运行，2010 年升级为“万方数据知识服务平台”，目前提供学位论文、会议论文、数字化期刊、科技报告、中外标准、科技成果、专利文献、政策法规、特种图书、外文文献、机构、科技专家、学者等资源，并通过统一平台实现了跨库检索服务。

1. 中国学术期刊数据库

中国学术期刊数据库是万方数据知识服务平台的重要组成部分，集纳了多种科技、人文和社会科学期刊的全文内容。所收录期刊均是经中华人民共和国新闻出版广电总局批准，颁发“中华人民共和国期刊出版许可证”，拥有国内统一连续出版物编号(CN 号)的期刊。

2. 中国学位论文全文数据库

中国学位论文全文数据库是万方数据知识服务平台的重要组成部分，精选国内 600 余所高校、科研院所等学位授予单位(占全国研究生学位授予单位总数的 85% 以上) 自 1980 年以来的硕士、博士学位论文以及博士后报告。

3. 中国学术会议文献数据库

中国学术会议文献数据库由中文全文数据库和西文全文数据库 2 部分构成，内容涵盖人文社会、自然、农林、医药、工程技术等各学科领域，以全国性学会、协会、研究会组织、部委和高校召开的全国性学术会议论文为主，每年涉及近 3 000 个重要的学术会议。“中文版”所收会议论文是中文文献；“英文版”主要收录在中国召开的国际会议论文，多为西文文献。

4. 外文文献数据库

外文文献数据库是万方数据与 NSTL（国家科技图书文献中心）合作，将 NSTL 的外文期刊和外文会议文献数据库资源与万方数据现有资源结合，在知识服务平台上提供统一检索及全文传递服务的数据库。

5. 科技报告数据库

科技报告数据库包括中文科技报告和外文科技报告 2 种。截至 2016 年 10 月，中文科技报告系统收录了中华人民共和国科学技术部已公开的中文科技报告 2 万余份，外文科技报告系统收录美国政府四大科技报告 AD、DE、NASA 和 PB 报告 11 万份。相关数据还在陆续增加。

6. 中国科技成果数据库

中国科技成果数据库是新技术、新成果查新的必查数据库。数据主要来源于各省、市、部委的奖励成果、计划成果和鉴定成果。

7. 中外专利数据库

中外专利数据库包括中国专利文献、国外与国际组织专利 2 部分，收录了国内外的发明、实用新型及外观设计专利，内容涉及自然科学的各个学科领域。该数据库是全文资源，其中中国专利每两周更新一次，国外专利每季度更新一次。

8. 中外标准数据库

中外标准数据库包括标准文摘数据库和标准全文数据库，主要收录中国国家标准、建设标准、建材标准、行业标准及国际标准、国际电工标准、欧洲标准以及美、英、德、法国国家标准和日本工业标准等各类标准。

9. 中国法律法规数据库

中国法律法规数据库主要由国家信息中心提供，信息来源权威、专业，内容涵盖国家法律法规、行政法规、地方法规、国际条约及惯例、司法解释、合同范本、案例分析等，涉及社会各个领域。

10. 中国特种图书数据库

中国特种图书数据库是万方数据知识服务平台推出的特色数据库，主要包括地方志、专业书、工具书等，来源于各专业出版社、组织等专业机构，内容覆盖社会各个领域。

11. 机构信息系统

机构信息系统是在《中国企业、公司及产品数据库》基础上扩展的数据库系统，收录了 20 多万家企业机构、科研机构、信息机构和教育机构的详尽信息，分别针对各类机构特点进行分类导航，并整合了各类机构的科研产出（包括发表论文、承担科技成果、申请专利、起草标准）和媒体报道情况（图 3-36）。

12. 中国专家数据库

中国专家数据库主要收录了国内自然科学技术、工程技术、农业、医药卫生、人文社会科学领域的专家与名人信息，介绍了各专家的基本信息、受教育情况及其在相关研究领域的研究内容和所获荣誉（图 3-37）。

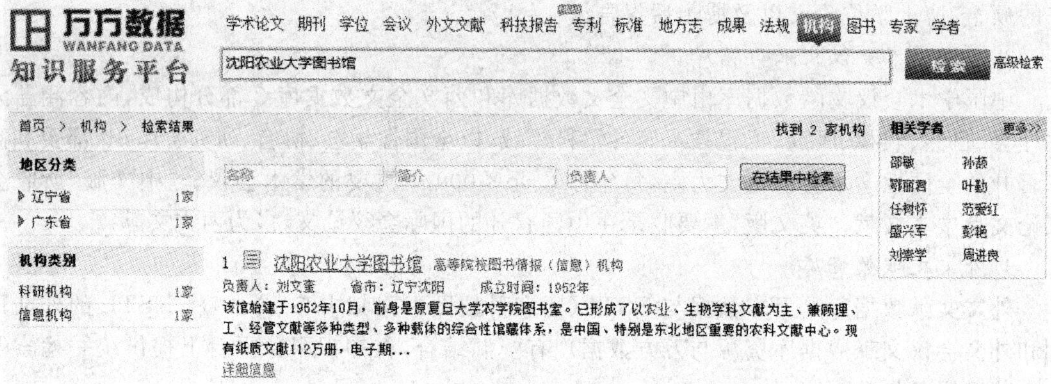

图 3-36　万方数据知识服务平台的机构库条目信息

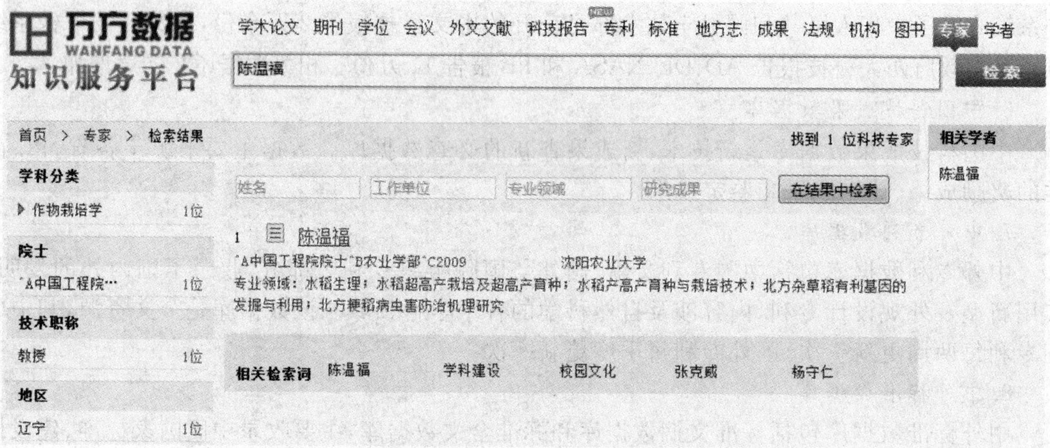

图 3-37　万方数据知识服务平台的专家库条目信息

13. 学者

学者检索中的信息来自万方学术圈。万方学术圈是业内率先实现读者与学者近距离接触的平台，可获取学者的最新情况和最新研究领域，以及学者与公众分享的学术成果(图 3-38)。

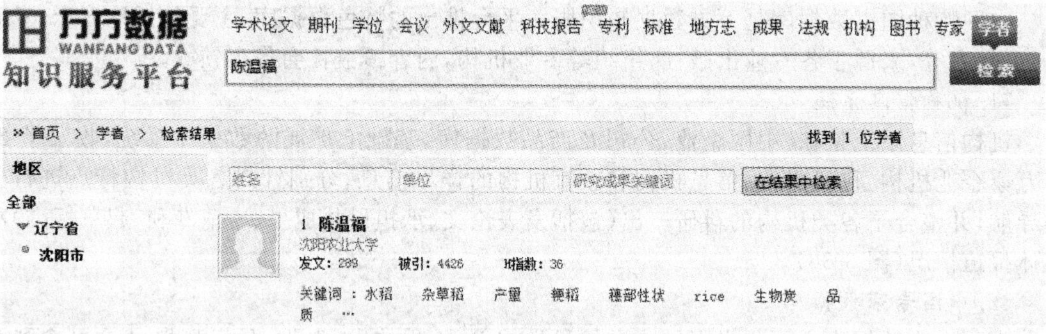

图 3-38　万方数据知识服务平台的学者库条目信息

3.3.2 检索功能

3.3.2.1 简单检索

万方数据知识服务平台的首页为如图 3-39 所示简单检索界面，通过点击学术论文（包括期刊论文、学位论文、会议论文和外文文献）、期刊、学位、会议、外文文献、科技报告、专利、标准、地方志、成果、法规、机构、图书、专家和学者等标签，实现各类型文献之间的切换检索。默认在全部字段检索。

图 3-39　简单检索

3.3.2.2 分类检索

图 3-39 界面下方是分类检索界面，不同类型文献的分类检索界面有所不同。

1. 期刊分类检索

系统提供 3 种期刊分类检索方式：按学科、按地区和按首字母。

（1）按学科　期刊按学科的分类导航是树型结构，如一级类别“农业科学”下包含二级类别“农作物”。点击二级类别“农作物”，系统即显示该类别下的所有期刊列表，点击任意一个期刊名称链接，进入该期刊的概览页（图 3-40）。期刊概览页主要包括期刊简介区、检索区、期刊论文列表区共 3 部分。期刊简介区主要显示期刊名称、出版周期以及刊物简介等信息；检索区可以实现在本刊中按不同字段检索；期刊论文列表区是对期刊按年和期的分类，点击年期列表中的年期信息，将显示本期目录，可选择阅读文章的文摘或全文信息。

图 3-40　期刊概览页

(2)按地区　按地区的分类导航也是树型结构，在分类树下选中某个地区，系统即显示该地区下的所有期刊列表，点击某一期刊名称链接，将进入该期刊的概览页。

(3)按首字母　在期刊分类检索下点击某个字母，系统即显示该字母下的所有期刊列表。

2. 学位论文分类检索

系统提供 2 种学位论文分类检索方式：按学科、专业目录和按学校所在地分类。

(1)按学科、专业目录　点击学科、专业目录下的一级类目，如农学，显示该一级目录下的所有二级和三级目录，如图 3-41 所示。点击某三级目录，显示三级目录下的所有学位论文。

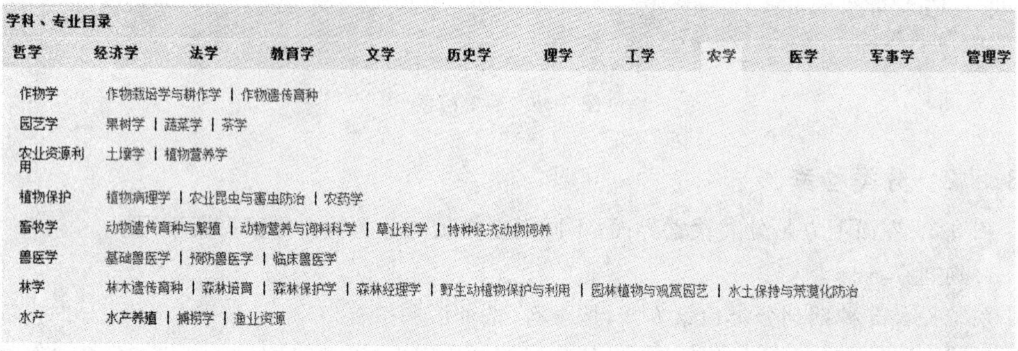

图 3-41　按学科、专业目录检索学位论文

(2)按学校所在地　点击学校所在地的省份名称，如辽宁，则显示该地区下属的所有学位授予点，如图 3-42 所示。点击某学校名称，即可检索到该学校的所有学位论文。

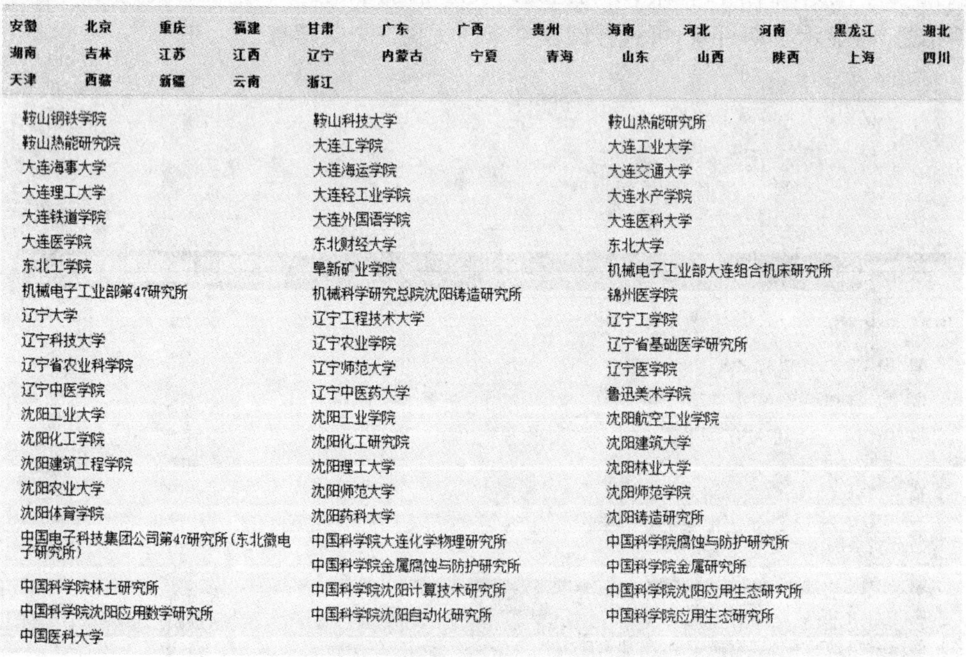

图 3-42　按学校所在地检索学位论文

3. 会议论文分类检索

如图 3-43 所示，系统提供 2 种会议论文分类检索方式，分别为按学术会议分类和按会议主办单位分类。

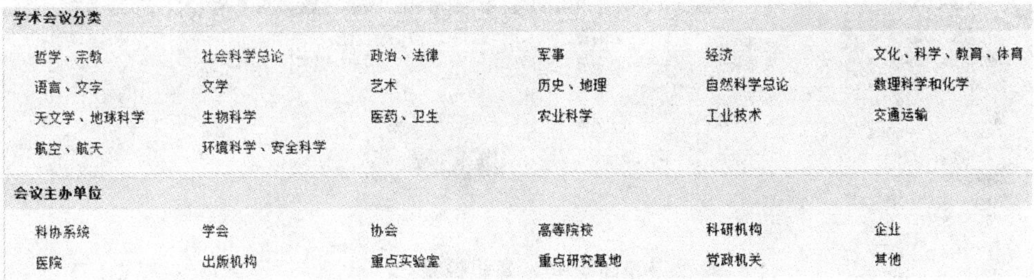

图 3-43　会议论文分类检索

4. 标准文献分类检索

图 3-44 为标准文献分类检索界面，点击二级类目，如植物保护，即显示相关标准文献。

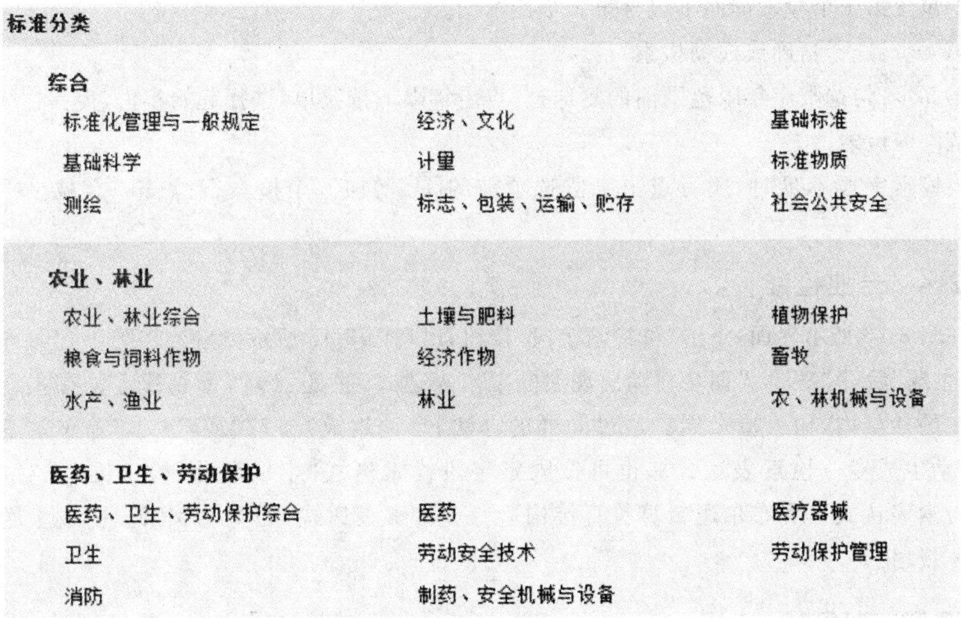

图 3-44　标准文献分类检索

3.3.2.3　高级检索

图 3-45 为高级检索界面，其检索步骤为：

第 1 步：选择 1 个或多个文献类型；

第 2 步：点击字段选择的下拉菜单，选择系统提供的某一字段，系统提供主题（篇名、关键词或摘要）、题名或关键词、题名、创作者、作者单位、关键词、摘要、日期、DOI、期刊-刊名、期刊-期、学位-专业、学位-学位授予单位、学位-导师、学位-学位、会议-会议名称、会议-主办单位、会议-会议 id、外文-期刊刊名、外文-期刊刊期、外文-会议名称等字段。

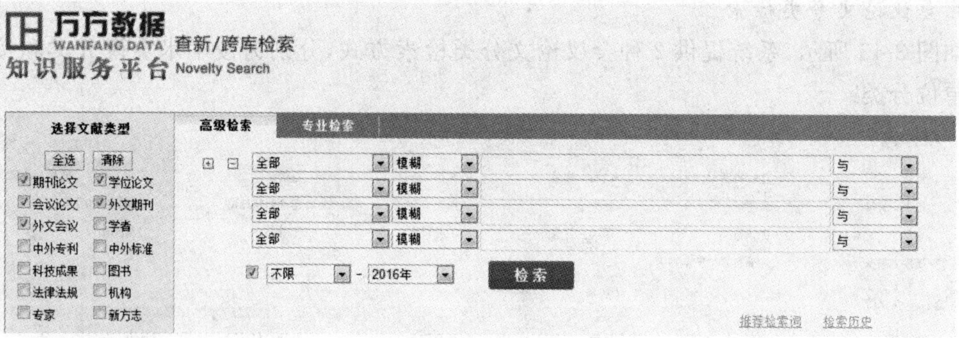

图 3-45　高级检索

第 3 步：点击逻辑运算符下拉菜单，通过选择系统提供的“与”、“或”、“非”运算符来组配所输入检索词之间的布尔逻辑关系。选择“与”表示检索结果中同时包含所输入的 2 个检索词；选择“或”表示检索结果中只包含其中 1 个检索词，或同时包含 2 个检索词；选择“非”表示检索结果中包含第 1 个检索词而不包含第 2 个检索词。

第 4 步：选择精确或模糊检索。

第 5 步：勾选限定年限范围前的复选框，点击年限下拉菜单，选择起始年份，使其在限定的年份范围内检索。

当检索字段不足时，还可点击字段选项前的⊞，增加一个检索行；点击⊟，减少一个检索行。

3.3.2.4　专业检索

在图 3-46 所示界面，点击“可检索字段”按钮，出现图 3-47 所示窗口。在图 3-47 所示窗口点击“主题”后，图 3-46 界面会自动出现主题限定表达式“主题:()”，将鼠标定位在主题限定表达式的括号内，输入检索词。通过同样的办法，自动生成“与”、“或”、“非”等布尔逻辑组配，自动生成专业检索表达式。也可按限定字段检索格式“字段名称:检索词”或“字段名称:(检索表达式)”和布尔逻辑算符直接构造专业检索表达式，如主题:马铃薯，或主题:(马铃薯 * 栽培)。

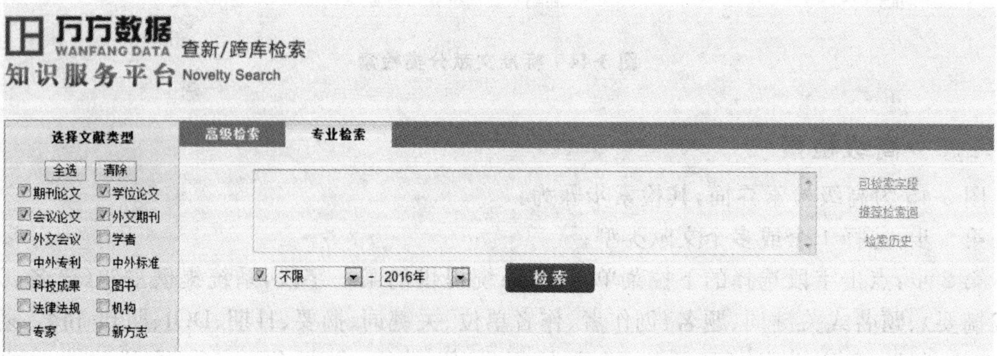

图 3-46　专业检索

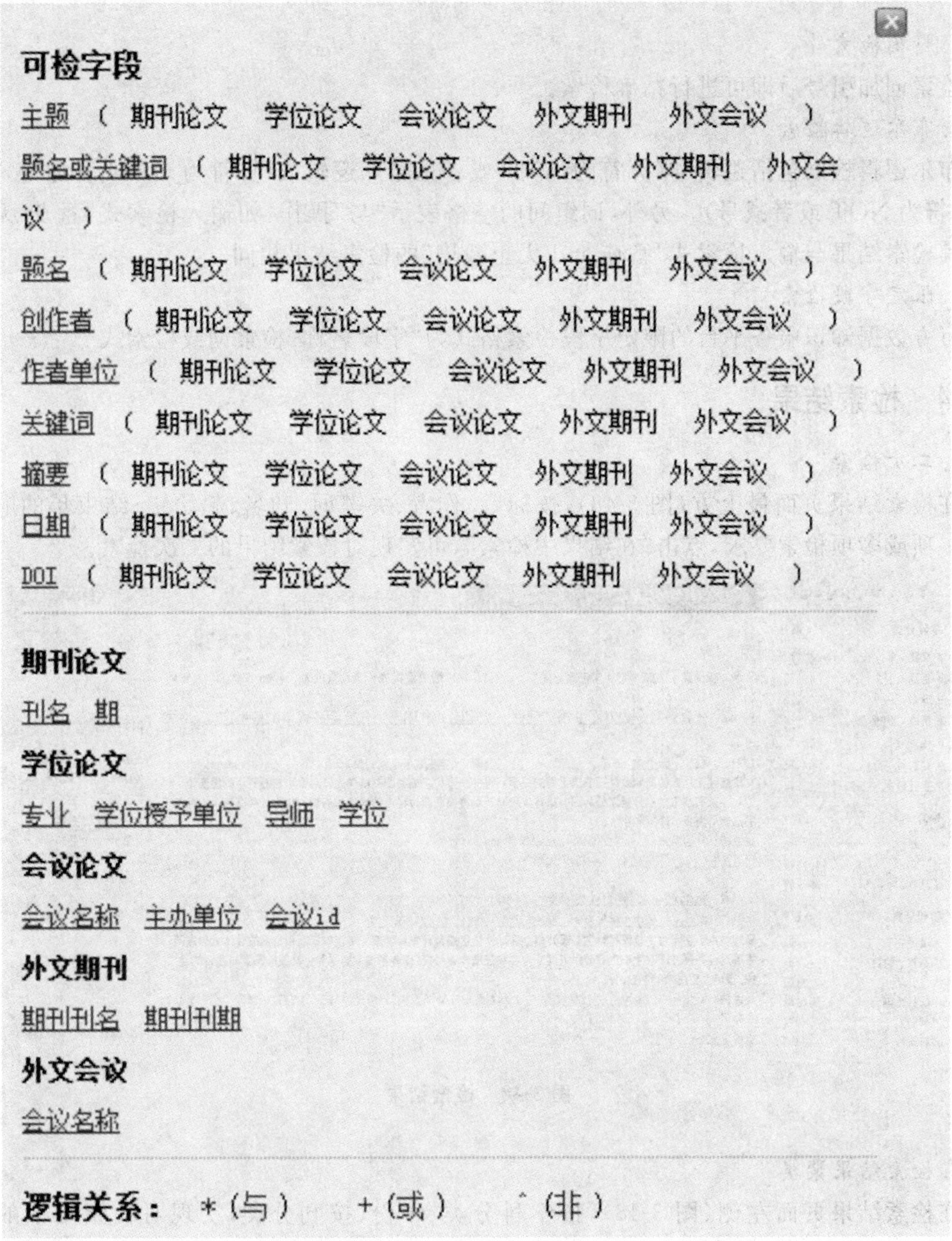
可检字段
主题 （ 期刊论文 学位论文 会议论文 外文期刊 外文会议 ）
题名或关键词 （ 期刊论文 学位论文 会议论文 外文期刊 外文会议 ）
题名 （ 期刊论文 学位论文 会议论文 外文期刊 外文会议 ）
创作者 （ 期刊论文 学位论文 会议论文 外文期刊 外文会议 ）
作者单位 （ 期刊论文 学位论文 会议论文 外文期刊 外文会议 ）
关键词 （ 期刊论文 学位论文 会议论文 外文期刊 外文会议 ）
摘要 （ 期刊论文 学位论文 会议论文 外文期刊 外文会议 ）
日期 （ 期刊论文 学位论文 会议论文 外文期刊 外文会议 ）
DOI （ 期刊论文 学位论文 会议论文 外文期刊 外文会议 ）
期刊论文
刊名 期
学位论文
专业 学位授予单位 导师 学位
会议论文
会议名称 主办单位 会议id
外文期刊
期刊刊名 期刊刊期
外文会议
会议名称
逻辑关系： *（与） +（或） ^（非）

图 3-47　可检索字段

3.3.3 检索技术

1. 精确检索

检索词加引号后即可进行精确检索。

2. 布尔逻辑检索

布尔逻辑检索包括逻辑与(算符为 AND 或者星号)、逻辑或(算符为 OR 或者加号)、逻辑非(算符为 NOT 或者减号)。另外,词组间的空格表示“与”操作,如输入检索式“番茄 无土栽培”,其检索结果与输入检索式“番茄 and 无土栽培”的检索结果相同。

3. 限定字段检索

万方数据知识服务平台的限定字段检索格式为“字段名称:检索词或检索式”。

3.3.4 检索结果

1. 二次检索

在检索结果页面最上方(图 3-48),按标题、作者、关键词、刊名、起始年、结束年的顺序输入某一项或多项检索要求,点击“在结果中检索”,可实现对检索结果的二次检索。

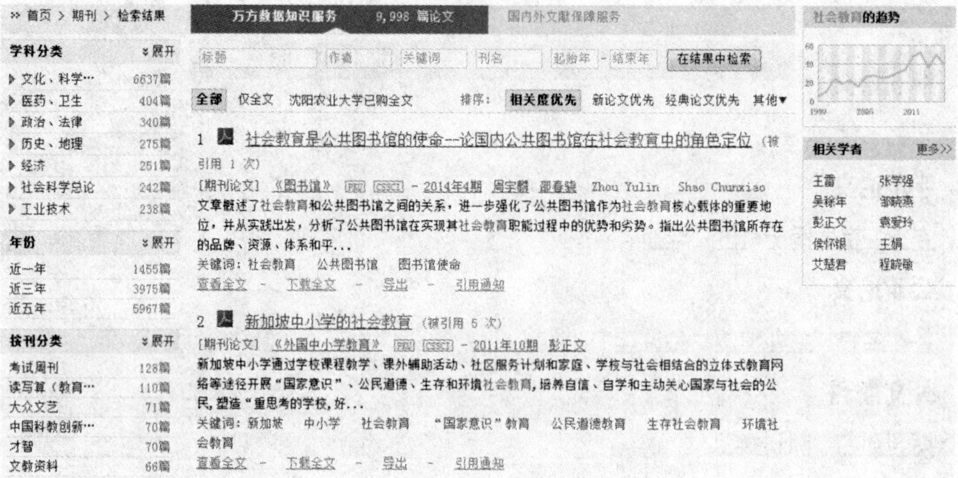

图 3-48 检索结果

2. 检索结果聚类

在检索结果页面左侧(图 3-48),按学科分类、年份、按刊分类,实现对检索结果的聚类显示。

3. 检索结果排序

检索结果可按相关度优先、新论文优先、经典论文优先、仅相关度、仅出版时间、仅被引频次等不同标准进行排序。

4. 检索结果显示

检索结果显示通常包含研究趋势图、所涉及的相关学者(图 3-48)以及题名、刊名、年、期、被引频次、摘要(图 3-49)等信息。

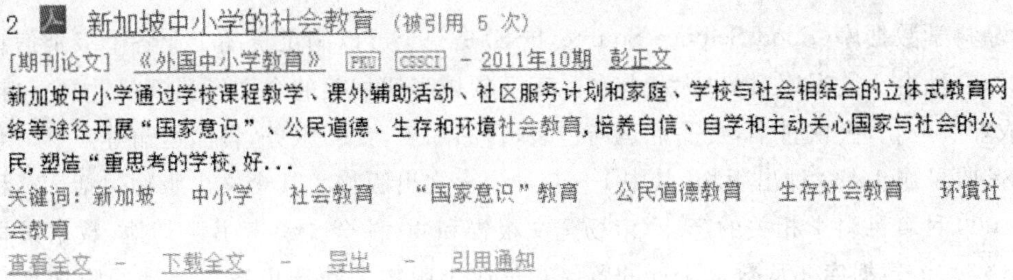
2 新加坡中小学的社会教育 (被引用 5 次)
[期刊论文] 《外国中小学教育》 PKU CSSCI - 2011年10期 彭正文
新加坡中小学通过学校课程教学、课外辅助活动、社区服务计划和家庭、学校与社会相结合的立体式教育网络等途径开展“国家意识”、公民道德、生存和环境社会教育,培养自信、自学和主动关心国家与社会的公民,塑造“重思考的学校,好...
关键词: 新加坡　中小学　社会教育　“国家意识”教育　公民道德教育　生存社会教育　环境社会教育
查看全文 - 下载全文 - 导出 - 引用通知

图 3-49　单篇文章的显示页面

5. 文献题录及全文获取

点击图 3-49 所示界面的“查看全文”和“下载全文”按钮,可获取 PDF 格式的全文,点击“导出”按钮,可导出 NoteExpress、RefWorks 等格式的题录信息(图 3-50)。在图 3-50 页面,选择合适的格式后可导出文献。

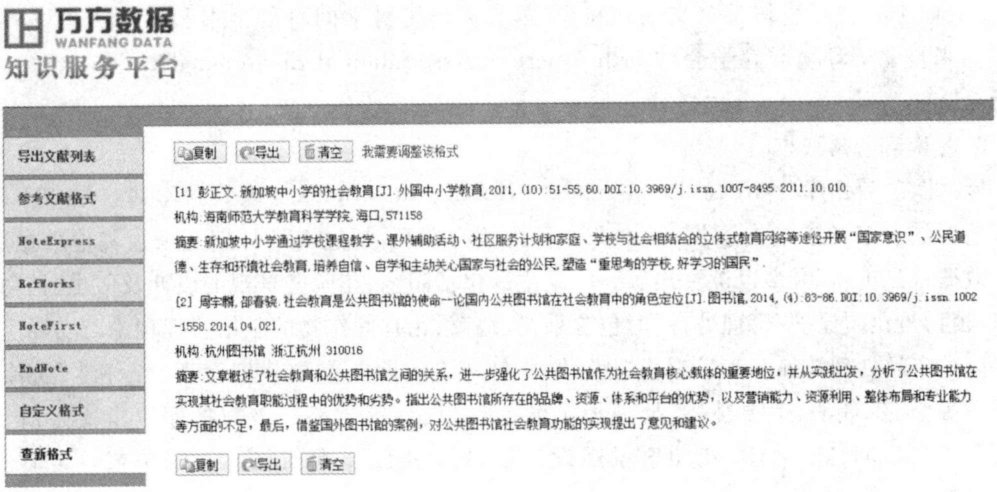
万方数据
WANFANG DATA
知识服务平台
导出文献列表
参考文献格式
NoteExpress
RefWorks
NoteFirst
EndNote
自定义格式
查新格式
复制 导出 清空 我需要调整该格式
[1] 彭正文. 新加坡中小学的社会教育[J]. 外国中小学教育, 2011, (10):51-55,60. DOI:10.3969/j.issn.1007-8495.2011.10.010.
机构:海南师范大学教育科学学院, 海口, 571158
摘要:新加坡中小学通过学校课程教学、课外辅助活动、社区服务计划和家庭、学校与社会相结合的立体式教育网络等途径开展“国家意识”、公民道德、生存和环境社会教育,培养自信、自学和主动关心国家与社会的公民,塑造“重思考的学校,好学习的国民”.
[2] 周宇麟, 邵春骁. 社会教育是公共图书馆的使命--论国内公共图书馆在社会教育中的角色定位[J]. 图书馆, 2014, (4):83-86. DOI:10.3969/j.issn.1002-1558.2014.04.021.
机构:杭州图书馆 浙江杭州 310016
摘要:文章概述了社会教育和公共图书馆之间的关系，进一步强化了公共图书馆作为社会教育核心载体的重要地位，并从实践出发，分析了公共图书馆在实现其社会教育职能过程中的优势和劣势。指出公共图书馆所存在的品牌、资源、体系和平台的优势，以及营销能力、资源利用、整体布局和专业能力等方面的不足，最后，借鉴国外图书馆的案例，对公共图书馆社会教育功能的实现提出了意见和建议。
复制 导出 清空

图 3-50　导出文献题录

3.4　EBSCO 全文数据库

3.4.1　数据库简介

EBSCO 公司是专门经营纸质期刊、电子期刊和电子文献数据库出版发行业务的集团公司,成立于 1984 年,是全球最早推出全文在线数据库检索系统的公司之一,提供 100 多个全文数据库和二次文摘型数据库,内容涉及自然科学、社会科学、人文和艺术等多种学术领域。EBSCO host 系统是该公司为数据库检索所设计的平台,该平台数据每日更新,其全文数据库主要包括:

1. 食品科学数据库

食品科学数据库(Food Science Source,FSS)是一个可以满足食品工业各个级别信息数据需求的综合性全文数据库,提供大量与食品工业领域密切相关的全文覆盖资料,主要包括如下内容:农业产业化,餐饮科学,食品贮运与包装,食品加工,食品服务,食品运输等。

FSS 收录逾 1 420 种出版物,其中 1 320 种为全文出版物。其全文出版物包括 220 种全文期刊、1 000 种食品科学相关的产业/市场全文报告和 40 种全文参考书及其他,数据最早回溯至 1986 年。该数据库还从数以千计的贸易和工业出版物中筛选出数以万计的附加食品工业文章和最佳实务。

2. 环境科学全文数据库

2006 年推出的环境科学全文数据库(Environment Complete)涵盖领域包括:环境科学、生态系统学、能源与环境、自然资源利用、海水与淡水科学、地质学、污染与废弃资源管理、环境科技、环境保护法律、公共环境政策、社会影响、都市环境规划等,收录自 1950 年以来的 1 200 种美国与国际性环境科学期刊的索引摘要资源、100 本环境科学领域的专著电子图书,以及近 400 种环境科学全文期刊和 80 本有关环境科学的百科全书和参考工具书等,同时提供来自北美环境教育学会(North American Association of Environmental Education)的会议录全文。

3. 园林园艺数据库

园林园艺数据库(Garden,Landscape & Horticulture Index),该数据库共收录 471 种园林园艺领域著名的连续出版物,其中 396 种为核心期刊,超过 308 种期刊未被其他数据库收录。数据每月更新,大多以英文出版。收录主题包括园艺、花园暨景观的设计及历史、植物学、生态、植物与花园保护/管理外,同时包含果树、蔬菜、花卉等作物的栽培管理理论与实际生产,以及园林产品处理与加工和景观造园设计,亦针对专门园艺作物栽培管理、育种学、遗传学、植物营养学、生理学、生物科技、处理加工学、造园设计等学科。该数据库收录文献所针对的对象为专攻园林园艺学、花园暨景观设计学科的学生/老师/研究人员、园艺热爱者及专业人士等。

4. Academic Source Premier

该库收录近 8 000 种期刊,其中全文期刊 4 700 种,包括 3 600 多种同行评议期刊 (Peer-Reviewed),是全球最大的综合性学科全文数据库之一。几乎覆盖了包括教育学、计算机科学、通信传播、生物科学、工程学、物理学、化学、语言学、艺术、医学、种族研究等在内的所有学术研究领域,数据每日更新。

5. Business Source Premier

该库收录期刊近 9 000 种,其中全文期刊 2 300 种,包括 1 100 多种同行评审期刊(Peer-Reviewed Journals)。数据最早回溯至 1922 年,涵盖管理、市场、经济、金融、会计、国际贸易等与商业相关的所有学科领域。每日更新数据。

6. ERIC

ERIC(Educational Resource Information Center)是美国教育部的教育资源信息中心数据库,收录 980 多种教育及和教育相关的期刊文献题录和文摘。

7. MEDLINE

美国国家医学图书馆(National Library of Medicine)制作的医学文献数据库,收录 4 800 余种现刊的索引和摘要。

8. Newspaper Source

提供了 25 个民族(美国)和国际出版机构出版的报纸精选全文。该数据库还包含来自其他媒体的全文新闻副本以及 260 多种美国地区报纸的精选全文,每日更新数据。

9. Professional Development Collection

提供了 520 种非常专业的优质教育期刊集,包括近 350 个同行评审期刊。还包含一些教育报告,是世界上最全面的全文教育期刊集。

10. Regional Business News

此数据库提供地区商业出版物的详尽全文,将美国所有城市和乡村地区的商业期刊、报纸和新闻专线合并在一起,每日更新数据。

11. MasterFILE Premier

该库几乎涵盖综合学科的各个主题领域,提供包含全文参考书、传记,以及一个由照片、地图和标志组成的图片集,每日更新数据。

12. History Reference Center

该库提供历史参考书、百科全书和非小说性书籍的全文,还完整收录了一些历史杂志、历史资料、历史人物传记、历史照片与地图以及历史影像资料。

13. Vocational and Career Collection

该库提供 350 多种与贸易和工业相关期刊的全文。

14. Library,Information Science & Technology Abstracts

该库收录图书馆学、分类学、编写目录、书籍装订术、在线信息检索及信息管理等学科主题期刊、书籍和研究报告的索引。收录时间可追溯至 20 世纪 60 年代中期。

3.4.2 检索功能

1. 基本检索

基本检索是如图 3-51 所示的一种简捷检索方式,其检索方法为:在检索框输入检索词或检索表达式,点击“搜索”。构建检索表达式时,可以使用本数据库支持的布尔逻辑检索、截词检索、位置算符检索、字段限制检索等任意检索技术。例如:ti(maize and transgene)。

输入检索式后,在限制结果区,可做全文、是否有参考文献、是否学术(同行评审)期刊、出版日期、出版物、页数、是否附带图像等方面的进一步限定,以获取更符合题意的检索结果,还可用相关词、在全文范围内实现扩大检索。

2. 高级检索

如图 3-52 所示,高级检索提供多个检索入口:所有文本(TX)、作者(AU)、标题(TI)、主题语(SU)、摘要(AB)、来源(SO)、ISSN 号、ISBN 号。使用下拉菜单可以直接选择系统提供的 AND、OR 和 NOT 布尔逻辑关系来组配检索词,还可以通过使用逻辑运算等检索技术,在检索框直接输入检索表达式后进行检索。

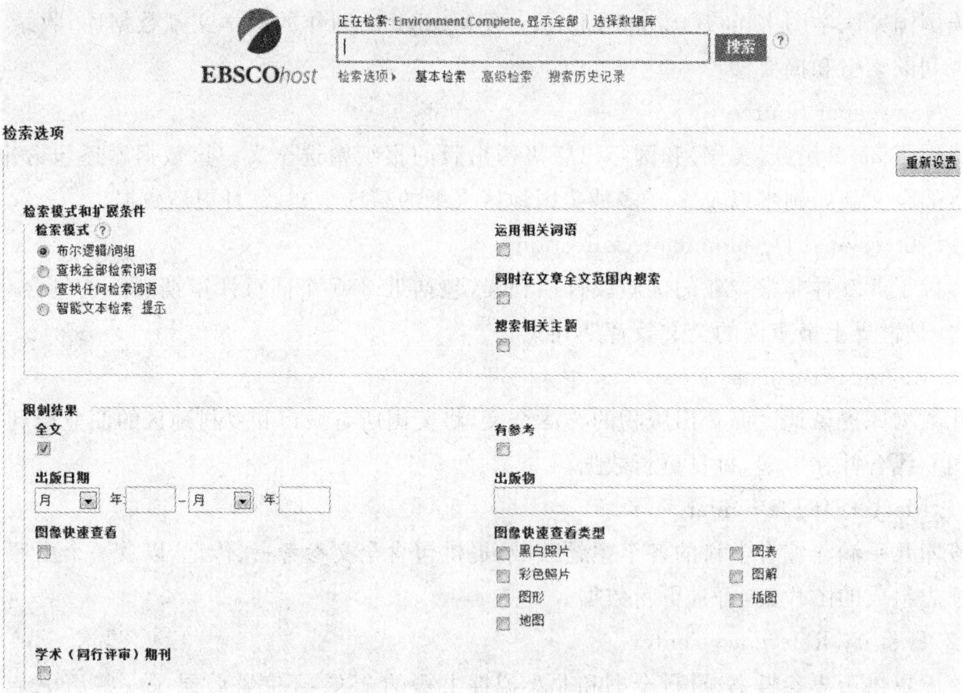

图 3-51 基本检索

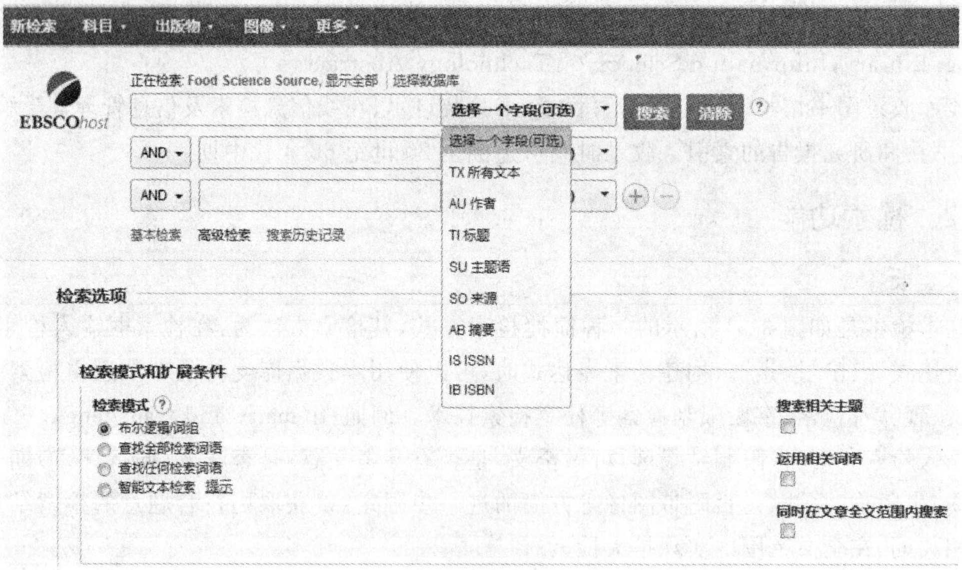

图 3-52 高级检索

3. 辅助检索

在检索页面上方，系统还提供出版物检索、主题词检索、图像检索和索引检索等辅助检索功能。

(1)出版物检索　出版物检索可以检索和浏览数据库中所收录的出版物。如图 3-53 所示,提供“按字母顺序”“按主题和说明”“匹配任意关键字”3 种方式进行出版物检索。其中,“按字母顺序”即是按出版物名称的字母顺序检索,“按主题和说明”是在出版物的“说明”字段进行检索,“匹配任意关键字”就是匹配出版物名称中的任意字。如果出版物为期刊,检索结果显示如图 3-54 所示的刊名、国际标准刊号、出版者信息、收录文摘或全文的起始时间、更新频率、学科主题等内容。在图 3-54 页面,点击“在此出版物内搜索”,可实现在此出版物内的文献检索;点击各出版年之前的加号,可打开该出版物在某年的各期,继续点击期,可浏览该刊该期的内容。

图 3-53　出版物检索

(2)主题词检索　主题词检索又称科目术语检索,是利用系统提供的规范化主题词进行的检索,这种检索方法的检索效率高,相关性大。主题词检索的具体方式为:

第 1 步:在如图 3-55 所示界面输入框内输入检索词,选择系统提供的“词语的开始字母”、“词语包含”、“相关性排序”3 种可选项之中的任何一种,点击“浏览”。

第 2 步:在第 1 步后出现的词表内找到并点击所需主题词,浏览其如图 3-56 所示的上位词、下位词、相关词和同义词。

第 3 步:在图 3-56 界面,选择所需主题词(选择方式为勾选该词之前的复选框),并点击“添加”按钮,则已选主题词自动出现在图 3-57 所示界面的输入框。

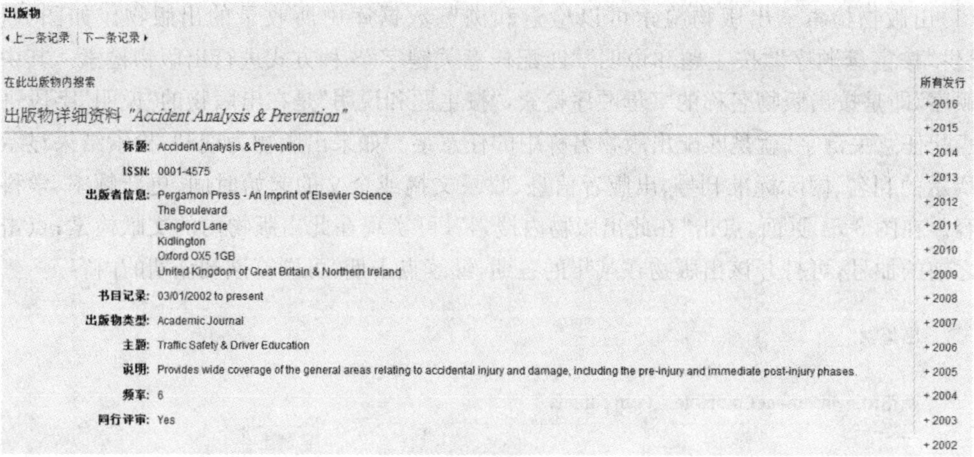

图 3-54 期刊详细信息显示页面

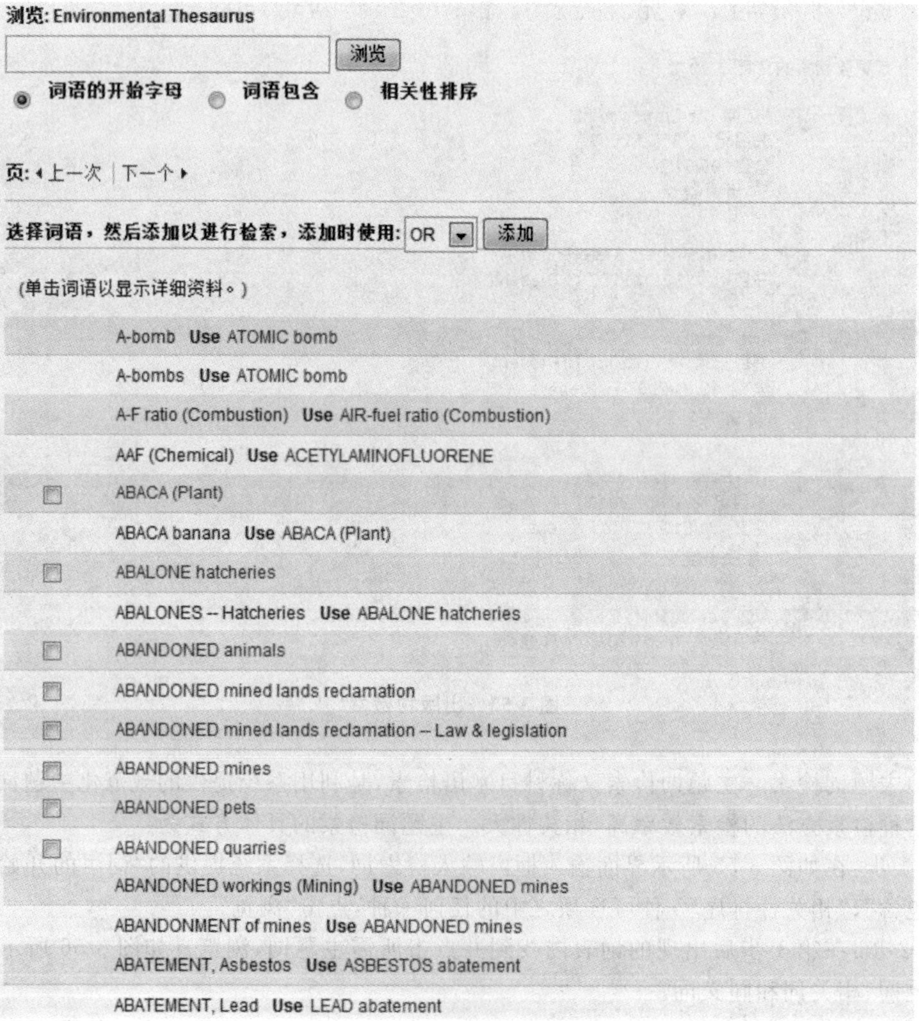

图 3-55 主题词检索(科目检索)

第 4 步：在图 3-57 界面，点击“搜索”即可完成检索。

（3）图像检索　图像检索就是检索数据库系统所提供图片资料库的说明文字。如图 3-57 所示，可以检索的图片类型有：人物图片（photos of people）、自然科学图片（natural science photos）、地点图片（photos of places）、历史图片（historical photos）、地图（maps）、标志（flags）。不作图片类型选择的情况下，则在全部图片库中检索。图像检索时，检索词之间可用逻辑算符进行组配。

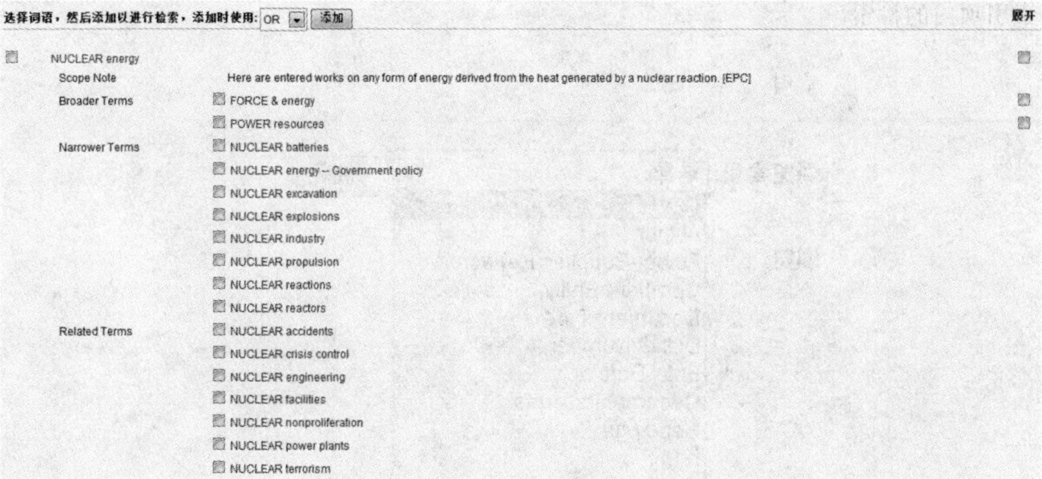

图 3-56　叙词表

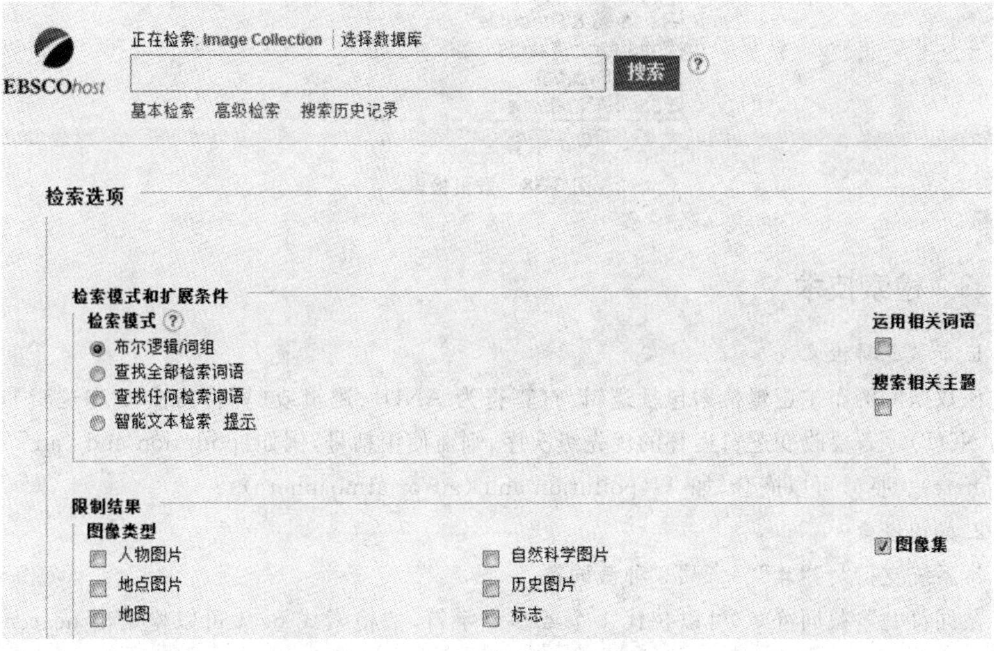

图 3-57　图像检索

(4)索引检索　数据库为作者(Author)、作者提供的关键词(Author-Supplied Keywords)、公司名(Company Entity)、文献类型(Document Type)、DUNS码(DUNS Number)、日期(Entry Date)、地名(Geographic Terms)、主题标目(Headings)、ISBN、ISSN、语种(Language)、NAICS码或叙词(NAICS Code or Description)、人名(People)、期刊名(Publication Name)、评论或产品(Reviews & Products)、主题词(Thesaurus Terms)、订单符号(Ticker Symbol)、出版年(Year of Publication)等字段建立了索引项(图3-58)。索引检索就是在上述各索引项内的检索。

图3-58　索引检索

3.4.3 检索技术

1. 布尔逻辑检索

该数据库的布尔逻辑检索包括逻辑与(算符为AND)、逻辑或(算符为OR)和逻辑非(算符为NOT)。若要改变逻辑运算的优先级次序,则需使用括号,例如:pollution and (air or atmosphere)。括号可以嵌套,如TI(pollution and (air or atmosphere))。

2. 截词检索

本系统支持"?""#""*"共3种截词符。

截词符"?":截词符"?"可以替代1个或多个字符,如检索式ne?t可以检索出neat、nest、next方面的资料,但检索不到net方面的资料。

截词符"#":截词符"#"可以替代0个或多个字符,检索式ne#t可以检索出net、neat、

nest、next 方面的资料，因此，其他条件相同的情况下，n#t 的检索结果多于 ne?t 的检索结果。另外，截词符“#”也可用于检索英美不同拼法，如 colo#r 可以检索出 color 或 colour 方面的资料。

截词符“*”：截词符“*”是词根检索符，表示后截断，可以替代任意多个字符，如 comput* 可以检索 computer、computing 等方面的资料。

3. 位置算符检索

该系统支持 Wn、Nn 位置算符。

Wn 算符表示 2 个检索词在检索结果中必须按输入时的先后次序同时出现，两词之间最多可插入 n 个单词。

Nn 算符表示 2 个检索词在检索结果中必须同时出现，词序可以颠倒，2 个词之间最多可间隔 n 个单词。

其他检索条件相同的情况下，(agriculture AND robots)、(agriculture N5 robots)、(agriculture W5 robots)三者的检索结果依次变少。

4. 限定字段检索

该数据库的限定字段检索格式为：字段代码 ＋ 空格 ＋ 检索词。系统提供 TX(All Text，全文字段)、AU(Author，著者字段)、TI(Title，题名字段)、SU(Subject Terms，主题词字段)、SO(Journal Name，出处字段)、AB(Abstract，文摘字段)、IS(ISSN，国际标准刊号字段)、KW(Keywords，著者提供关键词字段)、AN(Accession Number，记录号字段)和 GE(Geographic Terms，地理标识字段)。对包含运算符的检索式进行字段限制时需用括号括起该检索式。如 TI(maize and transgene)。

5. 精确词组检索

系统提供英文状态下的双引号作为精确词组检索算符，检索时将双引号内的几个词视为一个词组。

6. 禁用词

在 EBSCO 数据库检索时，有些词语，如 the、of 等冠词、介词不能作为检索词，这样的词称为禁用词。禁用词若想成为检索词，必须使用精确词组检索符号将禁用词括起来。

3.4.4 检索结果

1. 显示格式

点击检索结果页面下方的“页面选项”(图 3-59)，可以设置每页显示检索结果的记录条数(系统提供 5、10、20、30、40、50 六个选项)、结果格式(有标准、仅限于标题、简介、详细 4 个选项)、图像快速查看和页面布局(一栏、两栏、三栏和四栏)。点击图 3-59 右侧上方的下拉菜单，可以选择按日期、来源、作者和相关性等作为排序依据，默认按相关性排序。

2. 显示内容

点击记录的题名链接，即可看到该题名文献的详细内容，显示每一条记录的标题、作者、来源、文献类型、主题语、摘要等内容，如图 3-60 所示。

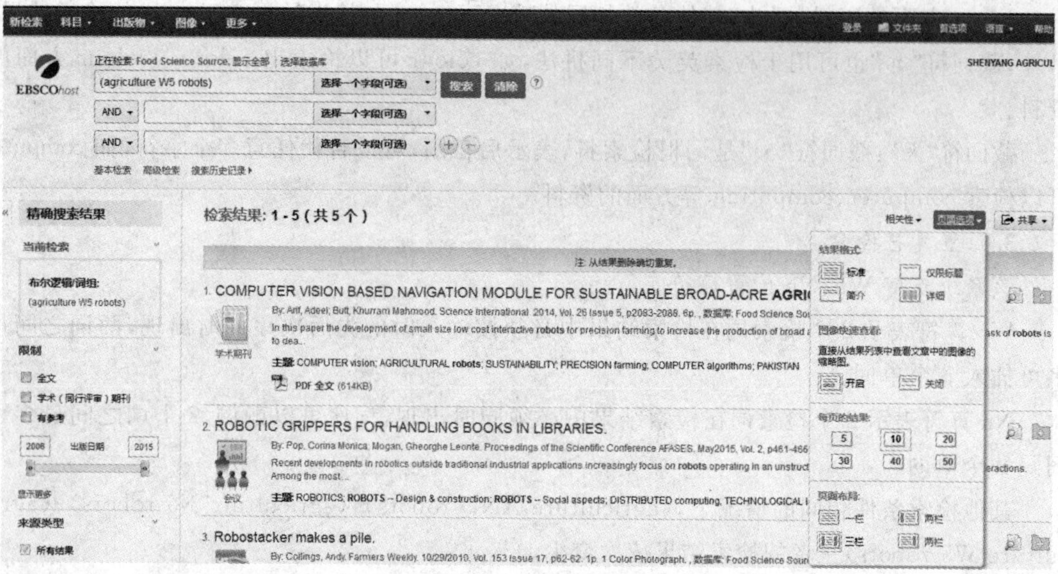

图 3-59 检索结果显示

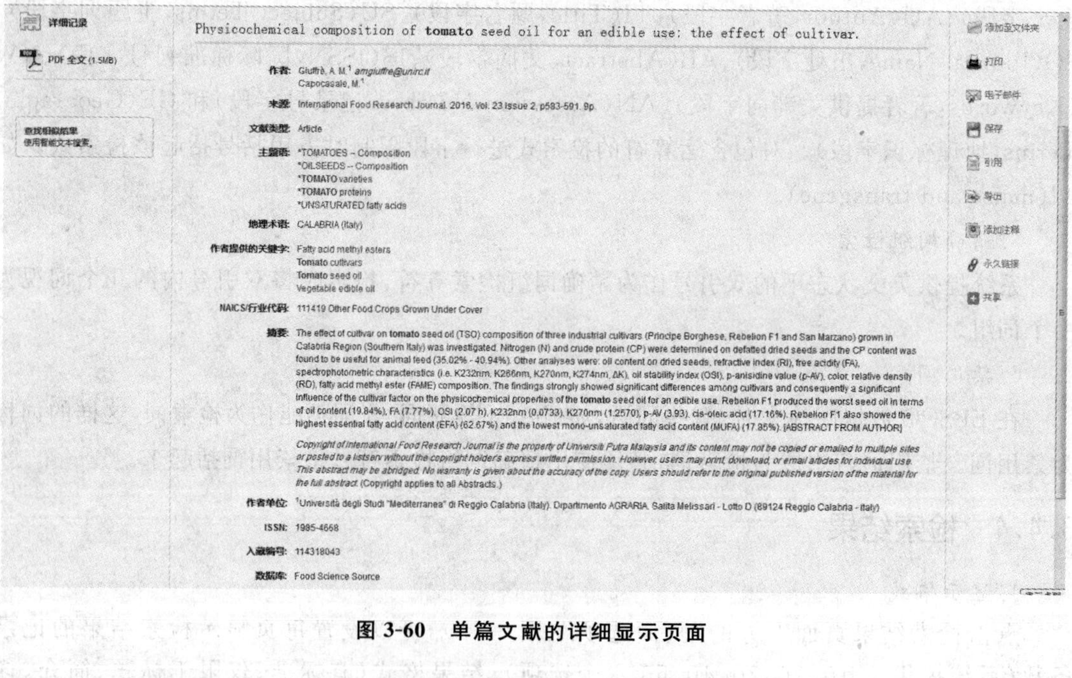

图 3-60 单篇文献的详细显示页面

3. 检索结果处理

在图 3-60 页面，点击 PDF 图标或 HTML 图标，可分别打开该文献的 PDF 格式或 HTML 格式文献全文；点击“打印”按钮，选择打印记录的内容、格式后即可进行打印操作（图 3-61）；点击“电子邮件”按钮，在接下来的显示窗口选择电子邮件输出的内容、格式，输入电子邮件的地址、主题和注释，点击“发送”按钮即可发送电子邮件（图 3-62）；点击“保存”按钮，选择保存记录的格式、内容即可保存相应内容（图 3-63）。

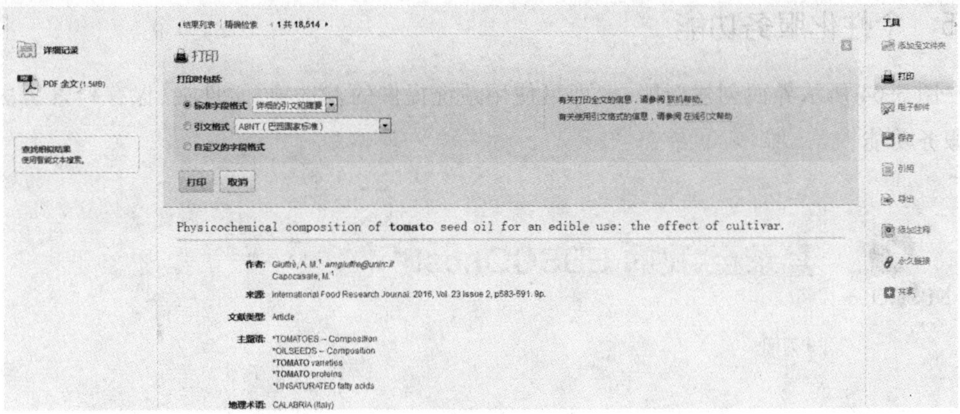

图 3-61　打印选项

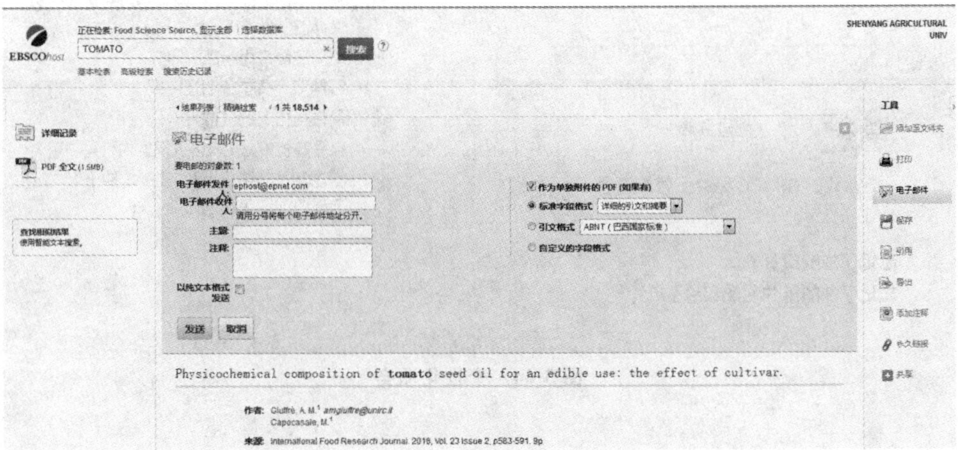

图 3-62　发送电子邮件选项

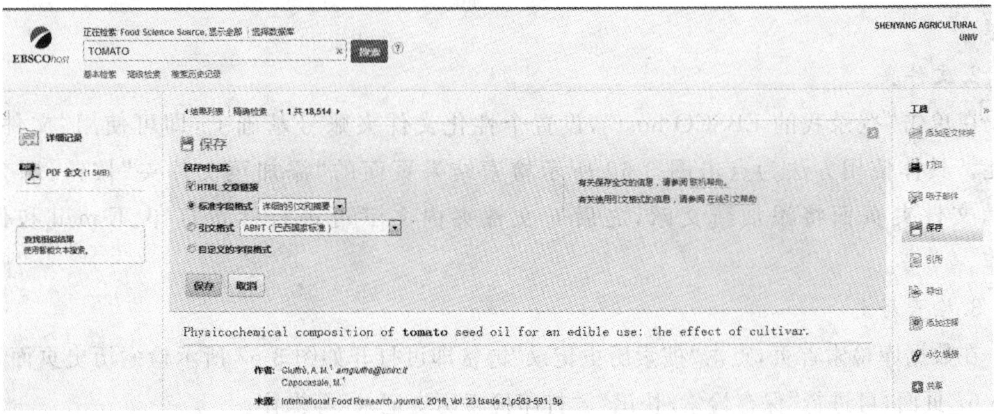

图 3-63　设置保存选项

3.4.5 个性化服务功能

在图 3-64 所示界面创建新账号，即可使用系统提供的首选项、文件夹、保存检索历史等个性化服务功能。

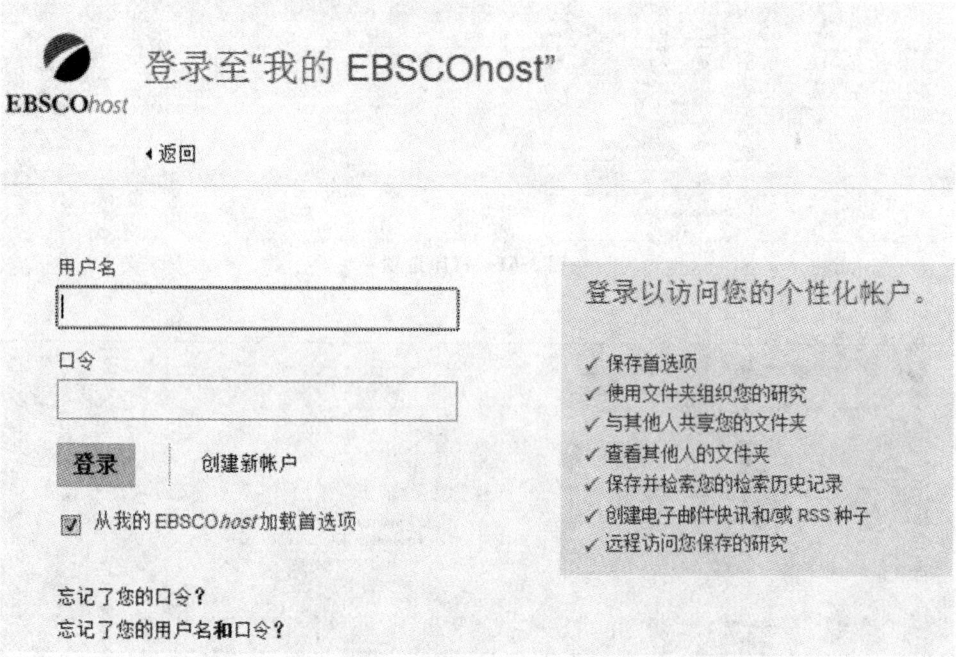

图 3-64 个性化服务

1. 首选项

如图 3-65 所示首选项，类似于检索者的使用偏好设置，可以对检索者喜好的界面语言、显示格式、排序依据、导出格式等做出个性化设置，以便于检索者以这种使用偏好多次使用该数据库。

2. 文件夹

在单击"登录我的 EBSCO host"，设置个性化文件夹账号基础上，即可使用"文件夹"功能。具体使用方法为点击图 3-60 所示检索结果页面的"添加至文件夹"按钮，图 3-66 所示文件夹页面将添加新文献，之后对文件夹内文献可进行批量打印、E-mail 和保存操作。

3. 检索历史

在数据库检索首页，点击"搜索历史记录"链接即可打开如图 3-67 所示检索历史页面。在图 3-67 页面，可进行"保存检索/快讯"、"打印检索历史记录"等操作。

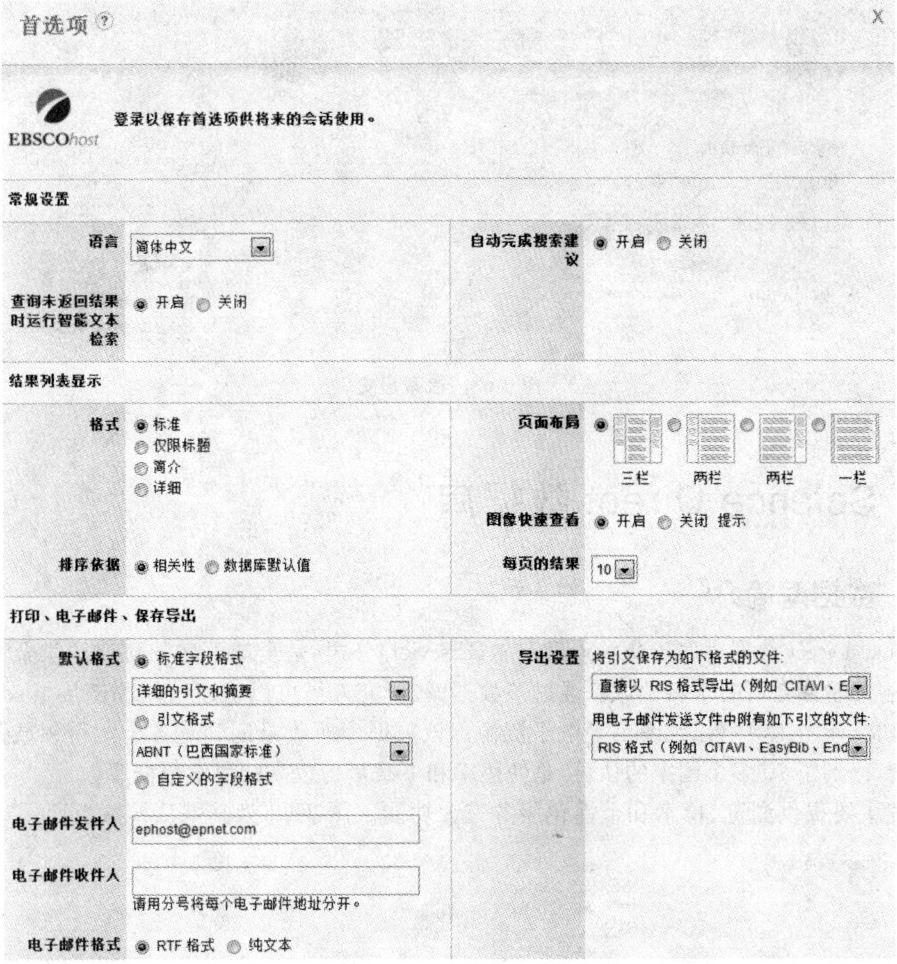

图 3-65　首选项

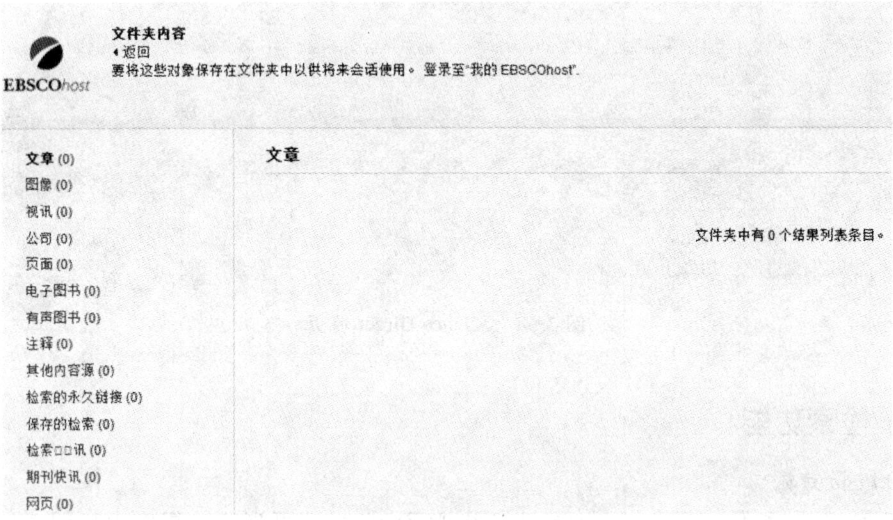

图 3-66　文件夹

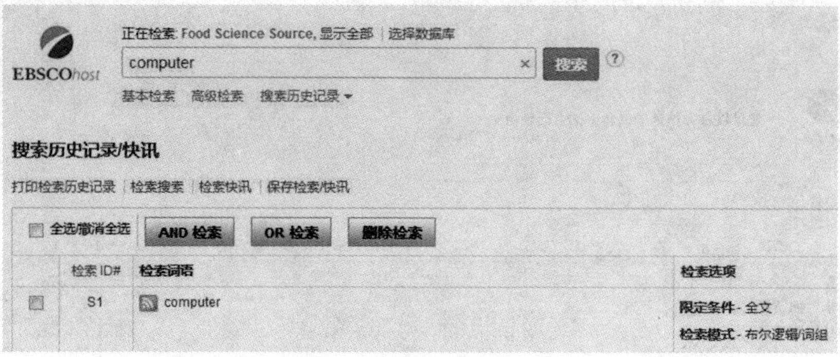

图 3-67 检索历史

3.5 Science Direct 数据库

3.5.1 数据库简介

Science Direct 数据库属于荷兰爱思唯尔(Elsevier)公司,是全球著名的科技医学全文数据库之一,内容几乎涵盖所有学科领域。通过该数据库,研究人员可以快速访问和链接 Elsevier 公司的期刊全文、参考工具书以及图书等电子资源。该数据库所收录期刊是各个学科领域公认的高品质期刊,得到了 70 多个国家的认可,是使用率和下载量均较高的科学数据库。

系统主要提供浏览、检索和个性化服务三大功能。图 3-68 为其默认检索页面。

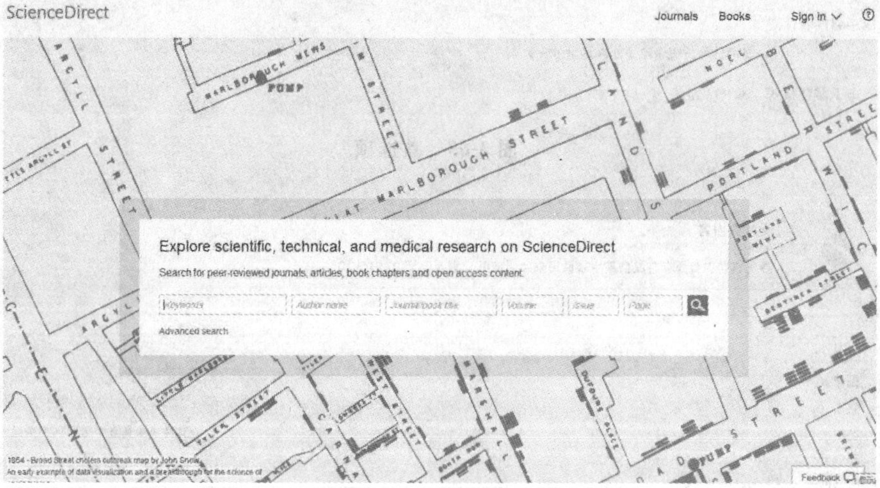

图 3-68 Science Direct 首页

3.5.2 检索功能

1. 出版物浏览

在图 3-68 界面,单击期刊(Journals)或图书(Books),即可浏览数据库中如图 3-69 所示期刊或图书在内的出版物。出版物浏览方式有 2 种:按学科主题浏览(Filter by Subject)和按字顺浏览(Filter by A B…)。

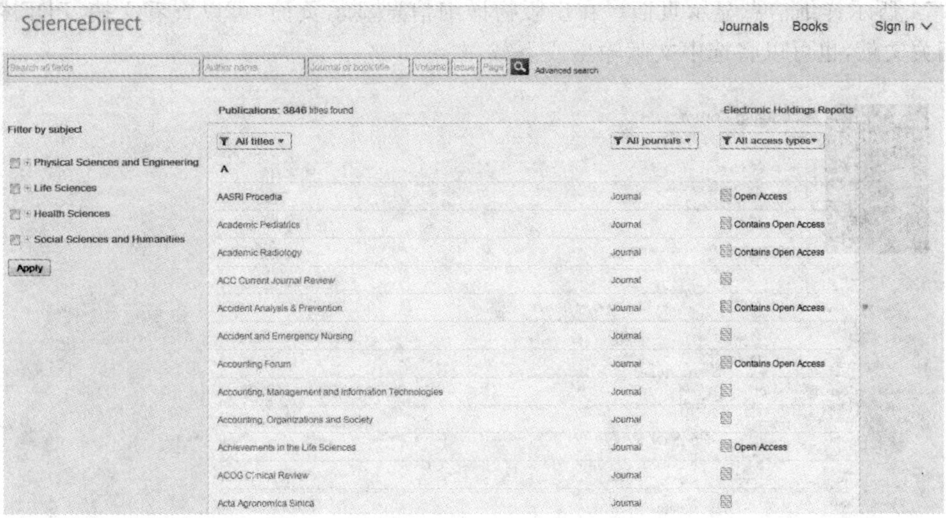

图 3-69　浏览出版物

(1)按学科主题浏览　按学科主题浏览的方式为，在图 3-69 页面，勾选 1 个或多个学科主题(如图 3-70 所示案例选择了 Agronomy and Crop Science 这一学科)，点击 Apply 按钮。图 3-70 所示案例的具体学科主题勾选方式为：先点击 Life Sciences 之前的加号，打开 Life Science 学科的下属分支学科，后勾选 Life Science 学科的 Agronomy and Crop Science 这一下属分支学科。

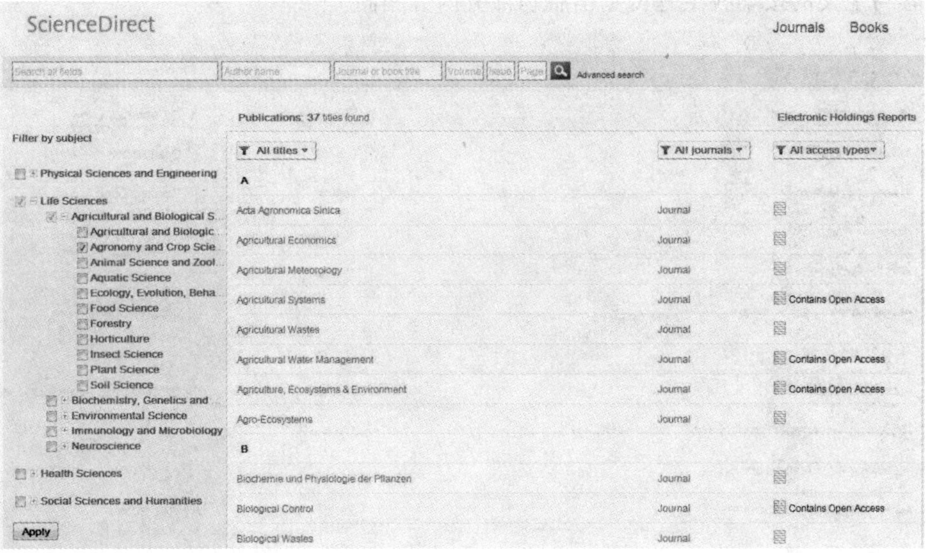

图 3-70　学科主题浏览期刊

图 3-70 为按学科主题浏览出版物的页面，灰色图标表示所对应出版物只能查看摘要；绿色图标表示所对应出版物是本单位已订购全文资源，可以查看全文；红色图标则表示所对应资源是开放获取资源，可以免费获取全文；半绿半红图标表示本单位仅订购了对应出版物的部分

全文,因此,系统仅提供个别文献的全文。在图 3-70 界面,单击某出版物名称,进入该出版物如图 3-71 所示详细信息显示页面。在出版物详细信息显示页面,可以查看文摘、PDF 格式全文或相关文献,也可以将选中文献输出或下载。

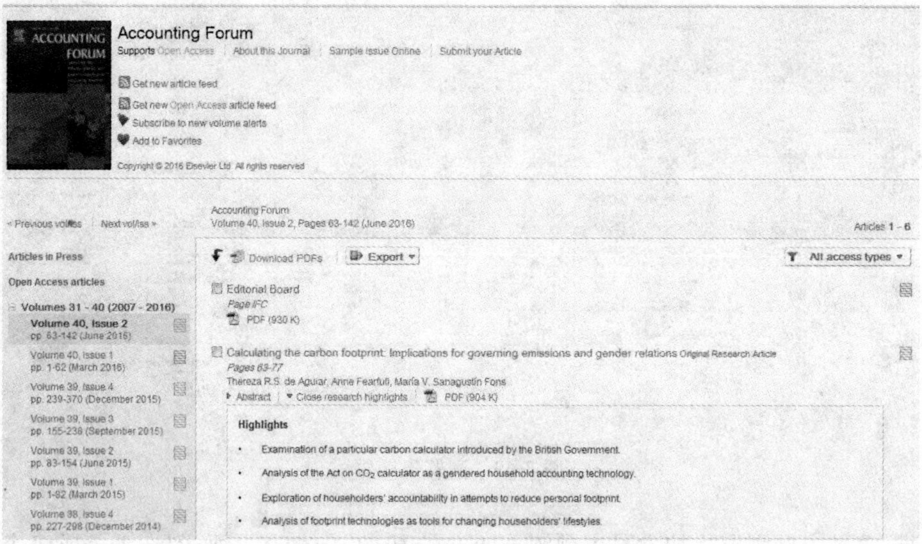

图 3-71　出版物详细信息显示页面

(2)按字顺浏览　在图 3-69 页面 All Titles 下拉菜单之下选择所要浏览出版物的首字母,即可浏览所有以该字母为首字母的系统内出版物(图 3-72),再逐个浏览,找出所需出版物。其他内容与上文的按学科主题浏览出版物部分内容相同。

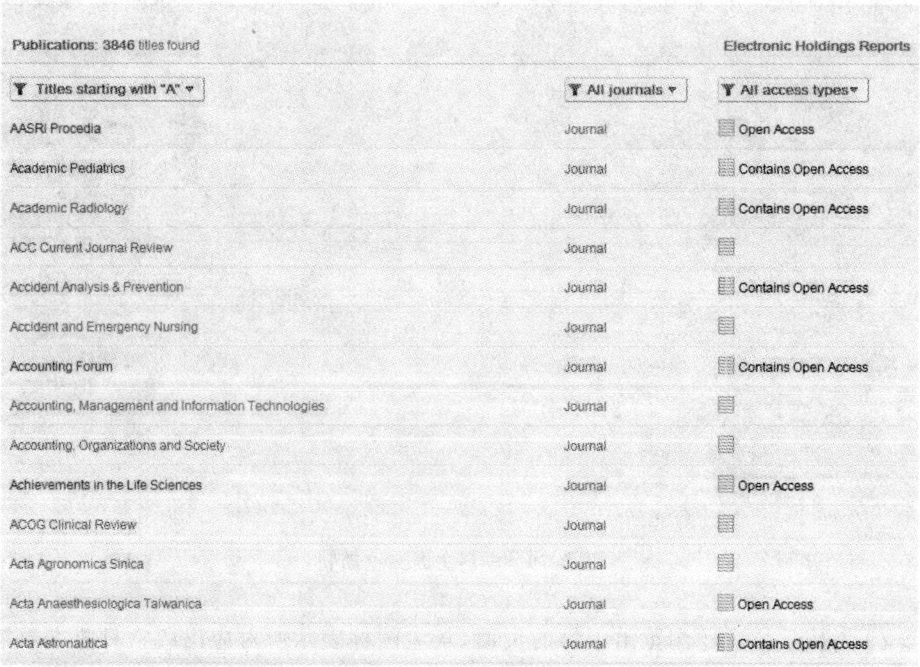

图 3-72　以 A 为首字母的系统内出版物

2. 快速检索

图 3-73 所示快速检索条出现在每个界面上方，方便用户快速检索。可以按题名/摘要/关键词、作者、刊名/书名、卷/期/页查找期刊、书籍中的特定文章。

图 3-73　快速检索

3. 高级检索

高级检索页面提供 2 个检索词输入框（Terms），输入框后的下拉菜单提供 12 种检索字段：复合字段（Abstract、Title、Keywords）、作者（Authors）、特定作者（Specific Authors）、出处（Source Title）、题名（Title）、关键词（Keywords）、摘要（Abstract）、参考文献（References）、国际标准刊号（ISSN）、国际标准书号（ISBN）、机构（Affiliation）和全文（Full Text）字段。输入的检索词之间用 AND（逻辑与）、OR（逻辑或）、AND NOT（逻辑非）组配。

进行高级检索时，可以选择检索框上方的文献来源选项。如图 3-74 所示，文献来源包括全部来源（All）、期刊（Journals）、图书（Books）、参考工具书（References Works）和图像（Images）共 5 个选项。另外，高级检索还提供学科主题（Subject）选择和时间范围（Dates）选择。

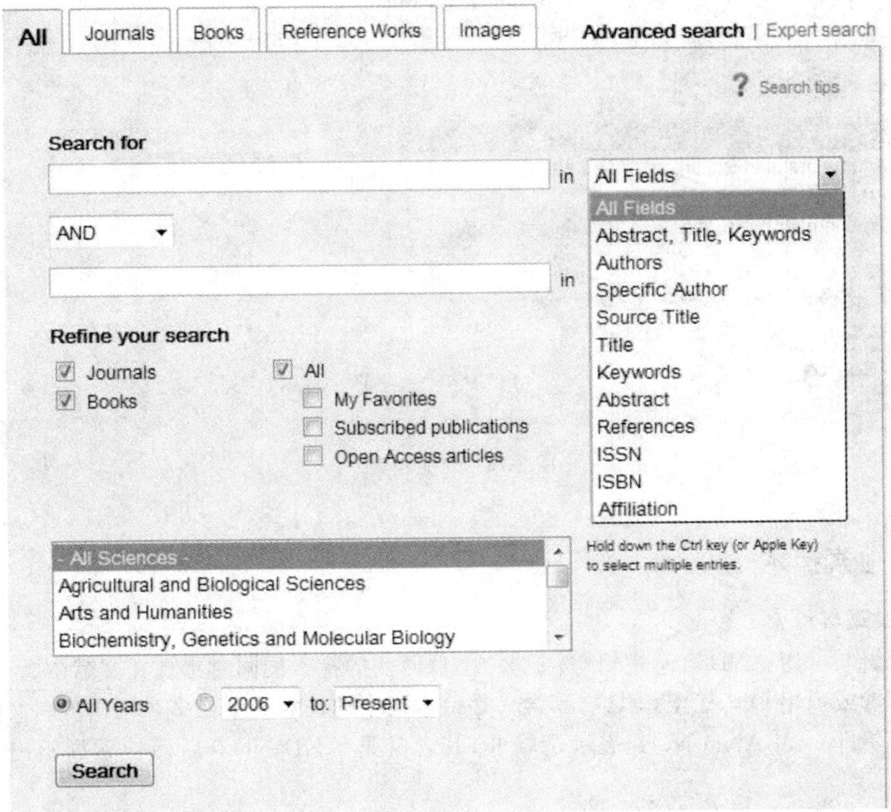

图 3-74　高级检索

4. 专业检索

如图 3-75 所示专业检索,可以创建更为复杂和精确的检索表达式。其检索表达式由检索词、括号、检索字段、逻辑算符、截词符、位置算符等组成,检索模式为:字段名称(检索词)。例如 title-abstr-key(maize and transgenes) and srctitleplus(Plant Science)。输入框下的各种检索条件限制选择方式同高级检索。

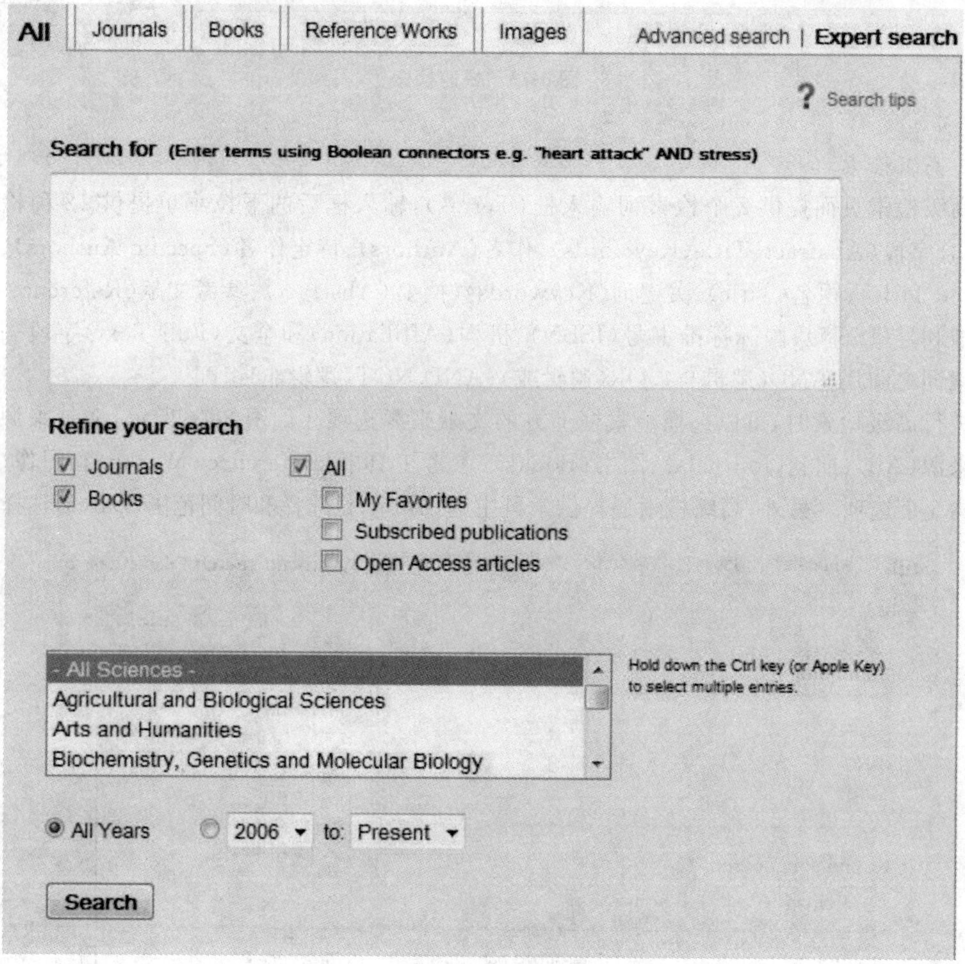

图 3-75 专业检索

3.5.3 检索技术

1. 布尔逻辑检索

(1)逻辑与 用 AND 表示逻辑与,要求 AND 两侧的检索词同时出现在文献中。

(2)逻辑或 用 OR 表示逻辑或,其含义是检索词中的任意一个或多个词出现在文献中。

(3)逻辑非 用 AND NOT 表示逻辑非,其含义是 AND NOT 后面检索词不出现在文献中。

2. 限定字段检索

该数据库中限定字段检索的格式为:字段名(检索式)或字段名简写(检索式)。本系统常用字段名包括 All、Title-Abstr-Key(TAK)、Abstract(ABS)、Authors(AUT)、Specific-Author(AUS)、Affiliation(AFF)、Keywords(KEY)、Title(TTL)等。其中,Authors 与 Specific-Author 字段是不同字段,二者区别在于 Authors 字段意味着检索词可能来自不同人的名字,Specific Author 字段则意味着检索词必须出现在同一个人的名字中。

3. 截词检索

本系统支持“*”“!”“?”共 3 个截词符。

(1)“?” 代表 1 个字符,且必须代表 1 个字符。如 gro?t 可以检索“grout”“groat”方面的资料,但检索不出“groundnut”或“grommet”方面的资料。

(2)“!” 代表 0 个或 1 个字符。因此,在其他条件相同的情况下,gro!t 的检索结果多于 gro?t 的检索结果。

(3)“*” 代表任意多个字符。如 h*r*t 能够检索出“heart”“harvest”“homograft”、“hypervalent”方面的资料。

4. 词间位置检索

本系统支持 2 个词间位置检索符号。

(1)W/n 该词间位置检索符号中,n 可以根据检索需要进行取值,该词间位置检索符号的第一层含义为两侧检索词同时出现在检索结果,第二层含义为两词相隔不超过 n 个词,第三层含义为词序可变。

(2)PRE/n 该词间位置检索符号的 n 同样可以取值,其第一层含义也是两侧检索词同时出现在检索结果,其第二层含义是两词相隔不超过 n 个词,第三层含义是以检索者的输入顺序出现在检索结果中。

因此,其他条件相同的情况下,从检索结果数量看,检索式(biological AND control)>(biological W/3 control)>(biological PRE/3 control)。

5. 词组检索

英文状态下的大括号是该数据库的词组检索符号。因此,其他条件相同的条件下,检索式 title({Mycotoxin contamination})较检索式 title(Mycotoxin contamination)的检索更为精确,检索结果更少。另外,禁用词若想成为检索词,必须用大括号将其括起使用。

6. 优先检索

小括号是本检索系统中的优先检索符号,若想改变检索词的检索顺序,必须使用小括号。

7. 词的单复数

该数据库自动进行单复数检索,即输入检索词时,若采用词的单数形式,可以检索到词的单数形式、复数形式和所有格形式(不规则单词除外)。例如,city 可以检索出“city”“cities”和“city's”方面的资料。

3.5.4 检索结果

1. 检索结果的过滤与完善

在图 3-76 界面左侧,可通过出版年(Year)、出版物名称(Publication title)、文献涉及主题(Topic)和文献类型(Content type)等,对检索结果进一步过滤,以便获得更符合题意的文献。

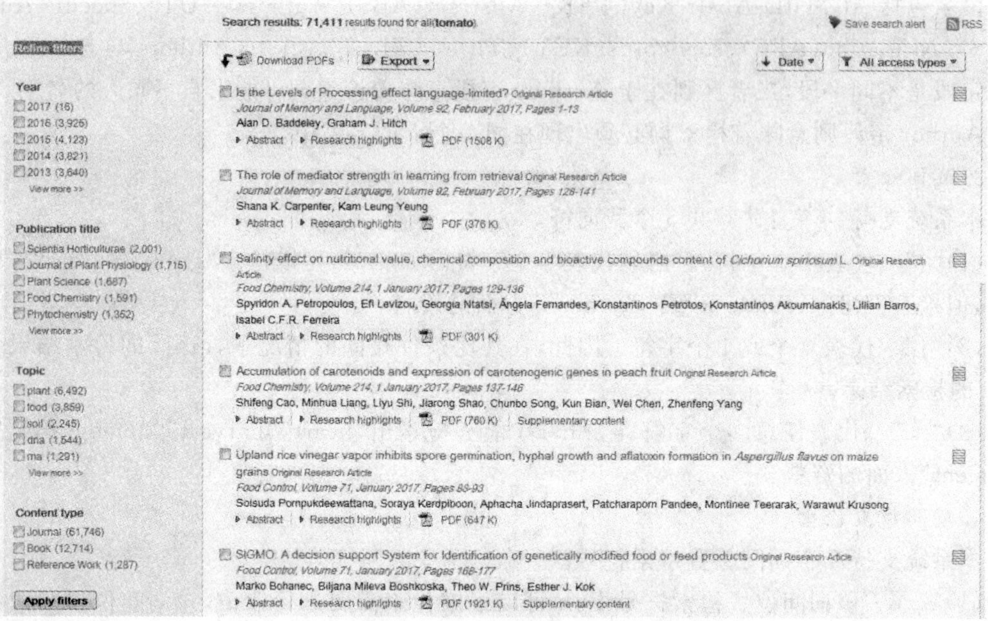

图 3-76 检索结果的过滤与完善

2. 检索结果排序

提供日期(Date)和相关度(Relevance)2 种检索结果排序方式,默认按日期排序。

3. 检索结果的下载与导出

在图 3-76 界面选好所要下载的记录,点击 Download PDFs,可同时下载多篇文献全文;在图 3-76 界面点击 Export,并在图 3-77 界面选择导出格式,可导出所选文献的相关信息。

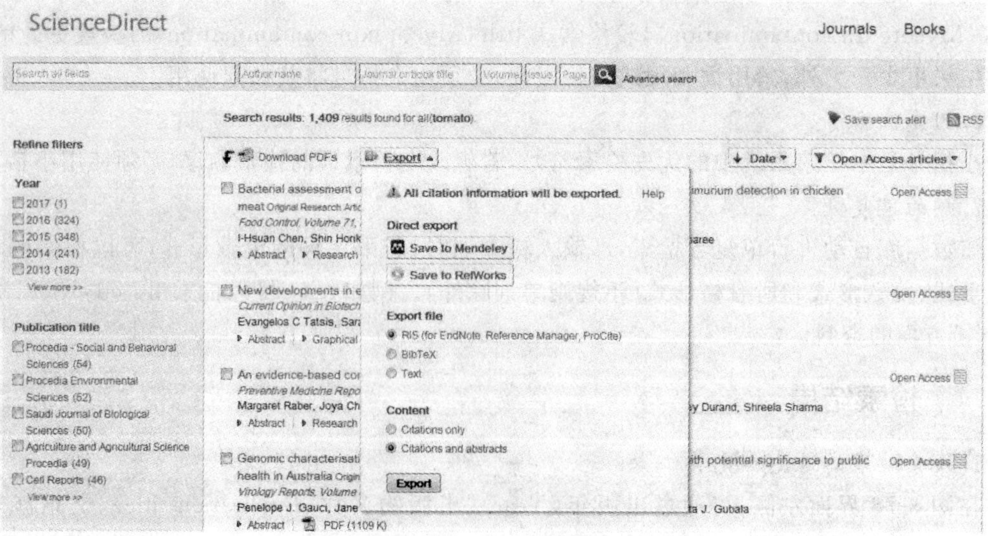

图 3-77 检索结果导出

3.5.5 个性化服务功能

1. 保存检索历史

在高级检索界面和专业检索界面，有检索历史记录，如图 3-78 所示。可对某一检索记录进行编辑（点击 Edit）和删除（点击 Delete），可对几个检索记录进行逻辑组配（逻辑与组配用 Combine With And，逻辑或组配用 Combine With Or），可对整个检索历史进行保存（点击 Save History As），也可调用过往的检索历史（点击 Recall history）。

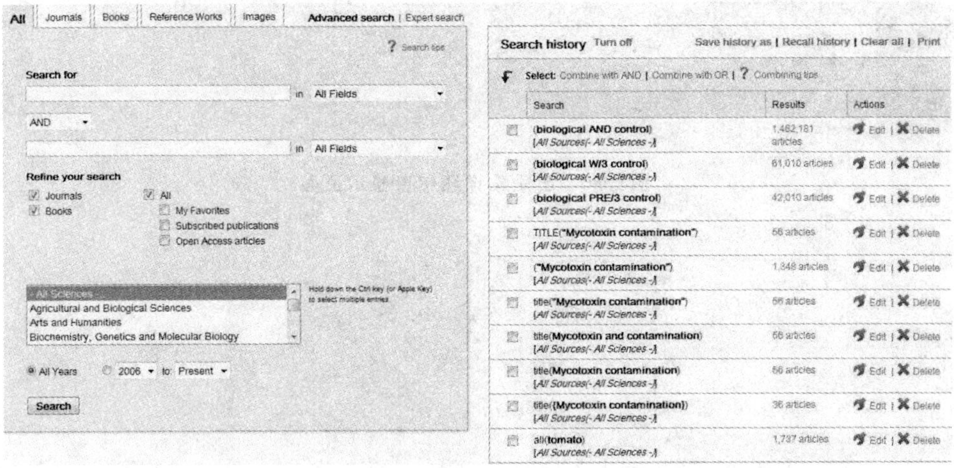

图 3-78　检索历史记录

2. 建立检索提示

在账号注册及登录基础上，可在任一检索结果页面，点击 Save Search Alert，建立如图 3-79 所示的 E-mail 形式检索提示，依次进行检索提示命名（Alert name），输入 Email 地址，选择提示周期（Weekly（周提醒）、Daily（日提醒）或 Inactive（不定期提醒）），点击“Save”（保存）按钮，完成建立检索提示的过程。同时，点击图 3-80 所示页面右上角（注：在图 3-68 所示 Science Direct 数据库首页，点击“Sign In”，以所注册用户名登录后，点击用户名，出现该界面）的“Manage my alerts”后，可对已建检索提示进行编辑、删除等管理。

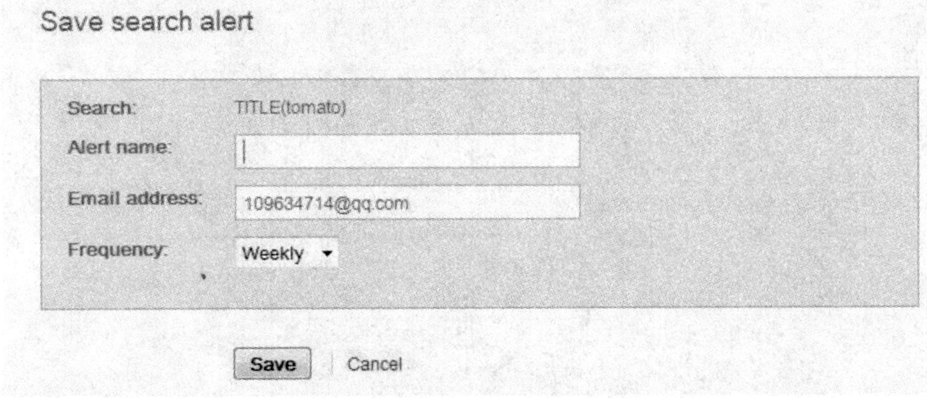

图 3-79　检索提示

3. 收藏喜欢的期刊或图书

在图3-80所示出版物详细信息显示页面，点击 Added to Favorites 按钮，即可收藏该出版物。在高级检索时，通过勾选 Refine Your Search 之下的 My Favorites，实现在收藏出版物内的检索。

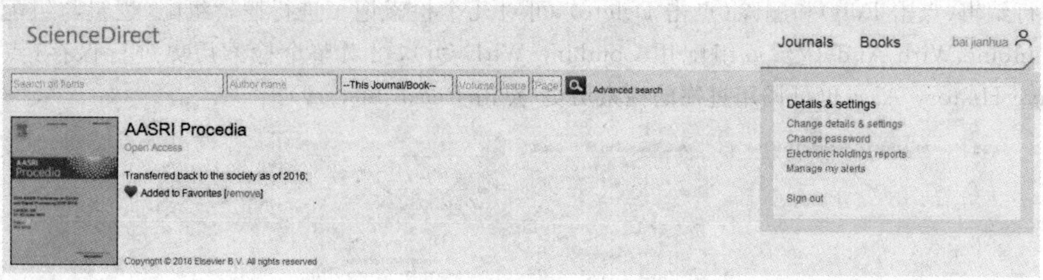

图 3-80　出版物详细信息显示页面

第 4 章　电子期刊及电子图书

4.1　电子期刊

本节所述电子期刊与第 3 章“全文数据库”中期刊，二者之间的区别在于第 3 章“全文数据库”中期刊是由数据库集成商按学科收录、混合各出版商的期刊、以中小规模的出版公司期刊居多，而本节所述电子期刊则多由出版商出版，是较大出版商或颇有名气学会所属期刊。

4.1.1　电子期刊概述

4.1.1.1　电子期刊的含义和类型

从含义和定义角度，电子期刊是指以数字（或称电子）形式出版发行的期刊，英文为 Electronic Journal，简称 E-Journal。它最早产生于 20 世纪 80 年代中期，进入 90 年代以后发展迅速。

电子期刊包括印刷型期刊的电子版和纯电子期刊 2 种类型：

1. 印刷型期刊的电子版

印刷型期刊的电子版，其主要内容与印刷版相同，但是，印刷型期刊的电子版较印刷版期刊增加了检索结果和内容的超文本链接、编者和读者的互动交流、相关学科的网站或资源介绍、利用电子邮件发送期刊目次报道服务等功能。Science Online（Science 杂志的电子版）即为此种类型。

2. 纯电子期刊

完全依托计算机、网络和通信技术进行编辑和出版，且只在互联网上发行的期刊，称为纯电子期刊。英国物理学会和德国物理学会联合创办的 New Journal of Physics（新物理学杂志，网址为 http://www.iop.org/EJ/np）即为此类期刊。

4.1.1.2　电子期刊的特点

1. 基于互联网产生、出版、发行和使用

电子期刊的内容通常存储在出版商或各出版机构的服务器中，用户通过基于浏览器开发的检索系统，以访问形式使用电子期刊。

2. 出版周期短

由于电子期刊的投稿和发行都采用电子方式进行，其出版和发行时间较短，信息传递速度快。

3. 具备多种功能

电子期刊较印刷型期刊，增加了超文本链接（包括期刊目次与内容的链接、文章内容与有关注解和参考文献的链接、电子期刊与其他相关学科出版物和网站的链接、文本与图像的链接等)、期刊目次报道、编者与读者互动交流等功能。

4.使用方便、灵活

电子期刊是基于互联网开发的,其服务器通常是24小时开机,因此,用户通过互联网可以随时随地访问电子期刊。

5.在长期保存和永久可靠使用方面存在缺陷和不足

由于数字资源本身固有的脆弱性及其对自然环境的依赖性,任何自然灾害、技术失效、组织失败、经济因素、国际政治动荡都会影响数字资源的可持续利用。另外,由于电子期刊的内容通常存储在出版商或各出版机构的服务器中,用户通过基于浏览器开发的检索系统采用访问方式检索和使用电子期刊,一旦停订该电子期刊时,则看不到以往订购的任何内容。因此,电子期刊在长期保存和永久可靠使用方面存在缺陷和不足。

4.1.1.3 电子期刊的出版与服务

1.电子期刊的出版商与服务商

出版商是期刊的直接出版者,主要决定期刊的内容、学科和品种,聘请学者和公司职员一起编辑、经营和营销期刊,德国的施普林格出版社(Springer-Verlag)、荷兰的爱思唯尔(Elsevier)、美国斯坦福大学的 High wire 出版社等都是世界知名的电子期刊出版商。

服务商(或称数据库商)则负责向用户提供服务,包括生产制作电子期刊的检索系统、为用户提供技术服务等,美国 Ovid Technologies 公司就是世界知名的医学数据库提供商。

出版商和服务商有时又是统一的,即由同一家公司同时提供出版和服务,但这一般限于较大的出版商。

2.电子期刊的服务方式

(1)由出版商直接向用户提供服务。

(2)由服务商提供服务。

(3)镜像服务,即由出版商或服务商提供检索系统和数据库,在用户本地建立服务器开展服务。

(4)本地服务,即出版商提供裸数据,采用用户本地开发的系统开展服务。

4.1.2 Springer Link全文电子期刊

4.1.2.1 简介

通过 Springer Link 系统可以检索包括原 Springer(Springer 是 Springer-Verlag 的简称,世界上最大的科技出版社之一)和原 Kluwer(荷兰 Kluwer Academic Publisher 是具有国际性声誉的学术出版商)出版的全文期刊。

国家科技图书文献中心(NSTL)已于2008年5月购买了 Springer 回溯数据库(Springer Online Archive Collections,即 OAC,其内容为1996年及以前出版物)的全国使用权,用户可免费访问 OAC 数据库的内容。

Springer Link 全文电子期刊所涉学科包括建筑学、设计和艺术、行为科学、生物医学和生命科学、商业和经济、化学和材料科学、计算机科学、地球和环境科学、工程学、人文社科和法律、数学和统计学、医学、物理和天文学。其绝大部分期刊均为 SCI、SSCI 和 EI 的来源期刊,Springer Link 系统实现了与 SCI、EI 等重要参考数据库(二次文献检索数据库)的全文链接。

4.1.2.2　检索功能

1. 分类浏览

在图 4-1 Springer Link 系统首页，可按所涉学科进行分类浏览（Browse by discipline）。如点击“Chemistry”学科，即可浏览到该学科下如图 4-2 页面左侧所示的 281 种期刊。点击数字“281”，可显示该 281 种期刊的详细信息（图 4-3）。在图 4-3 页面，点击期刊名称，进入该期刊的如图 4-4 所示详细浏览页面。

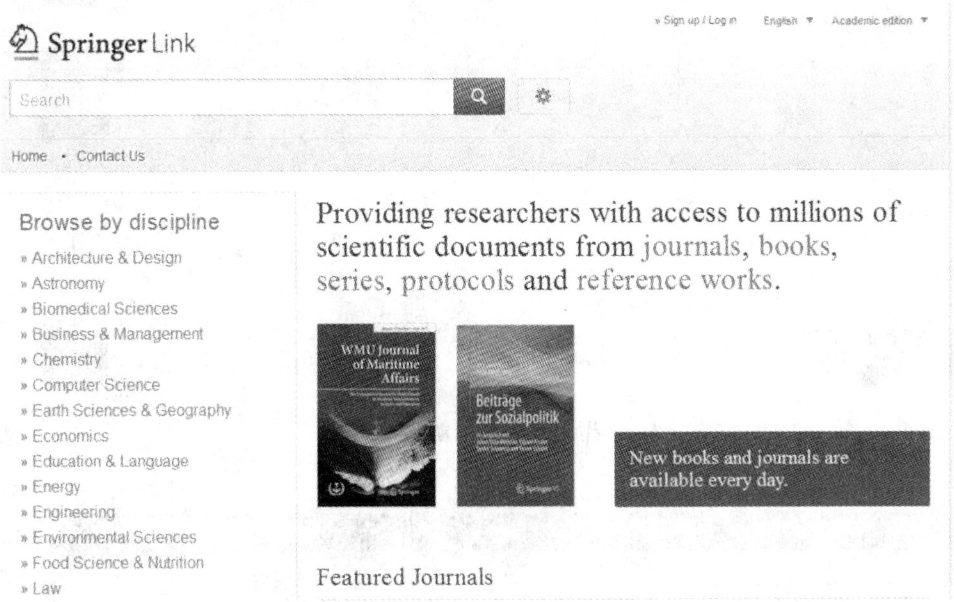

图 4-1　Springer Link 首页

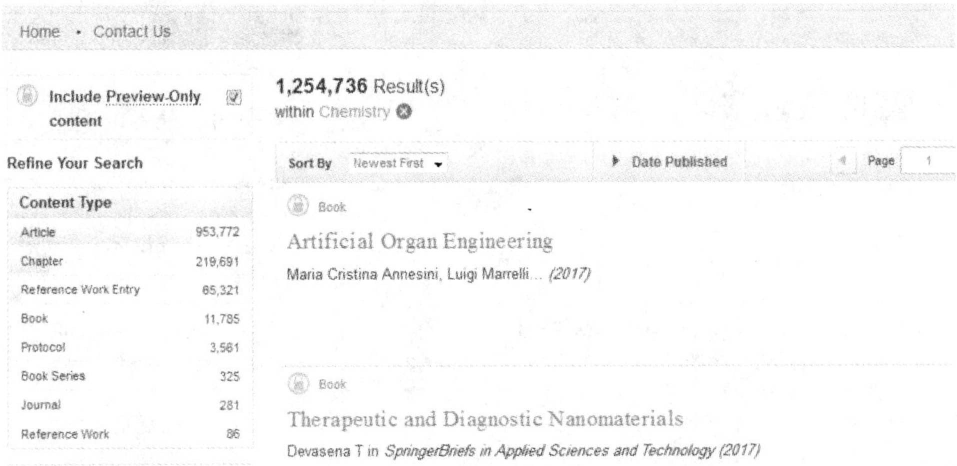

图 4-2　按学科浏览

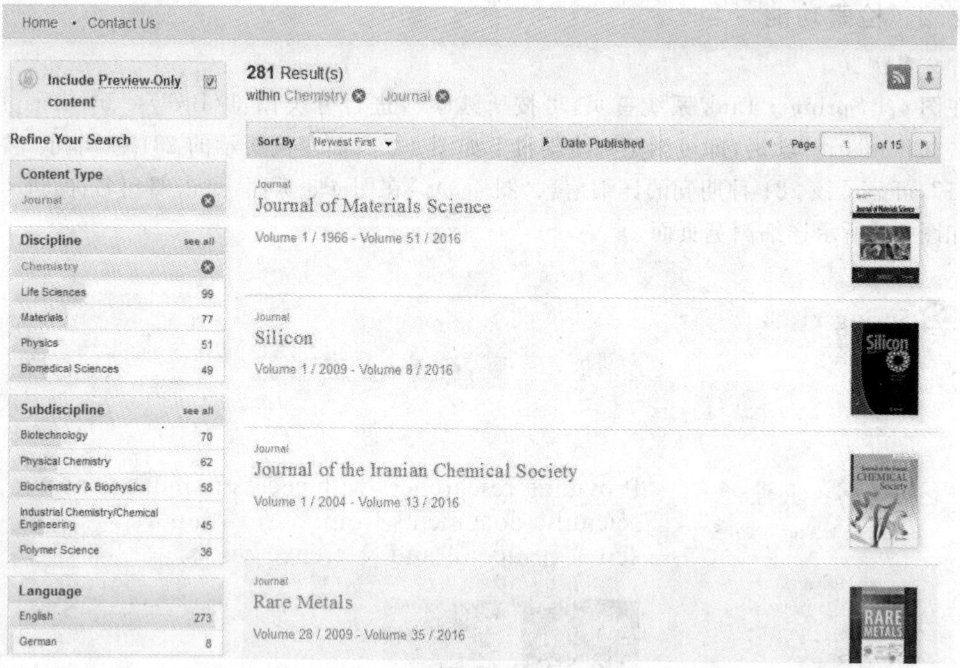

图 4-3 某学科期刊列表

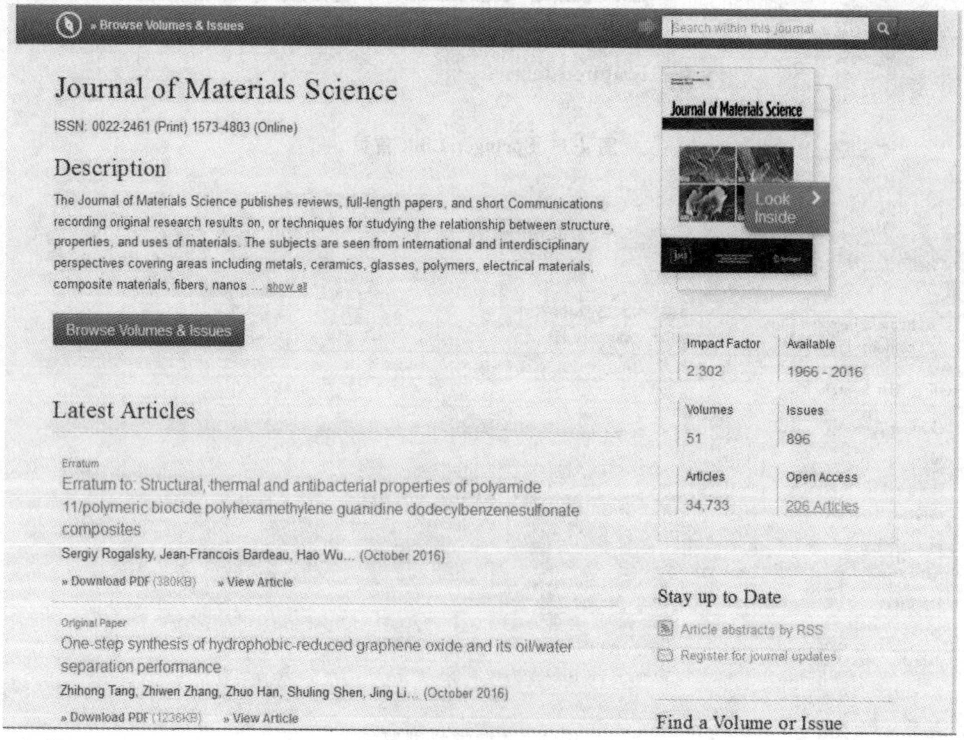

图 4-4 某期刊详细浏览页面

在图 4-4 所示期刊详细浏览页面，可以获得该期刊的更详细信息。包括：

(1)期刊的 ISSN 号、影响因子、出版年等信息　图 4-4 所列期刊的影响因子为 2.302，其印刷版期刊的 ISSN 号是 0022-2461、电子版期刊的 ISSN 号是 1573-4803，出版年限为 1966—2016 年，已出版 896 期。

(2)在本刊内检索　在图 4-4 界面，在 Search within this journal 所在的输入框内输入检索词，可实现在本刊内的论文检索。

(3)按卷期目录检索和浏览　在图 4-4 界面，点击“Browse Volumes & Issues”按钮，可显示该期刊的历史卷期，点击某个卷期号，提供如图 4-5 所示的相应目录及文献信息。

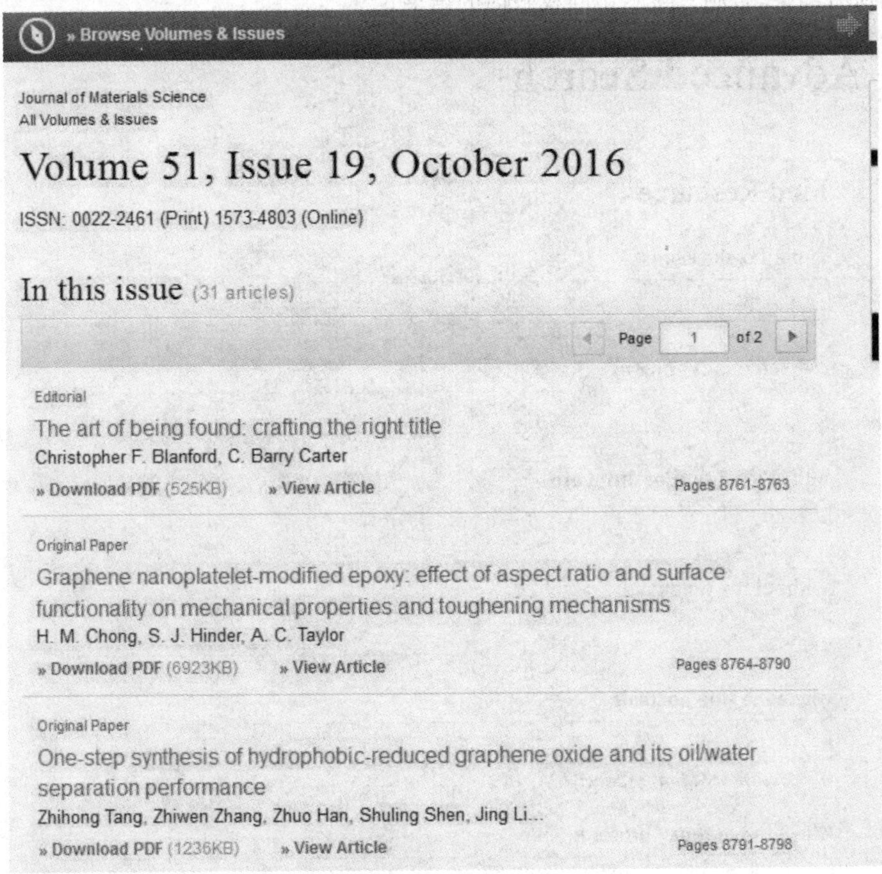

图 4-5　某期刊目录

2. 简单检索

如图 4-6 所示，简单检索仅包含一个输入框，默认在题名、文摘、参考文献和全文中检索。

图 4-6　简单检索

3. 高级检索

点击图 4-6 界面八角星状图形下的“Advanced Search”，即可打开如图 4-7 所示的高级检索界面。在图 4-7 中，“with all of the words”相当于逻辑与，“with the exact phrase”相当于精确短语，“with at least one of the words”相当于逻辑或，“without the words”相当于逻辑非，“where the title contains” 相当于限定题名字段检索，“where the author/editor is”相当于作者机构检索。在各输入框输入检索词，可实现对检索词、题名、作者、日期等的相应限定，实现更精确的检索。除此之外，若勾选“Include Preview-Only content”将同时检索访问权限内和权限外的所有结果，否则只显示访问权限内的结果。

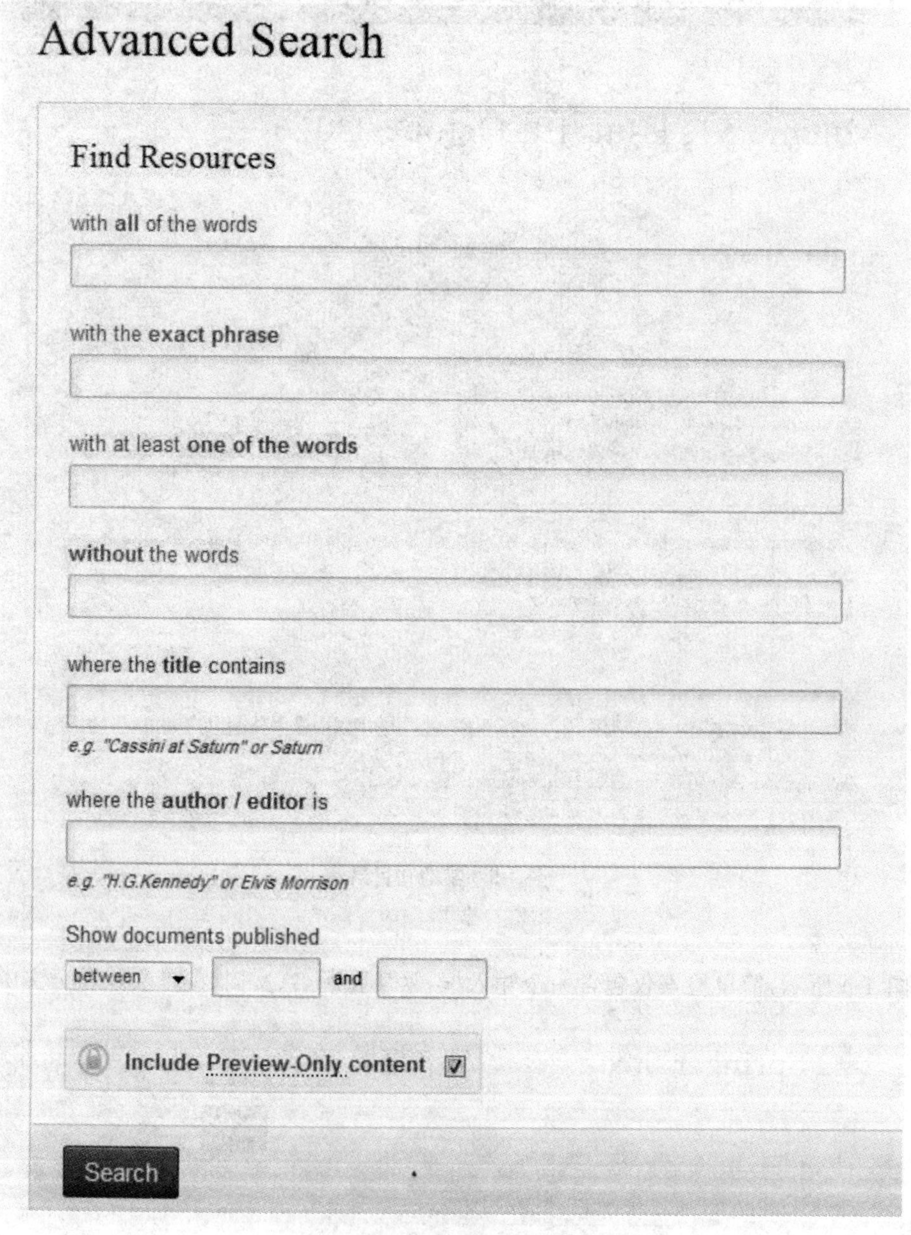

图 4-7 高级检索

4.1.2.3　检索技术

点击图 4-6 界面的八角星状图形下的“ Search Help”，可打开该数据库的检索帮助。检索帮助(Search help)部分包含对该数据库各种检索技术的说明。

(1)布尔逻辑检索　本系统的布尔逻辑算符包括逻辑与(AND)、逻辑(OR)和逻辑非(NOT)。

(2)精确检索　系统默认字检索，若想实现词组检索，需使用引号作为精确匹配符号。例：将化学符号和数学方程可以放在引号内实现精确检索。

(3)截词检索　本系统的截词检索符号包括“ * ”和“?”。其中，“ * ”代表任意多个字符；“?”代表单个字符，且必须代表 1 个字符。推荐使用截词检索来实现对德文、法文中存在的特殊字符检索。另外，需要注意的是，截词检索时应保证截词符号之前至少有 3 个字符。

(4)词根检索　本系统默认词根检索。检索式“running”能够检索出 “runner”、“run”等方面的资料。

(5)词间位置检索　词间位置检索符号为“NEAR”、“NEAR/n”和“ONEAR”。“NEAR”的含义为两侧单词以任意顺序相隔 10 个单词以内；“NEAR/n”的 n 可以取值，其含义为两侧单词以任意顺序相隔 n 个单词以内；“ONEAR”的含义为两侧单词以输入顺序紧挨着出现。因此，从检索数量看，检索式(system NEAR testing) > (system NEAR/4 testing)> (system ONEAR testing)。

4.1.2.4　检索结果

Springer Link 全文电子期刊的检索结果可按如图 4-3 左侧所示内容类型(Content type)、学科(Discipline)、子学科(Subdiscipline)、语言(Language)等过滤选项优化检索结果，并按相关性(Relevance)、由新到旧(Newest First)、由旧到新(Oldest First)的时间顺序排列(分类检索时仅按由新到旧、由旧到新的时间顺序排列)。单个记录显示如图 4-8 所示的内容类型(如 article、chapter 等)、题名、作者、出处和全文链接(PDF、HTML 格式)等字段内容。

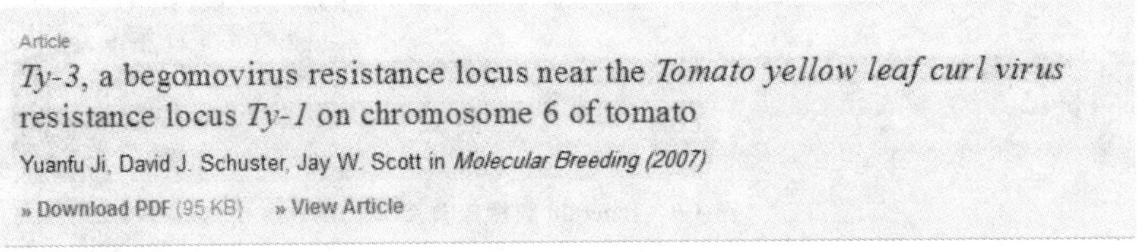

图 4-8　单个记录

4.1.3　Emerald 期刊

4.1.3.1　简介

Emerald(爱墨瑞得)出版社是一家国际化出版机构，创立于 1967 年，由世界著名的布拉德福商学院(Bradford University Management Center)学者建立。Emerald 一直致力于管理学、图书馆学、工程学与其他人文社会科学专家评审期刊的出版，其中就包括 230 多种管理学同行评审期刊,是世界上出版该领域期刊最多的单一出版机构。

Emerald(爱墨瑞得)出版社同英国大不列颠图书馆合作,将 Emerald 出版的所有期刊进行了电子化。2010 年,中国国家图书馆正式引进 Emerald 的回溯内容部分(包含 178 种全文期刊,涉及会计、金融与法律,人力资源,管理科学与政策,图书馆情报学,工程学等领域,所有期刊均回溯至第 1 期第 1 卷,最早可以回溯到 1898 年),并在全国在线开通。

根据使用者的不同岗位,Emerald 电子期刊将其辅助资源内容划分成图书馆员专栏、作者专栏、学习园地、教学园地、学者园地等不同专栏,各个专栏包括著作评论、案例分析、采访录、书评、管理学剖析、重点文章阅读等不同形式资源。

4.1.3.2 检索功能

图 4-9 是 Emerald 数据库的默认首页。由图 4-9 可知,该数据库包括浏览(Browse Journals & Books)、快速检索、高级检索(Advanced Search)等功能。

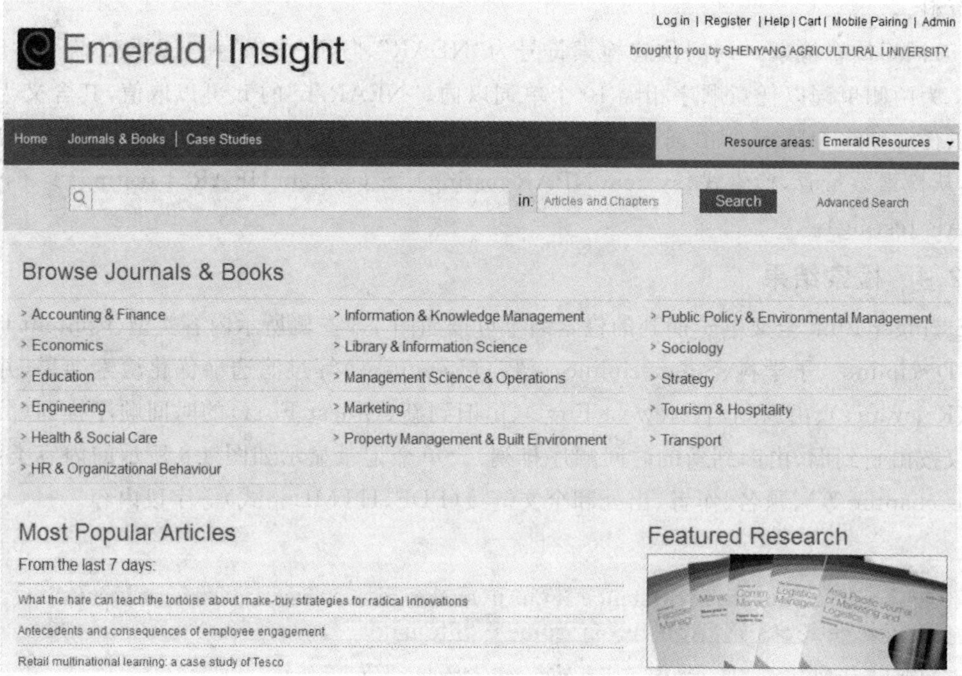

图 4-9 Emerald 数据库首页

1. 浏览功能

在图 4-9 所示 Emerald 数据库首页,点击 Journals & Books 按钮,即可打开如图 4-10 所示的出版物浏览界面,其浏览功能包括按字顺浏览(Browse by Title)和按学科专业浏览(Browse by Subject)共 2 种方式。

2. 快速检索

快速检索模块出现在每个页面上方(图 4-11),方便用户快速地进行检索,所输入检索词均限定在文章或图书章节(Articles and Chapters)以及案例分析(Case Studies)的任何部分。

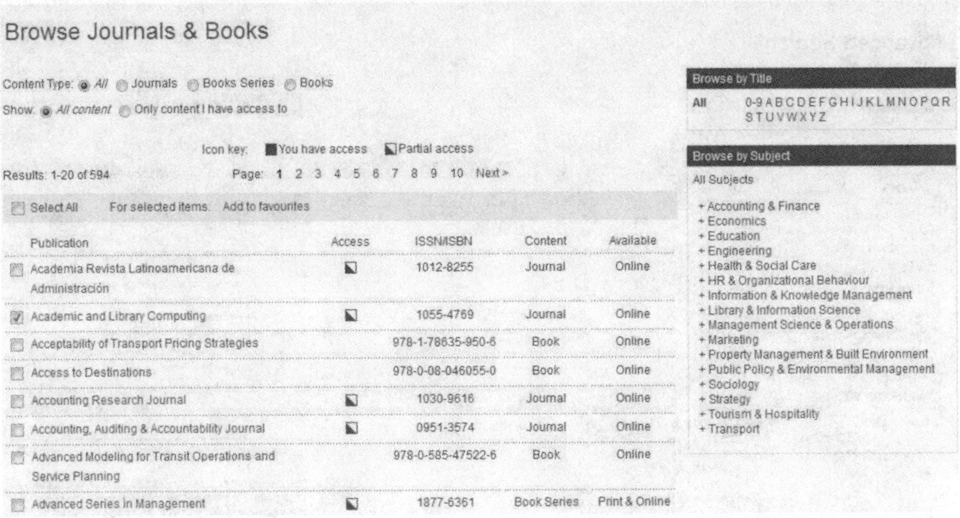

图 4-10　Emerald 数据库的出版物浏览

图 4-11　快速检索

3. 高级检索

如图 4-12 所示高级检索界面，最多可有 7 个输入框，可以限定出版年份(Publication date)和文献类型(Content type)。

高级检索支持以下检索技术：

(1)布尔逻辑检索　不同输入框之间支持逻辑与(AND)、逻辑或(OR)和逻辑非(NOT)检索，布尔逻辑符号必须大写，否则会作为禁用词被忽略。

(2)限定字段检索　支持全部字段(Anywhere)、作者(Author)、摘要(Abstract)、出版物名称(Publication title)、卷期题名(Sp issue/vol title)、内容单元题名(Content item title、keywords)、ISSN/ISBN/EISBN、Volume、Issue、Page、标题(Caption)等字段的检索。

(3)词组检索　引号是本系统的精确短语检索符号，将检索词用引号引起后可实现词组检索。

(4)截词检索　本系统支持问号(?)和星号(*)两种检索符号。问号(?)用在词语中间，可以代替 1 个字符；星号(*)用在词语中间或尾部，可以代替 0 至多个字符。使用截词检索时要注意以下 2 点：第一，不能以截词符作为检索词的开始部分；第二，截词符不可以用在精确检索符号内。

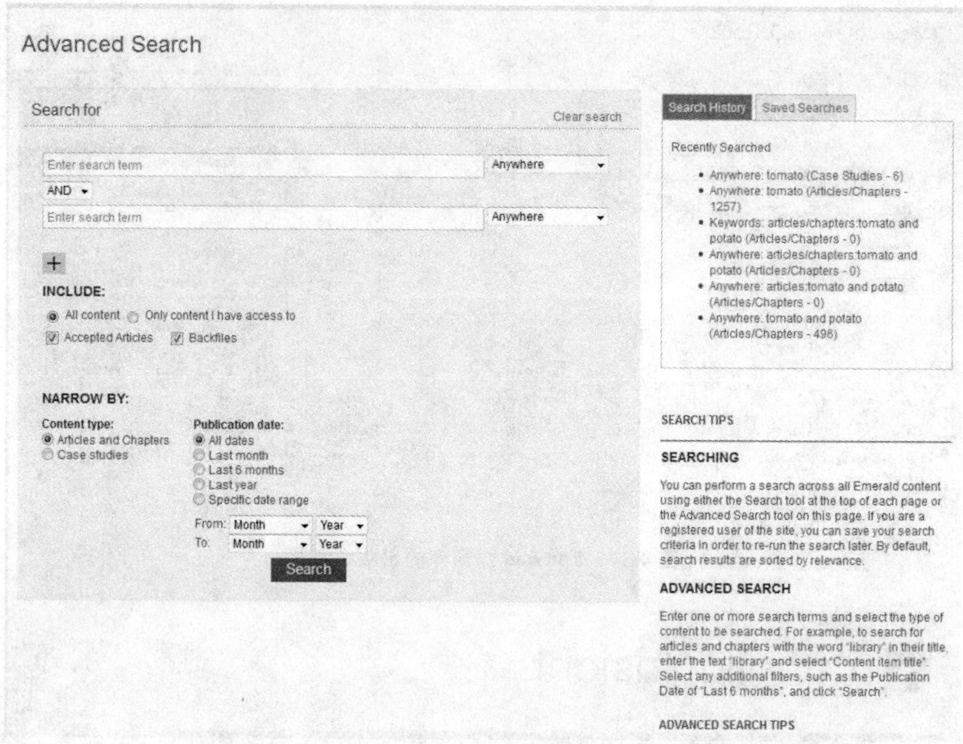

图 4-12 高级检索

4.1.3.3 检索结果

1. 检索结果排序

在图 4-13 界面的 Order result by 所示，检索结果可按相关度（Relevance）、内容最新（Newest First）、内容最旧（Oldest First）进行排序，系统默认按相关度排序。

2. 检索结果显示

在图 4-13 所示检索结果页面，每条记录默认显示题名、文献类型、文献出处、摘要、PDF 全文链接、HTML 全文等信息。进一步点击题目，可查看该篇文献的全记录信息。

3. 检索结果聚类

图 4-13 右侧，Emerald 期刊可按关键词（Keyword）、出版日期（Publication Date）、出版物（Publication）、学科（Subject）和文献类型（Type），对检索结果进行聚类和进一步限定。

4.1.3.4 个性化服务

在 Emerald 电子期刊首页右上方，点击“Register”，可注册账号和密码，后点击“Login”登录账号，即可使用该数据库的个性化功能。图 4-14 为注册用户登录后的数据库界面。点击图 4-14 页面的用户名“baijianhua”，可以调出图 4-15 所示个性化服务界面。在图 4-15 界面，Details 内容板块可以管理个人账号信息；Alerts 内容板块可以管理所建的 E-MAIL 提示；Marked list 内容板块显示做过标记的记录；Searches 内容板块显示保存过的检索历史。

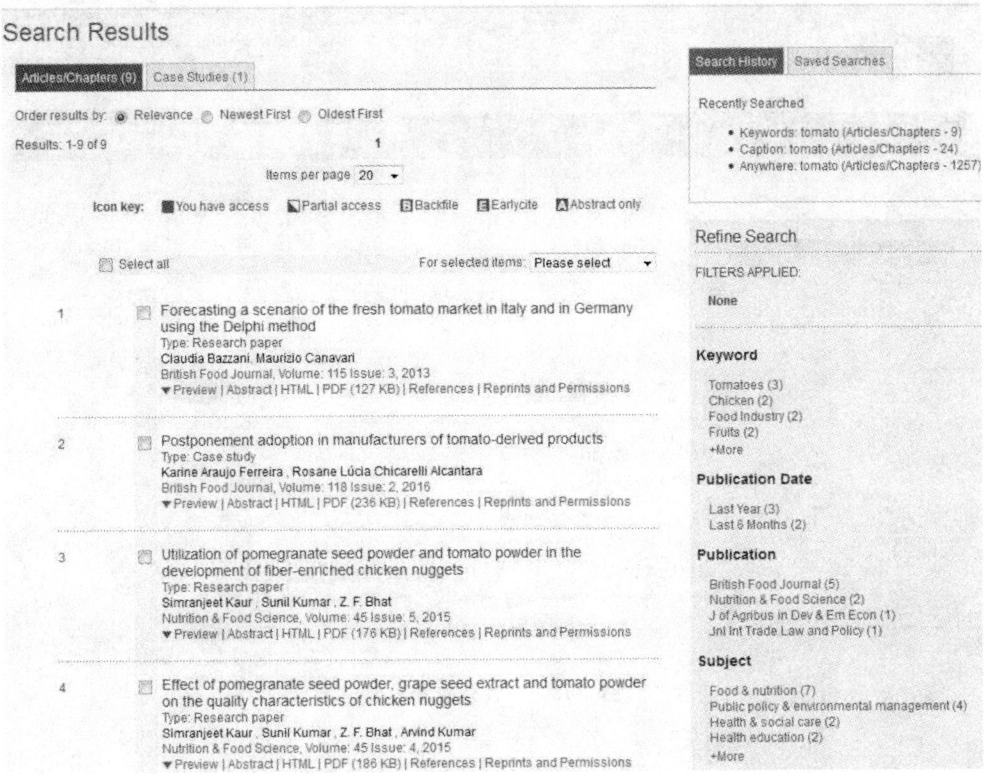

图 4-13　检索结果

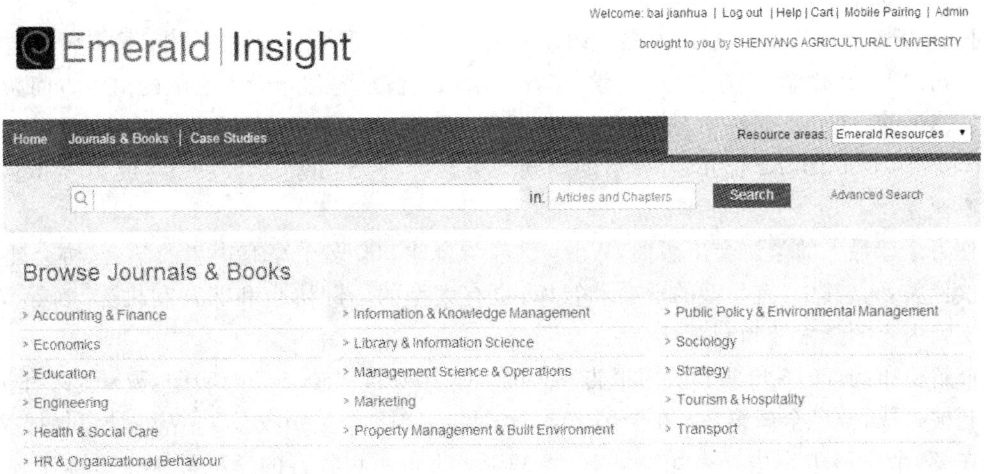

图 4-14　注册用户登录后的界面

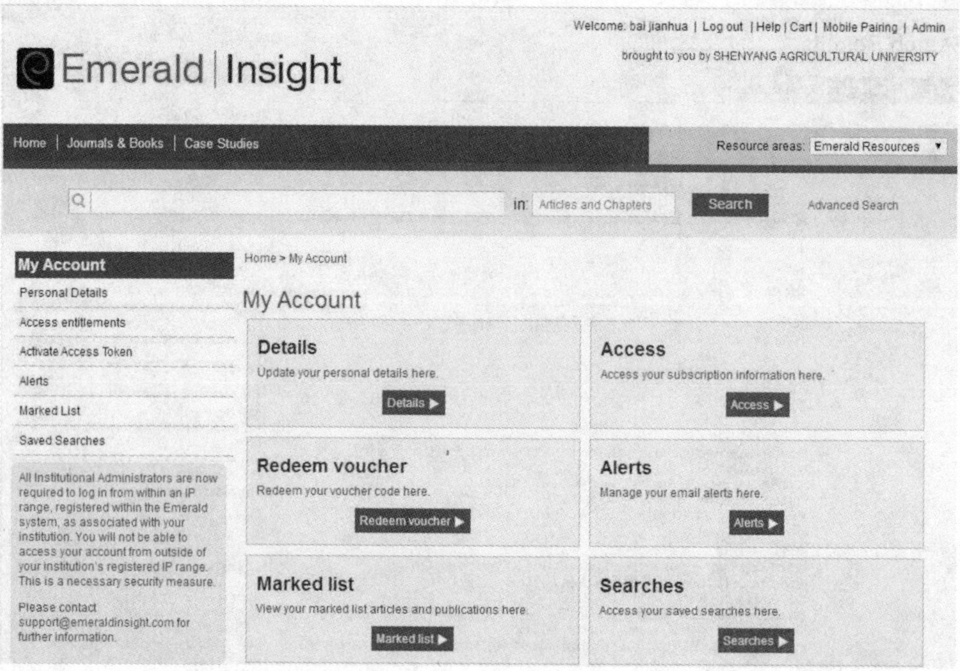

图 4-15 个性化服务界面

4.1.4 Wiley Online Library 电子期刊

4.1.4.1 简介

1. 公司简介

John Wiley & Sons 公司(中文名约翰·威立父子公司)成立于 1807 年,是美国最古老的出版公司之一,在化学、生命科学、医学、工程技术和经济学等领域学术文献的出版方面颇具权威性。2007 年,Wiley 的科学、技术、医药与学术出版业务与全球最大的学协会出版机构、英国的 Blackwell Publishing 合并,合并后的期刊服务被称为"Wiley Blackwell",成为 Wiley 最大的核心业务。

作为全球最大的学协会出版商,Wiley 已经与全球 900 多个享有声望的学会、协会建立了合作伙伴关系。其中,有小型的学会和智库,也有大型的国际协会和非营利机构,确保 Wiley 提供文献内容的学术性和专业性。

最新公布的《2015 年期刊引用报告》(Journal Citation Report,2015)中,Wiley 共有 1 204 种期刊被收录,排名全球第 3。在全部 233 个学科中,218 个类别收录了 Wiley 期刊,且 Wiley 期刊在 27 个学科类别中排名第一,240 种 Wiley 期刊在它各自的学科类别排名前十。其中 Wiley 期刊 CA:A Cancer Journal for Clinicians(《临床医生癌症研究杂志》)影响因子为 131.578,再次成为全球影响因子最高的期刊。

2. 资源简介

目前,Wiley 每年出版 1 600 多种同行评审的学术期刊。这些期刊包括化学、高分子与材料科学、物理学、工程学、农业、兽医学、食品科学、医学、护理学、口腔医学、生命科学、心理学、商业、经济、语言学、新闻传播学、历史学、政治学、社会学、艺术类、人类学等全部学科，以及很多其他重要的跨学科领域期刊。同时，Wiley 还出版 20 000 多种电子图书，170 多种在线参考工具书，580 多种在线参考书，19 种生物学、生命科学和生物医学的实验室指南(Current Protocols)，17 种化学、光谱和循证医学数据库等。Wiley 通过其 2010 年推出的 Wiley Online Library (网址为 www. onlinelibrary. wiley. com)平台提供全文电子期刊、在线图书和在线参考工具书的服务。

Wiley Online Library 提供文献的无缝集成访问和免费检索、查看摘要服务，保留有 Wiley 的全部回溯期刊，其 930 多种期刊可以追溯到创刊的第 1 卷第 1 期(2016 年国家科技图书文献中心购买了该部分回溯期刊，这意味着中国大陆高校可以利用到这部分资源)。期刊内容涉及农业、水产与食品科学，建筑与规划，生命科学，兽医学，数学与统计学，商业、经济学、金融与会计，计算机科学与信息技术等学科的信息资源。

4.1.4.2　检索功能

Wiley Online Library 在线平台为用户提供基本检索、高级检索、浏览及个性化服务等功能。

1. 浏览(Browse)

平台提供按学科和出版物名称字顺 2 种浏览方式。

(1)按学科浏览　在平台首页按学科直接浏览(Browse)，或点击“按学科浏览”(Browse by Subject)进入学科主题，将鼠标移至最高一级学科，下一级学科列表会在右侧自动显示(图 4-16)。

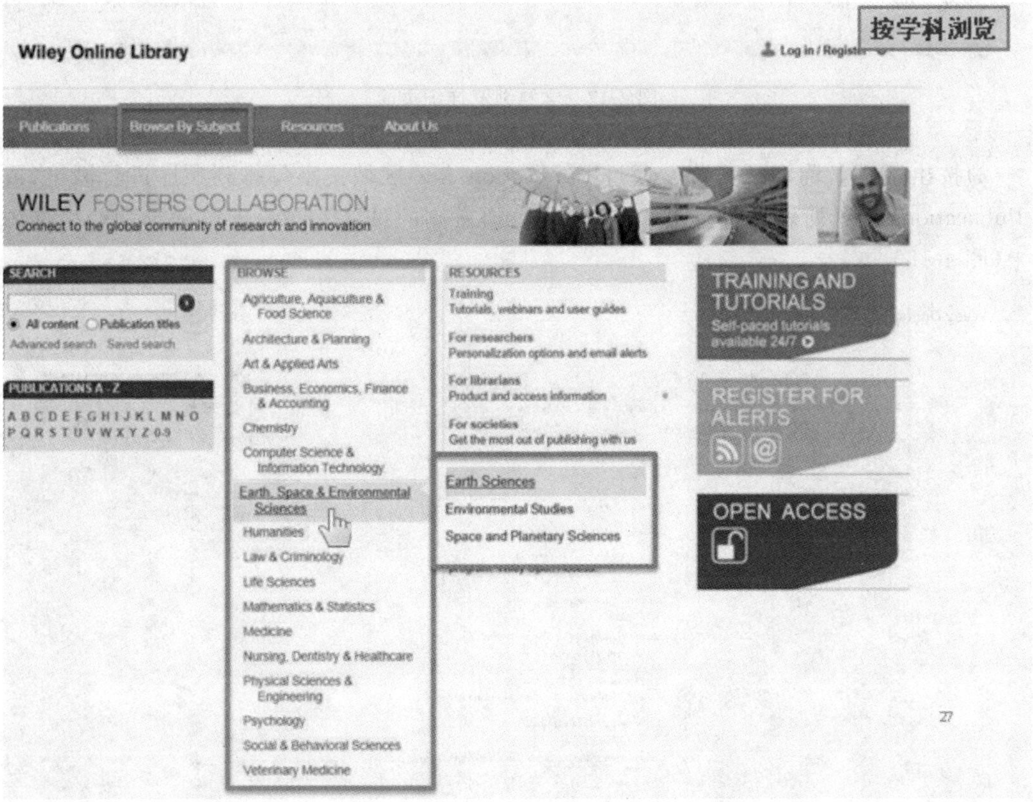

图 4-16　学科浏览

在每个学科主题页面，可以浏览系统重点推荐的该学科领域内 4 种出版物，也可按主题（TOPICS）进一步浏览或直接浏览该学科下所有出版物，如在图 4-17 页面，点击“View all products in Agriculture”，可直接浏览农业学科下的所有出版物。利用“筛选”（FILTER LIST）功能可以精选浏览结果。

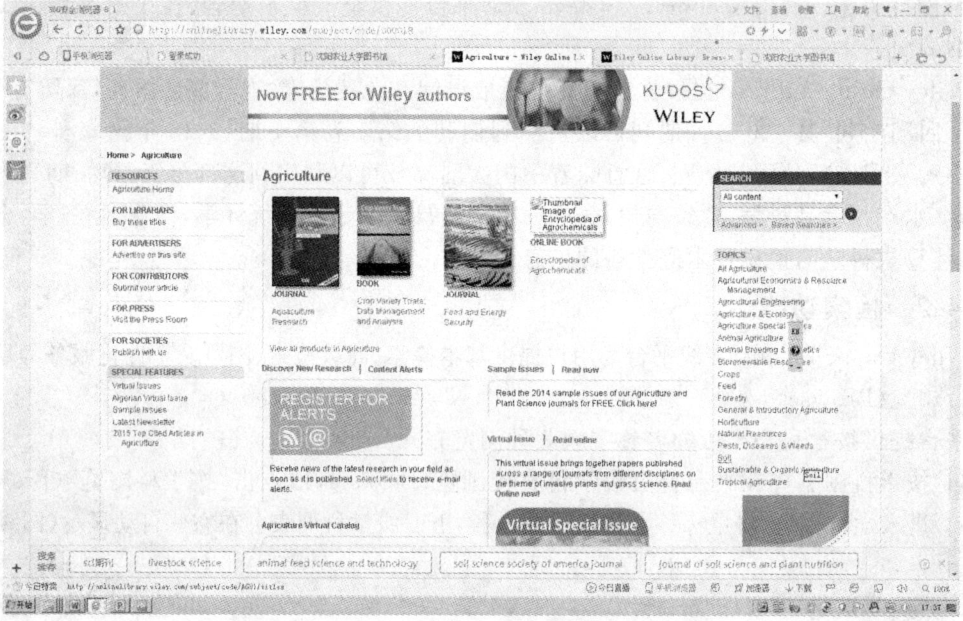

图 4-17 学科浏览详细页面

（2）按出版物名称字顺浏览 通过 Publication A-Z 区域按字母排列顺序进行浏览，或点击 Publications 浏览列表下所有出版物，使用页面右侧的“FILTER LIST”筛选功能精选浏览结果（图 4-18）。

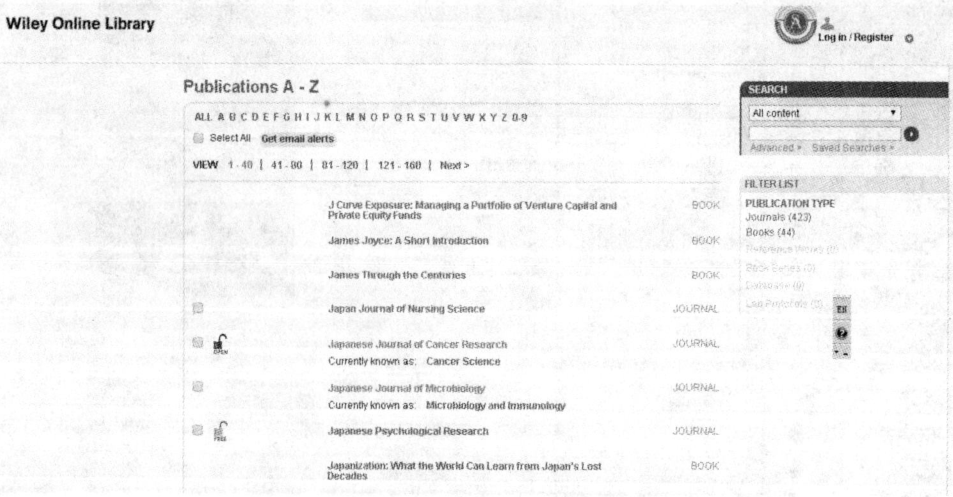

图 4-18 出版物名称字顺浏览

点击期刊名称，进入该刊首页，可按卷期浏览已接受文章和提前阅读(Early View)已经在网上出版、但尚未安排卷期号的文章。此外，系统还提供刊名、编者、期刊影响因子、该刊在所在领域内排名等信息。由图 4-19 所示可知，期刊“Austral Entomology”的影响因子为 1.109，该刊在 JCR 中在其所在领域内排名为 43。

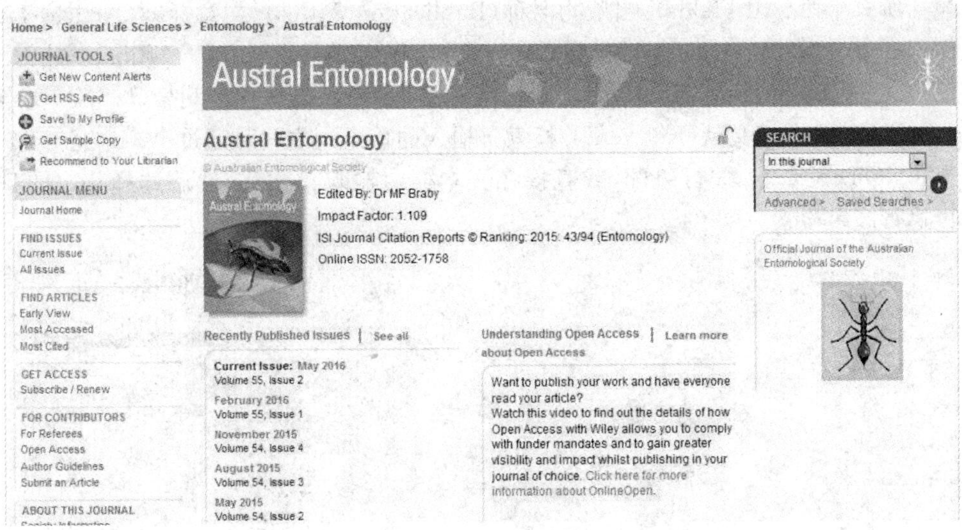

图 4-19　期刊“Austral Entomology”的详览页面

2. 基本检索

基本检索出现在页面左上方，用户可以利用出版物名称和内容进行快速检索。基本检索时，系统默认对所有字段进行检索(All content)，如果查找某一特定出版物，则选择按照出版物题名(Publication titles)进行检索(图 4-20)。

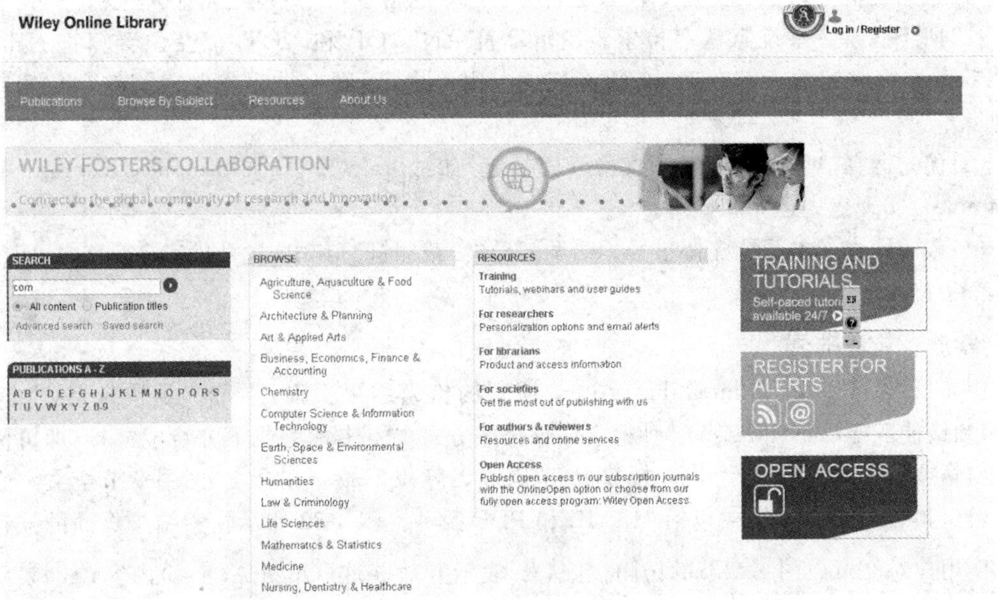

图 4-20　基本检索

3. 高级检索

高级检索用于执行比较复杂的检索条件，从主页或任一页面右上方的检索框，均可进入如图 4-21 所示的高级检索界面。高级检索提供 3 个检索输入框，如果依然不能满足用户需要，可以点击“Add another row”添加检索框。检索框后面的下拉菜单提供 13 种可供选择的检索入口，包括所有字段(All Fields)、出版物名称(Publication Titles)、文章标题(Article Titles)、作者(Author)、全文(Full Text)、摘要(Abstract)、作者单位(Author Affiliation)、关键词(Keywords)、基金(Funding Agency)、国际标准书号(ISBN)、国际标准刊号(ISSN)、文章 DOI 号(Article DOI)及参考文献(Reference)检索。输入的检索词之间可通过 AND(逻辑与)、OR(逻辑或)、NOT(逻辑非)进行组配，或直接在文本框内输入检索式，然后选择特定的日期范围，即可执行高级检索。

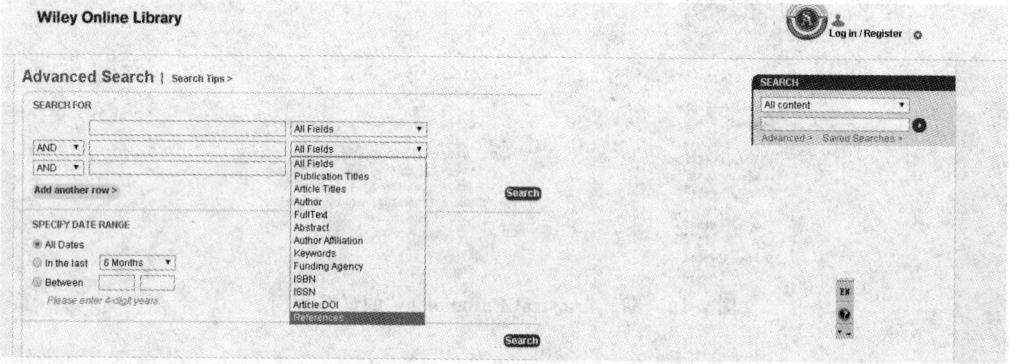

图 4-21 高级检索

4.1.4.3 检索技术

(1)布尔逻辑　该系统支持 AND(逻辑与)、OR(逻辑或)、NOT(逻辑非)检索。

(2)词组检索　系统默认字检索。逻辑算符 AND、OR 和 NOT，以及位置算符 NEAR、NEXT 作为检索词的一部分时，必须将其放在引号内，否则会被当作逻辑算符和位置算符处理。

(3)优先运算　可以使用括号将检索式括起，如：(brain AND serotonin) OR (brain AND dopamine)，实现优先运算和检索。

(4)截词检索　本系统支持星号(*)和问号(?)截词符。其中，星号代表多个字符，问号代表单个字符。

4.1.4.4 检索结果

图 4-22 为 Wiley Online Library 电子期刊的检索结果页面，系统提供按日期(Sort by Date)和最佳匹配(Best Match)2 种检索结果排序方式。点击标题或下方特定链接，即可浏览某篇文章或图书章节，读者可以在授权 IP 范围内无障碍下载论文全文、图书章节全文和完整的实验室报告。其全文格式包括 HTML 和 PDF 两种。图 4-22 所示检索结果页面的挂锁图标标明用户对文章或图书章节的访问权限，OPEN 表示开放获取(Open Access)内容，FREE 表示用户免费访问内容，表示机构订购内容。

图 4-22　检索结果

如果是已注册用户，还可将检索条件、检索结果保存至“My profile”，也可导出引用数据或者导出引文，引文数据包括 PlainText（纯文本）、EndNote、RefWorks、Reference Manager 等输出格式。其检索结果题录及摘要信息的具体导出方法为：

（1）勾选记录，即点击每条记录前的方框。

（2）点击 Export Citation，然后选择导出格式和类型。

4.1.4.5　个性化服务

注册成为 Wiley Online Library 的用户，可以体验到 Wiley 电子期刊的许多个性化功能。

1. 注册

点击主页中“Log in/Register”按钮进入注册页面，标注有红色星号（*）的项目为用户必填项目，电子邮件地址是用户登录的用户名。此外，用户还必须输入姓名、所在国家及感兴趣领域，如果希望通过电邮和定期邮件来接收 Wiley 的推送信息，则需点选相应的复选框，如果选择定期直邮形式来接收推送信息，还要输入详细的邮寄地址。提交注册信息之后，用户会收到一封验证注册的电子邮件（图 4-23）。

2. 个性化功能

注册并完成邮箱验证以后，用户可通过图 4-24 所示“My Profile”享受到数据库的多种个性化功能。

（1）显示保存过的文章（Saved Articles）、出版物（Saved Publication）和检索式（Saved Searches），可以进一步链接至用户保存过的期刊和文章，也可重新运行用户保存过的检索式。

（2）个人定制信息管理（My Profile）包括 2 部分：一是个人登录信息（Account Information）的编辑，二是对订单信息的跟踪（Orders and Subscriptions）。

（3）电子邮件提醒包括检索提示（Search Alerts）和最新目录通报（Content Alerts）。

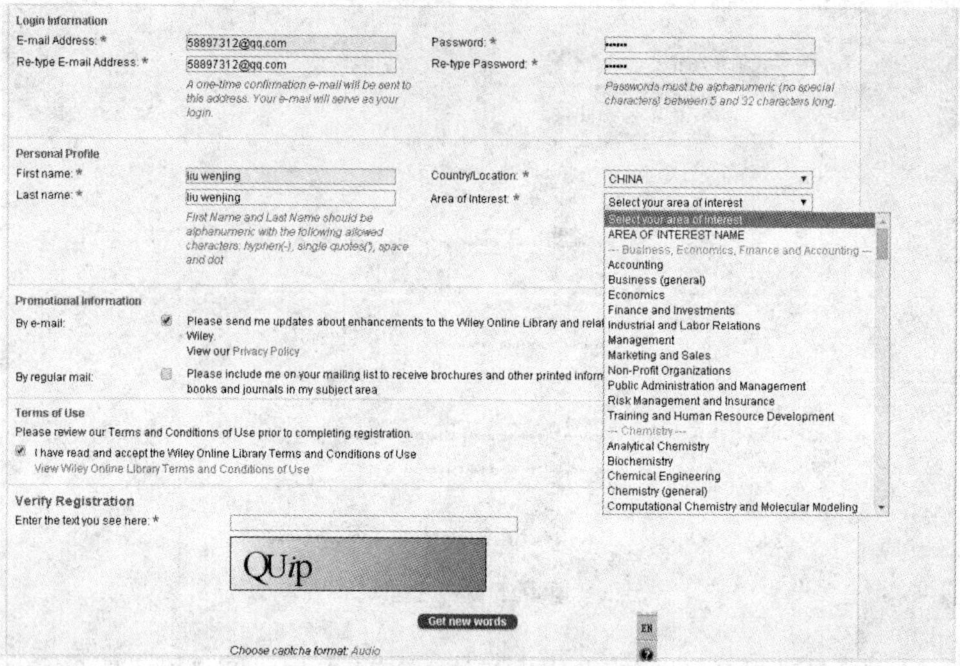

图 4-23 个人注册

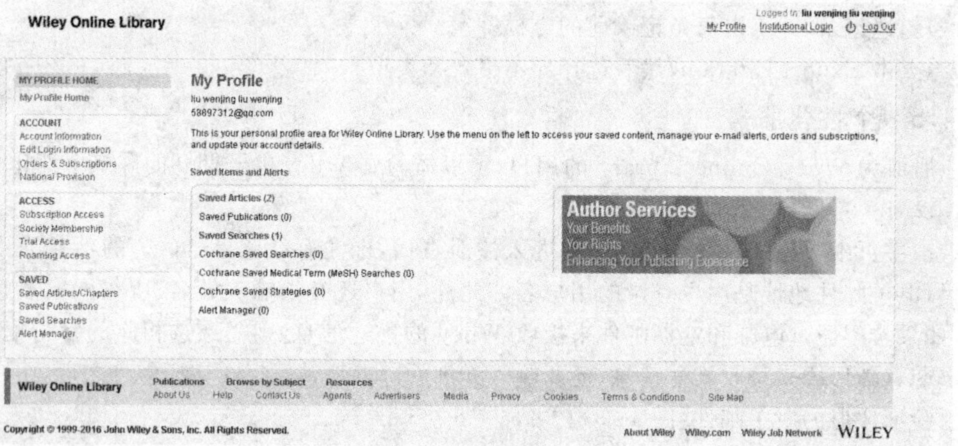

图 4-24 My Profile 页面

4.1.5 Nature 电子期刊

4.1.5.1 简介

Nature 是世界上最早的国际性科技期刊之一，自从 1869 年创刊以来，始终如一地报道和评论全球科技领域内的最重要突破。Nature 电子期刊网站涵盖 Nature 电子期刊的全部内容和 Nature 出版集团(The Nature Publishing Group)出版的姊妹刊物内容。

国内用户可以检索的 Nature 电子期刊平台包括 2 个，一个是 nature 主站点，包括对 1869—1986 年回溯和滚动式 4 年回溯以及 1997 年至今数据的检索；另一个是北京大学所建镜像站点，该站点以 1997 年以来的期刊学术论文为主，此外，该站点还致力于收藏来自中国大陆和香港作者在 Nature 上发表的文章，读者可以检索和获取全文。

nature. com 平台提供的电子期刊，主题涵盖科学、技术、生物技术、化学、基因与进化、免疫、药学、医学、临床医学、恶性肿瘤、牙科、分子细胞生物、神经科学、物理科学等。

4.1.5.2　检索功能

1. 浏览

点击图 4-25 nature 网站首页左上角的"Publications A-Z index"或"Browse by subject"，可以按照出版物名称字顺和学科浏览该网站的全部期刊；点击"Current Issue"可查看 nature 期刊的现刊；点击"Archive"可查看 nature 期刊过刊。

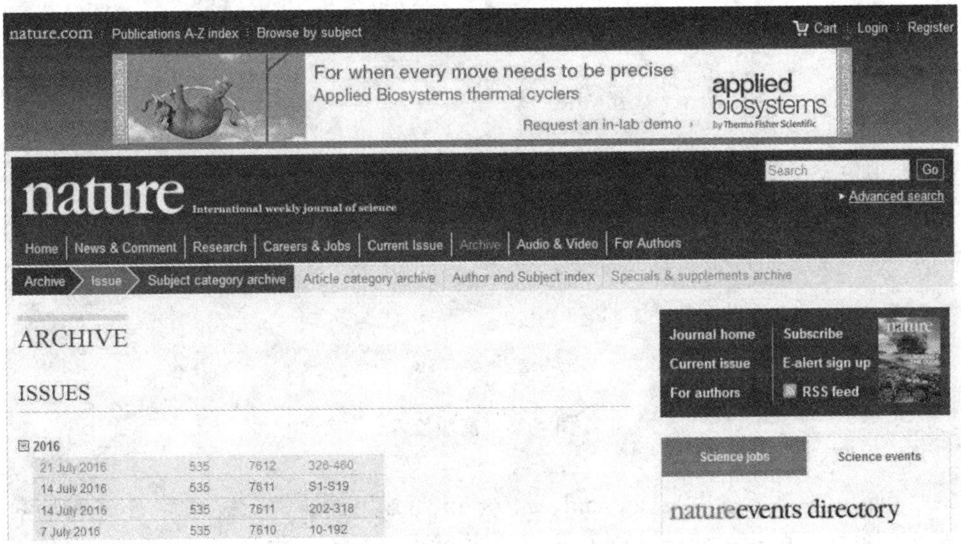

图 4-25　nature 网站首页

2. 检索

(1)基本检索　在图 4-25 右上角文本框输入检索词，点击"Go"按钮，即可实现基本检索。基本检索是对 nature 网站全部期刊的关键词检索。

(2)高级检索　点击图 4-25 的"Advanced search"，进入如图 4-26 所示高级检索界面，可实现 terms(主题词)、authors(作者)、title(题名)、journal(s)(刊名)、volume(卷)、article no (期)、start page(起始页码)等字段的检索，可限定出版时间(publication date)。

4.1.5.3　检索技术

(1)词组和短语　对于所输入检索词，系统默认字检索(word)。当连续输入多个检索词时，系统会将同时包含所有检索词的文章检索出来，忽视检索词的位置和顺序。如果要检索一个词组或短语，就必须使用英文状态下的双引号将词组或短语引起来，系统将查找引号内指定顺序检索词的文章。因此，从检索数量分析，检索式"hypermedia database"的检索结果一般少于检索式 hypermedia database 的检索结果。

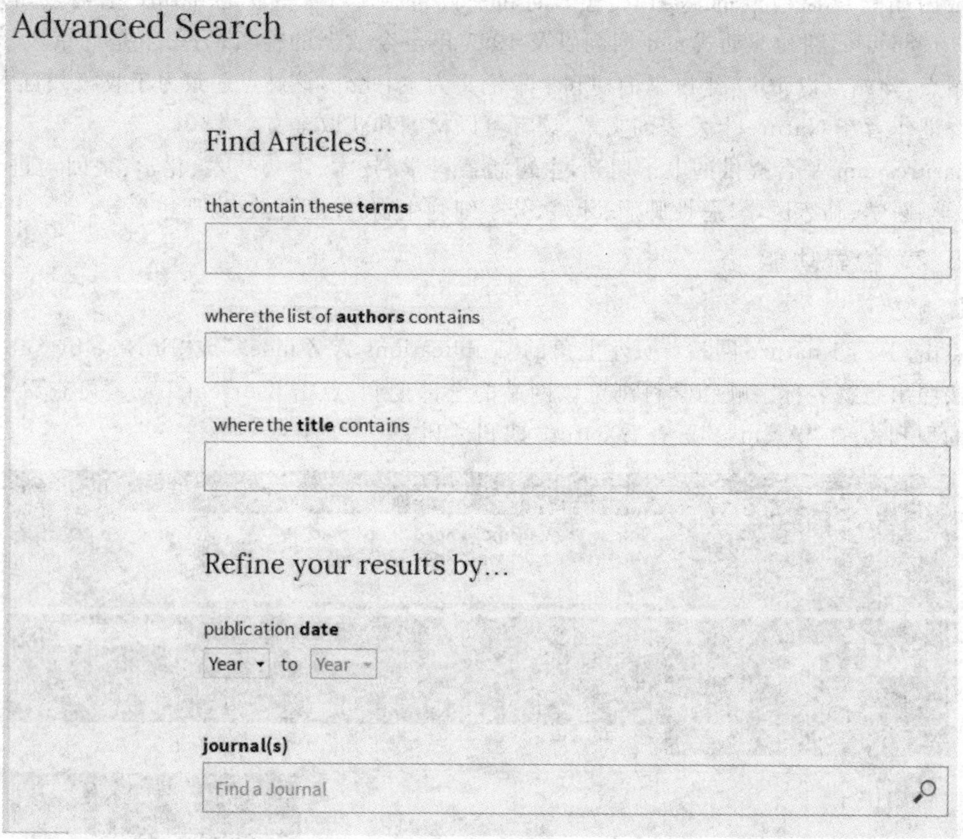

图 4-26 高级检索

(2)禁用词 在本系统内，a、an、and、as、for、of 等常用词通常会被忽略，不进行检索，称为禁用词，如果需要使用禁用词作为检索词，需要将禁用词放在双引号中。

(3)标点符号 必须将 &、I、'、#、$、()等特殊符号放在双引号内，才可将其作为检索词的一部分进行检索。

(4)字母大小写 本系统忽略字母大小写。

(5)截词算符 本系统支持星号(*)作为无限截词符。

4.1.5.4 检索结果

本系统的检索结果，可按文献类型(Article type)、期刊种类(Journal)和日期(Date)进行聚类。其文献类型包括 Research、News、Comments and Opinion、Reviews、News and Views、Special Features、Research Highlights、Books and Arts、Correspondence、Editorial、Amendments and Corrections 等。

检索结果可按相关度(Relevance)和日期(Date)进行排序，显示篇名、作者、刊名、卷期(出版日期)等字段内容，提供文摘、HTML 格式或 PDF 全文链接等。

4.1.6　ProQuest 电子期刊

4.1.6.1　简介

ProQuest 是美国 ProQuest Information and Learning 公司(原 UMI 公司)的全文检索系统,内容偏重学术性,全文记录所占比例较高。ProQuest 系统目前拥有 70 多个全文数据库,基本为期刊论文数据库,内容覆盖商业、金融、新闻、科技、医学、综合参考信息以及人文社会科学等学科。其农业和生物全文电子期刊是以美国国家农业图书馆的 Agricola 文摘索引为数据源,涉及美国农业和生命科学等领域。图 4-27 为 ProQuest 电子期刊首页。

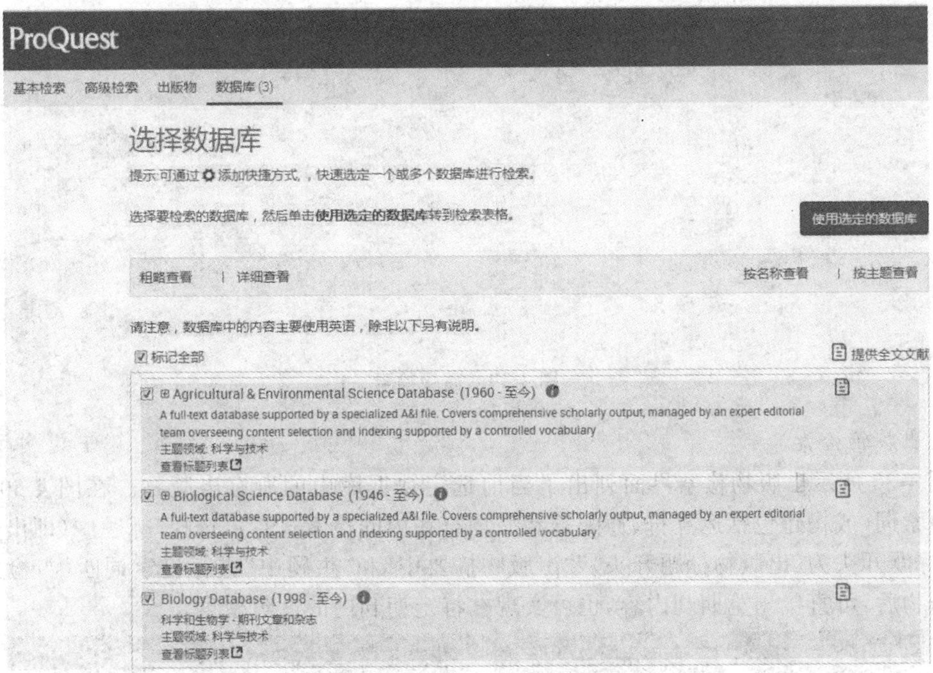

图 4-27　ProQuest 电子期刊首页

4.1.6.2　检索功能

1. 基本检索

在图 4-28 所示检索界面,输入一个或多个词,然后单击检索图标,系统即在所选数据库的所有字段(包括任何可用的摘要或全文文献)内查找所输入检索词,对所输入的多个检索词,则检索同时包含全部检索词的文档。也可通过使用一些检索技巧,实现更具针对性的检索。

图 4-28　基本检索

2. 高级检索

高级检索具有可以创建精度检索的功能。具体方法为在图 4-29 的第一、二行输入框中，输入一个或多个检索词，并在其下的检索字段下拉列表选择合适字段或接受默认字段，同时选好 2 个输入框之间的布尔逻辑关系，最后单击检索，即可按所输入检索词在所选字段内实现检索。

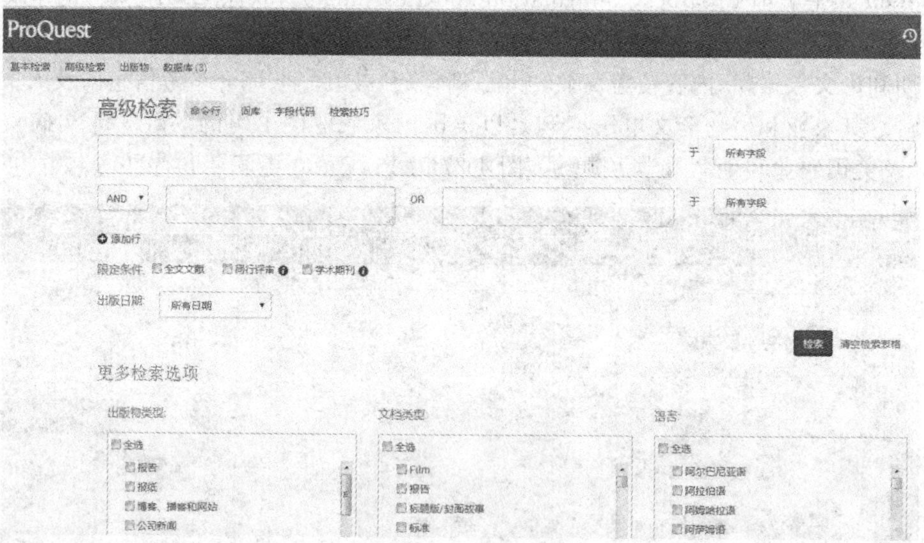

图 4-29　高级检索

3. 出版物检索

图 4-30 所示出版物检索界面列出了当前选定数据库中的所有出版物。在图 4-30 界面，输入检索词（或构建包括运算符、通配符和截词符在内的检索式）后，选择“标题中（即出版物标题）”“标题开头为（出版物标题开头）”“出版物摘要中”和“主题中”进行检索词匹配，检索出所需出版物后，可直接浏览期刊内容，也可实现在特定期刊内的文献检索。

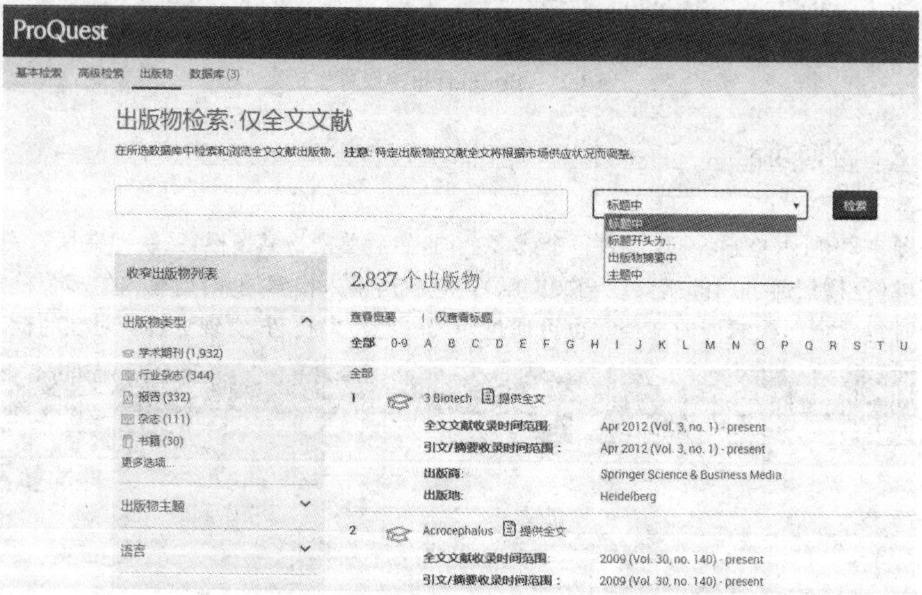

图 4-30　出版物检索

4.1.6.3　检索技术

1. 布尔逻辑检索

包括逻辑与、逻辑或和逻辑非。其中，逻辑与用 AND 表示，逻辑或用 OR 表示，逻辑非用 NOT 表示。

2. 限定检索

可以将检索词限定在一些字段，也可以将检索词限定在全文文献或同行评议等限定条件内进行检索，以缩小检索范围。

3. 截词检索

(1)?　用于替换某个字词内部或结尾的任何一个字符，可使用多个通配符表示多个字符。

(2) *　可用于检索词开头(左侧截词)、结尾(右侧截词)或中间，最多可替换 10 个字符，能够实现检索词变体的检索。每一个截词符最多可以返回 500 个变体。

4. 词间位置检索

(1)NEAR/n 或 N/n　检索同时包含 2 个检索词，且两词间隔指定数量字词，但以任意顺序出现的文档。"n"可以替换为具体数字，单独使用 NEAR 时，n 默认为 4，即 NEAR 相当于 NEAR/4。但是，当使用 NEAR 的缩写形式 N 时，n 必须取值，例如，internet N/3 media。如果构造检索式 internet N media 时，ProQuest 系统会将 N 视为检索词而非词间位置检索符号来处理。

(2)PRE/n 或 P/n 或-　检索包含一个检索词先于另一个检索词指定字数的文献。n 可以取值，连字符 (-) 可连接检索中的两个词语，等同于 PRE/0 或 P/0。如 nursing PRE/4 education 表示在文档中出现时，nursing 应先于 education 4 字或更少字数。

(3)EXACT 或 X　主要用于在"主题"等特定字段中进行准确检索。例如，检索式 su. exact("higher education")将返回只包含主题词"higher education"的文献。

5. 其他检索技术

(1)上标下标　对包含下标或上标字符的化学式，需按正确顺序输入所有字符。例如，输入 CH3CH2OH 能正确检索出乙醇(CH_3CH_2OH)方面的资料。

(2)禁用词　ProQuest 不应用任何禁用词，当检索式包含冠词(a、an、the)和介词(from、with、of)时，均按正常检索词进行检索。例如，检索式"cat in the hat"按"cat AND in AND the AND hat"进行检索。

(3)嵌套检索　方括号和圆括号用于构建"嵌套"检索式。

(4)精确短语检索　引号是 ProQuest 内的精确短语检索符号。

4.1.6.4　检索结果

如图 4-31 所示，在 ProQuest 数据库，可按全文文献、摘要/索引、CALIS e 得文献获取、PDF 格式全文等形式提供文献内容；可按全文文献、同行评审、学术期刊等进一步收窄检索结果。

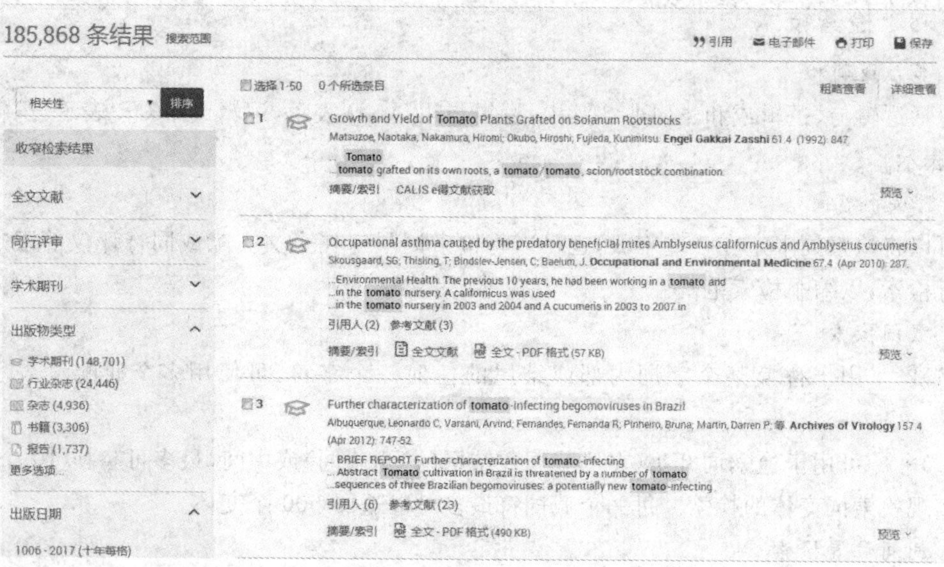

图 4-31 检索结果

4.2 电子图书

4.2.1 电子图书概述

1. 电子图书的含义

电子图书(electronic book),又称数字图书,是随着电子出版、互联网以及现代通信电子技术的发展应运而生的一种新型图书形式,是以数字化电子文件形式存储在各种磁性或电子介质中的图书,需使用联网计算机或便携式阅读终端进行下载或在线阅读。

与传统纸质图书相比,电子图书具有阅读不受时空和地域限制,制作出版方便、迅速,存储密度高、信息量大,携带方便等优势。电子书的上述特点非常适合现代生活。同时,数字版权贸易和互联网技术的发展,使电子书用户能够以较低价格购买电子图书,为电子图书在现代社会的流行奠定了基础。

2. 电子图书的特点

电子图书与传统书籍具有许多共同特点:如电子图书多按传统书籍格式进行编排。但是,作为一种新型书籍,电子图书又拥有许多与传统书籍不同或是传统书籍所不具备的特点:

(1)检索途径多 该特点可提高电子图书的利用率。

(2)存储介质容量大 电子图书以磁性储存介质取代纸张,得益于磁性介质储存的高性能,使得电子图书具备更多的信息量。例如,一张 700 MB 的光盘可以代替传统的三亿字纸质图书。

(3)成本低 相同的容量比较,存储体的价格可以是传统媒体价格的 1/10～1%,甚至更低。

(4)内容丰富 一般情况下,电子书不只使用纯文字符号,而且添加许多诸如图像、声音、影像等多媒体元素，在一定程度上丰富了知识的载体。

(5)可读性强　电子图书能够以更灵活的方式组织信息，方便读者阅读。

(6)利用效率高　可在电脑上处理各种电子图书资料，比传统图书更方便。

(7)制作方便　制作电子图书，不需要大型印刷设备、不占空间，制作经费也较低。

3. 电子图书的出版

国外典型的电子图书出版模式具有“术业有专攻，联合推动发展”的特点。以美国市场为例，其电子图书的出版包括内容提供方、电子图书销售平台、硬件生产商、技术提供商和电信或移动运营服务商共五大元素。

国内电子图书产业链结构不太清晰，市场分工还不明确，还未形成成熟的市场运营模式。归纳起来，国内电子图书的出版模式主要包括以下几种。

(1)面向图书馆的模式　Net-Library 公司携美国国内众多出版社向包括牛津大学、剑桥大学在内的众多世界名牌大学图书馆提供电子书服务，其出版模式采用由图书馆购买资源，读者访问图书馆指定的网页即可阅读该电子书资源的形式，此模式属于面向图书馆的模式，属典型的 B2B 商业模式。该模式下，图书馆可以指定购买哪一本书及其复本量，购买的每一个复本在同一时间之内只能供一个读者阅读，读者阅读时需要把图书借出(Check-out)，读完需还回(Check-in)，若在规定时间没有还回图书，系统将自动还回；如果读者需要继续阅读，且此时没有其他读者借阅该书时，可以重新借出该书。

知识拓展：什么是 B2B 商业模式？

B2B 商业模式，英文表述为 Business-to-Business marketing，是市场领域内企业对企业的商业营销模式。电子商务是现代 B2B 的一种主要的具体表现形式，它将企业内部网，通过 B2B 网站与客户紧密结合起来，通过网络的快速反应，为客户提供更好的服务，从而促进企业的业务发展。

(2)面向个人的模式　Overdrive 公司的电子图书出版模式属于面向个人的模式。个人读者可以直接到公司网站上选择喜欢的电子图书，并通过信用卡支付购买图书的费用，购买的电子图书只能在指定设备上阅读。此外，微软公司也是电子书的技术提供商，提供的电子书阅读器称为微软阅读器(Microsoft Reader)，为个人读者提供服务。

知识拓展：什么是 B2C 商业模式？

B2C 的英文表述为 Business-to-Customer，中文简称为“商对客”。“商对客”模式是电子商务的一种模式，也就是通常说的直接面向消费者销售产品和服务的商业零售模式。该模式下的电子商务一般以网络零售业为主，主要借助于互联网开展在线销售活动，即企业通过互联网为消费者提供一个新型的购物环境——网上商店，消费者通过网络在网上购物、网上支付。

(3)混合模式　同时面向个人读者和数字图书馆提供电子图书借阅服务的模式称为混合模式。如我国北大方正集团有限公司的方正阿帕比(Apabi)电子图书系统同时支持对个人和图书馆按“本”销售电子图书。目前，全国有 400 多家出版社和方正进行电子图书出版方面的合作。

随着信息技术的发展，国内外电子图书出版出现了一些新变化。如用户可以在网上电子书店购买电子图书,或在图书馆借阅电子图书,用户对于短版书和断版书等提出了新的需求,按需印刷出版、即时发行等出版模式也应运而生。

4. 电子图书的版权保护

早期的电子图书没有相应的版权保护技术,可以通过光盘或互联网免费下载,且可以在计算机中任意拷贝。这打破了著作权法范围内的作者、出版者和读者之间的利益平衡,引起了严重的版权问题,成为限制电子图书发展的"瓶颈"。版权保护涉及法律机制、技术保护措施、标准化等层面,成为电子图书出版发行面临的核心问题。目前,电子图书具有如下版权保护方法。

(1)以法律为手段的电子图书版权保护　我国与数字化作品相关的版权法规,主要包括《中华人民共和国著作权法》《中华人民共和国著作权法实施条例》《信息网络权保护条例》《计算机软件保护条例》等。国际上比较著名的与数字化作品相关的版权法规有:美国《数字千年版权法》、欧盟《关于协调信息社会版权与相关权利的指令》等。上述法律法规为电子图书的版权保护提供了法律基础。

(2)基于开放许可授权协议的电子图书版权保护　这种保护方法于 20 世纪 90 年代末在国际学术界、出版界和图书情报界大规模兴起。国际上有影响的开放项目包括:日本的免费电子书项目青空文库 Aozora Bunko、意大利电子书库 GNUtemberg、美国的 MIT OCW、中国的 CORE 以及 OCW 联盟等。上述项目建立在免费文献许可(GFDL)、开放出版物许可(OPL)、开放内容许可(CC)等授权协议基础上,实现了版权保护和公共获取之间的平衡。

(3)采用技术措施的电子图书版权保护　国际上许多著名的计算机公司和研究机构都在进行数字权利保护系统(Digital Rights Management,简称 DRM)的开发,并推出了相应的解决方案。目前的版权保护技术主要有采用加密、数字权利描述、许可认证、数字水印等实现版权控制下的浏览、借阅和拷贝等。

4.2.2 超星电子图书

1. 概述

超星数字图书馆(网址为 www.ssreader.com)由北京世纪超星信息科技有限责任公司创建,开通于 1999 年,2000 年被列入国家"863"计划的中国数字图书馆示范工程,以数字图书馆方式推广和示范。超星数字图书馆覆盖人文科学、社会科学、自然科学及工程技术等学科,其中尤以档案文献、历史文献、社科经典文献等类别的文献收藏齐全。

超星数字图书馆向互联网用户提供上百万种中文电子书的阅读、下载、打印等服务,同时还向用户及作者免费提供原创作品的发布平台、读书社区、博客等服务。超星数字图书馆收录的图书回溯性较好,出版于 1944—1979 年的占 10%,出版于 1980 年以后的占 90%,深受人文社会科学类读者的欢迎。

2. 检索功能

(1)分类浏览　超星数字图书馆的电子图书根据"中国图书馆分类法"类分资料。层层单击目录中由大类到小类的类目,便可查到与所选类目相关的所有图书。检索结果包括书名、作者、出版日期和主题词,单击书名即可打开该书的全文。分类浏览适合于没有明确检索目标,欲对某类图书收藏情况做大致了解的情况。

(2)快速检索　超星数字图书馆的首页即为快速检索页面,系统提供了"书名""作者"和"全文"3 个检索字段。快速检索适用于检索目的专指性不强,检索条件较少的情况。

(3)高级检索　超星数字图书馆的高级检索页面提供多字段组合检索,并可对出版时间进行限制。此种检索方式适用于检索目的较强或专指度较高,不方便在快速检索中一次完成,或该检索策略需长期跟踪、保存的情况。

4.2.3　书生之家电子图书

由北京书生数字技术有限公司于 2000 年推出的书生之家电子图书,它是集普遍存取、分布式管理和集成服务于一身的平台,为广大读者创造了一个全新的阅读空间,提供了一个多元立体化的知识网络系统。书生之家电子图书以 1999 年以后出版的图书为主,涉及社会科学、人文科学、自然科学和工程技术等所有类别,电子图书提供书(篇)目、提要、全文 3 个层次的资源内容,设有书内 4 级目录导航(篇、章、节、小节),并具备强大的全文检索功能。

4.2.4　CABI 电子图书

CABI 前身为英联邦农业局,现名国际农业生物科学中心,是一非营利性国际组织。CABI 出版一系列农业和生物科学方面的出版物,其电子图书专辑涉及农业、植物科学、环境科学、动物与兽医、食品科学、旅游学等学科领域。

如图 4-32 所示,CABI 电子图书可以按书名(Title)和学科主题(Subject)进行检索,默认书名检索。在检索结果页面,点击书名,进入某电子书的如图 4-33 所示详览页面。在详览页面,一般通过提供 Copyright Statement(版权声明)、Front of Book(书前页,包括 Editors、List of Tables、List of Figures 和 Preface)、Table of Contents 和 Back of Book(书后页,包括 References 和 Index)等项内容的链接来显示全书内容。

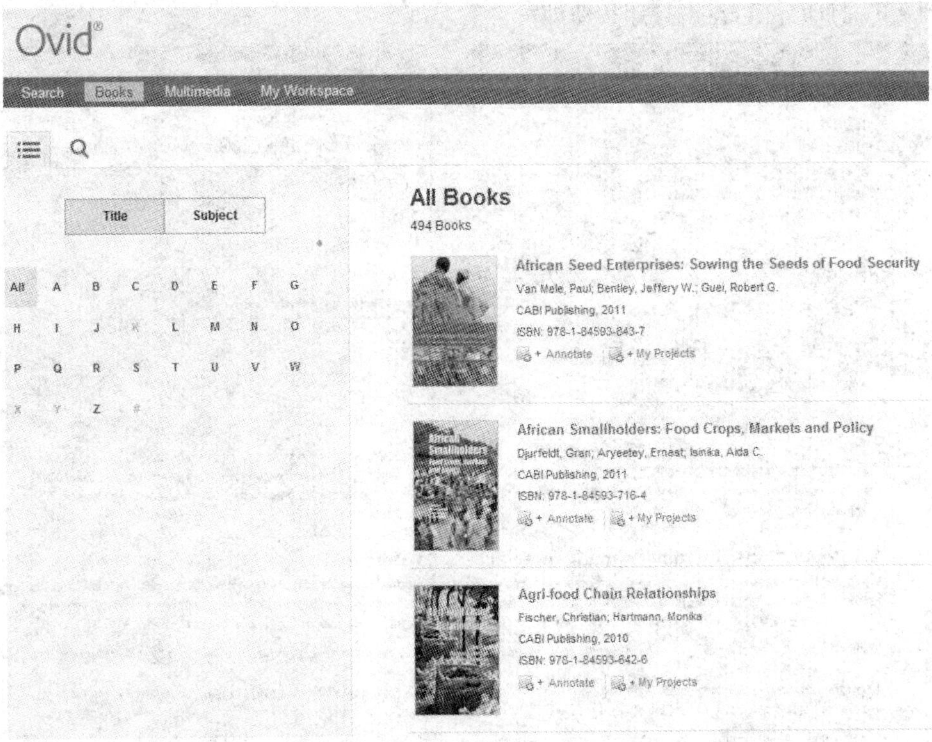

图 4-32　CABI 电子书首页

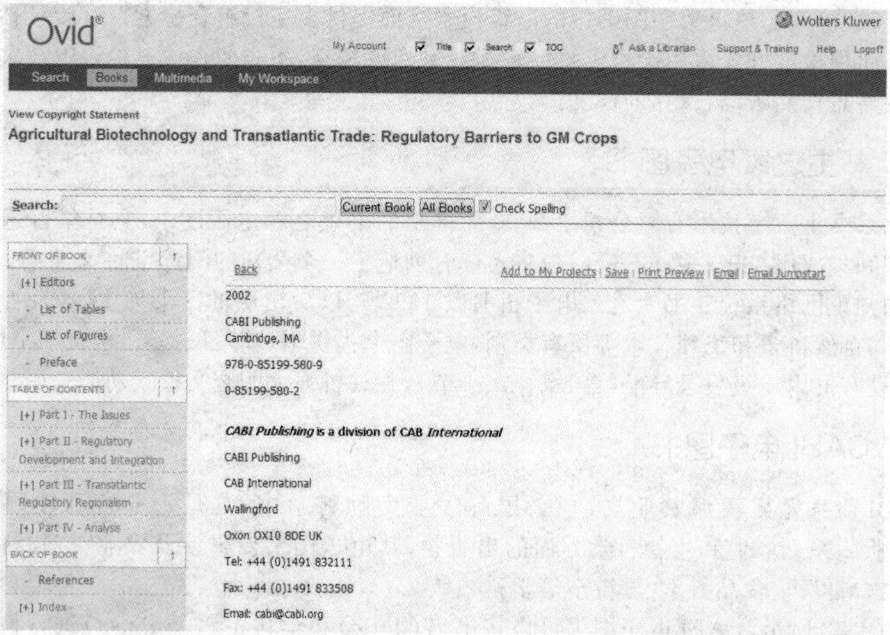

图 4-33 CABI 电子书详览页面

对全书内容可以进行打印(Print)、保存(Save)和发送电子邮件(E-mail)。其具体步骤为(以打印为例):在图 4-33 界面,点击 Print preview 按钮;在随后出现的界面,点击 Continue 按钮;在图 4-34 打印界面,点击打印按钮即可。

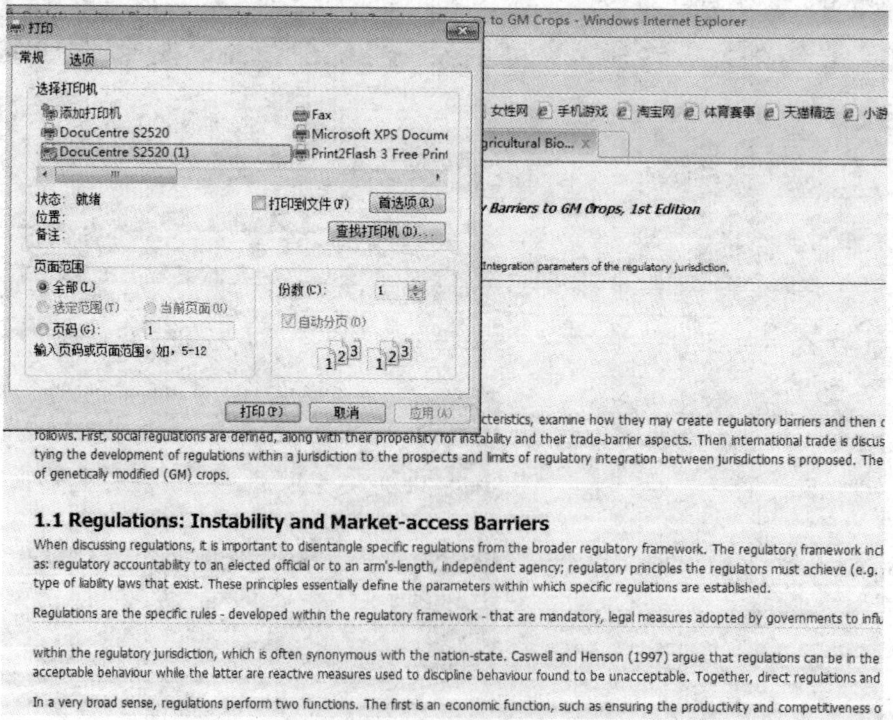

图 4-34 打印界面

4.2.5 Springer 电子图书

Springer 是世界上著名的学术出版集团，Springer 电子图书数据库是全球最大规模的综合性网上电子图书系列。此系列电子书是根据科研人员需求而特别设置的网上电子书数据库，数据回溯自 1997 年，目前包括 12 000 种图书供读者阅读，并且还在继续增加。

Springer 电子图书在学科上分为建筑、设计及艺术(2006 年新推出)，行为科学，生物医学及生命科学，商业及经济，化学及材料科学，计算机科学，地球及环境科学，工程学，人文学科与社会科学及法学，数学，医学，物理学及天文学共 12 个专题库。

在类型上，Springer 电子书包括教材、专著和图谱，科技百科全书、手册和参考书，大型参考工具书，丛书系列共四大类型，而且出版物主要集中在研究生教材、专业图书以及科技类图书等方面。其丛书包括世界最具盛名的 Lecture Notes in Computer Science(计算机科学讲义)、Lecture Notes in Physics(物理学讲义)、Lecture Notes in Mathematics(数学讲义)、Lecture Notes in Earth Science(地球科学讲义)和 Lecture Notes in Control and Information Science(控制与信息科学讲义)等。其电子书作者多是包括诺贝尔奖获得者以及菲尔兹奖和图灵奖获得者在内的富有影响力的科研人士。

Springer 电子图书与其他 Springer 电子资源共用 Springer Link 平台。关于 Springer Link 平台的使用参见 4.1.2。

知识拓展：什么是菲尔兹奖？

菲尔兹奖(The International Medals for Outstanding Discoveries in Mathematics，Fields Medal)是一个在国际数学联盟的国际数学家大会上颁发的奖项。它每四年颁奖一次，颁给 2～4 名有卓越贡献的年轻数学家。得奖者须在该年元旦前未满四十岁。菲尔兹奖是据加拿大数学家约翰·查尔斯·菲尔兹的要求设立的，被视为数学界的诺贝尔奖(诺贝尔奖未设数学奖)。第一位获得菲尔兹奖的华人数学家是丘成桐。

知识拓展：什么是图灵奖？

图灵奖是计算机科学领域的最高荣誉，被誉为是计算机科学的诺贝尔奖。它的获得者都是本领域最为出色的科学家和先驱。首获图灵奖的华人是姚期智先生，他于 2000 年以其对计算理论做出的诸多“根本性的、意义重大的”贡献而获得这一崇高荣誉。

4.2.6 网络免费电子图书(读书网站)

免费电子图书是网络上比较热门的资源之一，一般是由个人或团体(公益团体或兴趣团体)自行制作和维护，以网站或论坛形式发布原创文学作品、经典著作或畅销图书，供网络读者共享阅读。这类网站或论坛无须读者注册或登录，即使需要注册登录也不做任何限制、不需缴费或验证等，图书可以任意浏览、检索、在线阅读和下载(包括复制粘贴)，这些网站给读者提供了极大的阅读便利，但也容易存在知识产权问题。

1. 古登堡项目(http://www.gutenberg.org/wiki/Main_Page)

(1)概况　古登堡项目，也叫古腾堡计划、古腾堡工程，英文全称 Project Gutenberg，常简写作 PG。该项目以推动印刷机革命的 15 世纪德国印刷商——约翰内斯·古登堡的名字命名，是一个由志愿者参与、致力于文本著作的电子化、归档以及发布的协作计划，由 Michael Hart 在 1971 年 7 月发起。本项目提供大量的因版权过期而进入公有领域的书籍。该项目只收录没有版权争议的作品（我国著作权是在作者去世后 50 年内有效，图书杂志出版人的作品保护期限为 10 年）。古登堡计划中的中文书籍多为古代经典，如《易经》《论语》《孙子兵法》《红楼梦》等，共 405 余种，均可免费下载阅读。图 4-35 为其网站首页。

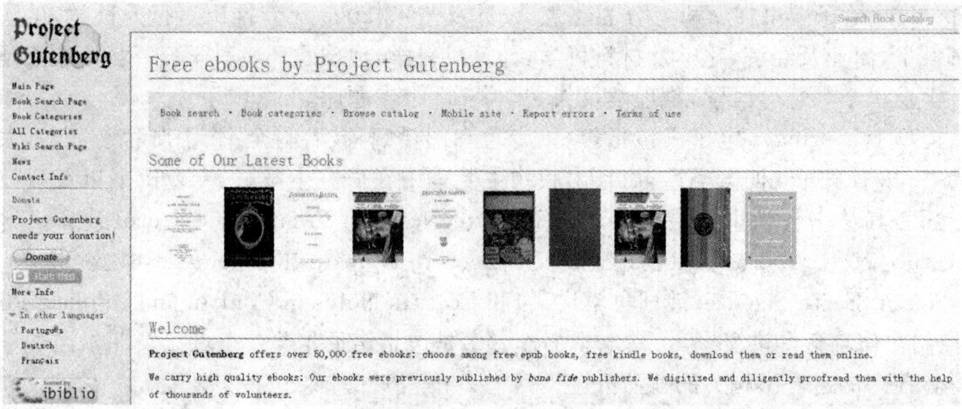

图 4-35 古登堡计划首页

(2)历史　1971 年，由伊利诺伊大学学生 Michael Hart 启动该项目。

20 世纪 90 年代中期，Hart 在伊利诺伊本笃会学院进行该项目，更多的志愿者参与进来。在图像扫描仪和光学文字识别软件得到改进并被广泛使用前，大部分文本都是靠志愿者手工输入。后来，Hart 与卡内基梅隆大学达成协议，由对方主导古腾堡工程的财务。随着电子文本的增加，志愿者开始替代 Hart，进行日常维护操作。

2000 年，非营利组织古腾堡工程著作归档基金会（The Project Gutenberg Literary Archive Foundation Inc）在密西西比州获准成立，以处理相关的法律事务。为古登堡工程捐款可以得到减税优惠。工程的长期志愿者 Gregory Newby 成为基金会的第一任首席执行官，并启动了分布校对员项目，志愿者从而可以将扫描的文本通过因特网共享发布。该举措极大地提高了加入 PG 的数量与种类，新的志愿者也可以更容易地贡献力量。

意大利志愿者 Pietro Di Miceli 开发、管理了第一个古登堡工程网站，并着手对在线工程进行编目。在他参与的 1994—2004 年间，网站获得了不少奖项，常被收录到“最佳网页”列表，这也提高了工程的知名度。

2004 年开始，启用了新的在线目录，PG 内容更容易浏览、获取和链接。古登堡工程现在由位于北卡罗莱纳大学的 ibiblio 主办。

(3)检索　在图 4-35 页面右上方输入框输入“sunzi bing fa”后回车，即可检索到古登堡项目中有关“孙子兵法”的各种版本，如图 4-36 所示，点击题目，即可获得相应版本的免费全文。

2. Bartleby. com(http://www. bartleby. com/)

(1)概况　Bartleby 参考网是美国一个以收藏经典参考书、诗歌、小说为主的网站，收录哥伦比亚大百科全书(The Columbia Encyclopedia)、哈佛经典(Harvard Classics)等。提供大量免费的电子图书，用户检索时可整库检索，也可分为参考、诗歌、小说、非小说 4 个部分检索，还可选定某一特定工具书检索。图 4-37 为 Bartleby 参考网首页。

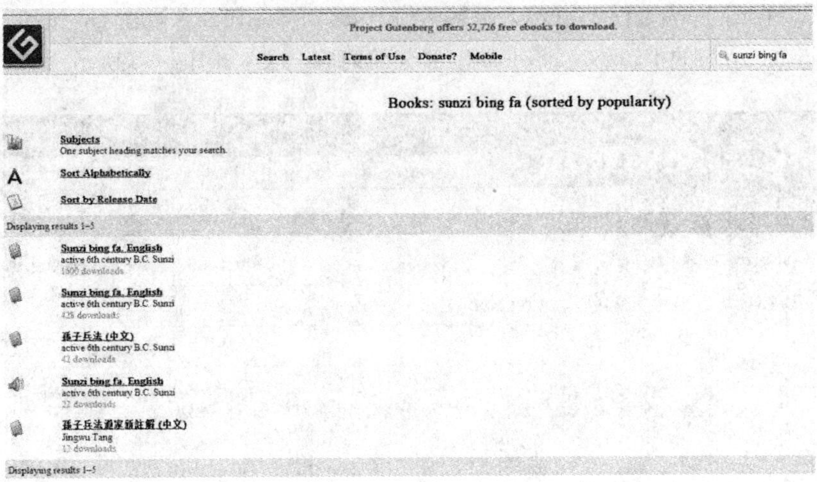

图 4-36　孙子兵法

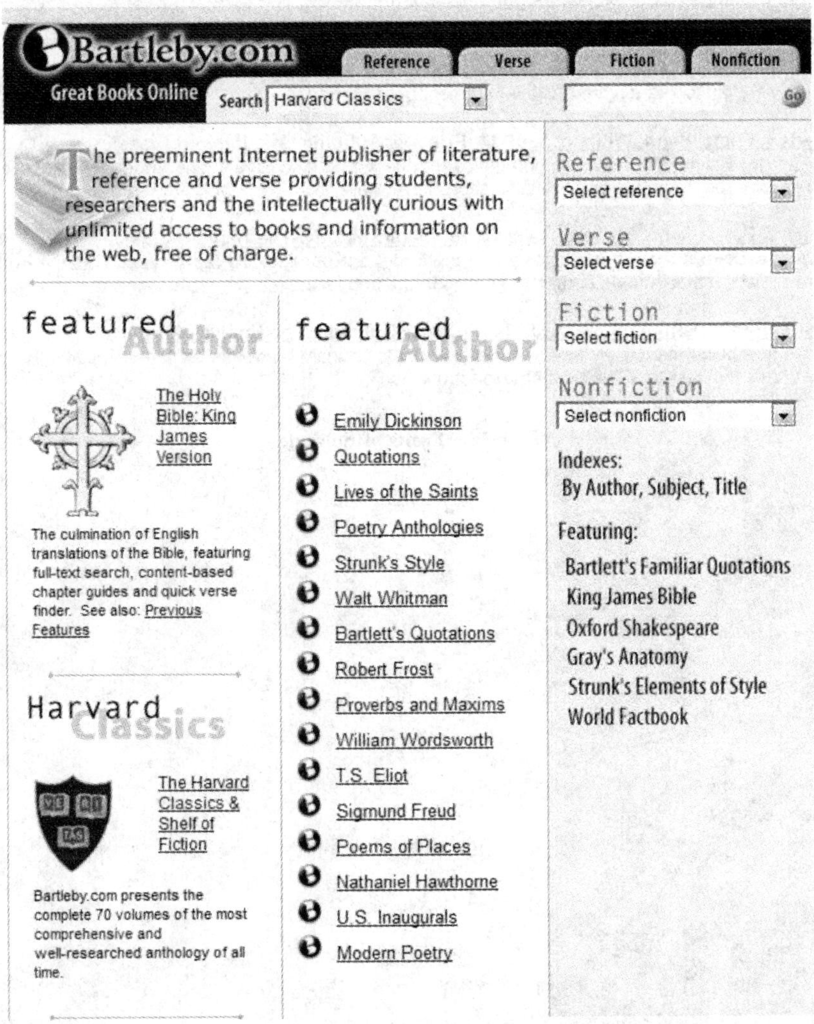

图 4-37　**Bartleby 参考网首页**

(2)检索　在图4-37页面上方输入框输入“Fruits of Solitude”，点击Go按钮，即可检索到Harvard Classics丛书的Fruits of Solitude部分的内容全文，如图4-38所示。

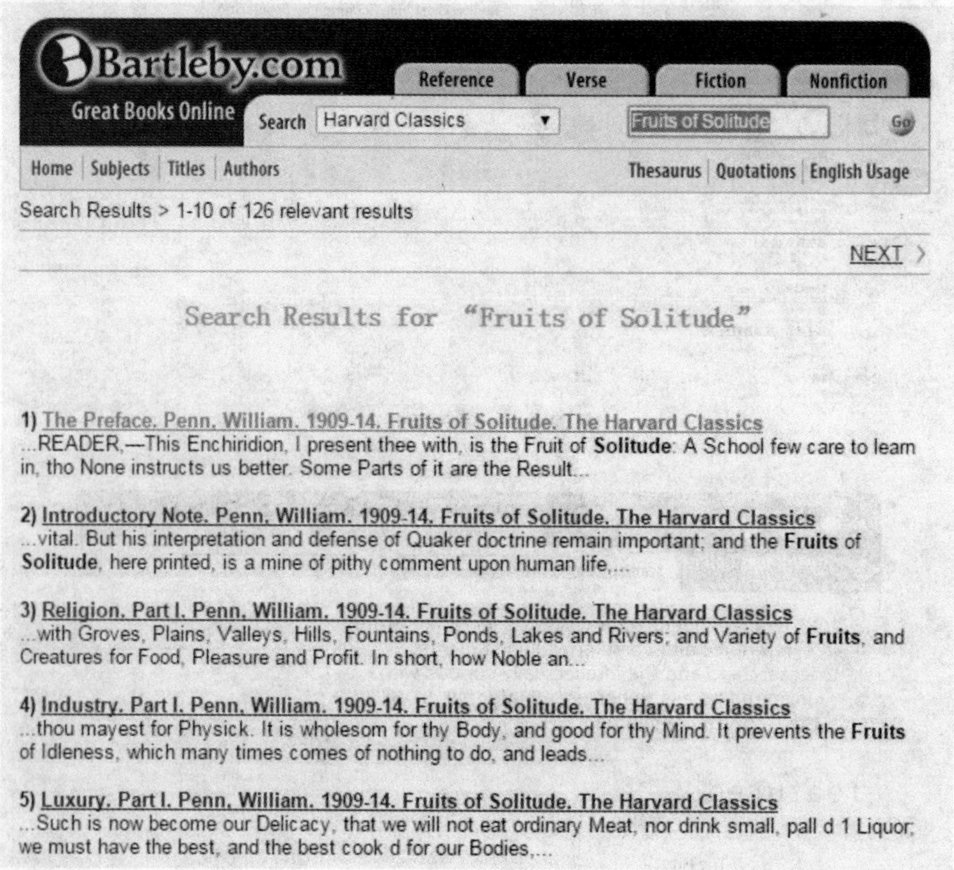
Bartleby.com
Great Books Online
Reference
Verse
Fiction
Nonfiction
Search
Harvard Classics
Fruits of Solitude
Go
Home
Subjects
Titles
Authors
Thesaurus
Quotations
English Usage
Search Results > 1-10 of 126 relevant results
NEXT
Search Results for "Fruits of Solitude"
1) The Preface. Penn, William. 1909-14. Fruits of Solitude. The Harvard Classics
...READER,—This Enchiridion, I present thee with, is the Fruit of Solitude: A School few care to learn in, tho None instructs us better. Some Parts of it are the Result...
2) Introductory Note. Penn, William. 1909-14. Fruits of Solitude. The Harvard Classics
...vital. But his interpretation and defense of Quaker doctrine remain important; and the Fruits of Solitude, here printed, is a mine of pithy comment upon human life,...
3) Religion. Part I. Penn, William. 1909-14. Fruits of Solitude. The Harvard Classics
...with Groves, Plains, Valleys, Hills, Fountains, Ponds, Lakes and Rivers; and Variety of Fruits, and Creatures for Food, Pleasure and Profit. In short, how Noble an...
4) Industry. Part I. Penn, William. 1909-14. Fruits of Solitude. The Harvard Classics
...thou mayest for Physick. It is wholesom for thy Body, and good for thy Mind. It prevents the Fruits of Idleness, which many times comes of nothing to do, and leads...
5) Luxury. Part I. Penn, William. 1909-14. Fruits of Solitude. The Harvard Classics
...Such is now become our Delicacy, that we will not eat ordinary Meat, nor drink small, pall d 1 Liquor; we must have the best, and the best cook d for our Bodies,...

图 4-38　Fruits of Solitude

第5章　特种文献信息检索

5.1　学位论文

5.1.1　学位论文概述

中世纪的欧洲出现了学位制度，学位论文答辩制度则由德语国家首创。学位论文就是指为了获得所修学位，被授予学位的人按要求所撰写的论文，是高等院校或研究机构的学生为获取某种学位而撰写的学术论文。凡经答辩通过的学位论文，一般都是具有独创性的研究成果，能显示论文作者的专业研究能力。根据所申请学位的不同，学位论文可分为学士论文、硕士论文(副博士)和博士论文3种。学位论文的体系结构一般比较固定，探讨的问题比较专一，具有如下特点：

1. 查找困难

除少数学位论文在答辩通过后发表或出版外，多数学位论文不公开发行，只向校方或学位论文指定收藏单位提供与保存。因此，学位论文的查找比较困难。有些学位论文在一段时间内涉及保密性问题，产权专属性强，该部分学位论文的原始文献更不易获得。

2. 信息海量

学位论文既包罗社会各个领域的新经验、新成果等大量已知信息，又包括超前或发展中的大量未知或未确定信息。

3. 具有指定收藏单位

学位论文一般由被授予学位单位所收藏，各国也指定专门单位收藏。我国的学位论文收藏单位是中国科技信息研究所和国家图书馆。

5.1.2　检索学位论文的中文数据库或网站

1. CALIS高校学位论文数据库(www.calis.edu.cn)

CALIS高校学位论文数据库包括中文学位论文数据库和外文学位论文数据库共2部分。中文学位论文数据库部分收录1980年至今CALIS各成员馆的博硕士学位论文的题录、文摘和章节试读，内容涵盖自然科学、人文社会科学、医学等各个学科领域，全文则需通过CALIS的馆际互借系统获取。外文学位论文数据库部分包括ProQuest博硕士论文全文数据库和NDLTD学位论文数据库的题录信息，其全文需通过原数据库获得。

在图5-1所示CALIS主页(网址为www.calis.edu.cn)，选择“高校读者登录”方式，找到自己所属高校图书馆登录(如果找不到自己所属的图书馆，说明该馆还未与CALIS集成完毕)，则进入CALIS高校学位论文数据库的e读搜索界面(图5-2)。

图 5-1 CALIS 首页

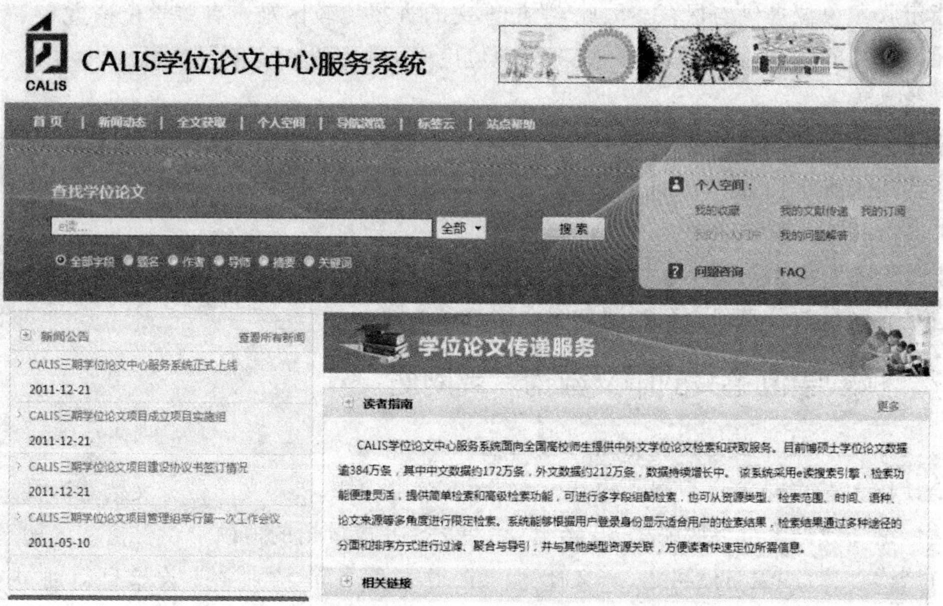

图 5-2 e 读学位论文检索界面

在图 5-2 的 e 读学位论文检索界面，可以选择检索范围（全部、中文或英文）和检索字段（全部字段、题名、作者、导师、摘要和关键词），点击“搜索”进行检索。其检索结果如图 5-3 所示，点击文献题名，可阅读或下载全文。

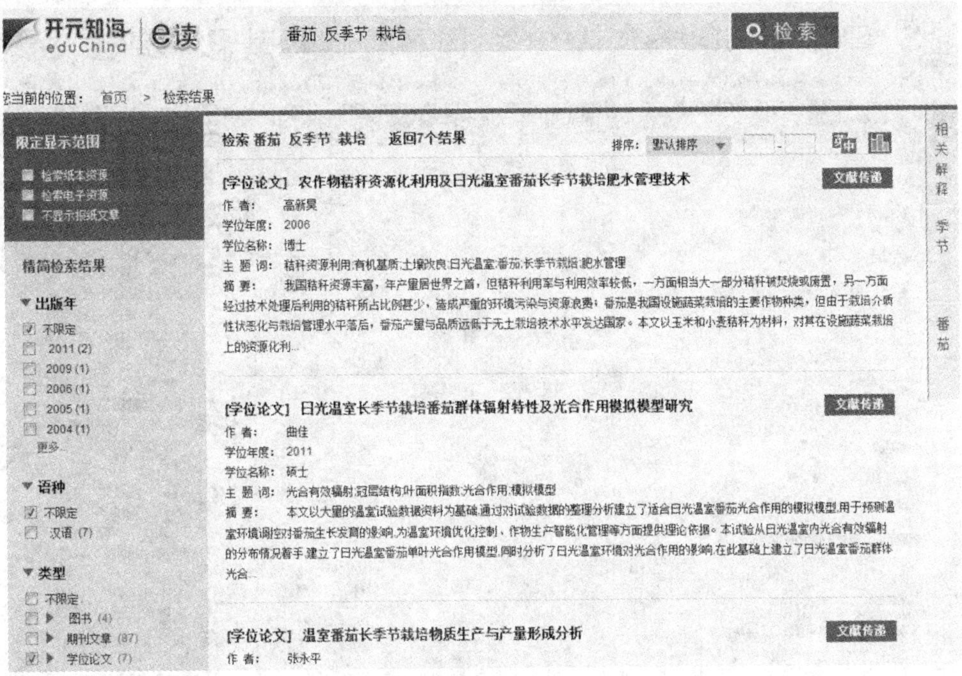

图 5-3　e 读学位论文检索结果

2. 国家科技图书文献中心学位论文数据库(www.nstl.gov.cn)

国家科技图书文献中心(National Science and Technology Library,NSTL)学位论文数据库包括外文学位论文数据库和中文学位论文数据库。外文学位论文数据库部分收录了美国 ProQuest 公司博硕士论文资料库中 2001 年以来的优秀博士论文,学科范围涉及自然科学各专业领域,并兼顾社会科学和人文科学,每年递增约 2 万篇最新博士论文,更新时间为每年年底。中文学位论文数据库部分收录了 1984 年至今我国高等院校、研究生院及研究院所发布的硕士、博士和博士后论文,学科范围涉及自然科学各专业领域,兼顾社会科学和人文科学,数据季度更新。图 5-4 是其检索页面。

3. 万方数据知识服务平台学位论文数据库

万方数据知识服务平台学位论文数据库收录自 1980 年以来我国自然科学领域各高等院校、研究生院以及研究所的硕士、博士以及博士后论文。与国内 900 余所高校、科研院所合作,占研究生学位授予单位 85%以上,涵盖理、工、农、医、人文社科、交通运输、航空航天、环境科学等各学科。其 211 高校论文收录量占总量的 70%以上。如图 5-5 所示,该数据库揭示单篇学位论文的作者、学科专业、授予学位、学位授予单位等信息。其检索技术和检索功能参见本书前文 3.3 部分。

4. 中国知网学位论文数据库

中国知网的博硕士学位论文全文数据库收录包括 431 家博士培养单位、711 家硕士培养单位的学位论文,收录始于 1984 年,是目前国内相关资源最完备、高质量、连续动态更新的中国优秀博硕士学位论文全文数据库之一,内容覆盖基础科学、工程技术、农业、医学、哲学、人文、社会科学等各个领域。中心网站数据为日更新,镜像网站数据为月更新。图 5-6 为中国知网学位论文数据库中单篇论文的详览界面。其检索技术和检索功能参见本书前文 3.1 部分。

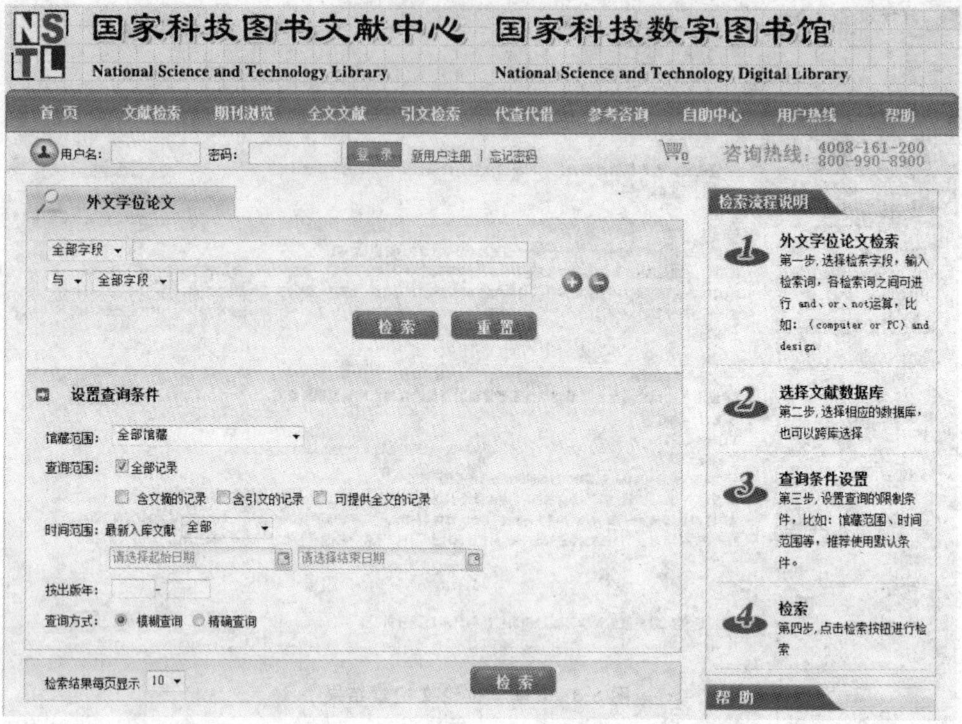

图 5-4 NSTL 学位论文数据库检索页面

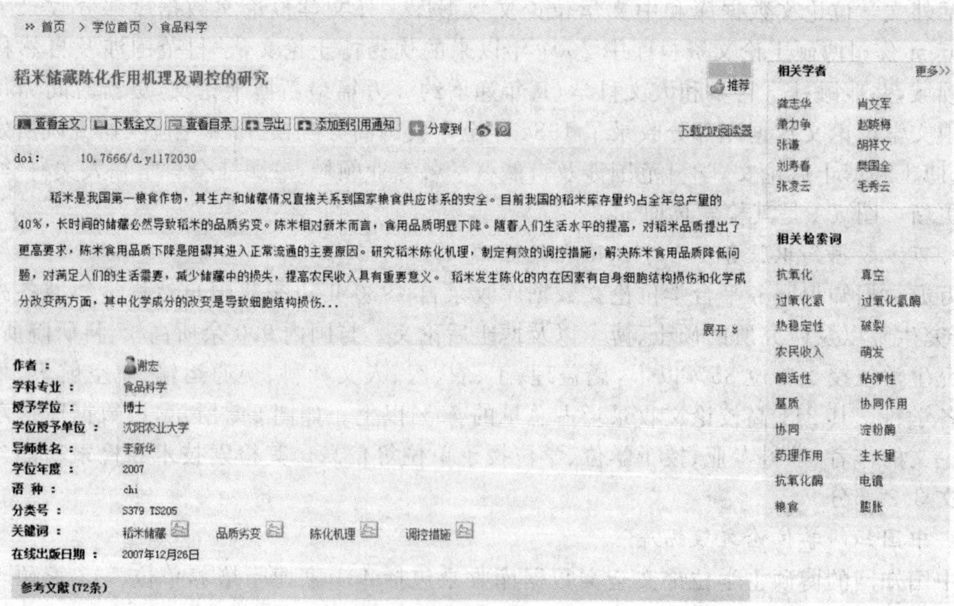

图 5-5 万方数据资源系统中单篇论文的详览界面

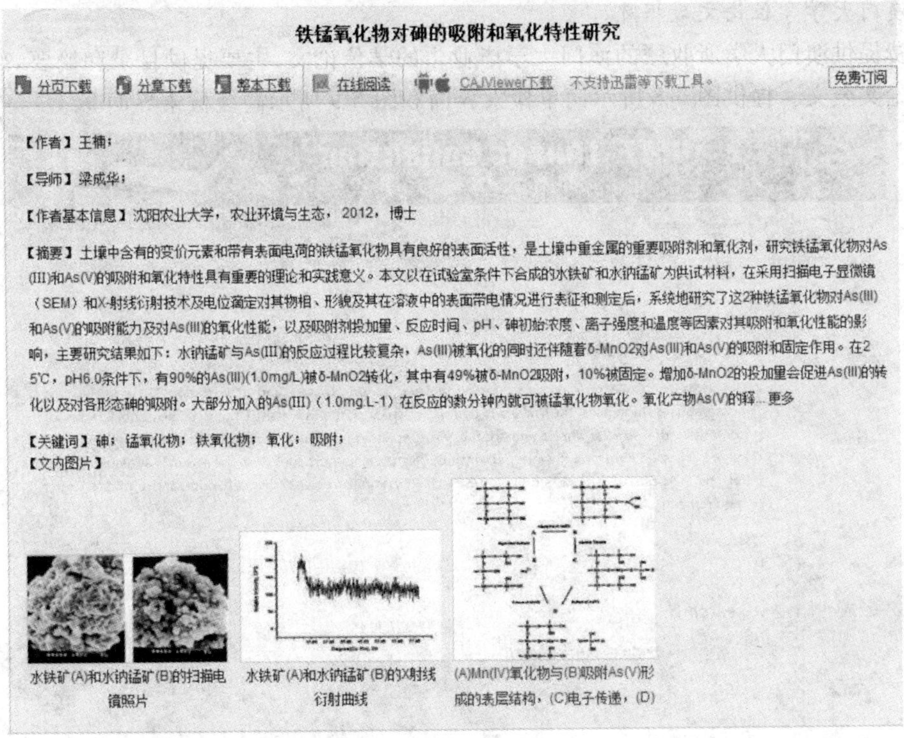
铁锰氧化物对砷的吸附和氧化特性研究
分页下载
分章下载
整本下载
在线阅读
CAJViewer下载　不支持迅雷等下载工具。
免费订阅
【作者】王楠；
【导师】梁成华；
【作者基本信息】沈阳农业大学，农业环境与生态，2012，博士
【摘要】土壤中含有的变价元素和带有表面电荷的铁锰氧化物具有良好的表面活性，是土壤中重金属的重要吸附剂和氧化剂，研究铁锰氧化物对As(III)和As(V)的吸附和氧化特性具有重要的理论和实践意义。本文以在试验室条件下合成的水铁矿和水钠锰矿为供试材料，在采用扫描电子显微镜（SEM）和X-射线衍射技术及电位滴定对其物相、形貌及其在溶液中的表面带电情况进行表征和测定后，系统地研究了这2种铁锰氧化物对As(III)和As(V)的吸附能力及对As(III)的氧化性能，以及吸附剂投加量、反应时间、pH、砷初始浓度、离子强度和温度等因素对其吸附和氧化性能的影响，主要研究结果如下：水钠锰矿与As(III)的反应过程比较复杂，As(III)被氧化的同时还伴随着δ-MnO2对As(III)和As(V)的吸附和固定作用。在25℃，pH6.0条件下，有90%的As(III)(1.0mg/L)被δ-MnO2转化，其中有49%被δ-MnO2吸附，10%被固定。增加δ-MnO2的投加量会促进As(III)的转化以及对各形态砷的吸附。大部分加入的As(III)（1.0mg L-1）在反应的数分钟内就可被锰氧化物氧化。氧化产物As(V)的释...更多
【关键词】砷；锰氧化物；铁氧化物；氧化；吸附；
【文内图片】
水铁矿(A)和水钠锰矿(B)的扫描电镜照片
水铁矿(A)和水钠锰矿(B)的X射线衍射曲线
(A)Mn(IV)氧化物与(B)吸附As(V)形成的表层结构，(C)电子传递，(D)

图 5-6　中国知网数据库中单篇论文的详览界面

5. 香港大学学位论文查询系统

提供香港大学自 1941 年以来的博硕士学位论文，涵盖艺术、人文、教育、社会科学、医学、自然科学等领域。该数据库论文主要以英文写作，部分中英双语，一部分以中文写作。仅部分数据有全文。图 5-7 为其查询系统首页，为英文界面，可按论文题名（Title）、作者（Author）、导师（Advisor）、专业（Subject）、论文摘要（Abstract）、学位种类（Degree）、学位级别（Degree Level）等进行检索。

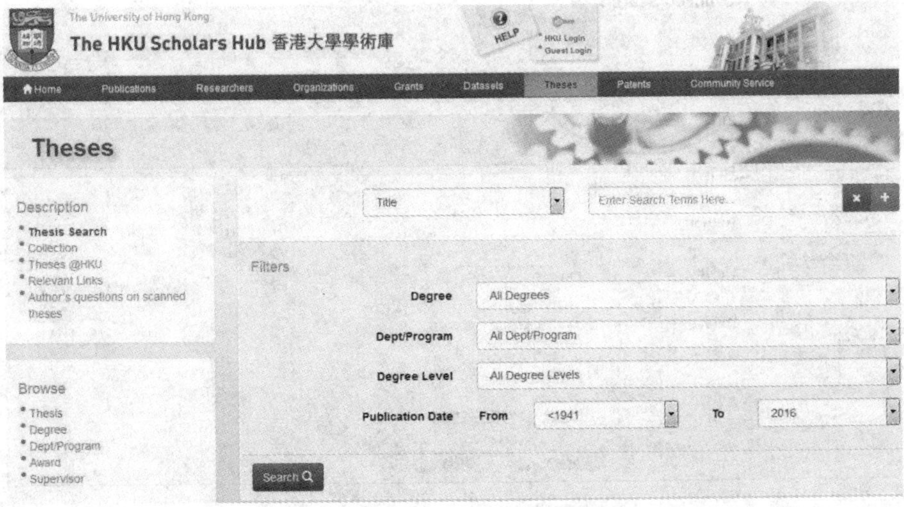
The University of Hong Kong
The HKU Scholars Hub 香港大學學術庫
HELP
HKU Login
Guest Login
Home
Publications
Researchers
Organizations
Grants
Datasets
Theses
Patents
Community Service
Theses
Description
Thesis Search
Collection
Theses @HKU
Relevant Links
Author's questions on scanned theses
Browse
Thesis
Degree
Dept/Program
Award
Supervisor
Title
Enter Search Terms Here...
Filters
Degree
All Degrees
Dept/Program
All Dept/Program
Degree Level
All Degree Levels
Publication Date
From
<1941
To
2016
Search

图 5-7　香港大学学位论文查询系统

6. 澳门大学学位论文数据库

免费提供澳门大学所收藏的澳门大学毕业生的学位论文，主要提供目录和摘要，部分论文亦提供论文全文。提供图 5-8 所示简单检索界面和图 5-9 所示高级检索界面。

图 5-8 澳门大学学位论文数据库简单检索界面

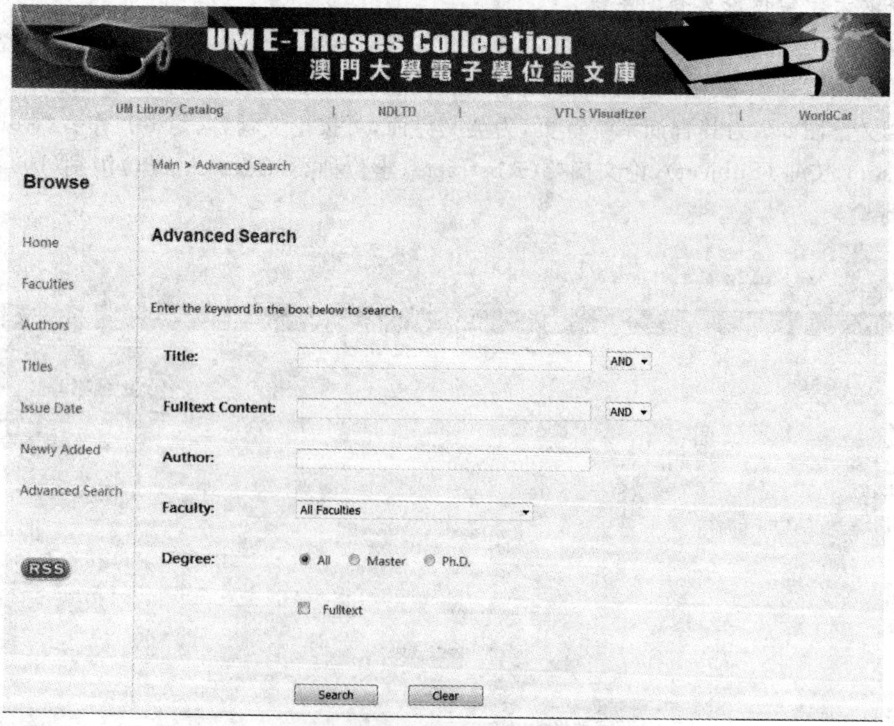

图 5-9 澳门大学学位论文数据库高级检索界面

5.1.3　检索学位论文的外文数据库或网站

1. ProQuest 博硕士论文数据库

ProQuest 博硕士论文数据库（ProQuest Dissertation & Theses，PQDT）是美国 ProQuest 公司出版的博硕士论文题录及文摘数据库，是目前世界上最大和使用最广泛的学位论文数据库。该数据库涵盖文、理、工、农、医等各个学科领域，数据每周更新。2002 年起，国内部分高校和研究机构图书馆组成了“PQDT 全文数据库采购联盟”，共同从 PQDT 数据库中挑选并定购电子版学位论文全文，并在国内建立了 ProQuest 博硕士论文全文数据库，即 PQDD。

PQDT 具有如下特点：

(1)合作单位多　ProQuest 与全球数千所大学建立了学位论文出版合作关系，是美国国家图书馆——国会图书馆指定的收藏全美博硕士论文的机构，也是加拿大国家图书馆指定的收藏全加博硕士论文的机构。

(2)收录年代长　PQDT 收录的学位论文时间跨度为 1861 年至今。

(3)更新频率快　数据每周更新，可及时收录最新的学位论文。

(4)论文信息丰富　除收录每篇论文的题录信息外，1980 年后出版的博士论文信息中包含作者本人撰写的 350 字文摘，1988 年以后出版的硕士论文信息中含有 150 字文摘，1997 年以来的论文还可以浏览每篇论文前 24 页全文，便于了解作者的研究思路和架构，90％以上的论文可以在线订购全文。

2. NDLTD 学位论文数据库

NDLTD(Networked Digital Library of Theses and Dissertations)是由美国国家自然科学基金会支持，由美国弗吉尼亚理工大学在 1997 年发起建立的网上学位论文共建共享项目，可浏览学位论文的题录和文摘信息，部分论文还可免费获取全文。其数据库网址为 http://www.ndltd.org/find。同 ProQuest 学位论文数据库相比，NDLTD 学位论文库的主要特点是开放获取，即参建单位共建共享、文摘公开、部分全文可以免费获取。图 5-10 列出了该数据库限定字段检索的格式，如 title:"tomato"能够检索学位论文题名中出现“tomato”的论文。

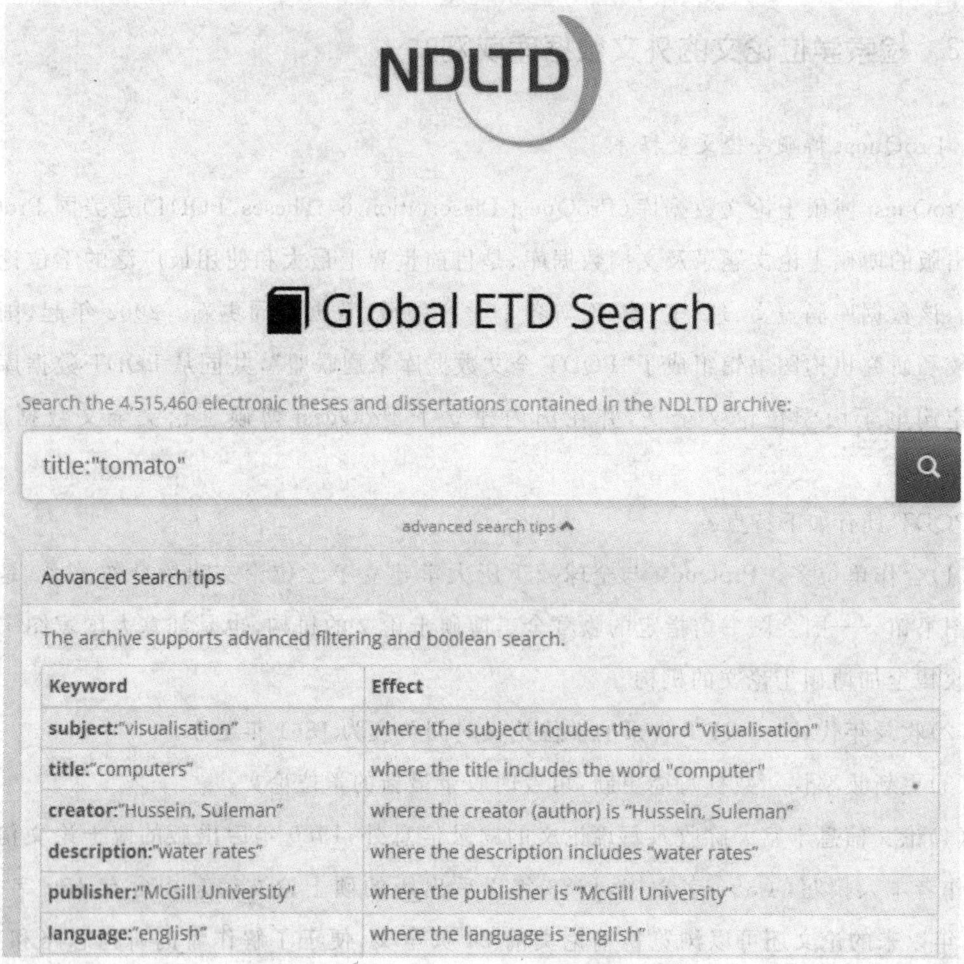

图 5-10 NDLTD 学位论文数据库检索首页

5.2 专利文献

5.2.1 专利文献概述

据历史记载,专利制度萌芽于公元前雅典国王所授予的一个特许权,该特许权规定一个厨师可以独占使用他自己发明的一种糕点制作技术。1624 年,英国颁布了《垄断法》,这部《垄断法》不仅成为英国现代专利法的基础,而且还影响到其他越来越多的国家,世界上一些发达国家先后颁布了专利法,如美国在 1790 年、法国在 1791 年、俄国在 1814 年、荷兰在 1817 年、西班牙在 1820 年、印度在 1859 年、德国在 1877 年、日本和奥地利在 1885 年、瑞士在 1888 年颁布了专利法。我国于 1980 年成立中国专利局,1985 年 4 月 1 日专利法正式施行,1994 年成为《专利合作条约》的成员,2001 年加入世界贸易组织(WTO)。世界贸易组织管理的 TRIPS(中文名称《与贸易有关的知识产权协议》,英文全称 AGREEMENT ON TRADE-RELATED ASPECTS OF INTELLECTUAL PROPERTY RIGHTS,是知识产权保护的国际标准)也在我国生效。我国在专利工作方面取得与美、日、欧等发达国家和地区同等的地位。

专利文献是专利制度的产物，是一种依法公开的出版物；它荟萃了发明创造之精华，包含最新颖的科技信息。狭义地讲，专利文献是指专利申请人向专利管理部门呈交的，对其发明创造的技术性及专利权限等方面所做的专利说明书；广义地讲，除上述专利说明书外，专利文献还包括不公开发行的有关专利申请、审批中的各种文件及专利局出版的各种检索工具，如专利公报、专利文摘、专利分类表和各种专利索引等。从内容到形式，专利说明书均有别于其他文献资料，具有如下特点：

1. 文字精练，叙述严谨

专利说明书等专利文献是需经法律程序严格审查和批准的文件，因此，其文字必须明确、精练，达到既公开内容、又保护自身利益的效果。

2. 技术新颖，内容广泛

专利文献包括小到日常生活、大到高精尖技术在内的所有应用技术领域，内容范围十分广泛，且都具有超过同领域技术水平的新颖性。

3. 系统完整，实用详尽

专利文献系统汇总和累积了几百年来人类发明创造的技术资料，从中可以了解某领域技术发展的来龙去脉和当前水平。实用性是授予专利权的重要条件，要求专利说明书所叙述内容能够使同行业普通专业人员看懂和实施，因此，专利文献比一般文献详尽、具体和实用。

4. 出版迅速，报道及时

多数国家的专利均实行先申请、早期公开、延迟审查的制度。因此，发明人竞相争取早申请，专利局对专利申请必须自申请日起的18个月内公开申请说明书，而其实质审查则可在3年内进行。所以，一般情况下，专利文献的出版和传递速度比其他类型文献要快。

5. 著录规范，格式统一

各国出版的专利说明书都基本按照统一的国际格式进行印刷，著录项目采用统一的识别代码，并标注统一的国际专利分类号，实现了书写格式、审查标准和文献分类三方面的统一。

6. 重复出版，语种多样

据世界知识产权组织公布，专利文献的重复出版率达2/3。究其原因：一是专利申请的不同审批阶段造成的多次重复出版；二是同一项专利在几个甚至几十个国家申请，形成多个国家出版同一专利文献所造成的重复出版，以及各国出版的专利文献各自使用本国语言，形成专利文献的多语种现象。

7. 具有相对局限性

专利技术受到法律保护，但其保护期限和范围是有限度的。发明专利的保护期一般为15～20年，实用新型和外观设计专利的保护期一般为10年。由于技术更新快和发明人交不起专利年费等原因，许多专利在未到期前就已失效。同时，大约有2/3的专利申请不能授予专利权。失效后的专利技术和未授权的专利技术不受法律保护，可以无偿使用。

专利的保护范围一般限于授予专利权的国家和地域内，在不受到保护的国家和地区，可以无偿使用，所以查阅专利文献要注意专利权的有效期和保护的地域范围。

8. 集技术、法律和经济信息于一体

专利文献不仅记载着发明的技术内容，而且记载着权利归属等法律状况。同时，从专利保护的国家、地区的地理分布，可以分析产品和技术的销售规模及潜在市场等情况。所以，专利文献是技术、法律、经济信息融为一体的重要信息源。

知识拓展:专利说明书的构成

专利说明书是专利文献的主体,也是最基本、最主要的原始文献,是专利文献检索的最终目标。各国对专利说明书的格式、内容和要求都有统一规定,基本大同小异。1970 年以前一般由标头、正文(发明内容、权利要求等)和附图三部分组成;1970 年以后,多数国家的专利说明书标头部分改为扉页。扉页上著录与发明人和法律等有关的各种项目,包括文献号、申请号、申请日期、国际专利分类号、国别或机构、申请人、发明人、发明项目和文摘等。正文部分的内容包括发明背景、发明所属技术领域和技术特征等详细叙述、权利要求等,实用新型专利说明书的正文内容主要是权利要求部分,外观设计专利的正文只是该外观设计的若干幅图或照片。

知识拓展:中国专利申请号的构成

中国专利申请号由 12 位阿拉伯数字表示,包括申请年号、申请种类号和申请流水号 3 个部分。按照由左向右的次序,专利申请号中的第 1～4 位数字表示受理专利申请的年号,第 5 位数字表示专利申请的种类,第 6～12 位数字(共 7 位)为申请流水号,表示受理专利申请的相对顺序。专利申请号中使用的每一位阿拉伯数字均为十进制。

年号采用公元纪年,例如 2004 表示专利申请的受理年份为公元 2004 年。

专利申请号中的申请种类号用 1 位数字表示,所使用数字的含义规定如下:1 表示发明专利申请;2 表示实用新型专利申请;3 表示外观设计专利申请;8 表示进入中国国家阶段的 PCT 发明专利申请;9 表示进入中国国家阶段的 PCT 实用新型专利申请。

申请流水号用 7 位连续数字表示,一般按照升序使用,例如从 0000001 开始,顺序递增,直至 9999999。每一自然年度的专利申请号中的申请流水号重新编排,即从每年 1 月 1 日起,新发放的专利申请号中的申请流水号不延续上一年度所使用的申请流水号,而是从 0000001 重新开始编排。

知识拓展:专利的申请程序

依据专利法,发明专利申请的审批程序包括受理、初审、公布、实审以及授权五个阶段。实用新型或者外观设计专利申请在审批中不进行早期公布和实质审查,只有受理、初审和授权三个阶段。

5.2.2 检索专利文献的中文数据库或网站

5.2.2.1 国家知识产权局专利检索及分析数据库(www.sipo.gov.cn)

国家知识产权局的专利检索数据库是集专利检索与专利分析于一身的综合性专利服务系统,收录 103 个国家、地区和组织的专利数据,以及引文、同族、法律状态等数据信息,涵盖中国、美国、日本、韩国、英国、法国、德国、瑞士、俄罗斯、欧洲专利局和世界知识产权组织等。其数据更新周期为:中外专利数据每周三更新,同族、法律状态数据每周二更新,引文数据每月更新。

1. 检索功能

(1)常规检索　如图 5-11 所示,常规检索是一种方便、快捷的检索模式,能够快速定位检索对象(如一篇专利文献或一个专利申请人等)。如果检索目的十分明确,或者初次接触专利检索,适合以常规检索作为检索入口进行检索。

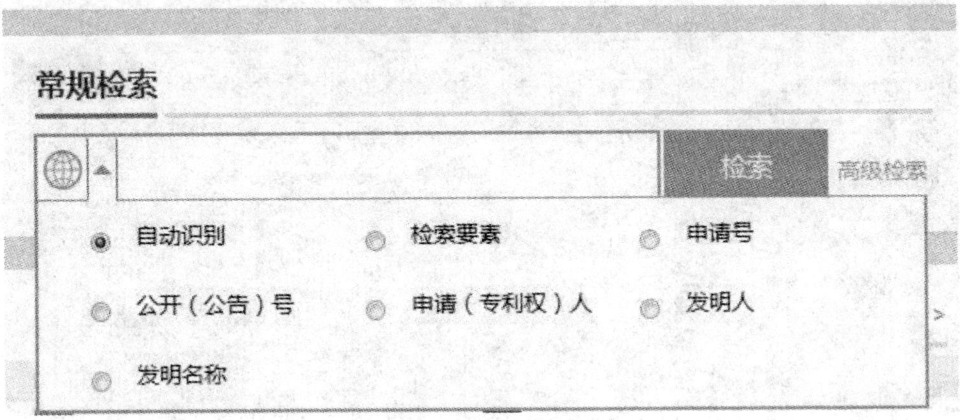

图 5-11　常规检索

(2)高级检索　如图 5-12 所示,高级检索提供了丰富的检索入口以及智能辅助的检索功能。根据检索需求,在相应的表格项输入相关检索要素,并确定检索项目之间的布尔逻辑关系,进而构成检索式后进行检索。

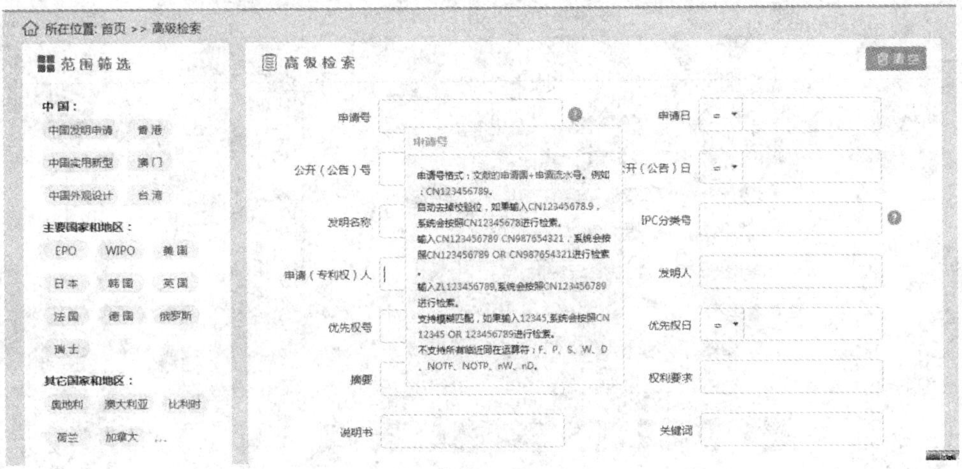

图 5-12　高级检索

(3)分类导航　如图 5-13 所示,分类导航是基于 IPC(国际专利分类法)的分类检索。其检索方式为逐层点击类目,直至出现所需类目,点击“查询”按钮即可。

2. 检索结果

图 5-14 为国家知识产权局专利检索数据库中单个专利的详览页面。默认状态下,显示专利的申请号、申请日、公开号、公开日、申请人、发明人、优先权号和优先权日。

图 5-13　分类导航

图 5-14　单个专利详览页面

3. 检索技术

(1)限定字段检索　该系统支持申请号、申请日、公开(公告)号、公开(公告)日、发明名称、IPC 分类号、申请(专利权)、发明人、优先权号、优先权日、摘要、权利要求、说明书、关键词等字段检索。

(2)布尔逻辑检索　字段间逻辑关系默认为逻辑“与”。另外，摘要、专利名称字段内各检索词之间可进行逻辑与(and)、逻辑或(or)、逻辑非(not)运算，如查找“计算机应用”，可键入

“计算机 and 应用”；查找“计算机”或者“控制”，可键入“计算机 or 控制”；查找“计算机”但不包含“电子”，可键入“计算机 not 电子”。

(3)截词检索　申请(专利)号、公开(公告)号、分类号、主分类号、申请(专利权)人、发明(设计)人、地址、专利代理机构、代理人、优先权等字段支持“?”代替单个字符和“%”代替多个字符的功能。如已知申请号前五位为“02144”，应键入“02144%”；已知申请号中间几位为“2144”，应键入“%2144%”；已知申请号不连续的几位为“021”和“468”，应键入“%021%468%”进行检索。

4. 专利分析

免费注册账号和密码并登录系统，以常规检索方式进行专利检索后，在图 5-15 界面点击“分析文献库”链接，将检索结果加入分析文献库后，即可进行申请人、发明人、区域、技术领域、中国专项、高级分析等项的专利分析。

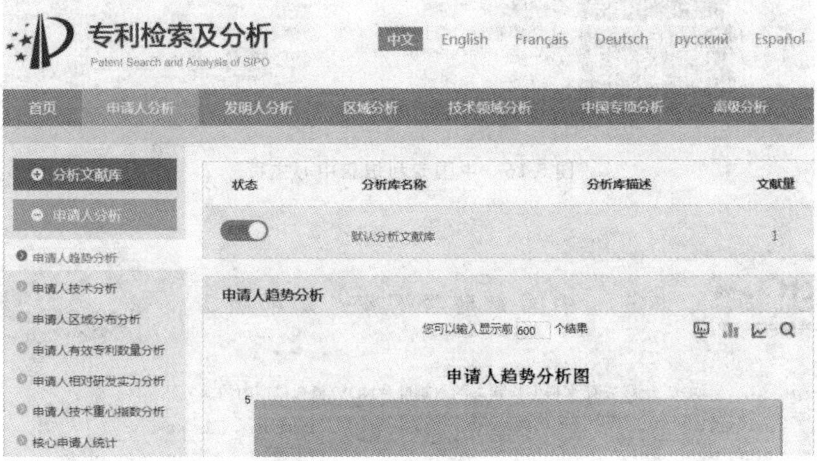

图 5-15　专利分析

5.2.2.2　中国专利信息中心专利检索系统(www.cnpat.com.cn)

中国专利信息中心成立于 1988 年，是国家知识产权局直属事业单位、国家级大型专利信息服务机构，拥有国家知识产权局赋予的专利数据库管理权、使用权和综合服务经营权。其数据库收录了 1985 年 9 月 10 日至当前约 3 周前公布的中国专利信息，包括发明、实用新型和外观设计 3 种专利的著录项目及摘要，并可浏览到各种说明书全文，但不包括外观设计图形。数据延迟收录时间大约为 3 周。图 5-16 为其首页。

5.2.2.3　中国专利全文数据库——知网版(CNKI)

收录 1985 年至今的中国专利和 1970 年至今的国外专利。可以通过申请号、申请日、公开号、公开日、专利名称、摘要、分类号、申请人、发明人、优先权等检索项进行检索，其国内专利可以一次性下载专利说明书全文，国外专利说明书全文链接到欧洲专利局网站。与通常的专利库相比，知网版中国专利数据库每条专利的知网节(图 5-17)集成了与该专利相关的最新文献、科技成果、标准等信息，可以完整地展现该专利产生的背景、最新发展动态、相关领域的发展趋势，可以浏览发明人与发明机构更多的论述以及在各种出版物上发表的信息。中国专利全文数据库——知网版(CNKI)的检索技术和检索功能见本书前文 3.1 部分。

www.cnpat.com.cn
中国专利信息中心
China Patent Informantion Center
首页
中心简介
最新动态
人才招聘
产品及服务
专利实验数据库
专利知识园地
英汉翻译
热烈庆祝中国专利信息中心服务联盟成立
专利检索
中心动态
国内资讯
在线咨询
我要提问
国际在线
焦点评论
010－61073107
12330

图 5-16　中国专利信息中心主页

www.cnki.net
中国知识基础设施工程
中国专利数据库（知网版）
一种表征水稻生长状态的水稻叶片NDVI拟合模型的构建方法
【申请号】CN201610066248.7
【申请日】2016-01-25
【公开号】CN105760654A
【公开日】2016-07-13
【申请人】沈阳农业大学
【地址】110866 辽宁省沈阳市沈河区东陵路120号
【发明人】许童羽;于丰华;陈春玲;曹英丽;周云成;郑伟
【国省代码】21
【摘要】本发明公开了一种基于DNVI模型表征水稻生长状态的方法,包括以下步骤：分别获取水稻底部、水稻中部、水稻冠层和水稻生长环境各自的最高温度和最低温度,获取水稻底部、水稻中部、水稻冠层和水稻生长环境各自的最高相对湿度和最低相对湿度；获取水稻叶片NDVI；获取水稻冠层NDVI；获取水稻叶片接受日照的日照小时数和水稻生长天数；利用SPSS软件的多元回归分析方法,对上述数据进行分析,获得表征水稻生长状态的NDVI拟合模型。通过本发明的方法能够准确的估计水稻叶片分蘖期、水稻叶片拔节孕穗期、水稻叶片抽穗灌浆期和水稻叶片成熟期的生长状态,为科学评估水稻健康状况的模型研究奠定了基础。
【主权项】一种表征水稻生长状态的水稻叶片NDVI拟合模型的构建方法,其特征在于,包括以下步骤：在分蘖期、拔节孕穗期、抽穗灌浆期和成熟期,每天获取水稻底部、水稻中部、水稻冠层和水稻生长环境各自的最高温度、最低温度、最高相对湿度和最低相对湿度；在分蘖期、拔节孕穗期、抽穗灌浆期和成熟期,每天获取水稻叶片NDVI；在分蘖期、拔节孕穗期、抽穗灌浆期和成熟期,每天获取水稻冠层NDVI；在分蘖期、拔节孕穗期、抽穗灌浆期和成熟期,每天获取水稻叶片接受日照的日照小时数和水稻生长天数；以所述水稻底部、水稻中部、水稻冠层和水稻生长环境各自的最高温度和最低温度、最高相对湿度和最低相对湿度,所述水稻叶片NDVI,所述水稻冠层NDVI,以及所述水稻叶片接受日照的日照小时数和水稻生长天数为对象,利用SPSS软件进行多元回归分析,获得表征水稻生长状态的水稻叶片NDVI拟合模型。
【页数】19
【主分类号】G06F19/00
【专利分类号】G06F19/00
推荐下载阅读CAJ格式全文
查阅法律状态
专利产出状态分析
本领域科技成果与标准
发明人发表文献
申请机构（个人）发表文献
本专利研制背景
本专利应用动态
所涉核心技术研究动态
专利产出状态分析
发明人其它专利
[01] 陈广元;夏振宏;郑伟;王永保. LOG事件管理方法 [P]. 中国专利:CN101739505A,2010-06-16.
[02] 陈广元;夏振宏;郑伟;刘红月;陈连喜. 一种USB医用数据传输装置 [P]. 中国专利:CN201562278U,2010-08-25.
[03] 鲍颜红;徐泰山;徐伟;马明;郑伟;段慧;周海峰;曾兴嘉;彭惠敏. 多种安全稳定约束的预防控制和紧急状态辅助决策方法 [P]. 中国专利:CN102222162A,2011-10-19.
[04] 许为;郑伟;丁小许;吴行宽. 城镇居民医疗保险信息管理方法 [P]. 中国专利:CN102194042A,2011-09-21.

图 5-17　中国知网专利的知网节信息

5.2.2.4　中国专利全文数据库——万方数据知识服务平台版

收录国内外的发明、实用新型及外观设计等专利。内容涉及自然科学各个学科领域，数据每两周更新一次，图 5-18 为万方数据知识服务平台专利检索数据库的高级检索页面。中国专利全文数据库——万方数据知识服务平台版的检索技术与功能详见本书前文 3.3 部分。

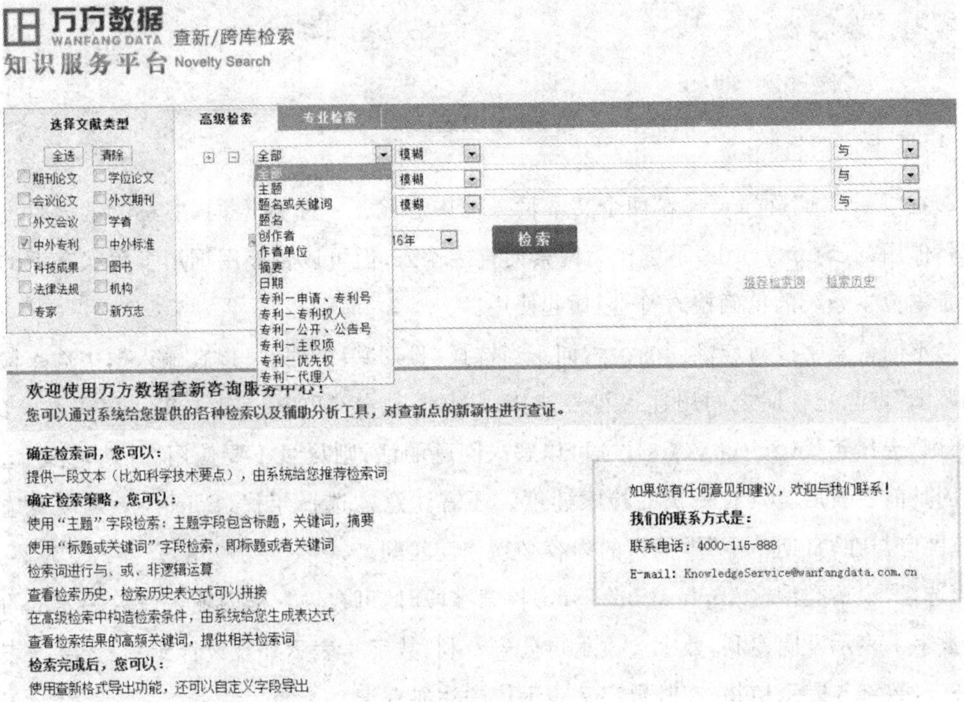
万方数据
WANFANG DATA
知识服务平台
查新/跨库检索
Novelty Search
选择文献类型
全选
清除
期刊论文
学位论文
会议论文
外文期刊
外文会议
学者
中外专利
中外标准
科技成果
图书
法律法规
机构
专家
新方志
高级检索
专业检索
全部
主题
题名或关键词
题名
创作者
作者单位
摘要
日期
专利－申请、专利号
专利－专利权人
专利－公开、公告号
专利－主权项
专利－优先权
专利－代理人
模糊
与
检索
推荐检索词
检索历史
欢迎使用万方数据查新咨询服务中心！
您可以通过系统给您提供的各种检索以及辅助分析工具，对查新点的新颖性进行查证。
确定检索词，您可以：
提供一段文本（比如科学技术要点），由系统给您推荐检索词
确定检索策略，您可以：
使用“主题”字段检索：主题字段包含标题，关键词，摘要
使用“标题或关键词”字段检索，即标题或者关键词
检索词进行与、或、非逻辑运算
查看检索历史，检索历史表达式可以拼接
在高级检索中构造检索条件，由系统给您生成表达式
查看检索结果的高频关键词，提供相关检索词
检索完成后，您可以：
使用查新格式导出功能，还可以自定义字段导出
如果您有任何意见和建议，欢迎与我们联系！
我们的联系方式是：
联系电话：4000-115-888
E-mail: KnowledgeService@wanfangdata.com.cn

图 5-18　万方数据知识服务平台专利检索数据库的高级检索页面

5.2.3　检索专利文献的外文数据库或网站

5.2.3.1　美国专利商标局专利检索系统

美国专利商标局网站是美国专利商标局建立的政府性官方网站，该网站除了提供全方位的专利信息服务外，还提供专利申请等与专利有关的其他服务。数据库内容每周更新。

1. Quick search(快速检索)

图 5-19 所示快速检索，通过 2 个检索词进行检索，可以指定它们之间的逻辑关系。其检索步骤及注意事项如下：

(1)在“选择年代(Select years)”下拉菜单中选择要检索的年代范围(1976 to present 或 1970 to present)。

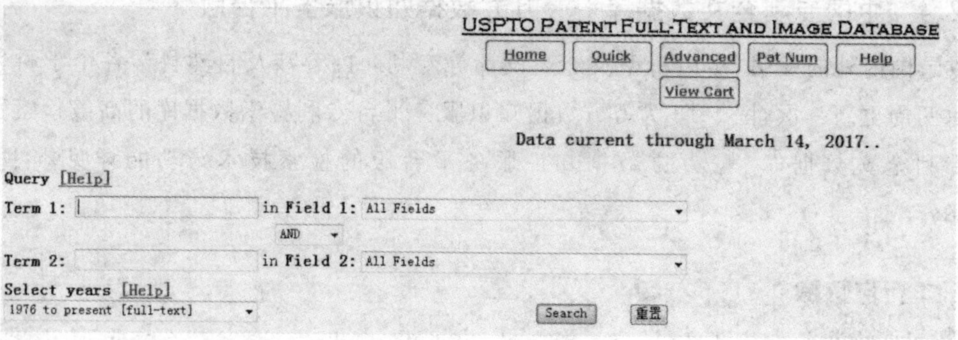

图 5-19 快速检索

(2)在“Term 1”及“Term 2”两个文本输入框中各输入一个检索词，书写检索词时不区分大小写；停用词(Stop words)不可作为检索词直接输入，但可以将停用词用半角状态下的引号(引号是本检索系统的精确检索符号)括起使用。

(3)不同检索字段对应不同的检索词。当选择“日期字段”时，可以在输入框中输入检索的“日期范围”，起、止日期之间用连接符号连接。例如：11/1/1997-5/12/1998。值得注意的是，如果使用“选择年代(Select years)”项可以解决问题的话，则尽量不要使用“日期范围”这一功能，原因是前者较后者具有更快的检索速度。还需注意，“选择年代(Select years)”项选择的年限范围应与在“日期范围”中输入的内容必须相互匹配。

当选择“申请类型”(Application Type)检索字段时，可在输入框内输入以数字表示的专利类型(数字 1 表示发明专利，数字 2 表示再公告专利，数字 4 表示外观设计专利，数字 5 表示防卫性公告，数字 6 表示植物专利，数字 7 表示依法注册登记)。

(4)选择两个检索式间的布尔逻辑算符(AND 表示逻辑与、OR 表示逻辑或、ANDNOT 表示逻辑非)。该项选择菜单位于图 5-19 的两个输入框之间。

(5)点击“检索”(Search)按钮发出指令。

2. Advanced search(高级检索)

图 5-20 所示高级检索，可以使用户通过命令方式向系统提出检索提问，从而实现数据库的检索。其检索词输入规则与快速检索相同，此处不再赘述。这里只介绍二者的不同之处。

(1)构建检索式时可以使用括号作为优先检索符号，括号内的部分先行检索，若不加括号，则按由左至右顺序进行检索。

(2)可以指定检索字段。指定检索字段的方法为在检索词之前加“检索字段代码”和符号“/”，检索字段代码与检索字段名称的对照表如图 5-20 页面所示，如 PN 代码对应 Patent Number 字段。

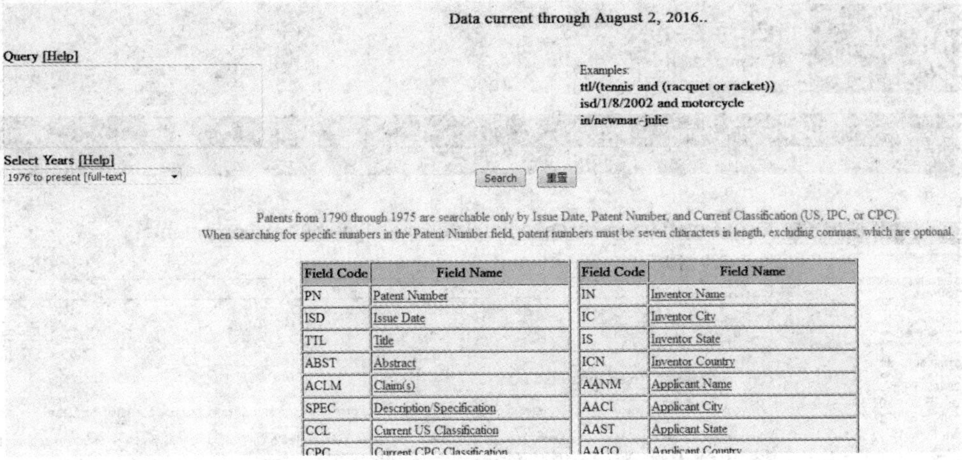

图 5-20　高级检索

3. Patent number search(专利号检索)

专利号检索是通过专利号查找特定专利的最简捷途径,其检索页面如图 5-21 所示。

检索时,直接在"提问式(Query)"输入框输入如图 5-21 所示专利号格式的一个或多个专利号,多个专利号之间用空格分隔。系统返回的检索结果会列出所有符合检索要求的专利,默认申请日期近的专利排在前面。

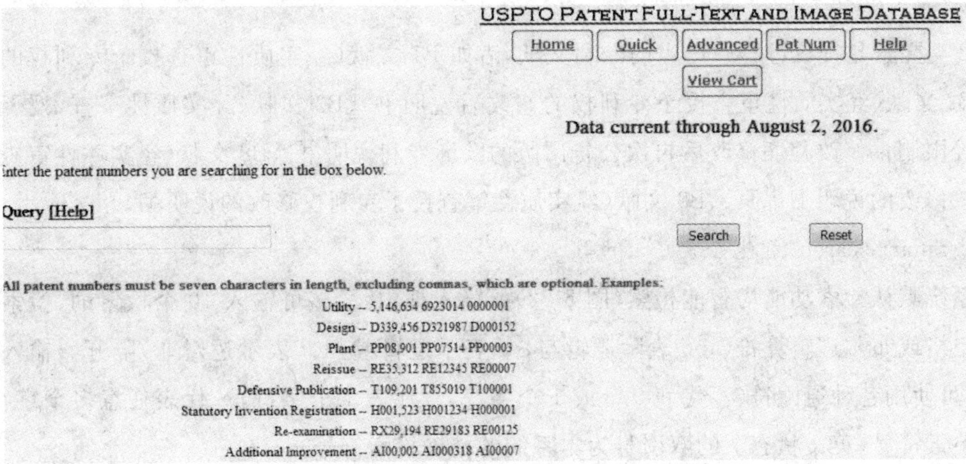

图 5-21　专利号检索

5.2.3.2　欧洲专利局专利检索系统

图 5-22 为欧洲专利局的专利检索系统首页,欧洲专利文献包括 A 类文献和 B 类文献。

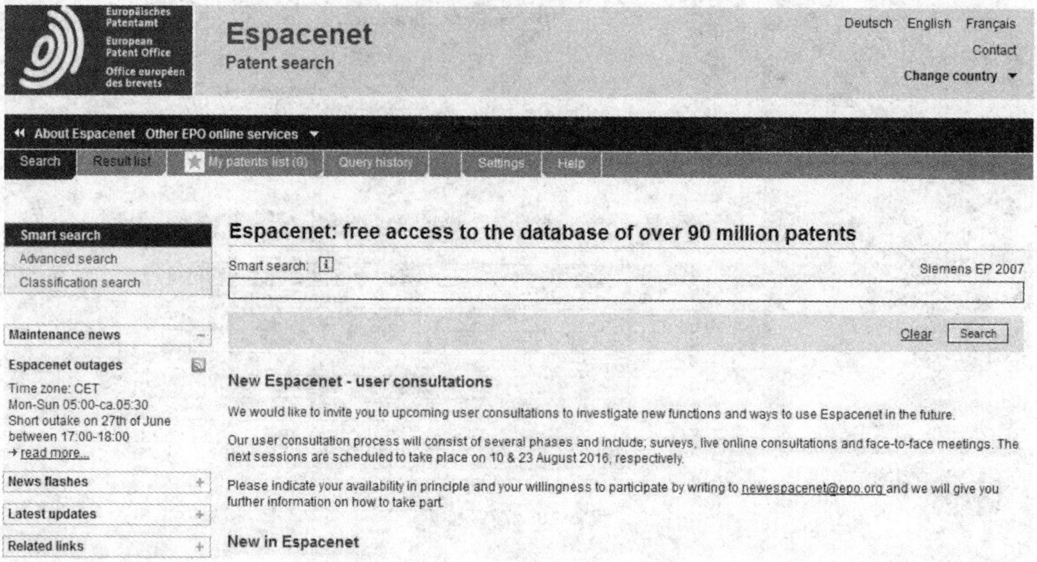

图 5-22　欧洲专利局专利检索系统

A 类文献是指在专利申请过程中产生的专利文献，诸如 A1 文献（附有检索报告）、A2 文献（未附有检索报告）、A3 文献（单独出版的检索报告）、A4 文献（对国际申请检索报告所做的补充检索报告）、A8 文献（专利申请说明书的更正扉页）和 A9 文献（专利申请说明书的全文再版）。

B 类文献是授权过程中产生的专利文献，诸如 B1 文献（经实质性审查授予专利权的说明书）、B2 文献（经实质性审查授予专利权的修改后说明书）、B3 文献（经实质性审查，授予专利权的经限制性修改程序修改后再次公告出版的欧洲专利说明书）、B8 文献（经实质性审查授予专利权修改的说明书扉页）、B9 文献（经实质性审查授予专利权修改的说明书）。

1. Smart search（智能检索）

系统默认检索功能为智能检索（图 5-22）。输入框内，最多可输入 10 个检索词，检索词之间以空格或布尔逻辑算符（and 表示逻辑与，or 表示逻辑或，not 表示逻辑非）隔开。输入检索词时，可使用各种通配符（? 代表 0 个或 1 个字符，# 代表 1 个字符，* 代表任意多个字符）和精确检索符号（英文状态下的双引号为本系统的精确检索符号）。

2. Advanced search（高级检索）

图 5-23 为高级检索界面。高级检索功能具有 10 个输入框，分别限定在 Title（题名）、Title or abstract（题名或摘要）、Publication number（公布号）、Application number（申请号）、Priority number（优先权号）、Publication date（公布日）、Applicant（申请人）、Inventor（发明人）、IPC/CPC（分类号）等字段。其检索词输入方式同智能检索。

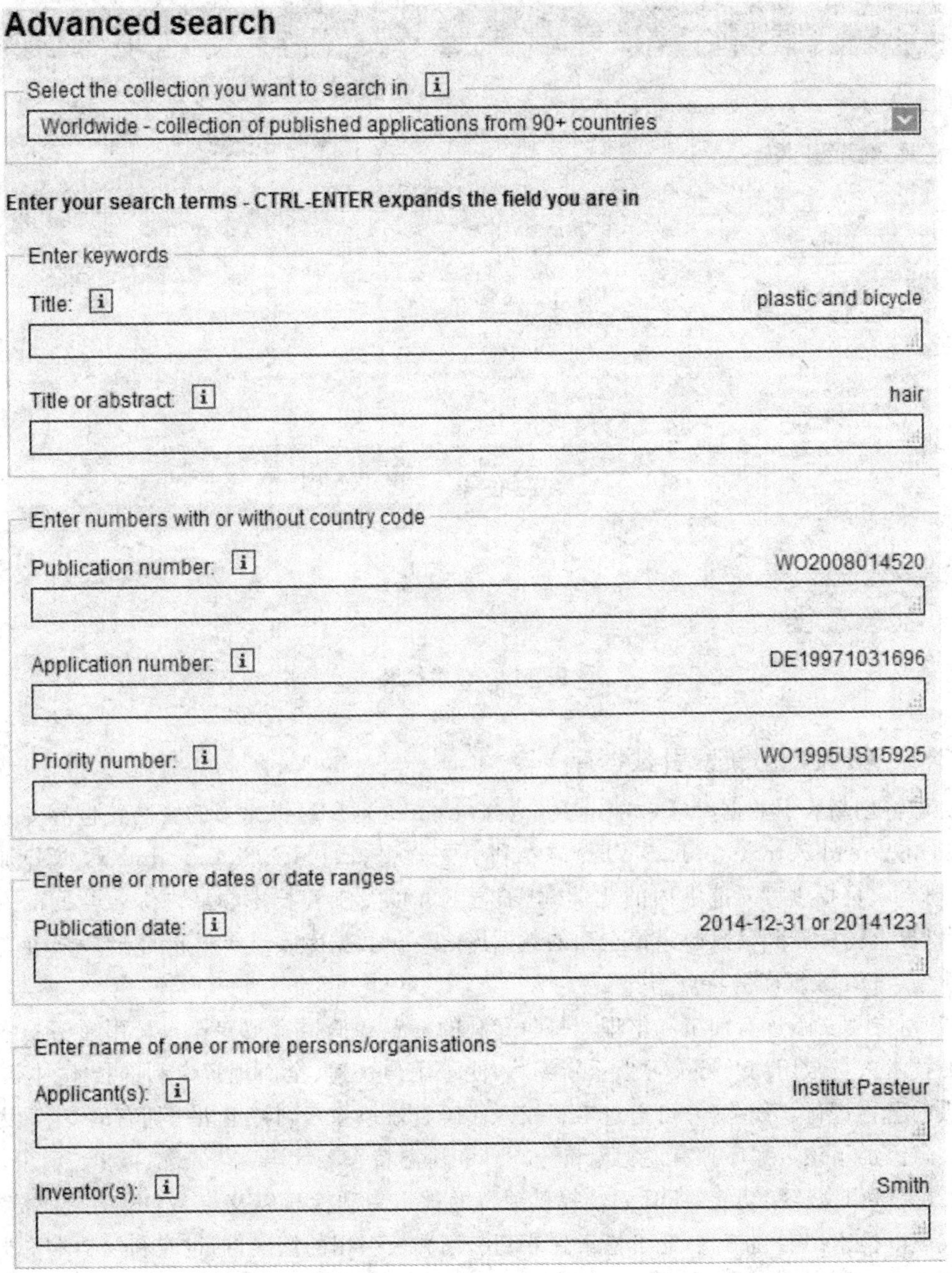

图 5-23 高级检索

3. Classification search(分类检索)

图 5-24 为分类检索界面。分类检索的具体步骤如下：

(1) 逐层点击图 5-24 右侧所示专利类目，直至点出所需类目；

(2)勾选所需类目之前的方框，可以选择多个类目；

(3)点击图 5-24 左侧的“Find patents”按钮。

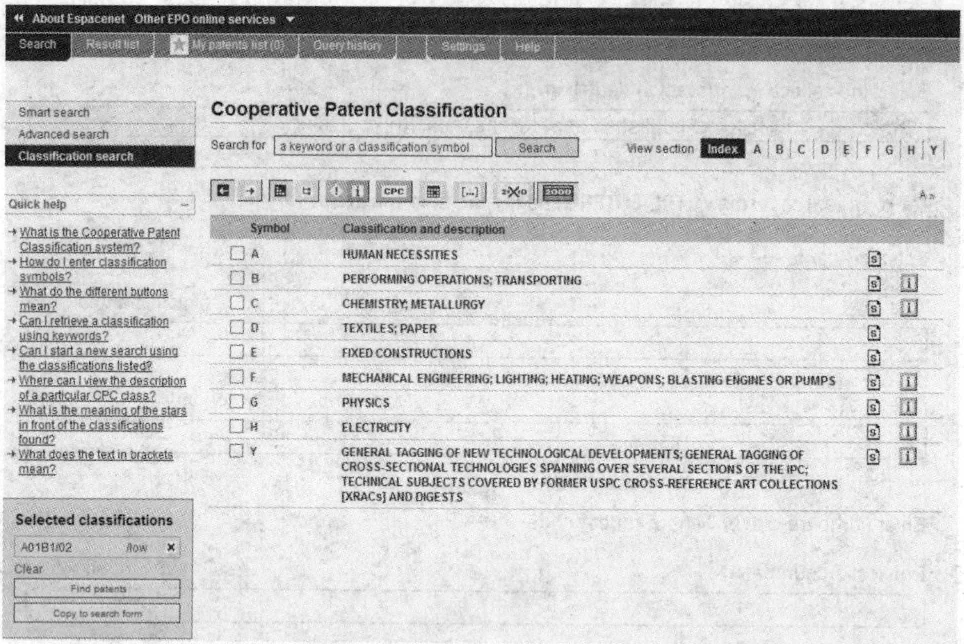

图 5-24 分类检索

5.2.3.3 德温特创新索引数据库

德温特创新索引数据库(Derwent Innovations Index,DII)将原来的德温特世界专利索引(Derwent World Patents Index,WPI)与专利引文索引(Patents Citation Index,PCI)加以整合,为研究人员提供世界范围内的化学、电子与电气以及工程技术领域内综合全面的发明信息,是世界上国际专利信息收录最全面的数据库之一。数据库收录年限起始于 1963 年。数据每周更新。DII 数据库的特点为:

(1)对专利文献进行加工和整理 每条专利的标题和摘要都被专业人员用通俗易懂的英语按照技术人员常用词及行文习惯重新编写,便于用户快速、全面理解专利的技术内容;对专利权人的名称进行了规范,并可通过专利权人代码有效地检索到特定机构拥有的专利;为每条专利文献添加了该数据库独有的德温特分类号和德温特手工代码。

(2)提供引文链接功能 DII 系统提供独特的被引专利检索以及与 WOK 的双向链接,用户不仅可以检索到专利信息,还可检索到专利引用和被引用的情况,通过专利及学术论文之间的引用关系,揭示技术之间以及基础研究与技术创新之间的互动与关联。

(3)对同族专利信息进行整合 德温特创新索引数据库中,一条专利记录描述一族专利,称为同族专利。具体做法为:在收录某一专利文献时,DII 检索排查数据库中的所有专利说明,确定该专利文献所对应专利在 DII 数据库中是否属于新的发明,如果确为在 DII 数据库中没有相关记录的全新发明,那么该文献被设置成基本专利(Basic),即创建一个新的专利记录,并给出一个德温特入藏登记号;如果该专利文献所涉专利在其他国家已经发布,并作为基本专利已进入 DII 数据库中,那么该文献会被设置成为同等专利(Equivalent)加入到基本专利记录中,该专利文献所相对应的基本专利记录也由于添加了同等专利信息而被更新,基本专利和同等专利共同形成同族专利(可以利用德温特入藏登记号获取同族专利信息)。

(4)DII仅收录发明专利文献,不收录实用新型、外观设计等类型的专利文献。

知识拓展:德温特出版公司

德温特出版公司(Derwent Publication LTD.)是英国一家专门从事专利检索出版物和数据库经营的私营公司,创立于1951年。它收集报道世界上29个国家和2个国际组织的专利文献以及2种技术杂志上发表的技术发明,是世界上最大的专利文献出版公司。其工作由报道本国专利文献开始,首先创办了《英国专利文摘》,随后又创办了《比利时专利文摘》、《法国专利文摘》。英国德温特公司出版的专利索引体系具有报道国家广、专业面全、出版迅速、检索途径多、文种单一等优点,在世界各种专利检索工具中占有重要地位。

5.3　会议文献

5.3.1　会议文献概述

会议文献(conference paper)是指在各种学术会议上交流、宣读或发表的论文、报告、讲演等,并经编辑整理后的正式出版物。一般情况下,会议文献多以会议录形式出版,有时也会刊载在期刊上。科学研究中的许多新发现、新进展、新成就,所提出的新课题、新设想,往往最先披露于会议或会议文献之中。因此,会议文献能够反映某些学科或领域的最新研究进展和成就,具有较高的研究价值,是传递和获取科技信息的一种重要渠道。会议文献具有如下一些特点:

(1)专深性　各种学术会议,通常围绕一到多个主要议题举行研讨,参会者大多是该领域专家,或是从事相关工作的科技人员,他们对会议议题都有较深的了解,可以在较专深水平上进行对话,因此,与其他类型文献相比,会议文献的内容更具专深性。

(2)连续性　会议文献随着会议的召开而产生,而大多数学术性、专业性会议又都具有连续性,会议文献也随之会连续出版下去。

(3)新颖性　许多学科中的最新发现都是在科技会议上首次公布,会议论文阐述的观点往往代表了作者的最新研究成果,通过会议文献,一些新发现、新成果可以在同行们中迅速传播。通过会议传播信息的速度通常要比发表期刊论文早一年左右。

5.3.2　检索会议文献的中文数据库或网站

1. 万方数据知识服务平台的会议论文数据库

中国学术会议论文数据库是万方数据知识服务平台的子库,收录了由中国科技信息研究所提供的国家级学会、协会、研究会组织召开的各种学术会议论文,每年涉及3 000余个重要的学术会议,范围涵盖自然科学、工程技术、农林、医学等多个领域。其检索技术和检索功能参见本书前文3.3部分。

2. 国家科技图书文献中心会议论文数据库

该数据库主要收录1985年以来国内各主要学会、协会、出版机构出版的学术会议论文,提供国家科学图书馆、中国科技信息研究所、机械工业信息研究院、冶金工业信息标准研究院、中国化工信息中心、中国农科院农业信息研究所、中国医学科学院图书馆等国家科技图书文献中心成员单位所收藏的中文会议论文题录和文摘,学科范围涉及工程技术和自然科学的各专业领域。数据每周更新。

3. 中国知网国内外重要会议论文全文数据库

重点收录1999年以来,中国科协系统及国家二级以上的学会、协会、高校、科研院所、政府机关举办的重要会议文献,以及在国内召开的国际会议上发表的文献。其中,国际会议文献占全部文献的20%以上,全国性会议文献超过总量的70%,部分重点会议文献回溯至1953年。提供CAJ及PDF格式的全文下载。其检索技术和检索功能参见本书前文的3.1部分。

4. 中国学术会议在线(www.meeting.edu.cn)

该网站由中华人民共和国教育部科技发展中心主办,提供了会议新闻、会议评述、各学术会议信息预报、会议回顾、会议分类搜索、会议在线报名、会议论文征集、会议资料发布、会议报告视频、会议同步直播等栏目,以及精品会议、特邀报告、经验交流、会务论坛、讲座平台等服务(图5-25)。

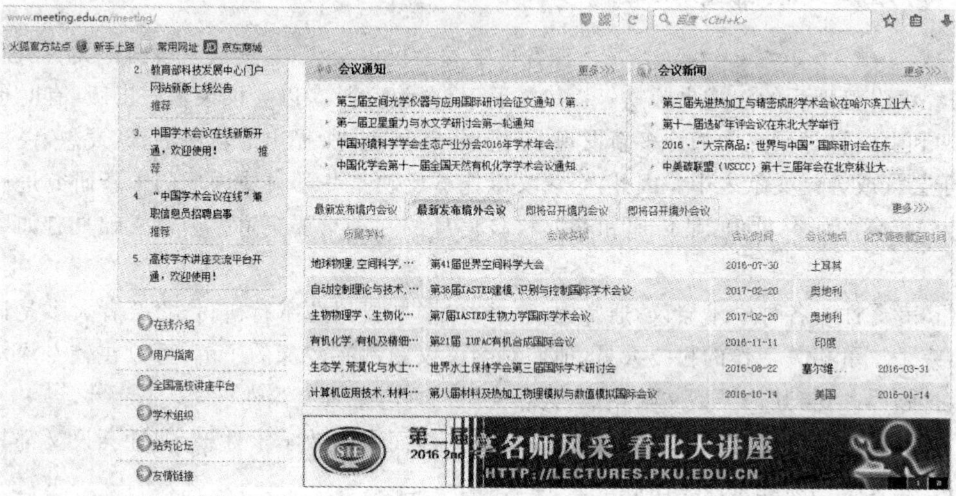

图5-25 中国学术会议在线

为便于各专业用户查询本专业内相关学术会议信息,该网站将会议信息以学科进行分类,并引入用户评价模块,参会用户可对会议主办方的诚信、会议的学术水平等进行评价,为后来参会者提供参考和舆论监督,促进和提高主办方的办会水平。

5.3.3 检索会议文献的外文数据库或网站

1. 会议录引文索引数据库

会议录引文索引数据库(Conference Proceedings Citation Index,CPCI)由美国汤森路透公司出版,汇集了以图书、科技报告、预印本、期刊论文等形式出版的各类国际会议文献,提供综合、全面、多学科的会议论文资料。数据每周更新。

CPCI包含科学会议录引文索引(Conference Proceedings Citation Index-Science,CPCI-S)和社

会科学与人文科学会议录引文索引(Conference Proceedings Citation Index-Social Sciences & Humanities,CPCI-SSH)两个子库。CPCI-S 涵盖了所有科技领域的会议录文献,包括了农业、生物化学、生物学、生物工艺学、化学、计算机科学、工程、环境科学、内科学和物理学等学科,其前身是科学技术会议录索引(Index to Scientific & Technical Proceedings,ISTP);CPCI-SSH 涵盖了社会科学、艺术及人文科学领域的会议录文献,其前身是社会科学与人文科学会议录索引(Index to Social Sciences & Humanities Proceedings,ISSHP)。ISTP 和 ISSHP 合称 ISI Proceedings,属于 Web of Science Proceedings(WOSP)数据库,2008 年,ISI Proceedings 在扩充了会议论文的引文文献后,升级为 CPCI。

CPCI 是查询世界学术会议文献,尤其是检索正式会议文献出版物的重要检索工具之一。所收录国际会议的水平高、数量多,且数据库的收录信息量大、收录速度快、检索途径多,在同类检索工具中影响大、使用者多、权威性高。CPCI 升级后,不但可以检索会议论文信息,还可以检索会议文献的引用或被引情况。其检索技术和检索功能详见本书前文 2.2.2 部分。

2. 工程索引会议文献

工程索引(the Engineering Index,EI)学术会议旨在汇集科学技术、计算机网络、服务运作、经济管理、教育和信息等相关领域的专家学者文献,讨论学术问题,把握未来发展机遇与学科走向,交流最新研究成果及学术思想。通过 El 会议文献,将能够分享最新的科研成果和实践经验,并对其创新观念进行深度交流。图 5-26 所示,EI 会议论文揭示报道会议录名称、会议名称、召开会议的时间和地点。其检索技术和检索功能详见本书前文 2.3.2 部分。

Accession number:	20161402198002
Title:	**Development of a rule base and algorithm for a quotation preparation process: A case study with a VSM approach**
Authors:	Stadnicka, Dorota[1]; Ratnayake, R.M. Chandima[2]
Author affiliation:	[1] Faculty of Mechanical Engineering and Aeronautics, Rzeszow University of Technology, Rzeszow, Poland [2] Department of Mechanical and Structural Engineering and Materials Science, University of Stavanger, Stavanger, Norway
Source title:	IEEE International Conference on Industrial **Engineering** and **Engineering** Management
Abbreviated source title:	IEEE Int. Conf. Ind. Eng. Eng. Manage.
Volume:	2016-January
Monograph title:	IEEM 2015 - 2015 IEEE International Conference on Industrial Engineering and Engineering Management
Issue date:	January 18, 2016
Publication year:	2016
Pages:	1100-1106
Article number:	7385819
Language:	English
ISSN:	21573611
E-ISSN:	2157362X
ISBN-13:	9781467380669
Document type:	Conference article (CA)
Conference name:	IEEE International Conference on Industrial Engineering and Engineering Management, IEEM 2015
Conference date:	December 6, 2015 - December 9, 2015
Conference location:	Singapore, Singapore
Conference code:	119262
Publisher:	IEEE Computer Society
Abstract:	Quotation preparation lead time plays a significant role in the aircraft components manufacturing (ACM) industry. This is especially due to the fact that on each occasion the sub-contracting suppliers have to manufacture component(s) of which they have no previous experience based on the external demand. The quotation preparation takes place between different actors once the request for a manufacturing proposal has been met. Also, a particular ACM organization investigates the potential capabilities of the selected sub-contracting manufacturers and their suppliers. The sub-contracting manufacturers have to select sub-suppliers to purchase necessary semi-finished goods and raw material to meet the anticipated quality requirements posed by the ACM organization. The waste in terms of time is significantly high due to the possible delays in data and information flow during the quotation preparation process (QPP). The time wastages are mainly caused by the delays within the same manufacturing organization between different functional units (i.e. internal time wastages) as well as between suppliers and the client (i.e. external time wastages). This manuscript suggests an approach with the help of tailor-made value stream mapping (VSM) to investigate the challenges and mitigate the delays caused during the QPP. © 2015 IEEE.
Number of references:	14
Main heading:	Fighter aircraft
Controlled terms:	Algorithms - Manufacture - Mapping
Uncontrolled terms:	Data and information - improvements - Leadtime - Manufacturing organizations - Potential capability - Quality requirements - Quotation preparations - Value stream mapping

图 5-26　EI 会议论文

知识拓展:会议文献的出版形式

会议文献没有固定的出版形式,但以期刊形式出版的情况居多。据统计,以期刊形式出版的会议录约占会议文献总数的50%。期刊形式出版的会议文献中,有的文献是以专号、特辑或增刊形式刊载在学会协会的期刊,有的文献则发表在专门刊载会议录或会议论文摘要的期刊上。另外,也有一些会议文献汇编成专题论文集或出版会议丛刊、丛书,或以科技报告、录音带、录像带或缩微品等形式出版。

5.4 标准文献

5.4.1 标准文献概述

标准的制定和应用已经遍及人们的日常生产和工作,涉及工业、农业、矿业、建筑、信息、交通运输、科研、教育、贸易、文献、社会安全、广播、电影、测绘、海洋、医药、环境、金融以及土地管理等各个领域。

按使用范围和适用地区分,标准可划分为国际标准(常用的有ISO标准和IEC标准)、区域标准(如欧洲标准化委员会CEN及欧洲电工委员会CENELEC制定的全欧标准EN)、国家标准(如中国国家标准代码为GB,美国国家标准代码为ANSI)、行业标准(如水利行业标准代码为SL,美国材料与试验学会标准代码为ASTM)和企业标准(美国波音飞机公司标准代码为BAC)。

按成熟程度划分,标准可划分为强制性标准、推荐性标准和试行标准。

按内容划分,标准可划分出基础标准、产品标准、工艺装备标准、原材料标准和方法标准。

标准文献则是由各级标准化组织主持制定和颁布的,用来记录各类及其他具有标准性质文件的文献,主要包括技术标准、管理标准、标准化专著、标准化会议文献、政府文件等。其中,技术标准是标准文献的主体。技术标准一般包括标准级别、分类号、标准号、标准名称、标准提出单位、审批单位、批准年月、实施日期、具体内容项目等内容。在我国,以《中国标准文献分类法》类分标准文献。

标准文献的制定、审批具有一定程序,使用范围非常明确专一,编排格式固定,内容描述严谨、准确,具有法律效力和可执行性,且时效性强,有一定的有效时间,更新、修订和废除周期短,利用标准文献时要注意引用最新标准。

5.4.2 检索标准文献的中文数据库或网站

1. 中国标准服务网(www.cssn.net.cn)

国家标准馆成立于1963年,其馆藏资源包括全部的中国国家标准和66个行业标准,以及60多个国家、70多个国际和区域性标准化组织、450多个专业协(学)会的成套标准和160多种国内外标准化期刊及标准化专著。

中国标准服务网则以国家标准馆资源为依托,从事国内外标准的代理服务,包括标准文献题录数据库、全文数据库和专业数据库,提供简单检索、高级检索、专业检索和分类检索功能。如图5-27所示,简单检索就是输入标准名称或标准号,进行模糊检索;如图5-28所示,高级检索可按关键词(标题或适用范围或主题词)、标准号(输入完整的标准号或标准号的一部分)、标准分类(中国标准分类或国际标准分类)、标准品种(如辽宁省标准CN-DB21)、标准状态(现行或作废)等途径进行检索；如图 5-29 所示，专业检索是多个字段的检索，字段之间可逻辑与、逻辑或组配；如图 5-30 所示，按《中国标准文献分类法》或《国际标准文献分类法》进行分类检索。

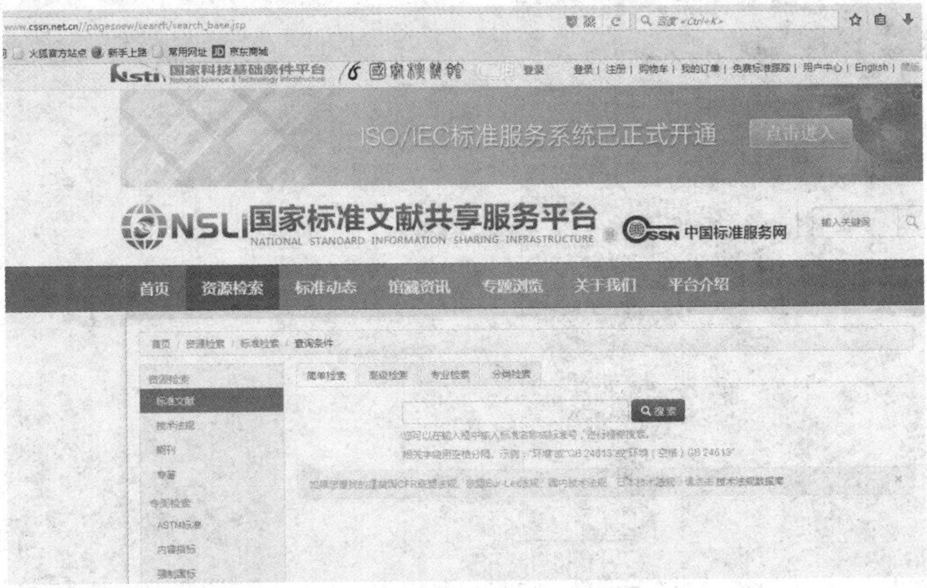

图 5-27　中国标准服务网简单检索

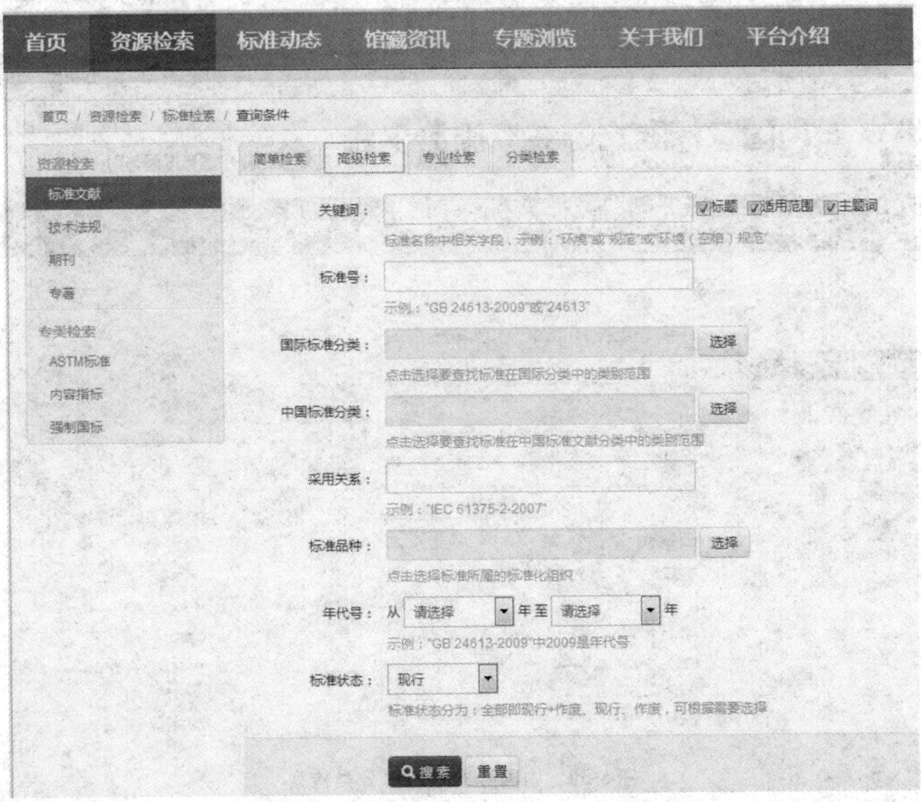

图 5-28　中国标准服务网高级检索

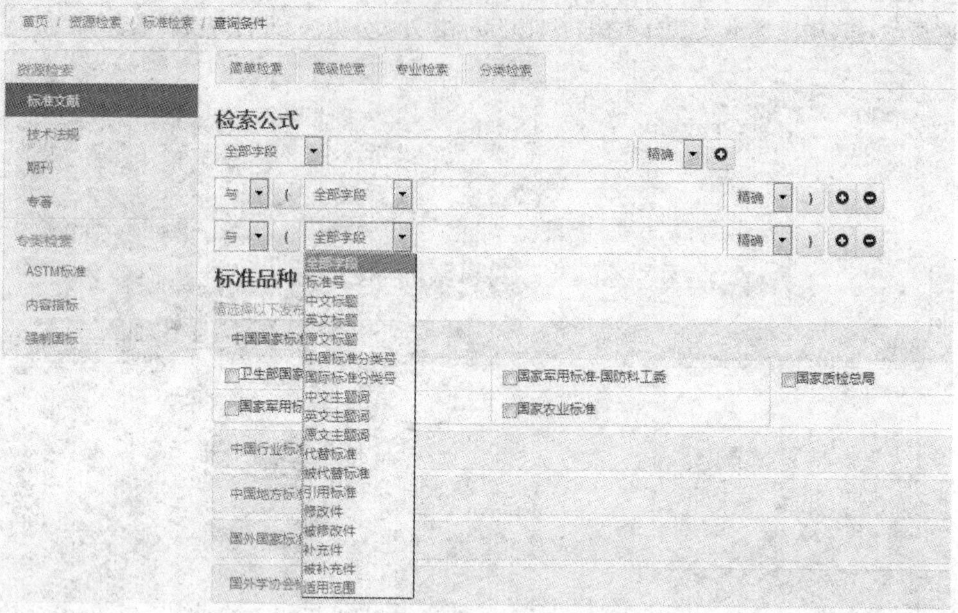

图 5-29 中国标准服务网专业检索

图 5-30 中国标准服务网分类检索

2. 中国知网的标准数据库

中国知网的标准数据库分为中国标准题录数据库、国外标准题录数据库、国家标准全文数据库和中国行业标准全文数据库。其中，中国标准题录数据库收录中国国家标准(GB)、国家建设标准(GBJ)和中国行业标准的题录摘要数据；国外标准题录数据库收录世界范围内重要标准，如国际标准(ISO)、国际电工标准(IEC)、欧洲标准(EN)、德国标准(DIN)、英国标准(BS)、法国标准(NF)、日本工业标准(JIS)、美国标准(ANSI)、美国部分学协会标准（如ASTM，IEEE，UL，ASME）等；国家标准全文数据库收录由中国标准出版社出版、国家标准化管理委员会发布的所有国家标准，占国家标准总量的90%以上；中国行业标准全文数据库收录现行、废止、被代替以及即将实施的行业标准，全部标准均获得权利人的合法授权。该数据库检索技术和检索功能详见本书前文3.1部分。

3. 万方数据知识服务平台的标准数据库

万方数据知识服务平台的中外标准数据库收录了由国家质量监督检验检疫总局等单位提供，包括中国国家标准、中国行业标准、国际标准化组织标准、国际电工委员会标准、欧洲标准、英国标准化学会标准、法国标准化学会标准、德国标准化学会标准、日本工业标准调查会标准、美国国家标准学会标准、美国机械工程师协会标准、美国材料试验协会标准、美国电气及电子工程师学会标准、美国保险商实验室标准等在内的各类标准题录。其检索技术和检索功能详见本书前文3.3部分。

4. 国家科技图书文献中心中国标准数据库

国家科技图书文献中心的中国标准数据库收录了国家科学图书馆、中国科学技术信息研究所、机械工业信息研究院、冶金工业信息标准研究院、中国化工信息中心、中国农科院农业信息研究所、中国医科院医学信息研究所、中国标准化研究院标准馆、中国计量科学研究院文献馆等单位收藏和提供的中国标准，其内容涉及科学研究、社会管理以及工农业生产的各个领域。图5-31为其检索界面。

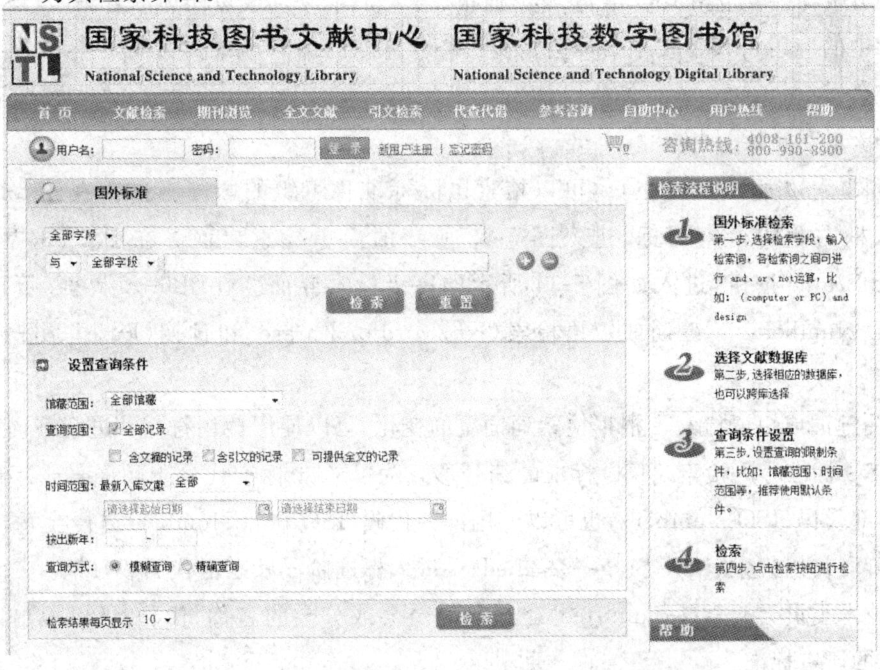

图5-31　国家科技图书文献中心的标准文献检索界面

5. 标准信息服务网(www. standard. org. cn)

深圳市标准技术研究院是深圳市唯一从事标准化研究和服务的专业机构，下设的标准馆主要从事国内外标准的采集、加工、处理以及查询和阅览服务，是中国标准出版社、计量出版社、美国 Information Handling Services Inc. (IHS)、美国 Global Engineering Documents、英国标准化协会(BSI)等国内外标准发行机构在华南地区的指定代理机构。标准信息服务网以深圳市标准技术研究院资源为依托开展服务。

5.4.3 检索标准文献的外文数据库或网站

5.4.3.1 国际标准化组织

1. 概况

国际标准化组织(International Organization for Standardization, ISO)成立于 1947 年，是目前世界上最大的国际性标准化专门机构，主要任务是制定 ISO 国际标准，协调世界范围内的标准化工作，负责除电工领域外的一切工作。在国际标准化中占主导地位，其宗旨是在全世界范围内促进标准化工作的发展，以利于国际间物质交流和服务，并扩大知识、科学、技术和经济方面的合作。我国于 1978 年 9 月以中国标准化协会名义重新加入 ISO，并成为理事国之一，代表中国参加 ISO 的国家机构是中国国家技术监督局(CSBTS)。

国际标准化组织的国际标准由其各个技术委员会负责草拟，经全体成员协商表决通过。这些机构集中了来自成员国的 10 万余名专家，标准的制定审批程序十分严密。ISO 标准每 5 年重新审定一次，使用时注意利用最新版本。

ISO 出版物主要包括 ISO 年刊、ISO 通报、ISO 新闻、ISO 成员团体综合情报、ISO 标准在各国国标中的应用和 ISO 技术委员会情况。ISO 标准的编号形式为：ISO＋标准代号＋顺序号＋年份。

2. 检索

通过图 5-32 所示 ISO 主页，可以检索国际标准化组织的国际标准。在图 5-32 页面，点击输入框右侧的检索图标，进入图 5-33 所示的简单检索界面。在图 5-33 界面，点击 Advanced Search 按钮，进入如图 5-34 所示的高级检索界面。在图 5-34 界面，可以通过标准号(ISO Number)、关键词或短语检索(Keyword or Phrase)和日期(Date)等进行更为精确的检索。

(1)关键词或短语检索　根据检索词词尾的变化，可以使用截词符“*”进行截词检索。

(2)ISO 标准号码检索　ISO 标准的编号形式为“ISO＋标准代号＋顺序号＋年份”，既可以使用全部代码(ISO Number)，也可以使用部分代码(ISO Part Number)进行检索。

(3)阶段代码检索(Date Stage Reached)　进入标准阶段状态的代码或日期。

(4)技术委员会检索(Committee)　通过委员会或分会的名称、代码，可以检出该技术委员会制定的所有标准。

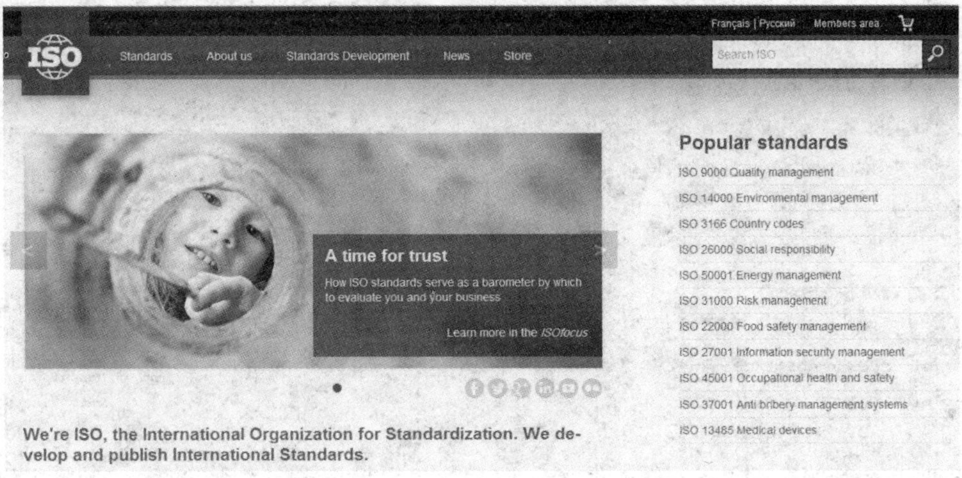

图 5-32　ISO 主页

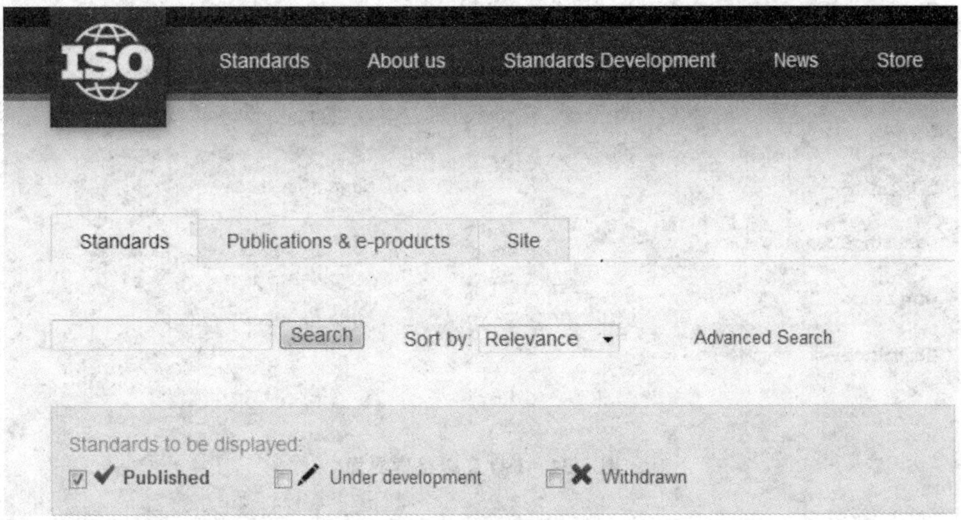

图 5-33　ISO 简单检索界面

知识拓展:什么是 ISO 9000—9004 系列标准

1987 年 3 月 ISO 正式发布了 ISO 9000—9004 系列标准。ISO 9000 为质量管理与质量保证标准,ISO 9001 为质量体系,包括设计开发、生产、设备和售后服务中的质量保证模型;ISO 9002 为质量体系,是生产与设备中的质量保证模型,提出与生产和设备有关问题的预防、发现和纠正;ISO 9003 为质量体系,是终检和测试中的质量保证模型,只提出与检测和测试有关的问题;ISO 9004 为质量管理和质量体系注意要素(准则)。

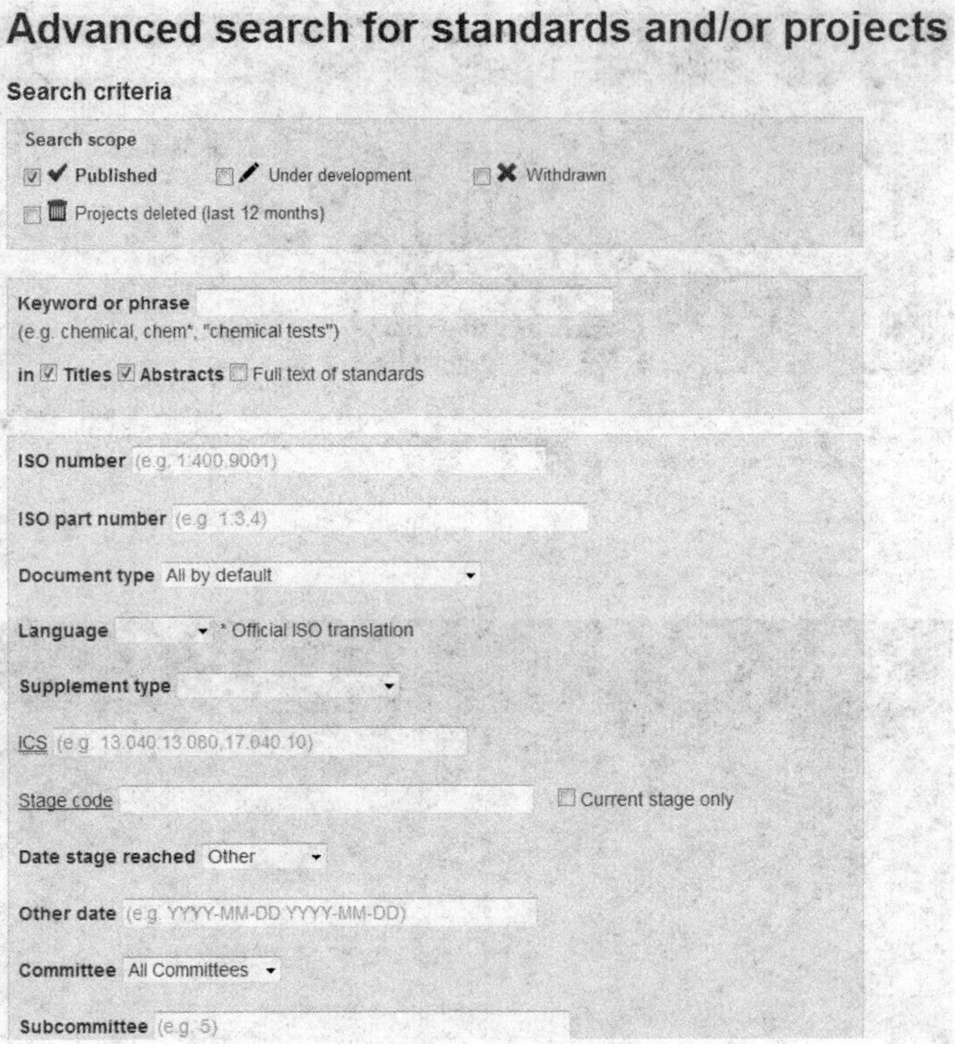

图 5-34 ISO 高级检索界面

5.4.3.2 国际电工委员会

国际电工委员会(International Electrotechnical Commission,IEC)正式成立于 1906 年。目前,已有 46 个国家和地区参加了该组织。IEC 负责电气和电子领域中标准化组织和协调工作,制定电子、电力、电信和原子能等领域的国际标准。由于 ISO 制定的标准所涉专业范围不包括上述内容,这些领域的世界标准完全由 IEC 负责制定,所以 IEC 标准可以说是国际标准的组成部分。

国际电工委员会制定标准的范围大致分为名词术语,以及电路用的图形、符号、单位、文字符号等。在实验方法方面,制定产品质量或性能指标,以及有关人身安全的技术标准。1975 年前,IEC 以推荐标准形式发布,1975 年后改为 IEC 国际标准。通过图 5-35 所示 IEC 主页,可以检索 IEC 标准。其检索方式与 ISO 标准文献的检索基本相同。

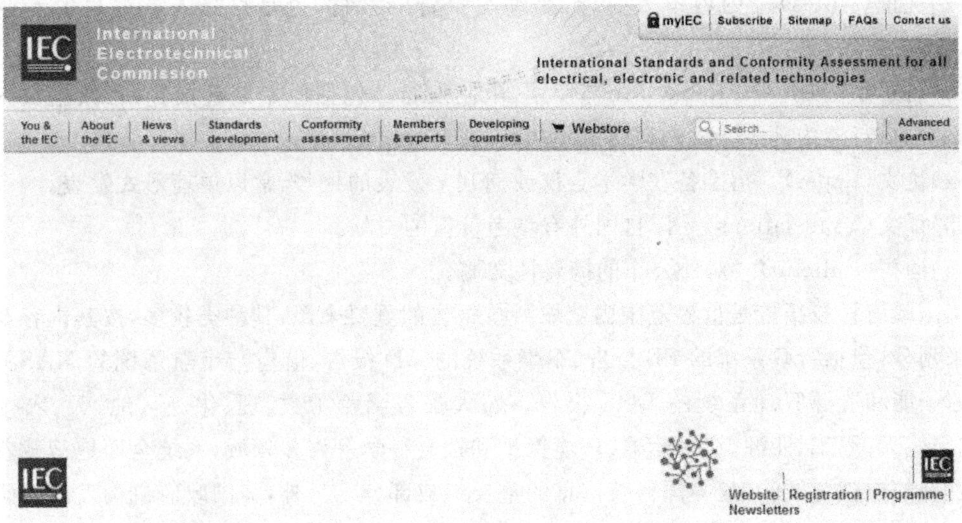

图 5-35　IEC 主页

5.5　科技报告

5.5.1　科技报告概述

科技报告起源于第二次世界大战，是科技人员为了描述所从事科研、设计、工程、试验和鉴定等活动的过程、进展和结果，按照规定的标准格式编写而成的特种文献。科技报告是关于某项研究的阶段性进展总结或研究成果的正式报告，是按照标准化规范由国家采取一定的行政手段强制形成的文献。项目的研发实施阶段所形成的专题技术报告、技术进展报告、最终技术报告以及组织管理报告，项目的转移转化阶段所形成的市场检验与评估报告，以及工程报告和生产报告等，均属科技报告。

科技报告具有如下特点：每篇报告单独成册，注有研究机构名称和统一编号；内容专深具体，数据完整可靠；大多数科技报告都与政府的研究活动、国防及尖端科学技术有关，具有保密或控制发行的特点；在发表速度上快于期刊；一般情况下，其报道内容都经有关主管部门的审查与鉴定，因此，科技报告具有较好的成熟性、可靠性和新颖性。

科技报告是一种独特的学术信息资源，不同于科研档案、学术论文和专利。科技报告是科研档案的重要组成部分，是文献化的科研档案，在技术内容的描述上比科研档案更详细和具体。学术论文是经同行评审的公开出版物，对内容的独创性有严格要求，篇幅有限，对研究方法、试验过程、中间结果等的描述较为简单，而科技报告既包括成功的经验，也包括失败的教训，而只有成功的经验才可以申请专利。科技报告中未发表内容是对学术论文、专利的重要补充。科技报告包括如下出版形式：

(1)报告(Report)　一般公开出版，内容较详尽，是科研成果的技术总结。

(2)札记(Notes) 内容不太完善，是编写报告的素材，也是科技人员编写的专业技术文件。

(3)备忘录(Memorandum) 内部使用，限制发行。包括原始试验报告，有数据及一些保密文献等，供行业内部少数人沟通信息使用。

(4)论文(Paper) 指准备在学术会议或期刊上发表的报告，常以单篇形式发表。

(5)译文(Translations) 译自国外有参考价值的文献。

(6)通报(Bulletin) 对外公布的摘要性文摘。

美国政府科技报告是世界范围内获取科技报告的重要来源，其种类较多，按其内容及所属系统来划分，包括行政系统的 PB 报告、军事系统的 AD 报告、航空与宇航系统的 NASA 报告以及原子能和能源管理系统的 DOE 报告。四大报告涵盖了数、理、化、生、地、天、农、医、工程、航空航天、军工、能源、交通运输、环境保护和社会科学等许多领域，系统全面地记载着美国科技发展的成就与经验，是美国科技信息的重要组成部分。另外，美国政府机构发行的研究报告还有其他许多系列，其中较重要的有 COM 报告(美国商务部入藏报告)、E 报告(地球资源计划调查报告，多数兼有 NASA-CR 号)、ED 报告(美国教育资源情报中心入藏报告)、EIS 报告(环境影响陈述报告)、HRP 报告(健康资源规划报告)、JPRS 报告(出版研究联合服务处翻译的苏联东欧的研究报告)、RAND 报告(兰德公司的研究报告)等。下面重点介绍美国的四大科技报告。

1. PB 报告

1945 年，美国成立了商务部出版局(Office of the Publication Board)负责整理和公布二战中从战败国掠取的内部科技资料，其整理出版的每件资料，都编有顺序号，并在顺序号前冠以美国商务部出版局的英文名称(Publication Board)的缩写“PB”作为标识，故被人们称为“PB 报告”。这部分资料编号到 10 万号为止。之后的 PB 报告，大部分来自美国国内各科研机构以及小部分国外科研机构的科技报告。PB 报告的收集、整理、报道和发行机构几经变化，从 1970 年 9 月起，由美国商务部国家技术情报服务局(National Technical Information Services, NTIS)负责，并继续使用 PB 报告号。PB 报告内容开始侧重民用工程方面。1980 年以前，PB 报告编号为“PB+流水号”形式；从 1980 年开始采用“PB+年代+顺序号”形式。

2. AD 报告

AD 报告产生于 1951 年，为原美国武装部队技术情报局(Armed Services Technical Information Agency, ASTIA)收集、整理、出版的科技报告。该报告由 ASTIA 统一编号，称 ASTIA Document，简称 AD 报告。AD 报告的文献来源包括了美国海、陆、空三军科研单位在内的与国防有关的各个领域，也涉及公司企业、大专院校，以及国外一些科研机构和国际组织。

AD 报告的密级分为机密(Secret)、秘密(Confidential)、非密限制发行(Restricted or Limited)、非密公开发行(Unclassified)4 种，报告号均以 AD 开头，并根据密级和年代不同，采用不同的号码系列。1975 年以后，AD 报告顺序数字号码之前加上 A、B、C、D、E 等字母，以表示 AD 报告的性质，并重新从 000001 号编号。AD-A 表示公开发行报告；AD-B 表示近期解密阶段报告；AD-C 表示保密阶段报告；AD-D 表示美国军事系统专利；AD-E 表示美国海军研究所及合同户报告。

3. NASA 报告

NASA 报告是美国国家航空和航天局(National Aeronautics and Space Administration, NASA)出版的科技报告。NASA 报告的内容主要包括航空和空间科学技术领域,同时涉及许多基础学科和技术学科,属于综合性的科技报告,NASA 报告号采用"NASA+报告出版类型代码+顺序号"的表示方法。报告的出版类型及其对应的代码如下:

技术报告的代码为 TR;技术简讯的代码为 Tech Briefs;技术札记的代码为 TN;教学用出版物的代码为 EP;技术备忘录的代码为 TM;会议出版物的代码为 CP;合同单位报告的代码为 CR;技术论文的代码为 TP;技术译文的代码为 TT;参考性出版物的代码为 RP;专利说明书的代码为 Case;特种出版物的代码为 SP。

4. DOE 报告

DOE 是"Department of Energy"(能源部)的缩写,DOE 报告即美国能源部所属单位或合同户所提供的报告,内容以原子能为着重点。DOE 报告的编号方式多样:能源部总部的报告编号冠以 DOE 字样,能源部下属机构的报告编号一般由研究机构名称缩写加数字号码组成,有的还加上年代及报告类型,例如 LA-5656-PR,其中 LA 为洛斯阿拉莫斯科学实验室(Los Alamos Scientific Laboratory)的缩写,5656 为报告号码,PR 为报告类型(Progress Report,进展报告)。

5.5.2　检索科技报告的中文数据库或网站

1. 万方数据知识服务平台

科技成果类数据库及其检索是万方数据知识服务平台最重要和最具特色的产品和服务类型之一。数据库的检索功能与技术详见本书前文 3.3 部分。目前,万方数据知识服务平台可供检索的科技成果类数据库包括 2 个。

(1)中国科技成果数据库　中国科技成果数据库是检索国内科技报告最有效的手段与途径之一,数据来源于各省、市、部委鉴定后上报国家科技部的科技成果及星火科技成果,涵盖新技术、新产品、新工艺、新材料、新设计等众多学科领域,是国家科技部指定的新技术、新成果查新数据库。如图 5-36 所示,提供基本检索、高级检索、分类检索等检索功能。

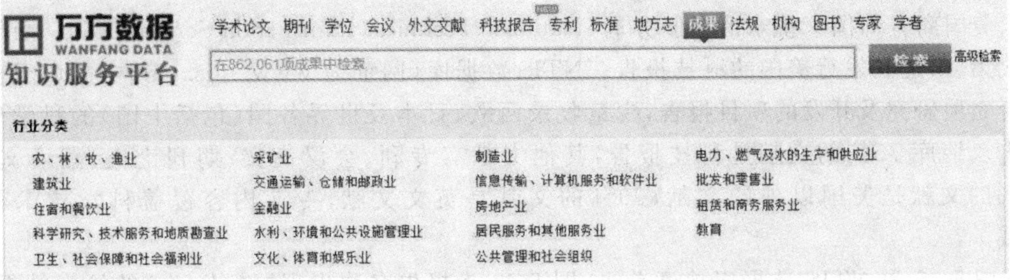

图 5-36　万方数据知识服务平台的科技成果

(2)中外文科技报告数据库　万方数据知识服务平台的中外文科技报告数据库中，其中文科技报告数据源于中华人民共和国科技部已公开的科技报告；外文科技报告数据源于美国政府四大科技报告(AD、DOE、NASA、PB)，所有数据内容都在陆续增加之中。目前，该数据库仅提供如图 5-37 所示的基本检索功能。

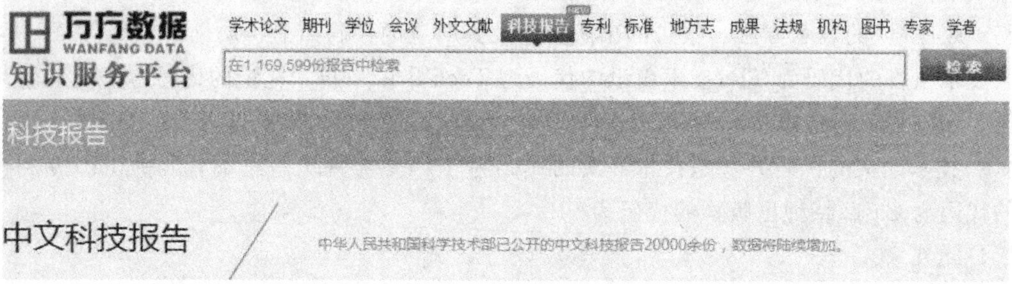

图 5-37　万方数据知识服务平台的中外文科技报告数据库

2. 中国知网——国家科技成果数据库

收录 1978 年以来所有正式登记的中国科技成果，按行业、成果级别、学科领域分类。每条成果信息包含成果概括、立项情况、评价情况、知识产权状况及成果应用情况、成果完成单位情况、成果完成人情况、单位信息等成果基本信息。成果的内容来源于中国化工信息中心，相关的文献、专利、标准等信息来源于 CNKI 各大数据库。每条成果的知网节集成了与该成果相关的最新文献、专利、标准等信息，可以完整地展现该成果产生的背景、最新发展动态、相关领域的发展趋势。其检索功能与技术详见本书前文 3.1 部分。

3. 国家科技成果网

国家科技成果网由国家科学技术部创建，是以科技成果查询为主的大型权威性科技网站，旨在促进科研单位、科研人员、技术需求方的交流、沟通，加快全国科技成果进入市场的步伐，促进科技成果的应用与转化，提高科学研究的起点和技术创新能力。该网站提供方便、快捷的免费上网查询，还可进行全国科研单位查询，发布科技成果供求信息等。

5.5.3　检索科技报告的外文数据库或网站

1. 美国商务部国家技术情报服务局

美国商务部国家技术情报服务局(National Technical Information Service，NTIS)负责系统收集、报道和发行美国的科技报告。NTIS 数据库(网址为 www. ntis. gov)主要收录美国政府立项研究及开发的项目报告，少量收录西欧、日本及世界各国(包括中国)的科学研究报告。该库 75％的文献是科技报告，其他文献有专利、会议论文、期刊论文、翻译文献，25％的文献是美国以外的文献，90％的文献是英文文献，专业内容覆盖科学技术各个领域。

图 5-38 为 NTIS 数据库检索首页，图 5-39 为报告名称出现“Medicine”的检索结果，图 5-40 为报告号“PB2009111658”的详览页面，点击图 5-40 页面的 Download 按钮可下载该科技报告全文。

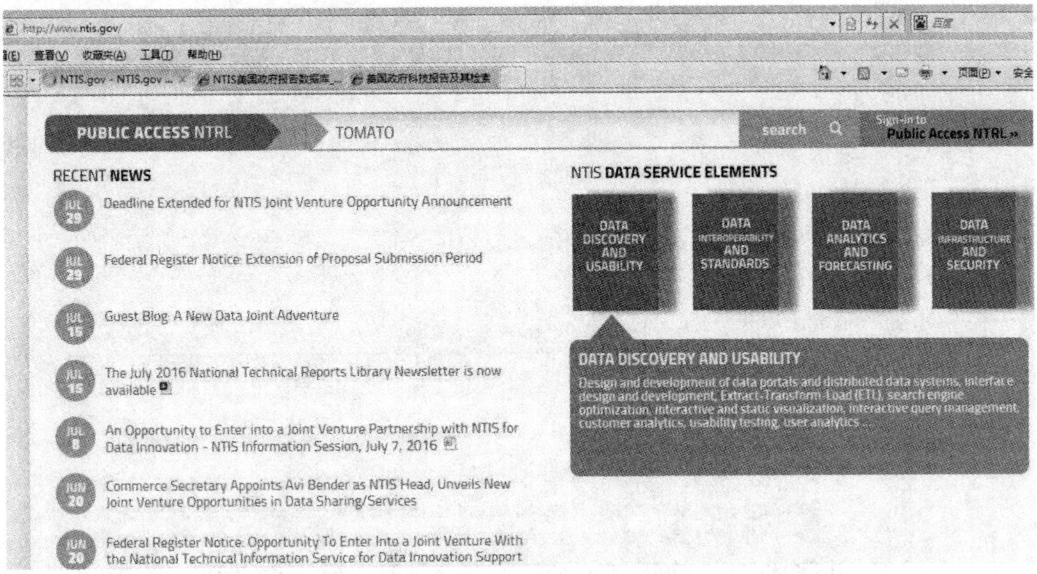

图 5-38　NTIS 首页

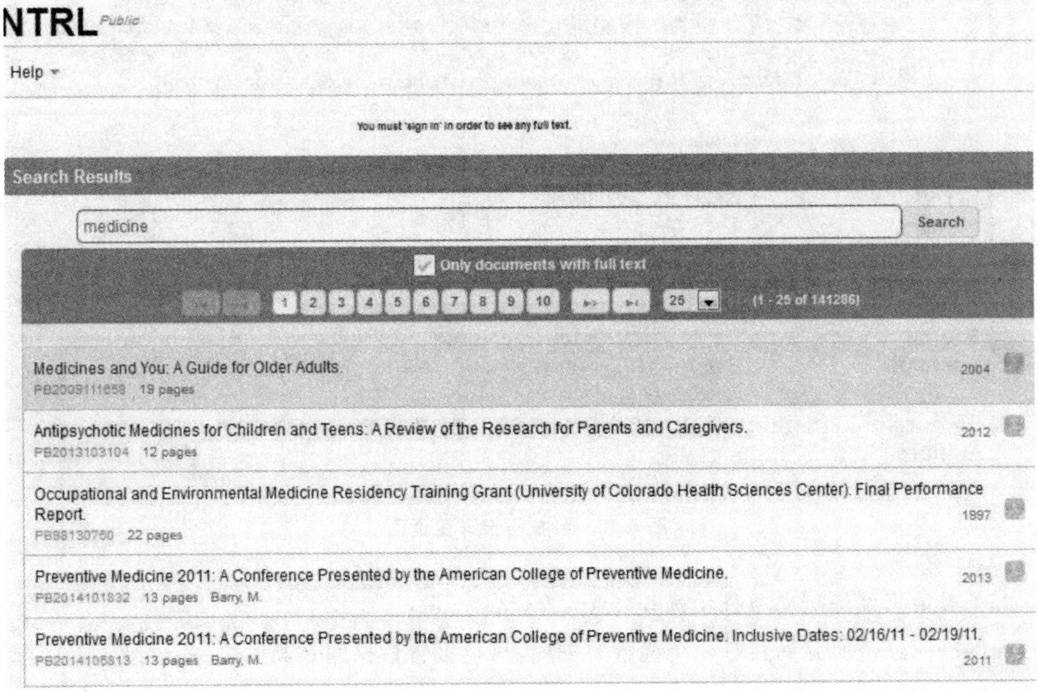

图 5-39　NTIS 检索结果

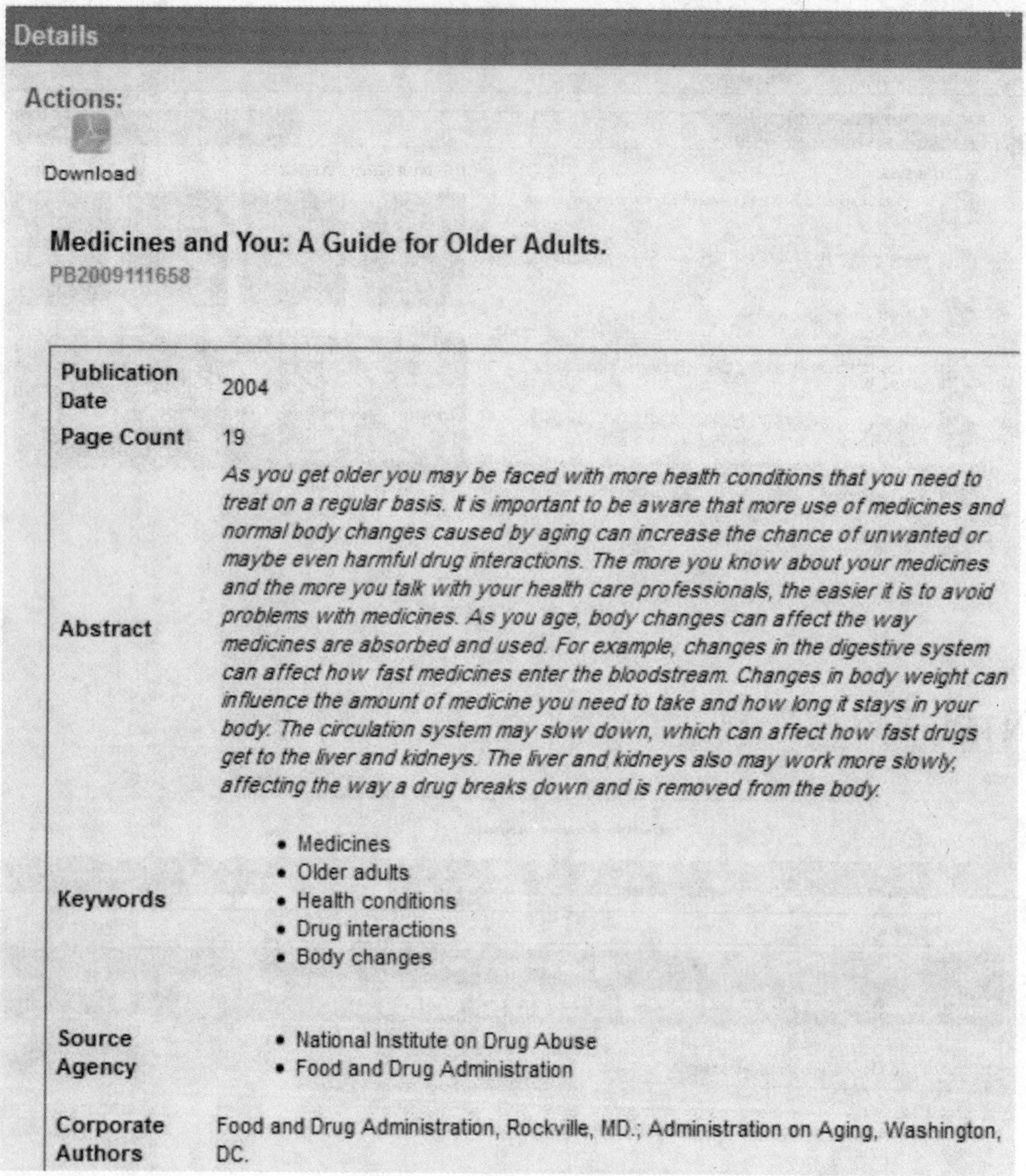
Details

Actions:

Download

Medicines and You: A Guide for Older Adults.

PB2009111658

Publication Date	2004
Page Count	19
Abstract	*As you get older you may be faced with more health conditions that you need to treat on a regular basis. It is important to be aware that more use of medicines and normal body changes caused by aging can increase the chance of unwanted or maybe even harmful drug interactions. The more you know about your medicines and the more you talk with your health care professionals, the easier it is to avoid problems with medicines. As you age, body changes can affect the way medicines are absorbed and used. For example, changes in the digestive system can affect how fast medicines enter the bloodstream. Changes in body weight can influence the amount of medicine you need to take and how long it stays in your body. The circulation system may slow down, which can affect how fast drugs get to the liver and kidneys. The liver and kidneys also may work more slowly, affecting the way a drug breaks down and is removed from the body.*
Keywords	• Medicines • Older adults • Health conditions • Drug interactions • Body changes
Source Agency	• National Institute on Drug Abuse • Food and Drug Administration
Corporate Authors	Food and Drug Administration, Rockville, MD.; Administration on Aging, Washington, DC.

图 5-40 科技报告详览页面

2. 美国国家经济研究局科技报告(http://www.nber.org)

美国国家经济研究局共有 4 个检索数据库,科技报告数据库是其中之一,收录了美国国家经济研究局的科技报告文摘和全文。在图 5-41 界面,勾选 Working Papers 之前的复选框,在输入框输入检索词,点击“Search”即可检索科技报告。

图 5-41　美国国家经济研究局科技报告数据库

第6章　多媒体学术资源

6.1　多媒体学术资源概述

6.1.1　多媒体学术资源的含义

1. 多媒体及多媒体技术

所谓多媒体，通俗地说，就是将多种媒体，包括文本、图片、动画、视频和声音组合成的一种复合媒体；所谓多媒体技术，又称计算机多媒体技术，是指通过计算机对文字、数据、图形、图像、动画、声音等多种媒体信息进行综合处理和管理，使用户可以借助多种感官与计算机进行实时信息交互的技术。

多媒体技术是计算机领域最热门的技术之一，兴起于20世纪80年代末期，它采用先进的数字记录和传送方式，集计算机技术、声像技术和通信技术于一体，受到世界各国及各相关领域的重视，已形成多个相关的国际标准，也日益受到用户青睐。

2. 多媒体资源及多媒体学术资源

在多媒体技术的发展进程中，多媒体资源始终作为其重要产物之一而不断发展壮大。多媒体技术的主要应用领域包括通信系统、编著系统、工业领域、医疗影像诊疗系统和教学领域等。其中，编著系统的应用主要表现为多媒体电子出版物、软件出版和多媒体数据库等，这些都是我们现在正在使用的多媒体资源。多媒体资源从最初的只读光盘出版，到现在的集成多媒体资源、多媒体检索技术和服务应用技术于一体的多媒体数据库，仅仅经历了十几年的时间。我们把基于学术需求、能够成为教学科研或语言学习辅助的多媒体资源称为多媒体学术资源。

6.1.2　多媒体学术资源的特点

多媒体学术资源所涉学科广泛、内容丰富、形式生动，具体特点如下：

(1)集成性　多媒体学术资源多是综合性资源，不仅内容覆盖面广，形式方面更是综合了文本、图形、图像、声音和动画等多种媒体，应用到包括计算机技术、超文本技术、光盘存储技术及影像绘图技术在内的多种技术。从内容的综合性而言，多媒体资源涉及语言、艺术、建筑、历史、生物、医学等各个学科；从形式的综合性而言，多媒体资源包括学术报告、教学录像、庭审案例、医学实验等各种类型。

(2)交互性　所谓交互性，是指参与信息传播的各方都可以对信息进行编辑、控制和传递等。通过交互性信息，使用者不仅是单纯地接收信息，而是对信息处理全过程进行完全有效的控制，并把结果综合表现出来。交互性特点给用户提供了更加有效的控制和使用信息的手段和方法。例如，在《新东方多媒体学习库》等语言学习类的多媒体数据库中，用户可以通过调整播放进度、回答问题、跟读、连线咨询等方式进行交互式学习。

(3)非线性　多媒体资源的非线性特征表现为借助超文本链接方法，把信息内容以一种更灵活、更具变化的方式呈现给用户，改变了人们传统的循序性获取信息模式。例如，通过知识视界视频教育资源库的中/英文字幕，用户可以从文本、也可以从视频、声音获取信息；通过KUKE数字音乐图书馆的乐器图片、专辑曲目、原音朗读和文本显示，用户可以从图片找到音乐，从朗诵找到文章，获取信息的方式非常灵活。

(4)信息载体多样性　多媒体资源的传播载体非常多样，可以用光盘作为传输载体，也可以用网络作为传输载体，不但使存储容量大增，而且为信息获取、使用、保存和再利用提供方便。

6.1.3　多媒体学术资源的类型

1.按照数字资源的性质和功能划分

按照数字资源的性质和功能划分，多媒体资源均为一次文献，包括单体的多媒体资源，例如光盘或磁带；也包括多媒体资源库，例如音频库、视频库、课程网站、讲座资源库、考试题库等。

2.按照数字资源的生产途径和发布范围划分

按照数字资源的生产途径和发布范围划分，可以划分为多媒体出版物、多媒体数据库、网络分享资源和特色资源。其中，多媒体出版物指CD-ROM、CD、DVD等载体的多媒体出版物和各类多媒体型数据库，例如库克数字音乐图书馆、新东方多媒体学习库等；网络分享资源是指基于公开网络提供共享的各种多媒体网站和资源，例如视频/音乐分享网站、知名大学的公开课件、免费的课程学习平台、软件学习平台等；特色资源指各种在大学校园网范围内或其他有限范围内提供共享的多媒体资源，例如各学校的讲座、精品课程、教育部精品课程网等。

3.按照数字资源的载体与格式划分

按照数字资源的载体与格式划分，除了常见的光盘、磁带、硬盘外，数字多媒体资源的载体还有便携的闪存卡、U盘等。

4.按文件格式划分

按文件格式划分，数字多媒体资源的音频/视频格式可归纳为普通的媒体格式(或称影像格式、影音格式)和流媒体格式。一般而言，普通的媒体格式是“源”格式，是经由录音机、摄像机等多媒体采集设备直接录制拍摄并未经压缩，多用于广播电视系统的播出；而流媒体格式是经压缩和编码，多用于网络传输。

6.2　多媒体学术资源的检索与利用

6.2.1　多媒体学术资源的浏览

多媒体资源的内容丰富，但信息描述相对简单。因此，非常重视浏览功能的设计。多媒体资源的浏览体系主要有2种，即类别浏览和热门浏览。

关于类别，各个多媒体资源库的定义各不相同——有些是参照某个学科分类体系，例如中图法；或者是在学科基础上进行大类归并后形成新的分类体系；还有些是结合多媒体资源的内容和体裁，所形成的综合类别体系，例如库克数字音乐图书馆，将其资源按音乐类别、乐器、音乐家、乐谱、唱片厂牌等进行分类浏览。

6.2.2 多媒体学术资源检索的类型

多媒体数据库的检索包含2个层面：一是基于元数据信息的文本检索；二是基于图像、音频和视频等多媒体资源的内容检索。

1. 内容检索

内容检索是多媒体数据库检索的难题，目前很多多媒体数据库尚不能支持内容检索，但已经有一些数据库开始进行这方面的尝试。内容检索的主要方法和特征如下：

(1)图像检索　图像检索技术包括2种，一种是基于文本的图像检索，即对每一幅图像进行标注，或搜集图像本身及其周围的文本信息，然后通过组织这些标注或文本信息，实现对文本的检索，进而定位图像；另一种是基于图像颜色、纹理、形状、空间关系等不同图像特征的图像检索技术，即通过每种图像特征的表达方式、索引的建立和特征匹配来实现图像检索。例如，基于图像颜色特征的图像检索，首先需要选取合适的颜色空间来描述颜色特征；其次把颜色特征表示成向量形式，以便建立索引和进行相似性匹配；最后需要定义不同颜色特征向量之间的距离（即特征向量与对应图像间的相似程度），即系统把用户的检索表示成一个向量特征，再根据相似性准则，从特征数据库中找出与该特征向量距离最近的那些特征向量，并把这些特征向量对应的图像作为检索结果。

(2)音频检索　基于内容的音频索引和检索，其通用方法是首先把音频归结为一些常见语音、音乐和噪声等类型，然后根据不同的音频类型，分别用不同方法进行处理和索引（比如音频类型是语言，就使用语音识别方法），查询音频片段时，也进行类似的分类、处理和索引操作，最后比较查询索引和数据库中的音频索引，返回最为相似的音频片段。

音频的本质是信息载体，人耳听到的音频是连续模拟信号，利用计算机代替人处理音频自动分析时，首先要使用音频采集设备将连续的音频信号离散化，使之变成数字化信息，再经特征提取、音频分段、音频识别分类和索引检索这几个关键步骤，将音频变成不同形式的分类规则。这些分类规则多表现为“特征向量＋类别”的查找表，即索引。因此，基于内容的音频检索变成了一个模式匹配的问题。输入音频在音频数据库中与已有向量进行比较，返回最相似的音频，这就是通用音频内容检索的过程。对于新闻及音乐产业等领域，音频检索是非常重要的，用户可以通过哼唱或弹奏一段音乐来找出系统中的相似歌曲；或者通过输入某个演讲片段来定位整个演讲录音。

(3)视频检索　视频是文本、音频和图像的集合，一般包含字幕、音轨、图像等信息。因此，视频的内容检索包括基于文本、基于音频、基于内容、综合方法等。基于文本的方法即检索视频包含的抄本和字幕。基于音频的方法即将音频分为语音和非语音部分，语音部分首先采用语音识别技术转录成文本，后采用信息检索技术对这些文本进行索引和检索；能识别出含义的非语音也可以采用这种方法进行检索。基于内容的方法有2种实现模式：其一是将视频分割为一系列的帧或者图像，然后采用图像内容检索技术进行索引和检索。其二是将视频序列分割成由相似的帧组成的镜头，然后在各镜头的代表帧上进行索引和检索。综合的方法是将上述两种或多种方法结合起来。

2. 元数据检索

元数据检索即是对多媒体资源的名称、责任者、内容摘要、类型、体裁等信息的检索。因此,相对于文本型数据库而言,其检索非常简单,一般不涉及检索技术,只涉及简单的检索词或检索组配条件。同时,由于多媒体资源的种类繁多,不同类型多媒体资源的可检字段差别较大,所以,检索多媒体学术资源时需要根据用户自身需求选择合适的检索方式。

6.2.3　多媒体学术资源的检索技术

多媒体资源的检索功能包括简单检索和高级检索:简单检索可以输入任意的检索词对全部相关字段进行检索;高级检索则可以区分类别,并可选择合适的字段以及进行组配检索。常用检索技术包括:

(1)限定字段检索　不同的多媒体资源库,其设定字段不同,但一般包括资源名称(课程名称、节目名称……)、主题词/关键词和学科/类别共 3 个必备字段,有些资源库还支持责任者(导演/主演、作曲/演奏、演讲人……)等可检字段。

(2)匹配方式　多媒体资源库一般支持前方一致、模糊查询和完全匹配等检索词匹配方式,“前方一致”相当于英文检索技术中的“无限截断”,只要前方匹配就算命中;“模糊查询”相当于英文检索技术中的“通配符”,查询的内容有部分匹配就算命中;“完全匹配”相当于“精确检索”,检索字词必须全部命中且字词顺序不可改变。

(3)组配检索　一般包括“并且”“或者”2 种组配关系。

(4)检索条件限定　多媒体资源库可能包括语言/语种、地区/国别、出版/发行年代、类型/体裁、资源服务状态等限定检索条件,不过,很多多媒体资源库并不支持条件限定检索,这主要和多媒体资源的著录信息比较简单(很多限定字段没有“值”、不具备检索条件)有关。

6.2.4　多媒体学术资源的播放与服务

由于多媒体资源的压缩和发布格式多有不同,因此,往往需要不同的媒体播放支持插件,但多媒体学术资源的播放插件通常都集成在其服务平台中,不需要用户另外安装播放器。

6.3　常用多媒体学术资源

6.3.1　爱迪科森网上报告厅

1. 数据库内容概述

爱迪科森网上报告厅是由北京爱迪科森信息技术有限公司提供的视频多媒体学术资源,整合多个学术机构的专家报告和视频资源,所涉内容广泛,图 6-1 为其首页。

该库的综合素质类视频,划分为价值观和世界观、心理健康、艺术鉴赏、身体锻炼、能力培养、就业创业、文化拓展和综合素质共 8 个大类、26 个二级分类和 92 个具体资源体系;其学科报告类视频,按照 2012 年最新修订的《普通高等学校本科专业目录(2012)》划分为哲学、经济学、法学、教育学、文学、历史学、理学、工学、农学、医学、管理学和艺术学共计 12 个学科体系、92 个学科类和 506 个专业;学科专家类视频则根据讲师的角色进行分类。此外,该资源库也支持 Android 版和 IOS 版手机客户端在内的移动客户端访问。

图 6-1 爱迪科森网上报告厅首页

2. 数据库检索功能

(1)浏览 可按热门关键词或系列分类进行浏览。大类下面还包含子类，用户可以选择任意一个大类或子类进行浏览。

(2)简单检索 在图 6-1 界面最上方的输入框，输入检索词，可实现对全部字段的简单检索。

(3)高级检索 图 6-2 为爱迪科森网上报告厅的高级检索界面，可选择视频名称、资源方、主讲人、视频正文、关键词等字段，输入任意字词进行检索，系统默认模糊匹配方式。

3. 检索结果

爱迪科森网上报告厅的检索结果包括视频缩略图、视频名称、主讲人、点播量、所属系列和视频内容简介等，单击缩略图或视频名称可以在线播放该视频(图 6-3)。在检索结果页面，进一步单击“主讲人”可以检索该主讲人的全部视频，单击“所属系列”可以查看该系列的所有视频。

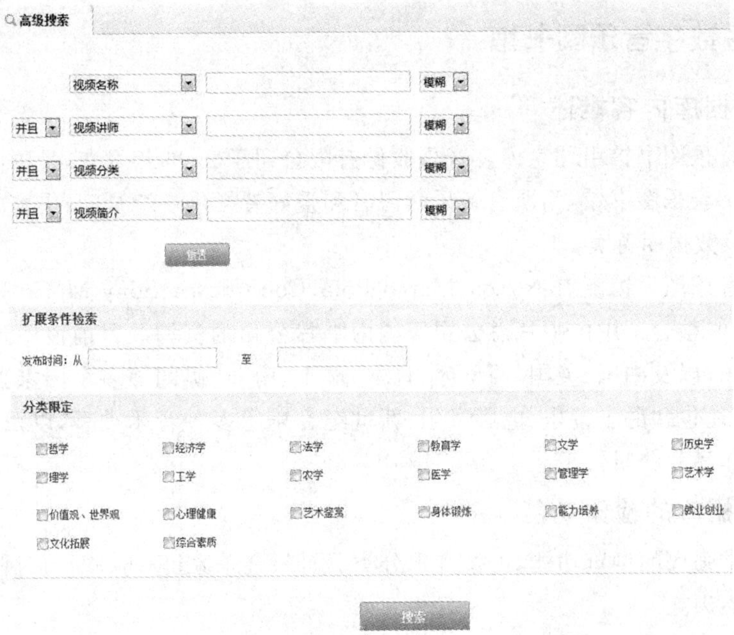

图 6-2　爱迪科森网上报告厅高级检索

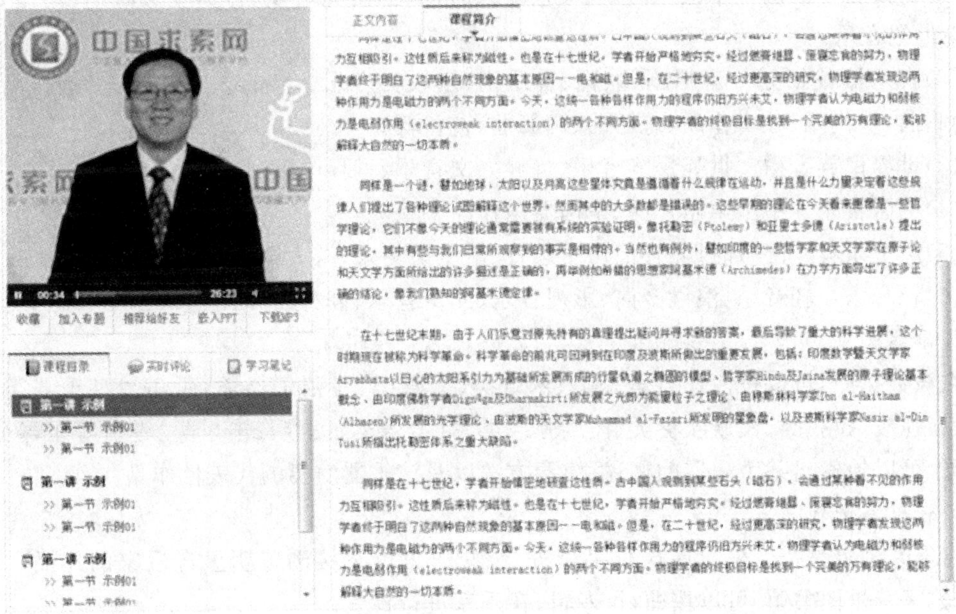

图 6-3　爱迪科森网上报告厅在线播放功能

4. 个人中心

该库的个人中心主要包括我的综合素质、我的学科报告、我的评论、资料修改等内容板块。在个人中心，可以收藏自己喜爱的视频、创建自己的专题、并邀请好友一起分享学术乐趣。

6.3.2 库客数字音乐图书馆

6.3.2.1 数据库内容概述

库客数字音乐图书馆由北京库客音乐股份有限公司于 2006 年发布，是国内专注于非流行音乐发展的数字音乐图书馆，为所有音乐学习者和爱好者提供一个全面、丰富的数字音乐图书馆。图 6-4 为该数据库首页。

库客数字音乐图书馆拥有 Naxos、Marco Polo、Countdown、Sony Music 等国际著名唱片公司的授权，同时整合了中国唱片总公司等国内唱片公司的资源。目前该库除了收藏世界范围内的古典音乐，以及中国、美国、西班牙、日本、瑞士、南非、伊朗等多个国家独具特色的民族风情音乐，同时还包含爵士音乐、电影音乐、新世纪音乐等多种音乐类型，以及多位艺术家、多种乐器的音乐作品和曲目。

6.3.2.2 数据库的检索功能

该库有非常强大的浏览功能，可按音乐分类、乐器、音乐家、乐谱、唱片厂牌等进行浏览。

1. 音乐分类浏览

音乐分类浏览包括古典音乐时期、音乐体裁细分、世界民族音乐、中国音乐、历史录音、轻音乐和当代爵士音乐等类。

(1)古典音乐时期　中世纪时期、文艺复兴时期、巴洛克时期、古典主义时期、浪漫主义时期、20 世纪音乐。

(2)音乐体裁细分　清唱剧、歌剧、音乐剧、宗教类声乐、合唱、艺术歌曲、交响作品、协奏曲、奏鸣曲、室内乐、独奏作品、练习曲、圆舞曲、芭蕾等。

(3)世界民族音乐　世界民族音乐、世界人文音乐、世界国歌。

(4)中国音乐　中国声乐作品、中国器乐作品。

(5)历史录音　出版时期、怀旧历史录音、爵士历史录音、大师历史录音。

(6)轻音乐　轻音乐、浪漫金曲、影视音乐、儿童音乐、健身/舞曲。

2. 乐器浏览

在该数据库，可以按西洋打击乐类、木管类、铜管类、弓弦乐器类、西洋键盘乐器类、吹奏类、民族弹拨、拉弦类、民族吹奏类、民族弹拨类、打击乐类、民族打击乐类、键盘等乐器分类进行浏览，可以检索出某个乐器的概述、演奏方法以及该乐器演奏的代表性作品。

3. 音乐家浏览

音乐家浏览是按音乐家姓氏首字母进行浏览，也可直接浏览明星音乐家的作品。另外，“库克数字音乐图书馆”可以按曲目、专辑、音乐家进行检索。

6.3.2.3 检索结果

库克数字音乐图书馆的检索结果包括命中的专辑、单曲、音乐家、圈子、FM、视频、直播、点播等内容(图 6-5)。

“专辑”：结果列表包括专辑名称、封面缩略图、厂牌、专辑号、分类、演奏家、作曲家、指挥、管弦乐团等信息，点击专辑名称或封面缩略图链接均可跳转到该专辑页面，显示该专辑的所有曲目，用户可以勾选多首连续在线播放。

图 6-4　库克数字音乐图书馆首页

“单曲”：结果列表包括曲目名称、所属专辑封面缩略图、所属作品、所属专辑、所属分类、作曲家、演奏家、时长等信息和播放按钮，“曲目名称”和“所属专辑封面缩略图”链接可以显示曲目所属专辑页面。

播放器已内嵌至浏览器，因此，播放音乐时，用户无须安装播放插件，直接使用“播放”按钮即可在线收听，有“高保真音质”和“普通音质”2 种播放效果，用户可以自行选择适合的音质。另外，部分最新专辑或有特殊版权限制的曲目不提供下载功能。

6.3.3　新东方多媒体学习库

1. 数据库内容概述

新东方多媒体学习库由新东方教育科技集团旗下的新东方在线创建，是一在线教育网站，包括课程中心、考试中心、爱学励志、爱学资料、爱学互动、名师、爱学资讯等栏目，网络课程内

图 6-5 库克数字音乐图书馆检索结果页面

容涉及国内应试、出国留学、应用外语、实用技能、求职指导、职业认证、医学教育、中小学师范教育等领域，为各类用户提供在线教育服务。图 6-6 为该数据库首页。

2. 在线学习功能

(1)用户注册 点击页面顶端的“注册”按钮，输入“用户名、密码、邮箱”后，点击“立即注册”。

(2)课程选择 在搜索框输入课程关键词，在下拉框选择课程，点击“搜索”按钮，可以快速查找收听课程。也可以通过课程分类来浏览课程范围，如想查找英语四级课程，可以点击“国内应试”下的“四级基础”或“四级专题”栏目，选择相应课程。

(3)课程学习 选择学习课程之后，依次点击“听课”、“进入课堂”后进入如图 6-7 所示的课程播放界面。在课程播放界面，可以随时记录学习笔记、下载学习讲义、查看并下载学习资料。下载资料的方法为：点击导航栏“爱学资料”页面中部的“分类下载”，该区有很多学习资料，用户可以查看下载。

(4)参加直播课堂 学习库还会定期举办线上直播课堂活动，直播课堂均由新东方在线名师授课。授课范围涉及应试辅导、英语学习、家庭教育等多个方面，用户点击导航栏“爱学互动”，通过页面中部“本周课表”，了解直播课堂的开班日期和课堂内容。选择想要参加的课堂，

图 6-6　新东方多媒体学习库首页

在规定时间内点击“进入课堂”后即可实现与老师的交流互动。

(5)阶段测试　听课结束后,用户可以通过每日一测和试题精选进行阶段测试,以巩固学习效果、查漏补缺。其具体方法为:点击导航栏“考试中心”页面里的“每日一测”和“试题精选”,选择想要参加的考试,点击“考试”。

3. 数据库检索

在检索框输入关键词,可以搜索到课程名称或考试名称中含有该关键词的所有内容。也可按照“国内应试”“出国留学”“应用外语”“实用技能”“求职指导”“职业认证”“医学教育”“中小学师范教育”等大类及其子类进行浏览检索。

检索结果列表则包括课程缩略图、名称、简介和听课按钮。单击“课程缩略图”“名称”“简介”可以查看该课程的详情介绍,单击“听课”可以开始在线听课。

图 6-8 所示新东方多媒体学习库的课程结构是由课时和小节构成,即每门课程分为若干

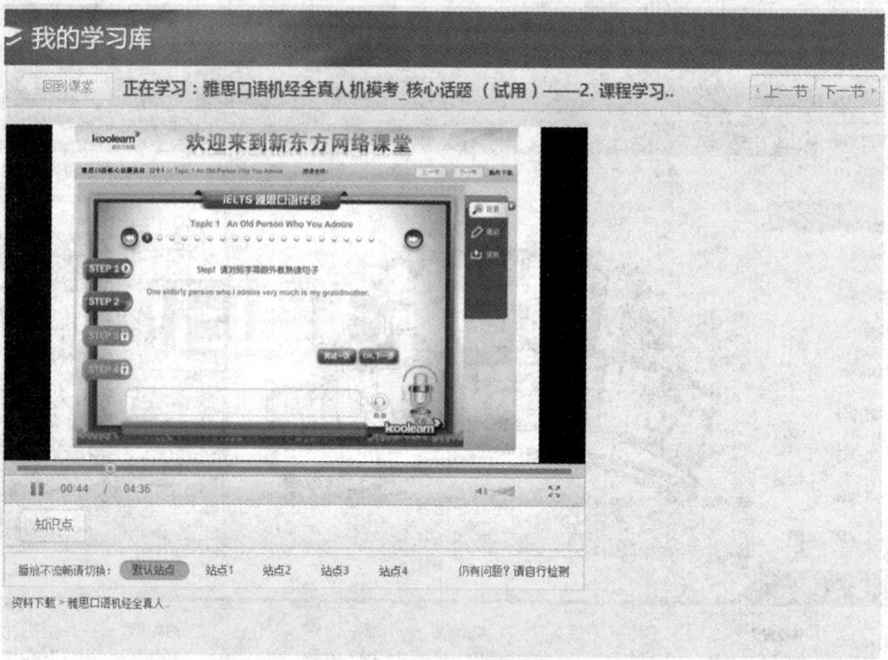

图 6-7 新东方多媒体学习库课程学习页面

个课时，每课时分为若干个小节，单击其中的任一小节后可以开始听课。

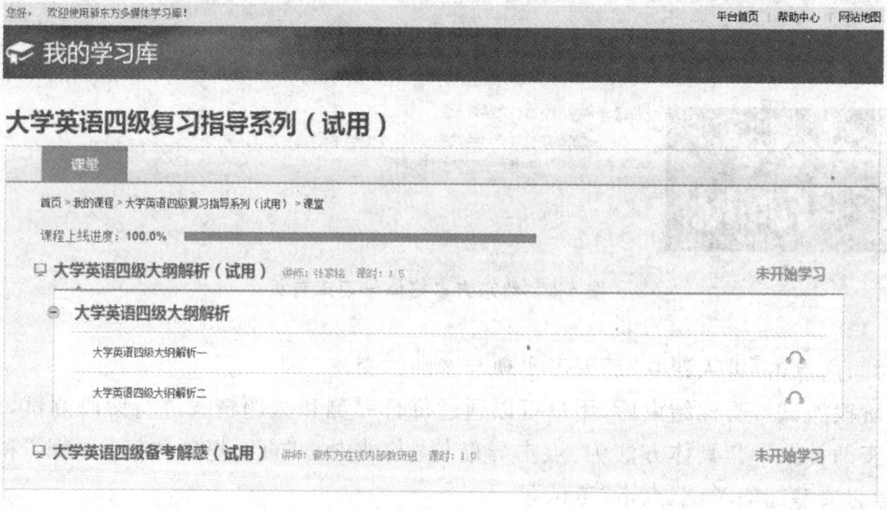

图 6-8 新东方多媒体学习库课程结构

4. 用户服务

为方便读者在线学习和交互，新东方多媒体学习库提供课程和考试收藏、学习进度管理、学习资源、学习笔记、资讯中心、论坛和分享等用户服务功能，也可下载补充教材和在线咨询。

第7章 网络学术资源

7.1 网络学术资源概述

7.1.1 网络学术资源的含义

1. 网络信息资源及其类型

网络信息资源是指以电子资源数据形式将文字、图像、声音、动画等多种形式的信息存放于光、磁等非印刷介质中，并通过网络通信、计算机终端等方式再现出来的信息资源总和。

根据不同的划分标准，网络信息资源可划分出不同类型。按信息资源加工形式划分，可分为网络资源指南和搜索引擎、联机馆藏目录库、网络数据库、电子出版物（电子图书、电子期刊、电子报纸）、电子参考工具和软件资源及动态信息等；按内容的不同，可以划分为政治信息资源、法律信息资源、科技信息资源和管理信息资源；按信息来源划分，又可划分为政府信息资源、公众信息资源、商用信息资源、教育科研信息资源和个人信息资源等。

2. 网络学术资源的含义

目前，对网络学术资源的表述基本属于约定型，而非定义型。即在判定某一网络信息是否是网络学术信息时，学者们的意见大致可以达成一致，然而在整个网络信息资源中，定义怎样的信息属于学术信息时，则缺乏相应的判断依据。总的来说，网络学术信息是指依附于计算机存储设备，可在网络上传输、识别，可供获取并且能够为学术研究所利用，具有一定学术价值的信息单元，涵盖各种交流方式下的信息，包括非正式出版物、半正式出版物和正式出版物，如网络资源指南与搜索引擎、图书馆网上公共目录、快速参考工具资料、网络数据库、最新期刊目次、电子期刊、电子论坛以及政府信息等。

7.1.2 网络学术资源的类型

由于网络学术信息的涵盖面广，形式多样，导致对网络学术资源的分类也多种多样。人们从不同角度对网络学术资源进行了分类。

1. 按科学交流方式划分

按照科学交流方式的不同，网络学术资源可划分为正式交流学术信息、半正式交流学术信息和非正式交流学术信息。按照科学交流方式划分网络学术资源类型，能够充分揭示网络学术信息的特征，同时兼顾网络学术信息和传统学术信息的密切关系，因此，该种划分方式被视为相对全面和合理的一种网络学术资源类型划分方法，是网络学术资源较为常用的分类方式。

(1)正式交流学术信息　正式交流学术信息是指受到一定知识产权保护、信息质量好，利用率高的学术信息，包括网络期刊数据库、电子期刊和杂志、电子图书等。

(2)半正式交流学术信息　半正式交流学术信息是指受到一定知识产权保护，但没有正式出版的学术信息，又称"灰色"信息，包括各种学术团体、高等院校、研究机构、企业、政府机构等单位在网上发布的各种信息。

(3)非正式交流学术信息　非正式交流学术信息是指流动性、随意性较强的，信息量大、信息质量难以保证和控制的动态性学术信息，包括用户通过电子邮件、论坛、专题讨论组，以及个人网站、维基、博客、微博等发布的信息。

2. 按信息加工程度划分

按照对信息加工程度的不同，网络学术资源可划分为零次学术信息、一次学术信息、二次学术信息和三次学术信息。

(1)零次学术信息　零次学术信息是指直接用以观察客观事物活动的人、事、物，是生产各类信息产品的原始资料，尤其是大量实地调研类信息。这些信息是通过对相关的人、事、物的观察，而后应用有关方法对有关情况进行收集与分析后获得的。

(2)一次学术信息　一次学术信息是记录有原始全文信息的载体，如原始报刊、会议论文、技术报告、标准文件、统计报表等的网络版。

(3)二次学术信息　二次学术信息是在一次学术信息基础上加工整理而成的信息产品，如各种网络文摘、目录、搜索引擎，是对一次学术信息进行查找、搜寻的导航工具。

(4)三次学术信息　三次学术信息则是通过对一次、二次学术信息进行提炼加工而成的信息，包括年度总结、综述、统计年鉴、辞典和百科全书的网络版。

另外，按媒体形式，网络学术资源可划分出文本信息、图片信息、音频信息、视频信息、三维虚拟信息等；按信息组织方式，网络学术资源可划分出文件、数据库、主题目录、学科信息门户、学术搜索引擎等类型；按信息揭示的内容，网络学术资源可划分出科技、教育、政治与法律、商业与经济等多种类型；按信息获取方式，网络学术资源又可划分出面向公众免费、收费、成员免费、试用期免费等类型，本章多介绍互联网中的一些免费学术资源。

7.1.3　网络学术资源的来源、特征和评价

1. 网络学术资源的来源

划分网络学术资源来源的方式有很多，从行为主体的角度进行分析，将其划分为个体和机构 2 类。

(1)个体　网络学术资源生产、传播和使用操作方便、简单易用，这使得每一个自然人都是潜在的学术资源生产者、传播者和使用者。科技工作者是生产和传播网络学术信息的中坚力量。首先他们是学术资源的生产者，他们以文字、图片、视频等形式记录科学研究的过程以及研究成果。同时，他们还是学术资源的传播者，因为科学交流是科学研究过程中必不可少的一部分，他们在科学交流过程中担负着学术信息传播者角色。他们也越来越依赖网络来获得和使用学术信息。虽然非科技工作者并不直接生产学术信息，但在互联网时代，他们也参与科学交流的过程，扮演着十分重要的网络学术信息传播者和使用者的角色。

(2)机构　机构包括正式和非正式机构。高等院校、科研院所、学术数据库出版商等是正式机构，而那些因为具有相同兴趣爱好等原因形成的网络学术论坛、学术博客等，则属于非正式机构。正式机构在网络学术信息的生产、传播、使用等各个环节，均扮演着重要角色。当然，在网络环境下，非正式机构也越来越受到广大科技工作者的欢迎，因为非正式机构在满足组织成员个人心理和感情需要上，比正式组织更优越，组织形式更灵活，覆盖面更广。

2.网络学术资源的特征

无论是在载体形式、信息结构、资源组织方式、类型、分布和传播范围上，还是获取和利用手段等方面，网络学术资源都与传统学术资源有着显著差异。总的来说，网络学术资源具有以下几个主要特征。

(1)覆盖面广，表现形式多样。从内容上看，网络学术信息包罗万象，涵盖了不同学科、不同领域、不同地域、不同语言的学术信息资源；从组织方式上看，网络学术信息以文件、数据库、主题目录和超媒体等方式加以组织。

(2)高度共享性，使用成本低。互联网的开放性、通用性的特点使得网络学术信息具有高度共享性，同时很多学术信息都是免费的，这是它优于传统物质资源和能源资源的重要特征，同时这也使得网络用户获取和使用网络学术信息的时间和空间范围得到最大程度的延伸和扩展，从而实现更高水平的资源配置。

(3)缺乏控制，质量参差不齐。由于互联网的开放性以及目前政府的较少干预，网络学术信息的来源比较复杂，既有个人信息，也有机构信息；既有经过加工整理的文献信息，也有无序的原始信息；既有各种正式出版物信息，也有非正式出版信息，这导致大量冗余、粗制滥造甚至虚假的信息在网络上迅速传播，使得有价值的信息和无价值的信息混在一起，总体质量出现参差不齐的特征。

(4)数量巨大，增长迅速。互联网是一个联结各国、各机构成千上万计算机网络的通信网，是一个超级巨大的学术信息资源网。互联网本身的开放性和互动性使得政府、机构、个人都可以在网上发布与学术有关的信息，因此它成为一个海量信息源。同时据中国互联网中心的统计报道，截至 2015 年底，中国网站总量已达 426.7 万个，同比年度净增长 62 万余个，超过前 5 年中国网站净增量总和；网页总数超过 2 000 亿，由此可见网络信息的增长速度非常迅猛。

(5)时效性、不稳定性和动态性。由于互联网从本质上改变了信息发布、交流和获取的方式，避免了印刷、发行、投递等环节，因而大大缩短了信息时滞，以最快的速度传播新的信息，同时用户可以不受时间和空间的限制，随时上网进行信息交流，从而使内容更加新颖及时。传统文献信息在正常情况下可以长久保存，而网络信息可能在短时间内经历内容更新、更换地址、删除或者消失等变化过程，表现出一定的不稳定性和动态性。

(6)交互性。网络环境下，信息的传递具有双向性。网络学术信息最初是以静态网页形式存在，后来为了便于信息的组织和发布，改用动态网页形式。但这两者都有一个共同点，即用户获取的信息主要存储在服务器上，不同用户获取的信息是一样的，在互联网发展历史上将这个阶段称为 Web1.0。随着 Web2.0 的到来，这种状况发生了改变。Web2.0 是以用户为核心的互联网时代，用户通过网络可实时发布信息，并与对方进行直接沟通，具有交互性，各种学术博客、学术论坛等 Web2.0 下的一些新型应用都具有很好的交互性特征。

3.网络学术资源的评价

主要从权威性、可靠性和时效性 3 个主要指标来评价网络学术信息。

(1)权威性　非正式和半正式出版信息的权威性主要是通过网站的性质和知名度来判断，网站的性质可以从域名的后缀得知，“.edu”是教育类网站，“.gov”或“.gov.cn”是政府网站，“.com”或“.com.cn”是常见的商业网站，“.net”是网络服务公司，“.org”一般是非营利性组织。正式出版信息的权威性则取决于出版商或生产商的权威性和规模，或者取决于对应的纸本出版物级别。总体上讲，正式出版信息要比非正式、半正式出版信息的权威性更强一些。

(2)可靠性　可靠性包括2个含义。

一是指信息的来源:来自权威性正式机构的正式出版信息,其可靠性较好;而匿名网站发布的非正式信息,其可靠性较差;除去学生制作的主页,教育类网站的学术性较强;政府网站比较权威可靠,不会随意发布不准确信息;商业网站在介绍自己的产品时往往会夸大其词,要"批判"地接受;非营利性组织在其网站发布的信息及言论可能带有一定的倾向性。

二是指信息处理的方法和手段,无论用什么方法和手段来处理信息,都不能影响信息的真实性,任何断章取义、擅自修改的信息都不可信。

(3)时效性　时效性是信息的重要特征,信息资源比其他任何资源都更具有时效性。一条及时信息可能价值连城,而一条过时信息则可能分文不值。信息的内容随着时间变化而不断变化更新。失去时效的信息,因不能反映处在变化之中事物的新运动状态,所以,尽管其信息载体依然存在,但其内容已经老化,效用就会降低,甚至失去价值。时效性越强,信息资源的价值越大;反之,信息资源就会失去作用。

7.2 网络学术资源检索系统

7.2.1 学术搜索引擎

7.2.1.1 百度学术搜索

1. 概况

百度学术搜索的网址为 http://xueshu.baidu.com。它是百度旗下提供海量中英文文献的免费学术资源搜索平台,于2014年6月初上线。百度学术搜索的数据来源于超过70万家的国内外学术站点,包含大量商业学术数据库,如中国知网、万方、维普、Science Direct、Wiley、ACM、IEEE、EBSCO、Springer等,以及百度文库、道客巴巴、豆丁网、OA数据库、杂志社和高校的机构仓储等大量提供全文链接的网站。涵盖各类学术期刊、会议论文、学位论文等文献类型。

图7-1是其搜索主页,页面简洁大方,保持了百度搜索一贯的简单风格。只要在图7-1所示界面的检索框中输入检索词,就可检出大量网络信息,并可通过时间筛选、标题、关键字、摘要、作者、出版物、文献类型、被引用次数等细化指标提高检索的精准性。其搜索结果会自动过滤掉普通网页搜索结果中的大量垃圾信息,只显示经过筛选、查重、结构化提取和有序化整理等处理后的各种学术文献信息,供用户免费使用,提高用户的科研体验。

百度学术搜索的推出,就像在各文献网站中架设起了错落有致的桥梁,使得用户可以随意穿梭,以最快速度找到自己所需的文献资料,极大地降低了搜索成本。对于专业学术网站而言,其丰富的内容也有了最大化的输出渠道。

2. 检索功能

(1)基本检索　基本检索默认在所有字段、所有文献类型进行检索。用户只需在图7-1百度学术搜索基本检索界面的检索框中直接输入检索词或检索式,再点击右侧位置的"百度一下"按钮即可完成检索。在基本检索框输入"谢奇",点击"百度一下",不仅可以检索到所有同名作者"谢奇"发表的论文,而且还可以检索姓名包含"谢"和"奇"这两个字的所有人(如谢奇勇等)发表的论文,以及摘要、关键词、参考文献等字段中包含谢奇两个字的所有文献,检索噪声

图 7-1　百度学术搜索的基本检索界面

较大。为进一步准确检索，需利用百度学术的高级检索功能。

(2)高级检索　在图 7-2 百度学术搜索的高级检索，百度学术为用户提供以下选项。

①包含全部检索词　相当于模糊检索，百度学术通过自动分词技术对检索词进行拆分，可以检索包含完整的检索词，检索词中出现某短语、词语和词素的文献。该功能最大限度地保证检索的查全率。

②包含精确检索词　相当于精确检索，只有包含完整检索词的文献才会出现在检索结果。该功能最大限度地保证查准率。

③出现检索词的位置　限制检索词出现在文章任何位置或文章标题，相当于题名或任意字段检索。

④作者　相当于作者字段检索。

⑤出版物　按照出版物名称或会议名称检索，相当于文献来源字段检索。

⑥发表时间　相当于常见的发表日期限定检索。

上述“出现检索词的位置”“作者”“出版物”“发表时间”等限定均属于限定字段检索，有利于提高查准率。

(3)专业检索　百度学术继承了百度搜索的大部分高级检索技巧。在专业检索界面，可以利用一些“操作符”，构建检索表达式，提高查准率与查全率。目前，百度学术用于检索技巧的主要“操作符”包括空格、双引号、Author、Title、Inurl、Site、Filetype、减号(—)、竖线(|)、圆括号等。

①空格　多关键词直接使用空格连接，实现逻辑与检索，即多个关键词都必须出现在检索结果。

②双引号　检索词在检索结果中必须作为一个整体出现，实现检索词的精确检索。

③Author　其书写格式为 author:(作者姓名)，表示按作者姓名进行检索。如 author:(谢奇)可以检索所有名字叫“谢奇”的人所撰写文献，检索结果包含海南省人民医院、宝鸡文理学院体育系、沈阳药科大学图书馆、武汉交通科技大学、新疆维吾尔自治区维吾尔医院、第三军医大学大坪医院等多个单位的谢奇所撰写文献。

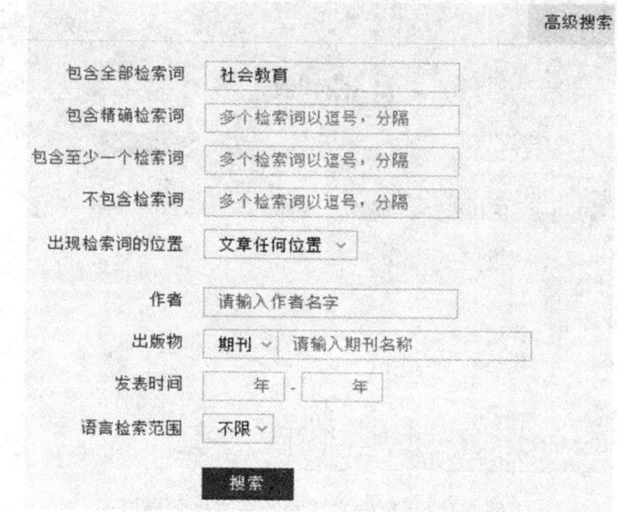

图 7-2 百度学术搜索的高级检索界面

④Journal 其书写格式为 journal:(期刊名称),表示按期刊名称进行检索。期刊名称可能会被拆分出若干词语进行检索,如检索式 journal:(河南图书馆学刊),其检索结果将包括河南图书馆学刊、山东图书馆学刊、图书馆学刊等一些刊物中的文献,若想进一步减少检索噪声,可将检索式修正为 journal:"河南图书馆学刊"后进行检索。

⑤Conference 其书写格式为 conference:(会议名称),表示按会议名称进行检索。如检索式 conference:(《第一届全国人工肝及血液净化学术年会暨全国人工肝及血液净化攻关协作组成立大会论文集》),检索结果包含该会议的论文。

⑥Title 其书写格式为 title:(题名),表示题名字段检索。如检索式 title:(图书馆人员)。

⑦Inurl 其书写格式为 inurl:(网址),表示限定在 URL 检索(全称 Uniform Resource Locator,中文译为统一资源定位器,就是地址栏里的内容)中检索。如检索式 inurl:(cnki)表示该检索式检索站点域名中包含 CNKI 的资料。

⑧Site 其书写格式为 site:站点域名,表示把搜索范围限定在某个站点域名中。如 site:(cnki. com. cn)检索网址为 cnki. com. cn 的网站资料。需要注意的是"site:"后面跟的站点域名不带 http://。

⑨Filetype 其书写格式为 filetype:文件类型,表示检索指定类型的文件。如检索式"图书馆 filetype:doc"检索图书馆方面的 doc 格式文件。

⑩减号 减号代表逻辑非检索,表示不包含特定检索词。输入检索式时,减号与前一个关键词之间必须有空格,减号和后一个关键词之间不能存在空格,且必须放在需要排除的关键词后面。例如:检索作者为谢奇、但非沈阳药科大学图书馆谢奇的文献,可用检索式"author:(谢奇)-沈阳药科大学图书馆"来实现。

⑪竖线(|) 使用竖线(|)可实现逻辑或检索,输入检索式时,竖线(|)前后都需要有空格,同时可以兼用双引号来实现精确检索。如检索式"图书馆勤工俭学管理工作" | "图书馆阅览室管理工作"。

用户在输入上述操作符时，所输入操作符无论是全角还是半角操作符，系统都会自动更正为英文半角符号，因此，用户无须担心标点符号输入是否有误。此外，百度学术搜索还具有如下检索功能。

①联想式输入　默认状态下，在输入关键词时，搜索框会出现实时的关键词提示。如输入“图”，就会出现“图书馆”“图书馆事业”等提示，便于用户直接选择。

②个人偏好设置　根据个人喜好，用户可以点击检索界面右上角的齿轮图标，选择“搜索设置”对检索进行个性化设置。搜索设置包括“是否希望在搜索时显示搜索框提示”“设定您所要搜索的网页内容语言”“设定搜索结果每页显示条数”“设定在百度搜索页面的输入法”以及“是否希望在搜索时显示您的搜索历史”等内容。

3. 检索结果

图 7-3 为百度学术搜索的检索结果页面。利用图 7-3 检索结果左侧的发表时间、学科领域、核心期刊收录情况等指标，可以进一步限制和筛选检索要求，凝练检索结果，提高检索准确性。

检索结果可按相关性、被引量、发表时间排序，便于用户选择，这些功能对于经常查阅学术文献的用户来说非常方便和实用。

图 7-3　百度学术搜索的检索结果页面

在图 7-3 界面，点击文献标题，可以获取该文献如图 7-4 所示的详细信息。百度学术搜索的检索结果中，其相同文献自动整合为一条信息，用户可以选择从知网、维普、道客巴巴、万方等不同来源获取该文献全文，也可采取“求助全文”方式，通过“文献互助”平台获取全文。

在图 7-4 界面，点击“相似文献”，则可以获取与本文内容相似或相关的其他文献，确保能够查全用户关注的所有文献；点击“参考文献”，可获取本文参考文献的被引次数等相关信息；点击“引证文献”，可获取引用本文的其他文献及其相关信息。

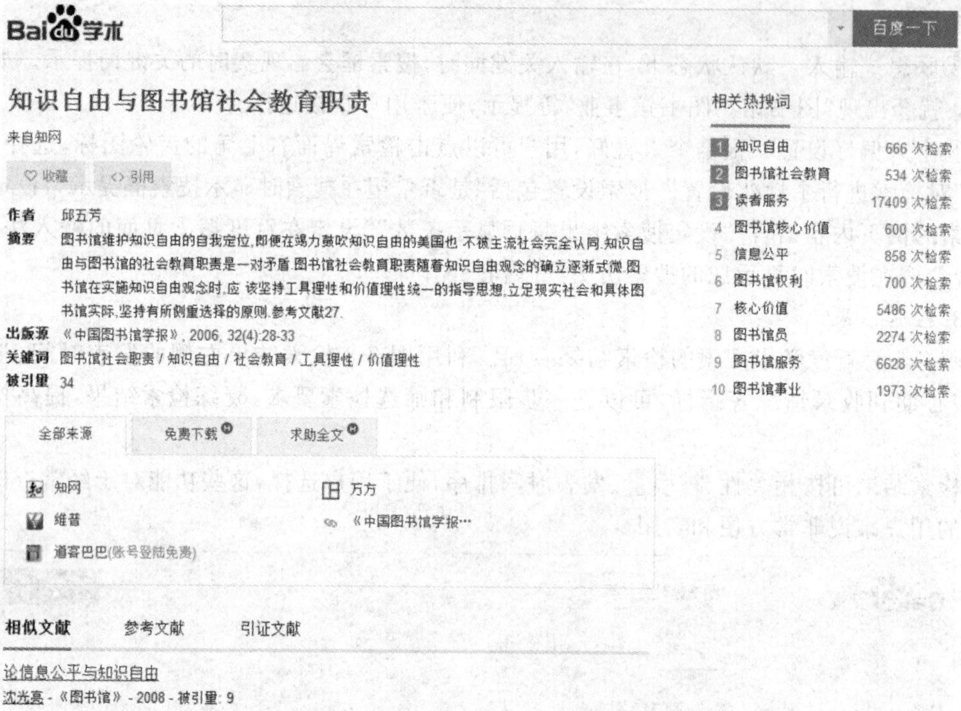

图 7-4 百度学术搜索中某一文献的详细信息

4. 个性化功能

如图 7-5 所示，百度学术搜索具有我的学术、文献互助、学者频道、论文助手、用户中心等个性化功能。只需免费注册一个账号，即可利用上述个性化功能。

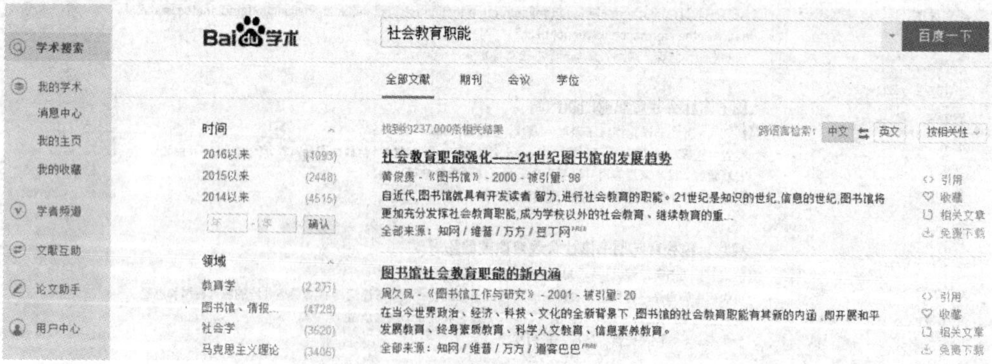

图 7-5 百度学术搜索的个性化功能

(1)我的学术 如图 7-6 所示，通过“我的学术”之“消息中心”部分，可以及时知晓他人对自己成果的引用情况，追踪自己所感兴趣领域的最新学术成果，了解所关注学者的最新动态；“我的主页”部分则全面展示和汇总自己的科研成果，全面计算 h 指数、g 指数和被引频次，并生成成果类型分布图等多种统计图，多维度展现已有科技成果；“我的收藏”部分能够随时保存自己感兴趣的论文，支持预览全文和添加备注功能，便捷导出所有收藏论文信息。

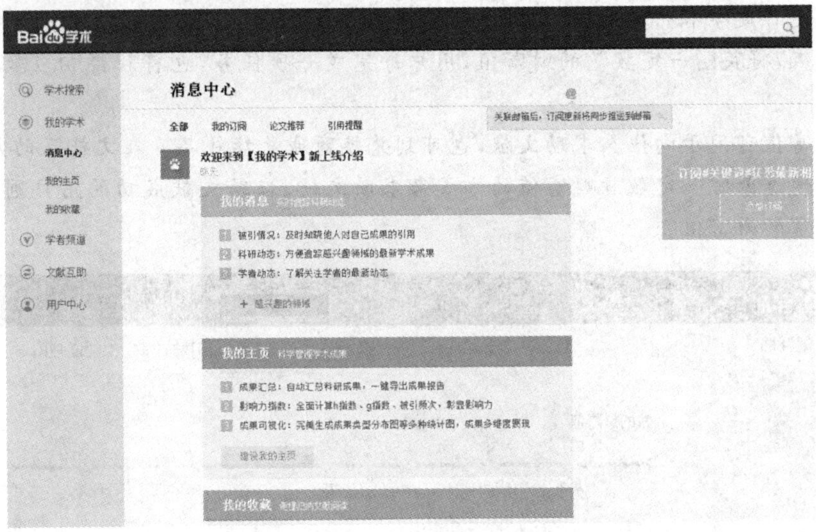

图 7-6　百度学术搜索中“我的学术”界面

（2）学者频道　在“学者频道”，通过姓名和机构途径，可以认证自己的主页，也可以查询其他学者的主页。如在图 7-7 学者查询界面，输入“初景利”，点击“搜索”后，再点击“前往”即进入学者初景利（中国科学院国家科学图书馆）的主页。

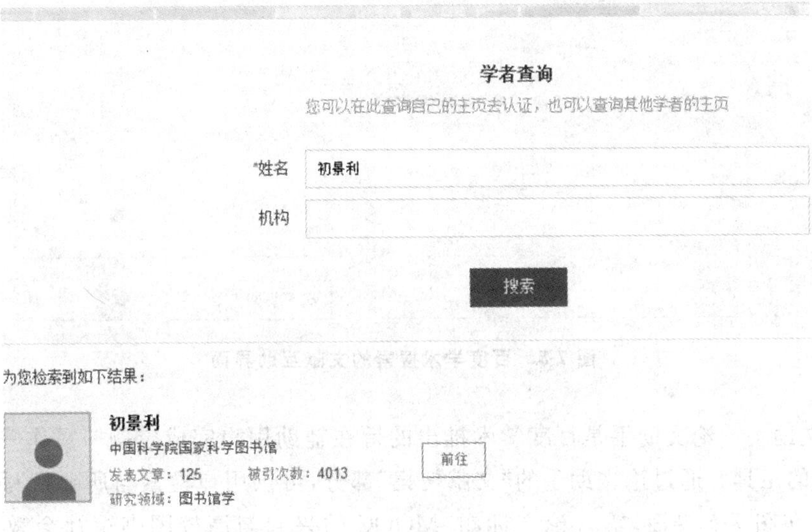

图 7-7　百度学术搜索中“学者查询”界面

（3）文献互助　通过文献互助平台，可以获取文献全文。在图 7-8 界面，可以发布求助信息，也可通过扫描微信二维码后获得免费求助，抑或支付财富值后获取全文。

知识拓展:什么是百度财富值?如何获取百度财富值?

财富值是百度学术的通用虚拟货币,随着用户等级晋升和应助文献数增多而增加,用户每晋升一个等级,将获赠一定数量的财富值;用户每完成一项任务,也将获得相应数量的奖励财富值。

百度财富值可用于向他人求助文献,也可到兑换商城兑换礼品。在文献互助大厅,求助文献用户可以通过悬赏一定数量财富值的方式来求助文献,应助文献成功的用户则可获得求助文献用户悬赏的财富值。

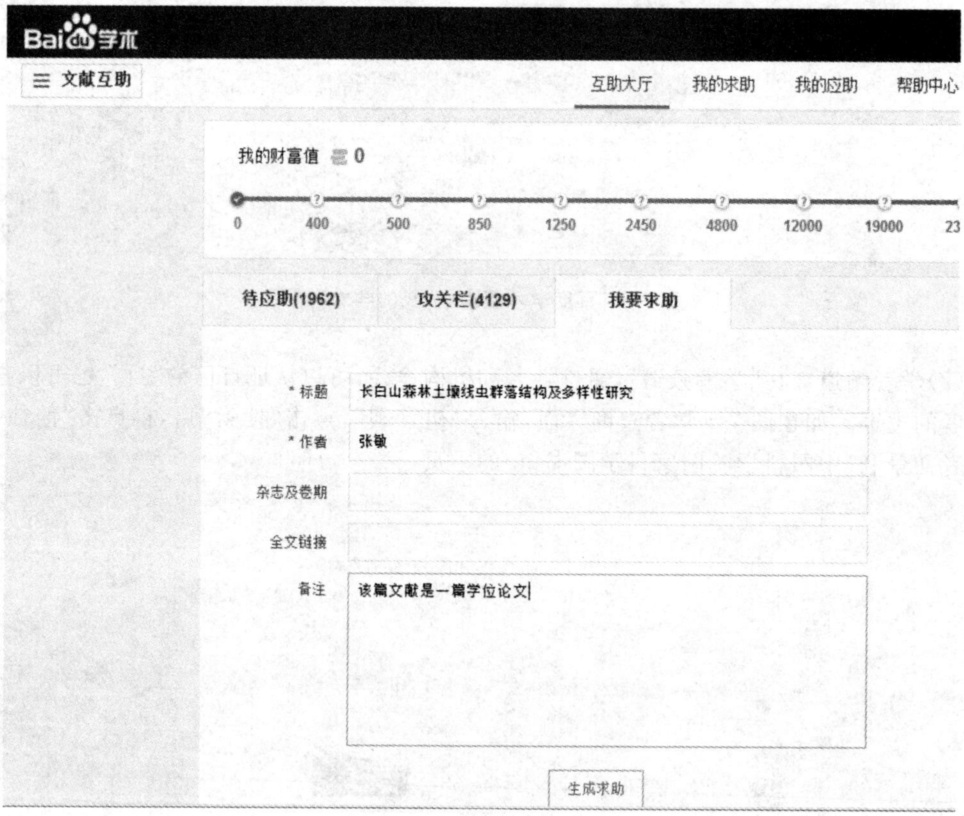

图 7-8 百度学术搜索的文献互助界面

(4)论文助手 论文助手是百度学术推出的旨在辅助用户完成定题—写作—查重—答辩等系列过程的工具。通过论文助手的"文献搜集"部分,可供用户检索与所要撰写论文相关的参考文献。在图 7-9 界面,输入论文标题"MOOC 的兴起与高校图书馆社会教育功能的实现",以及相关关键词"MOOC;图书馆社会教育职能",即可得到相关的经典文献(被引次数较高)、最新文献(论文发表时间较新)和研究综述。"查重检测"部分则可实现对已完成论文内容和文字的查重检测,图 7-10 为百度学术搜索论文助手的查重检测界面。"实用指南"部分为使用者提供论文格式、论文翻译、论文答辩方面的指导和帮助,图 7-11 为百度学术搜索论文助手的实用指南界面。

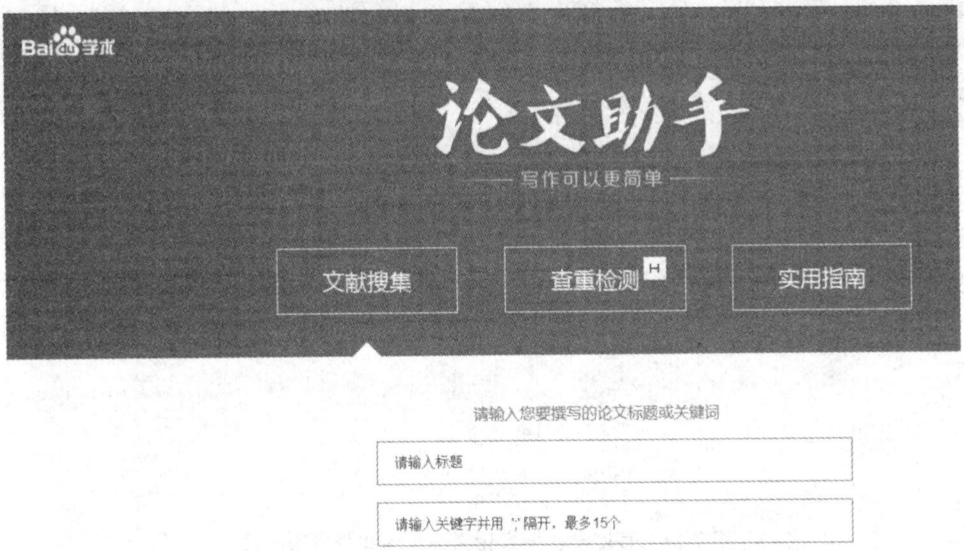

图 7-9　百度学术搜索论文助手的文献搜集界面

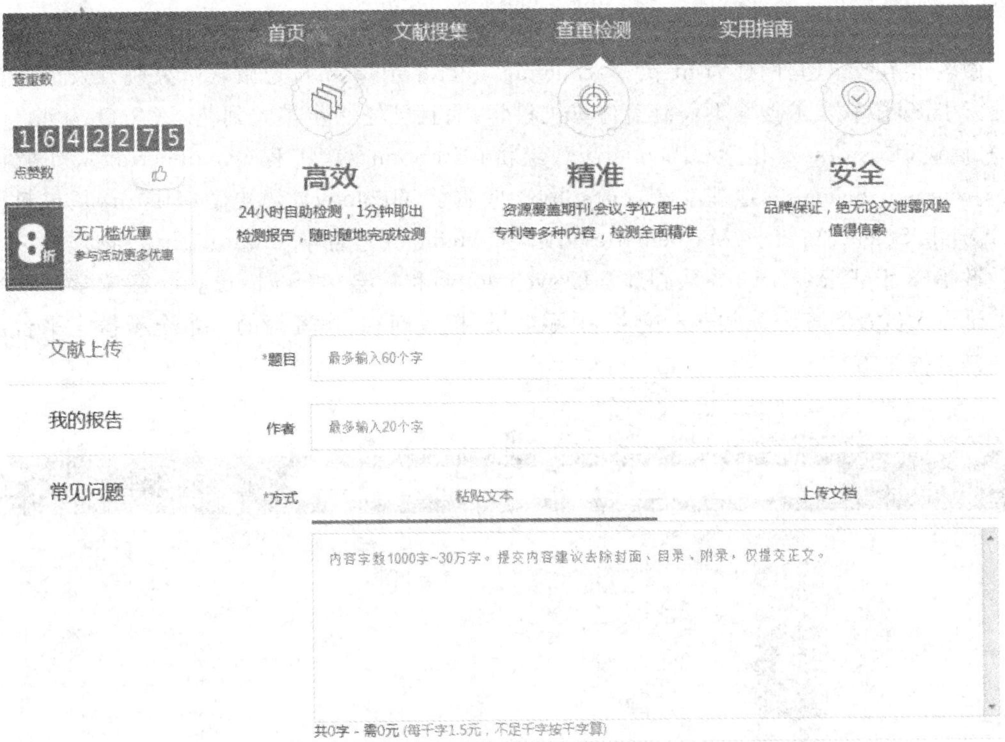

图 7-10　百度学术搜索论文助手的查重检测界面

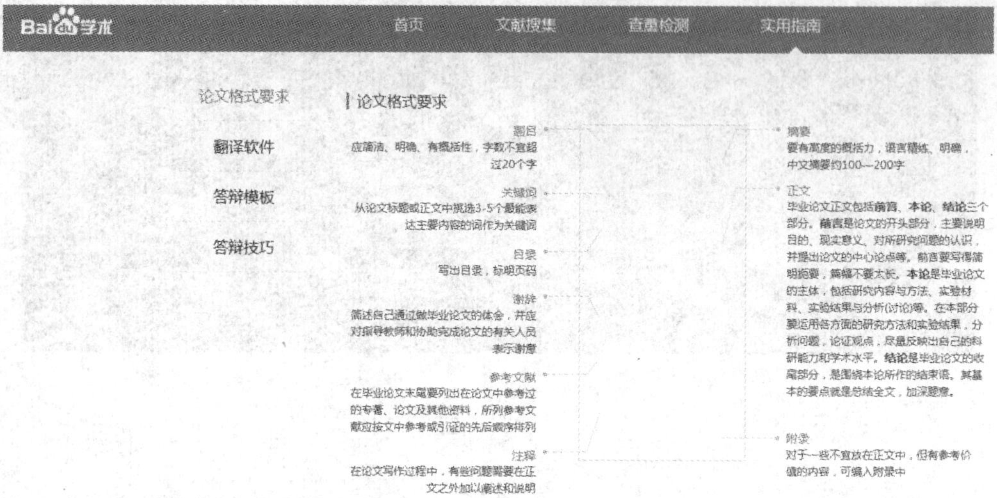
Baidu学术
首页
文献搜集
查重检测
实用指南
论文格式要求
翻译软件
答辩模板
答辩技巧
论文格式要求
题目
应简洁、明确、有概括性，字数不宜超过20个字
关键词
从论文标题或正文中挑选3-5个最能表达主要内容的词作为关键词
目录
写出目录，标明页码
谢辞
简述自己通过做毕业论文的体会，并应对指导教师和协助完成论文的有关人员表示谢意
参考文献
在毕业论文末尾要列出在论文中参考过的专著、论文及其他资料，所列参考文献应按文中参考或引证的先后顺序排列
注释
在论文写作过程中，有些问题需要在正文之外加以阐述和说明
摘要
要有高度的概括力，语言精练、明确，中文摘要约100—200字
正文
毕业论文正文包括前言、本论、结论三个部分。前言是论文的开头部分，主要说明目的、现实意义、对所研究问题的认识，并提出论文的中心论点等。前言要写得简明扼要，篇幅不要太长。本论是毕业论文的主体，包括研究内容与方法、实验材料、实验结果与分析(讨论)等。在本部分要运用各方面的研究方法和实验结果，分析问题，论证观点，尽量反映出自己的科研能力和学术水平。结论是毕业论文的收尾部分，是围绕本论所作的结束语。其基本的要点就是总结全文，加深题意。
附录
对于一些不宜放在正文中，但有参考价值的内容，可编入附录中

图 7-11 百度学术搜索论文助手的实用指南界面

7.2.1.2 微软学术搜索

1. 概况

微软学术搜索(其网址为 http://academic.microsoft.com)，是微软研究院开发的免费学术搜索引擎，微软学术搜索不仅涵盖计算机科学，而且已经逐步扩大到艺术(Art)、生物(Biology)、商业(Business)、化学(Chemistry)、经济(Economics)、工程(Engineering)、环境科学(Environment Science)、地理学(Geography)、地质学(Geology)、历史学(History)、材料科学(Materials Science)、数学(Mathematics)、医学(Medicine)、哲学(Philosophy)、物理学(Physics)、政治学(Political Science)、心理学(Psychology)和社会学(Sociology)。微软学术搜索是各类研究人员查阅各个领域学术论文、国际会议、权威期刊、作者等的一个全新搜索平台。图 7-12 是其搜索首页。

https://academic.microsoft.com
微软学术
研究领域
All fields
Art
Biology
Business
Chemistry
Computer Science
Economics
Engineering
Environmental science
Geography
Geology
History
Computer Science
所有
How Pixar, Google, and Facebook Fight Bad Meetings
Tech News, Reviews, Tips and Tricks
How Pixar, Google, and Facebook Fight Bad Meetings By Wrike project management software Infographic brought to you by Wrike project ma...
学术排行榜 Top 10
学者
所有时间
1) Hari Balakrishnan
Massachusetts Institute of Technology
2) Scott Shenker
University of California, Berkeley
3) Deborah Estrin
University of California, Los Angeles
4) David Culler
University of California, Berkeley
5) Jiawei Han
University of Illinois at Urbana-Champaign
6) Ion Stoica
University of California, Berkeley

图 7-12 微软学术搜索首页

2. 检索功能

用户只需在图 7-12 输入框内简单地输入关键词，然后单击搜索按钮，即可实现基本的搜索功能；也可通过点击图 7-12 左侧的各个学科及其下属分支学科，按学科分类获得所需信息。如图 7-13 所示，输入关键词“tomato and salinity”，点击搜索按钮后即可获得所需资料。

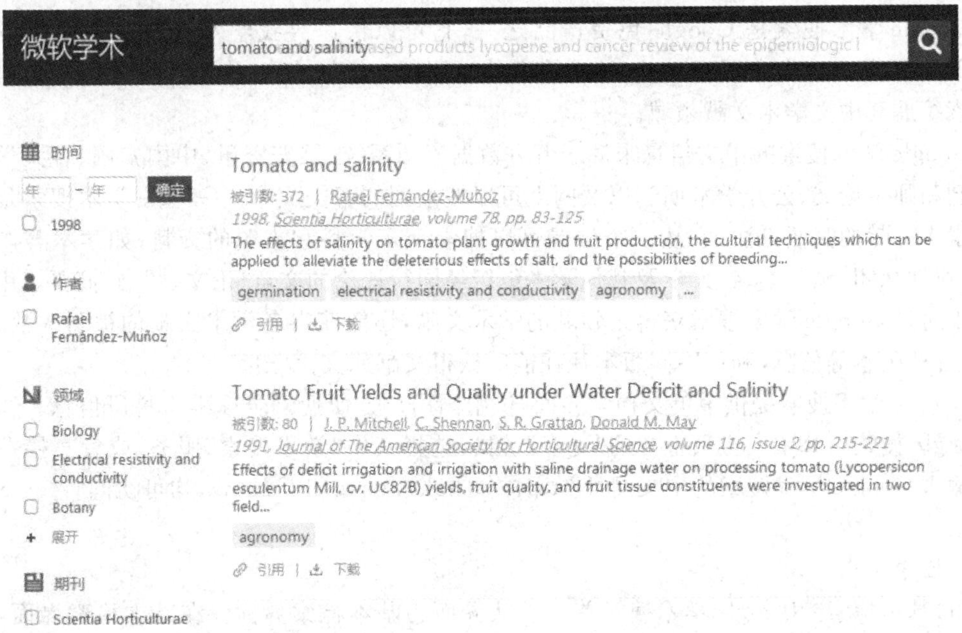

图 7-13　微软学术搜索的检索结果

3. 检索结果

微软学术搜索的检索结果排序基于以下 2 个因素：检索词的相关度和检索对象在世界范围内的影响力。检索词的相关度分数可以通过其属性计算得出，检索对象在世界范围内的影响力分数则是通过它与其他对象之间的关系计算得出。如图 7-13 检索结果页面左侧所示，可以对检索结果进行时间、年代、作者、学科领域、期刊等角度的进一步限定，提高检索结果的专指度。

4. 个性化服务

(1)微软学术搜索允许用户在线编辑信息。用户在检索过程中，若发现信息有误或信息过时的情况，均可直接在网上进行修改或更新。可以修改作者的基本信息，如名字、所属机构、头像及个人主页；也可修改作者的论文列表，还可更新论文信息，并进一步确认或移除相关论文。修改后信息经编辑验证后将更新在网页上。

(2)获取最新的计算机科学领域内征稿信息。征稿信息的页面将自动显示最近半年的会议列表，通过“学科筛选”(Filter by Domain)或“地区筛选”(Filter by Region)来锁定目标会议。将鼠标放在时间线上，就能看到每个会议征稿信息的重要时间点。点击“查看地图”，可以方便地查找到会议地点。如果有明确的会议目标，只需在检索框中输入会议信息(全称或缩写名)进行搜索。

(3)将论文嵌入到自己的个人主页。微软学术搜索允许用户将论文列表嵌入到个人主页等其他网页。嵌入论文列表的具体步骤如下：单击列出作者详细信息页面右上角的按钮，然后单击“生成 JavaScript 代码”(Generate JavaScript Code),复制显示在右边窗口中的整个JavaScript 代码,最后将剪贴板内容粘贴到所需网页。

7.2.1.3 Google 学术搜索

1. 概况

Google 学术搜索是 Google 免费产品之一,它可以快速寻找学术资料。2004 年 11 月,Google 公司第一次发布了 Google 学术搜索的试用版。2006 年 1 月 11 日,Google 公司将学术搜索扩展至中文学术文献领域。

Google 学术搜索的中文信息来源于万方数据资源系统、维普资讯、中国知网、各大学的学术期刊和师生论文、公开学术期刊以及网上可以搜索到的各类文章。Google 学术搜索是广泛搜索学术文献的简便方法,它从一个位置可以搜索众多学科和来源的资料,如学术著作出版商、专业性社团、预印本、各大学及其他学术组织经同行评论的文章、论文、图书、摘要。用户不但可以通过 Google 学术搜索获得某领域的学术文献,还能获得各学术文献的被引次数、相关文献、各种版本等信息,利用不同版本往往能够获得文献原文。

Google 学术搜索提供中英文检索界面,供中国用户方便搜索全球学术科研信息。通过点击 Google 搜索引擎中文主页上方的“更多”链接,选择其中“学术搜索”服务,或者直接在地址栏中输入 Google 学术搜索的中文网址 http://scholar.google.com.hk,均可访问 Google 学术搜索。

2. 检索功能

(1)基本检索　Google 学术搜索首页默认界面为基本检索界面。在基本检索界面,直接输入关键词,点击搜索按钮,即可获得所需学术文献。为提高检索结果的准确性和有效性,基本检索页面提供了作者和标题 2 种限定检索方式,以及部分高级操作符。

①按作者检索　在基本检索模式中,按作者搜索是找到某篇学术文献最有效的方法之一。如果知道文献作者的中文全名,其检索方法为直接在输入框内输入双引号加姓名,即“姓名”,例如“袁隆平”;如果知道文献作者的外文全名,最好使用名字的首字母而非全名,例如 Donald E. Knuth(唐纳德·E. 克努特),可书写成“d knuth”“d e knuth”或“donald e knuth”等。如果作者的姓名既是人名又是普通名词,应该书写成“作者:姓名”。例如检索式“作者:flowers”的搜索结果包括该作者的所有学术文献。

②按标题检索　如果知道所要查找的学术著作、论文或报告等学术文献标题,可以按标题方式进行检索。其检索方法为在输入框内直接输入带引号的标题,即“标题”,如输入“纸浆漂白废水”,然后单击“搜索”按钮,Google 学术搜索便会自动查找相关论文及该论文的其他学术资料。

(2)高级检索　在 Google 学术搜索主页,点击基本检索框右侧的下拉箭头,即可进入“高级检索”界面。Google 学术搜索的高级检索界面,提供“是否包含选择的关键词”“关键词出现的位置”等选项,还可限定文章的作者、出版物以及出版时间。利用文章作者检索的操作方法与前面的基本检索功能中文章作者检索的操作方法相同。

①按出版物检索　该方法适用于查询来自特定出版物的学术资料,直接在与“显示以下刊物上的文章”对应的输入框内输入出版物名称即可。需要注意的是,外文期刊名称可能会有多种书写方式,为了保证查全率,检索时应尝试外文期刊的各种不同拼写方法。

②按出版日期检索　用于查询某一特定领域在某一时期内的学术资料,方法也是直接在

“显示在此期间发表的文章”所对应的输入框内输入查询年份即可。

3. 检索结果

Google 学术搜索的检索结果包括左右 2 部分，左侧提供按出版时间、按文章相关性等“分类浏览”方式，右侧显示具体的检索结果，主要提供论文标题或书名、作者、出版物信息、被引用次数等，每一条记录的检索关键词都用红色字体标注。

7.2.2　知识发现系统

知识发现系统又称发现系统，或称资源发现系统，是大数据环境下，能够满足人们知识需求的一种新型知识组织和管理平台。它以提供智能化、专业化和个性化服务为主要目标，通过知识的有序组织和揭示，从不同来源、不同结构和不同语言形式的海量资源中挖掘出有用知识，提高用户的信息获取效率。相关性排序与主题聚类被认为是知识发现系统最重要的 2 种服务。

7.2.2.1　中国学术搜索

1. 概况

中国学术搜索是北京万方软件股份有限公司推出的一站式知识发现系统。其网址为 http://www.sciinfo.cn。图 7-14 为中国学术搜索首页。中国学术搜索通过对用户本地馆藏文献资源、采购的商用数据库资源等元数据进行整合，以学科、主题、人物、组织机构、基金等知识获取五要素进行元数据标引，构建中外文元数据仓储知识库，为用户提供各种学术资源的统一检索、资源揭示、资源调度与全文定位，灵活地将元数据仓储知识库和本地或异地的原文进行有效链接，为用户提供学术搜索和文献资源调度获取服务。亦通过对各类学术文献资源的整合与对海量数据的挖掘分析，帮助用户开展更高质量和更高效率的科研工作。

图 7-14　中国学术搜索首页

2.检索功能

(1)基本检索　基本检索是系统默认界面。在图 7-14 界面,用户依据如下步骤实现基本检索。

①根据所需检索的文献类型,选择相应标签。标签种类包括全部、期刊、学位、会议、成果、专利、标准、法律、学者和机构,默认标签为“全部”标签,可以检索各种类型的文献,“期刊”标签可以检索期刊论文,“学位”标签可以检索学位论文,“会议”标签可以检索有关会议的信息,“成果”标签可以检索一些科技成果,“专利”标签可以检索专利文献,“标准”标签可以检索标准文献,“法律”标签可以检索法律法规文献,“学者”标签可以检索与学者有关的信息,“机构”标签可以检索学术机构的相关信息。

②根据用户所选标签类型,选择合适字段。不同标签对应不同的检索字段。如“全部”标签对应“全部”“主题”“学科”“机构”“人物”和“基金”字段;“期刊”标签对应“全部字段”“标题”“作者”“作者单位”“刊名”和“关键词”字段。

③选择语种。系统目前提供中文、英文或全部(中英文混合检索)3 种方式。

(2)高级检索和专业检索　如需多个检索条件进行组合检索,可在图 7-15 所示高级检索页面和图 7-16 所示专业检索页面实现。

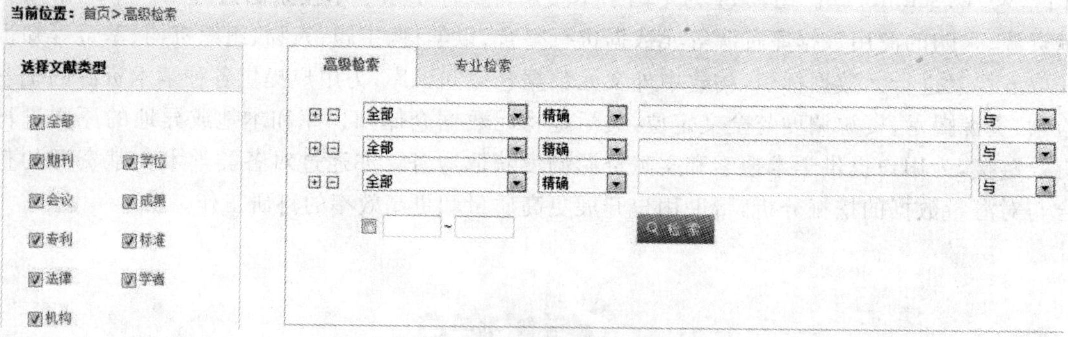

图 7-15　中国学术搜索的高级检索

3.检索结果

图 7-17 为中国学术搜索的检索结果页面,既显示具体的记录,也显示检索词的趋势图。检索结果按时间、语种、核心期刊、基金、刊名和学科进行聚类,按时间、相关度和被引次数进行排列。并建立了作者、作者单位、刊名、关键词、中图分类号、年、期和参考文献的超链接,具备相似期刊、相似学位论文和相似会议等扩展信息。

4.学术分析

从学科、主题、人物、机构等多个要素对元数据仓储进行深度挖掘分析,如主题趋势分析(图 7-18)、人物科研合作关系分析(图 7-19)等,用数据和图形说话。由图 7-18 可知,生物碳研究总体呈发展态势;由图 7-19 可知,须晖、白义奎、孙周平、王铁良等是与学者李天来科研合作较多的学者。在检索结果页面,亦提供如图 7-20 所示主题分析报告。

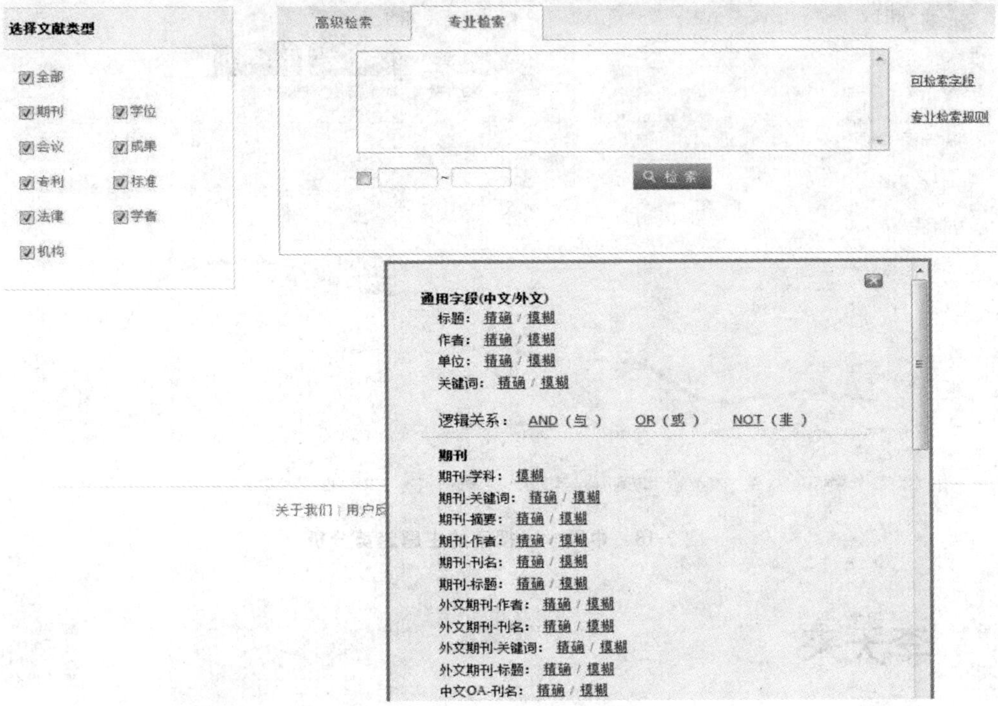

图 7-16　中国学术搜索的专业检索

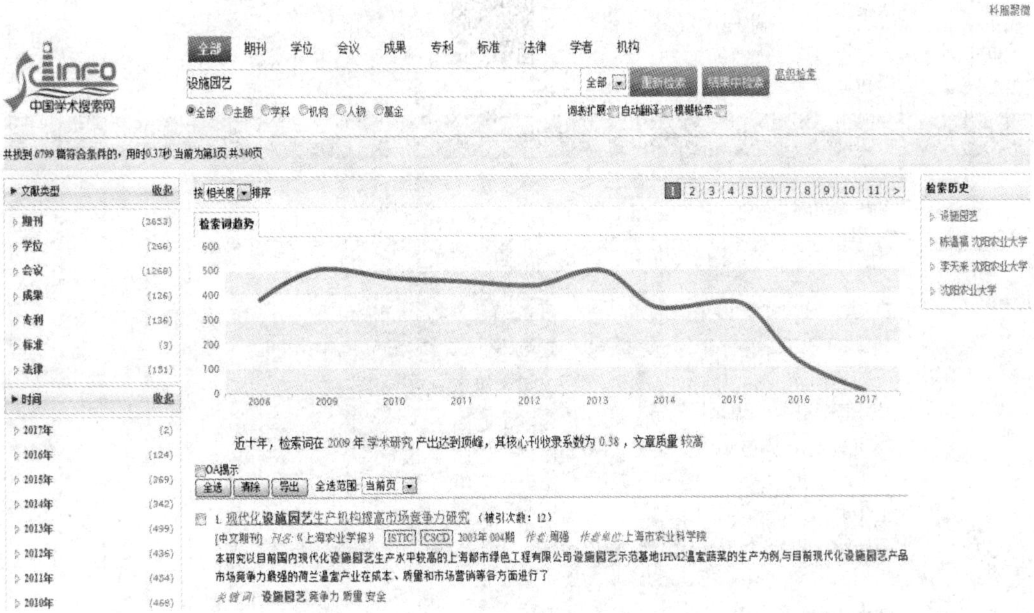

图 7-17　中国学术搜索的检索结果页面

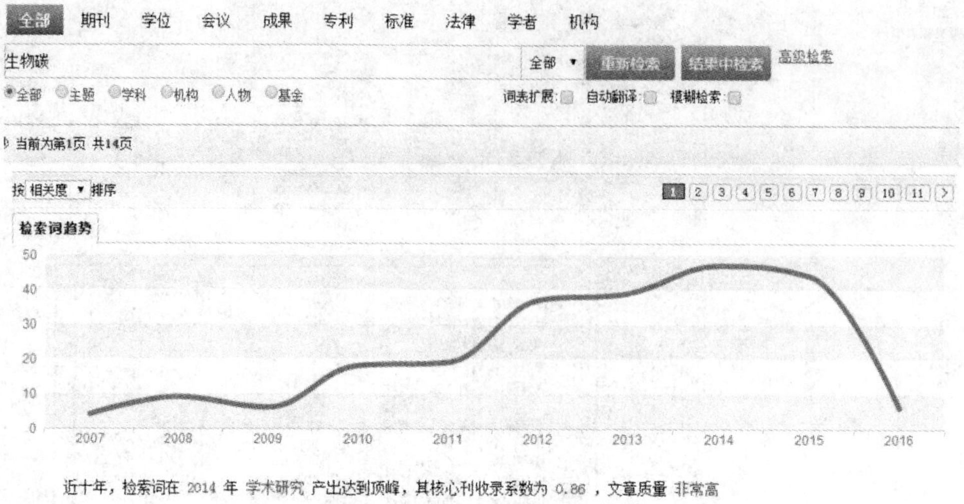

图 7-18 中国学术搜索的主题趋势分析

图 7-19 中国学术搜索的科研合作关系分析

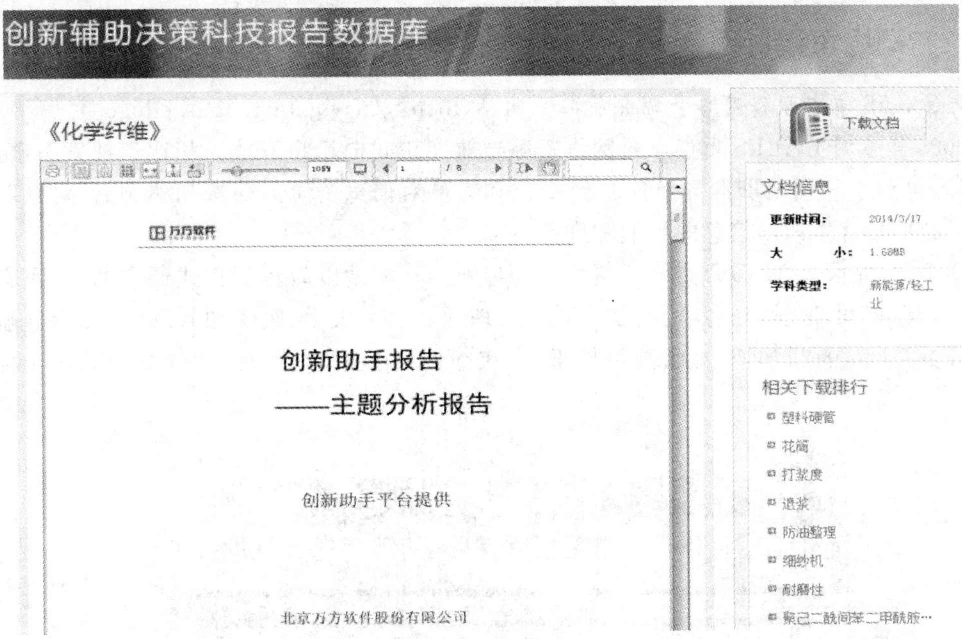

图 7-20　中国学术搜索的主题分析报告

7.2.2.2　超星发现系统

超星发现系统是超星集团推出的知识发现系统，其网址为 http://www.zhizhen.com。超星发现系统依托大量元数据资源，实现了对中文图书以及期刊、报纸、学位论文、会议论文、文档等的统一检索和多种获取，可将搜索结果按各类文献时间、文献类型、主题、学科、作者、机构、权威工具收录等多种维度进行聚类和引证分析。

7.2.2.3　智立方发现系统

重庆维普资讯有限公司的"智立方发现系统"，其网址为 http://zlf.cqvip.com。智立方发现系统不仅是一个文献类型全覆盖的资源发现平台，也是一个情报分析视角的知识服务平台，更兼具知识管理的功能，为图书馆、科研单位和个人用户提供全方位、基于云平台架构的一体化解决方案。

智立方发现系统整合了中外文期刊、学位论文、会议论文、专利、专著、标准、科技成果、产品样本、科技报告、政策法规等多种文献类型，并且提供一站式检索和全文保障服务，提供分面聚类、相关排序等多种检索结果寻优途径；文献知识对象的标识和粒度分析，同时支持对客户本地特色资源、文献之外的科学数据等相关资源的整合扩展，有助于构建适合本单位的知识体系、实现机构的学科评估、人才评估等功能，从而实现真正意义上的知识管理，以达到知识产出不断创新的目的；通过对文献中涉及的各类知识对象（领域、主题、学者、机构、传媒、资助等）做唯一标识、粒度分析、关联呈现，得以实现从情报分析视角对隐含知识间的关联做深入挖掘，同时提供学科研究方向分析、竞争情报动态连续追踪等服务。

7.2.3 网络资源导航

1. CALIS 重点学科网络资源导航门户网站(http://navigation.calis.edu.cn)

2006 年 6 月 CALLS 重点学科网络资源导航库正式向用户开放。相比于搜索引擎工具,CALLS 重点学科网络资源导航库是经专家和馆员对信息资源的甄选和整合后,对互联网内重点学科中最优秀网站信息的导航和推荐。

图 7-21 所示,CALIS 重点学科网络资源导航门户网站以教育部正式颁布的 11 大学科门类(哲学、经济学、法学、教育学、文学、历史学、理学、工学、农学、医学和管理学)作为导航库的学科分类基础。提供快速检索、高级检索、二次检索(在结果中检索)和分类浏览共 4 种检索功能。

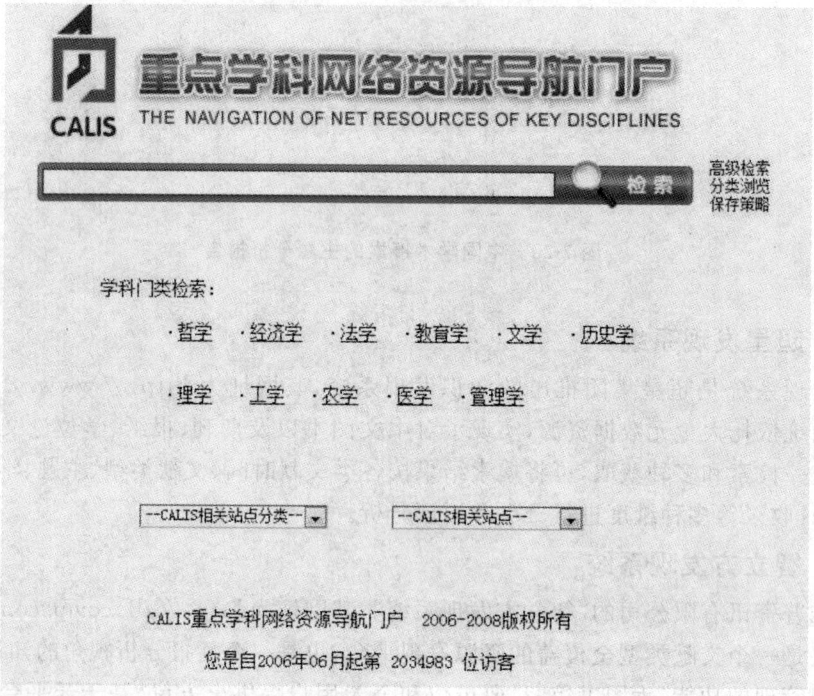

图 7-21 CALIS 重点学科网络资源导航门户网站

图 7-22 所示,CALIS 重点学科网络资源导航结果的显示只有按题名排序和按访问次数 2 种方式。按题名排序的具体规则是先数字、再英文字顺、后中文字顺。

2. 中国国家科学数字图书馆化学学科信息门户网站(http://chemport.ipe.ac.cn)

化学学科信息门户是中国科学院知识创新工程科技基础设施建设专项"国家科学数字图书馆项目"的子项目,其目标是面向化学学科,建立并可靠运行 Internet 化学专业信息资源和信息服务的门户网站,提供权威、可靠的化学信息导航,整合文献信息资源系统及其检索利用,并逐步支持开放式集成定制。图 7-23 是其搜索主页。

化学学科信息门户的建设基础是中国科学院过程工程所建立的关于 Internet 化学化工综合性资源的导航系统 ChIN。ChIN 以对 Internet 化学化工资源进行系统研究为基础,注重对资源的评价和精选,并采用积累信息源知识的方法为资源建立了反映资源概貌和特征的简介

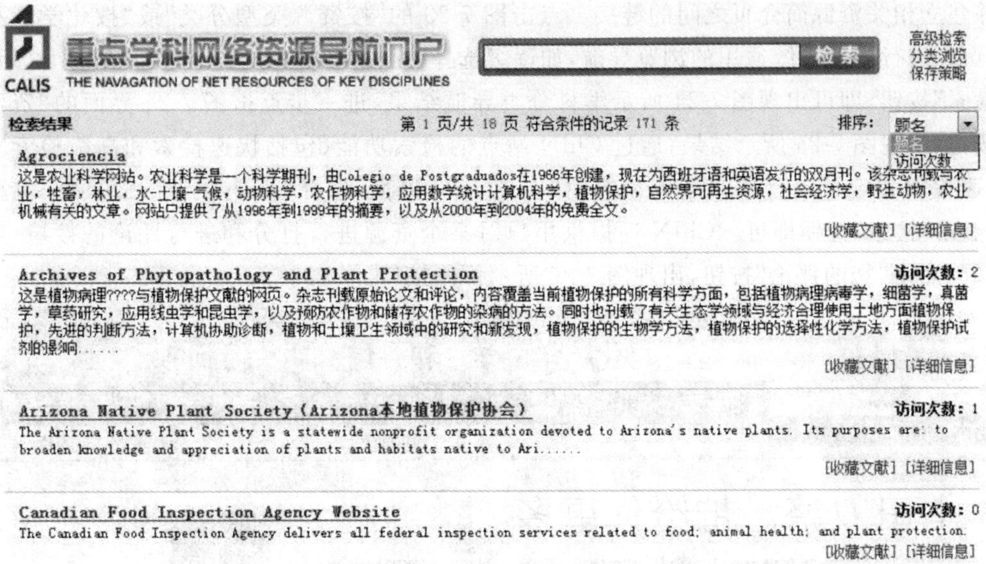
重点学科网络资源导航门户
CALIS THE NAVAGATION OF NET RESOURCES OF KEY DISCIPLINES
检索
高级检索
分类浏览
保存策略
检索结果
第 1 页/共 18 页 符合条件的记录 171 条
排序：题名
题名
访问次数
Agrociencia
这是农业科学网站。农业科学是一个科学期刊，由Colegio de Postgraduados在1966年创建，现在为西班牙语和英语发行的双月刊。该杂志刊载与农业，牲畜，林业，水-土壤-气候，动物科学，农作物科学，应用数学统计计算机科学，植物保护，自然界可再生资源，社会经济学，野生动物，农业机械有关的文章。网站只提供了从1996年到1999年的摘要，以及从2000年到2004年的免费全文。
[收藏文献] [详细信息]
Archives of Phytopathology and Plant Protection
访问次数：2
这是植物病理????与植物保护文献的网页。杂志刊载原始论文和评论，内容覆盖当前植物保护的所有科学方面，包括植物病理病毒学，细菌学，真菌学，草药研究，应用线虫学和昆虫学，以及预防农作物和储存农作物的染病的方法。同时也刊载了有关生态学领域与经济合理使用土地方面植物保护，先进的判断方法，计算机协助诊断，植物和土壤卫生领域中的研究和新发现，植物保护的生物学方法，植物保护的选择性化学方法，植物保护试剂的影响......
[收藏文献] [详细信息]
Arizona Native Plant Society (Arizona本地植物保护协会)
访问次数：1
The Arizona Native Plant Society is a statewide nonprofit organization devoted to Arizona's native plants. Its purposes are: to broaden knowledge and appreciation of plants and habitats native to Ari......
[收藏文献] [详细信息]
Canadian Food Inspection Agency Website
访问次数：0
The Canadian Food Inspection Agency delivers all federal inspection services related to food; animal health; and plant protection.
[收藏文献] [详细信息]

图 7-22　CALIS 重点学科网络资源导航结果

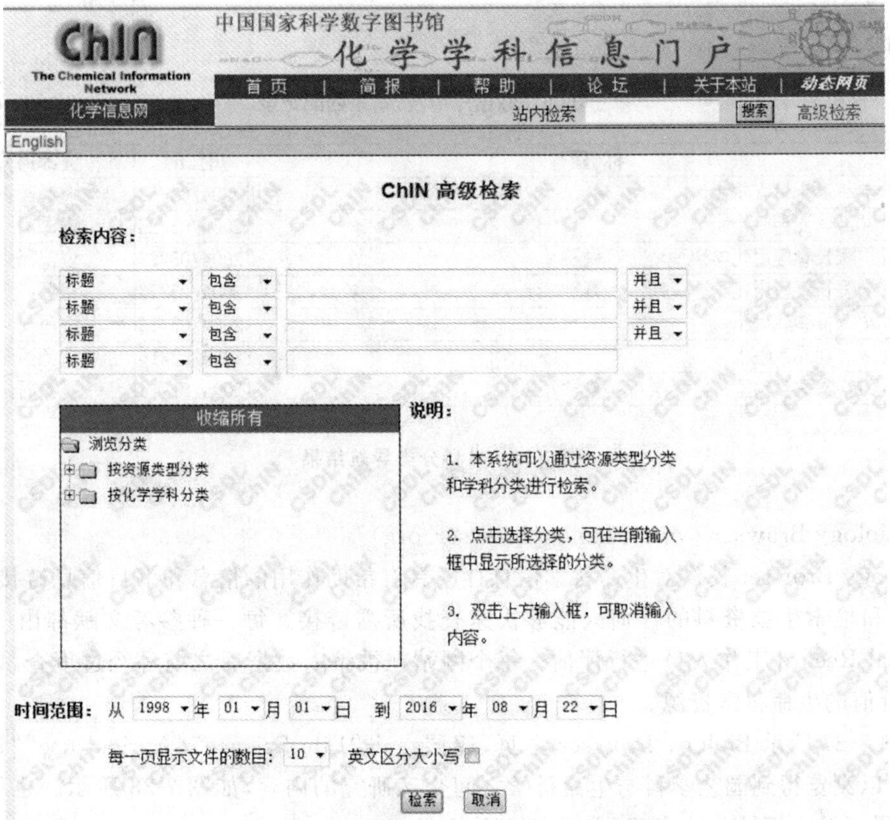
ChIN
The Chemical Information Network
中国国家科学数字图书馆
化学学科信息门户
首页 | 简报 | 帮助 | 论坛 | 关于本站 | 动态网页
化学信息网
站内检索
搜索
高级检索
English
ChIN 高级检索
检索内容：
标题 包含 并且
标题 包含 并且
标题 包含 并且
标题 包含
收缩所有
浏览分类
按资源类型分类
按化学学科分类
说明：
1. 本系统可以通过资源类型分类和学科分类进行检索。
2. 点击选择分类，可在当前输入框中显示所选择的分类。
3. 双击上方输入框，可取消输入内容。
时间范围：从 1998 年 01 月 01 日 到 2016 年 08 月 22 日
每一页显示文件的数目：10 英文区分大小写
检索 取消

图 7-23　中国国家科学数字图书馆化学学科信息门户网站

页，并建立相关资源简介页之间的链接。点击图 7-23 的“按资源类型分类”或“按化学学科分类”，可以进行导航系统通用的浏览导航，如逐级选择“无机化学”“分离化学”“萃取化学”后，点击“检索”按钮，即可出现图 7-24 所示学科分类导航结果，进一步点击图 7-24 界面的“资源简介”按钮，出现图 7-25 所示结果；通过 ChIN 站点的检索功能（包括快速检索和高级检索），也可快速检索和定位自己感兴趣的内容，如在图 7-23 界面，选择“标题”字段，输入“汪家鼎院士”，点击“检索”按钮即可。ChIN 还提供用户对某个资源进行打分和进行评论的接口，如在图 7-25，点击“您的评论”按钮，出现图 7-26 所示评论接口。

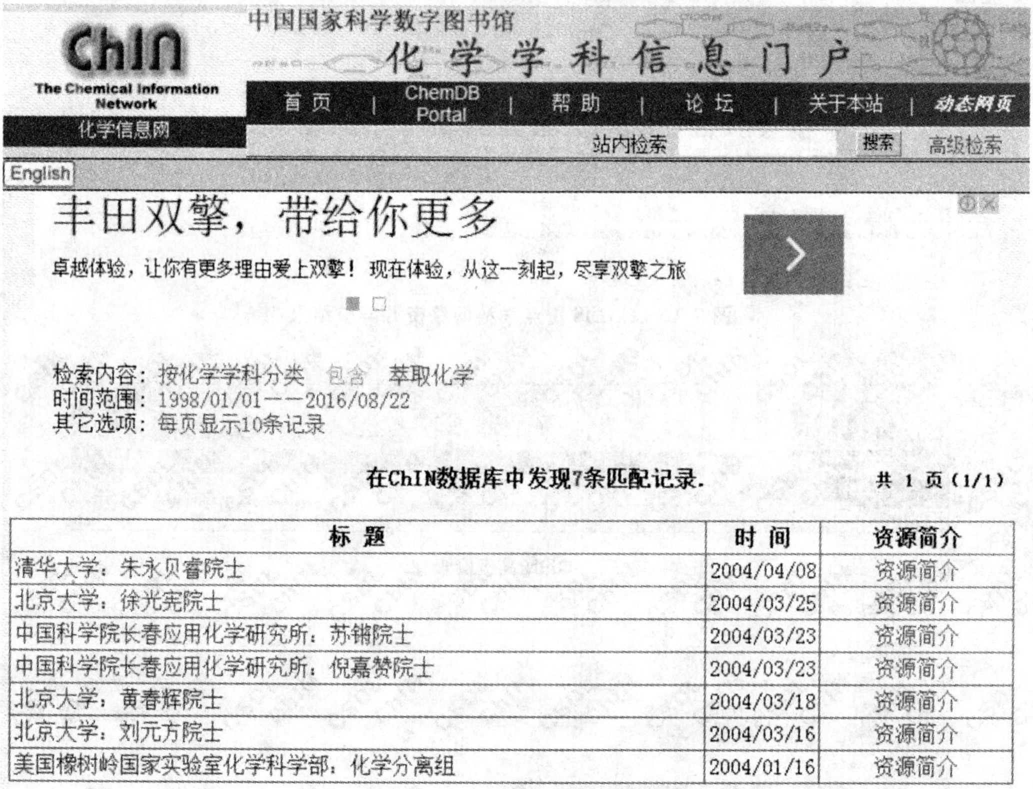

标 题	时 间	资源简介
清华大学：朱永贝睿院士	2004/04/08	资源简介
北京大学：徐光宪院士	2004/03/25	资源简介
中国科学院长春应用化学研究所：苏锵院士	2004/03/23	资源简介
中国科学院长春应用化学研究所：倪嘉赞院士	2004/03/23	资源简介
北京大学：黄春辉院士	2004/03/18	资源简介
北京大学：刘元方院士	2004/03/16	资源简介
美国橡树岭国家实验室化学科学部：化学分离组	2004/01/16	资源简介

图 7-24 学科分类导航结果

3. Biology Browser（www. biologybrowser. org）

Biology Browser 提供对生命科学信息社区具有帮助作用的信息和书目信息链接，使科学家、学生和检索生物资料的任何人能够快速查找所需链接。每一种参考文献都由 Thomson Zoological Record 工作人员进行评估。每个网站在被编入数据库之前都经过审查，以确保它属于有价值的生命科学资源。

在图 7-27 所示 Biology Browser 主页，逐层点击“Life Science”“Agriculture”“Horticulture”，可以浏览得到园艺学科与生命科学之间交叉研究的内容，如图 7-28 所示。也可通过在图 7-28 界面输入框输入检索词，实现直接检索。

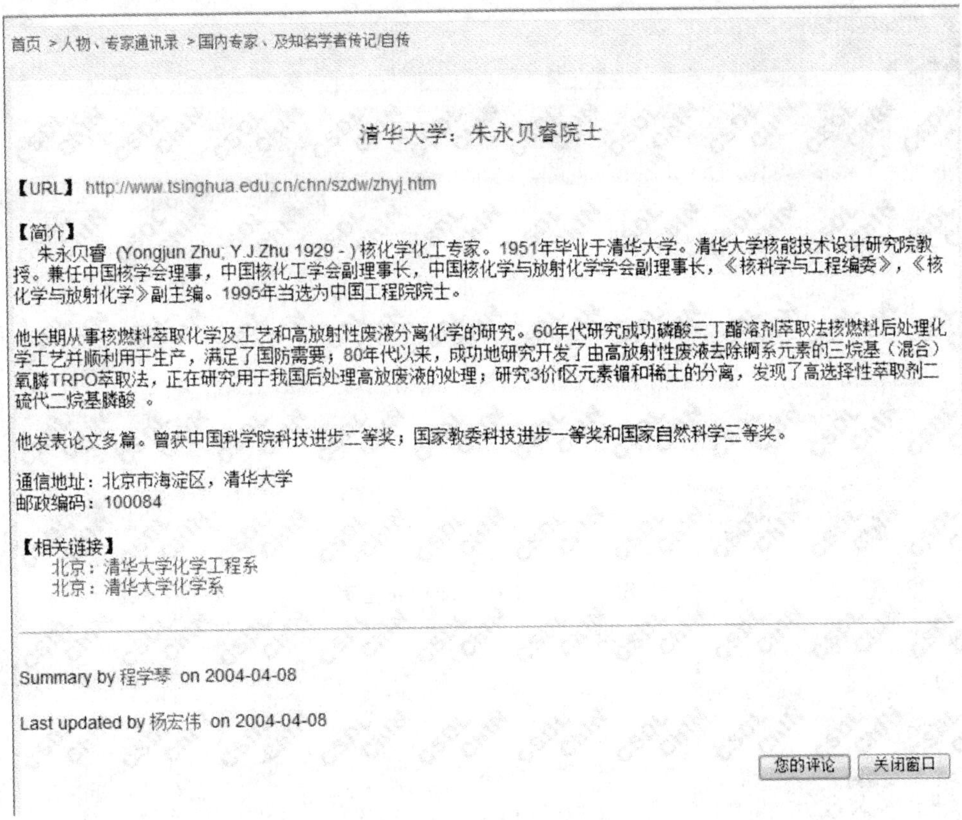

首页 >人物、专家通讯录 >国内专家、及知名学者传记/自传

清华大学：朱永贝睿院士

【URL】 http://www.tsinghua.edu.cn/chn/szdw/zhyj.htm

【简介】
朱永贝睿 (Yongjun Zhu; Y.J.Zhu 1929 -) 核化学化工专家。1951年毕业于清华大学。清华大学核能技术设计研究院教授。兼任中国核学会理事，中国核化工学会副理事长，中国核化学与放射化学学会副理事长，《核科学与工程编委》，《核化学与放射化学》副主编。1995年当选为中国工程院院士。

他长期从事核燃料萃取化学及工艺和高放射性废液分离化学的研究。60年代研究成功磷酸三丁酯溶剂萃取法核燃料后处理化学工艺并顺利用于生产，满足了国防需要；80年代以来，成功地研究开发了由高放射性废液去除锕系元素的三烷基（混合）氧膦TRPO萃取法，正在研究用于我国后处理高放废液的处理；研究3价f区元素镅和稀土的分离，发现了高选择性萃取剂二硫代二烷基膦酸 。

他发表论文多篇。曾获中国科学院科技进步二等奖；国家教委科技进步一等奖和国家自然科学三等奖。

通信地址：北京市海淀区，清华大学
邮政编码：100084

【相关链接】
北京：清华大学化学工程系
北京：清华大学化学系

Summary by 程学琴 on 2004-04-08

Last updated by 杨宏伟 on 2004-04-08

您的评论　关闭窗口

图 7-25　资源简介

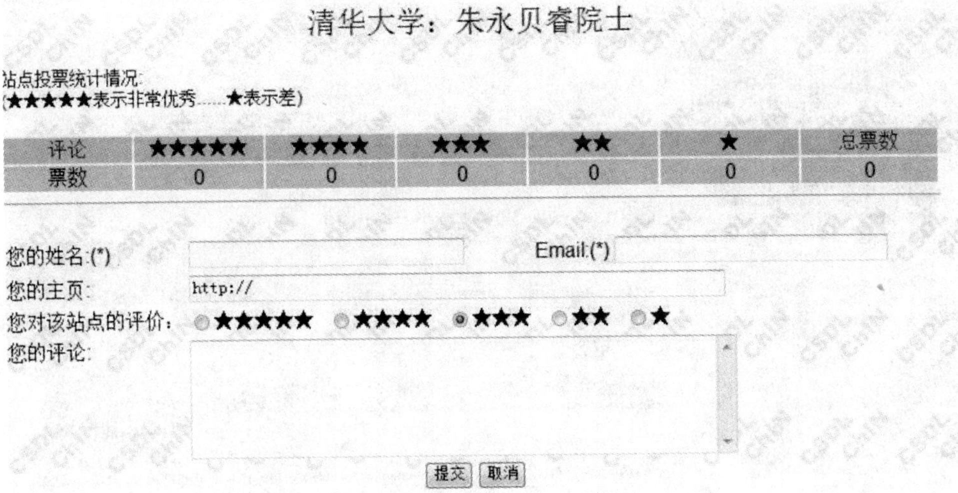

清华大学：朱永贝睿院士

站点投票统计情况:
(★★★★★表示非常优秀......★表示差)

评论	★★★★★	★★★★	★★★	★★	★	总票数
票数	0	0	0	0	0	0

您的姓名:(*)　Email:(*)
您的主页:　http://
您对该站点的评价:　★★★★★　★★★★　★★★　★★　★
您的评论:

提交　取消

图 7-26　评论接口

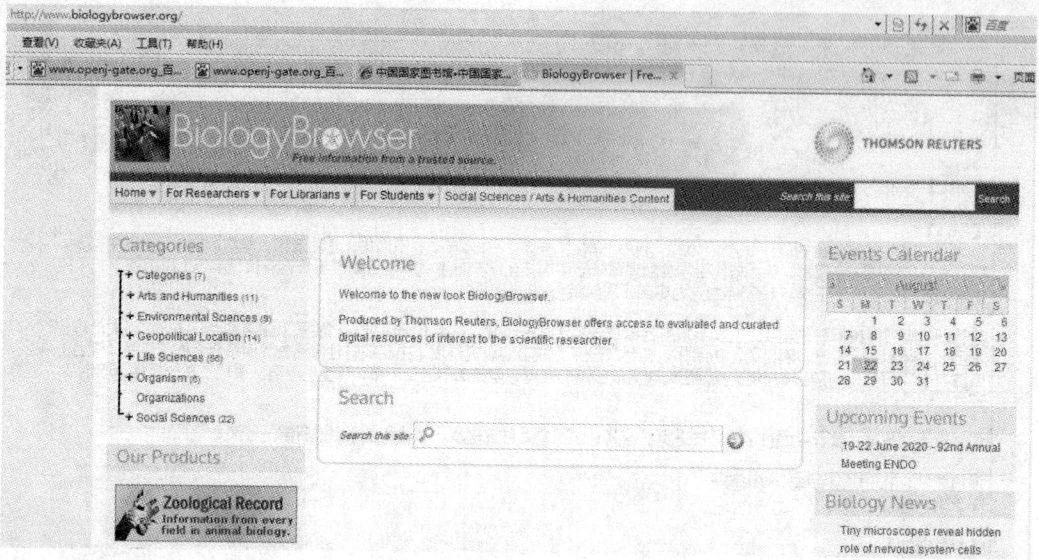

图 7-27 Biology Browser 主页

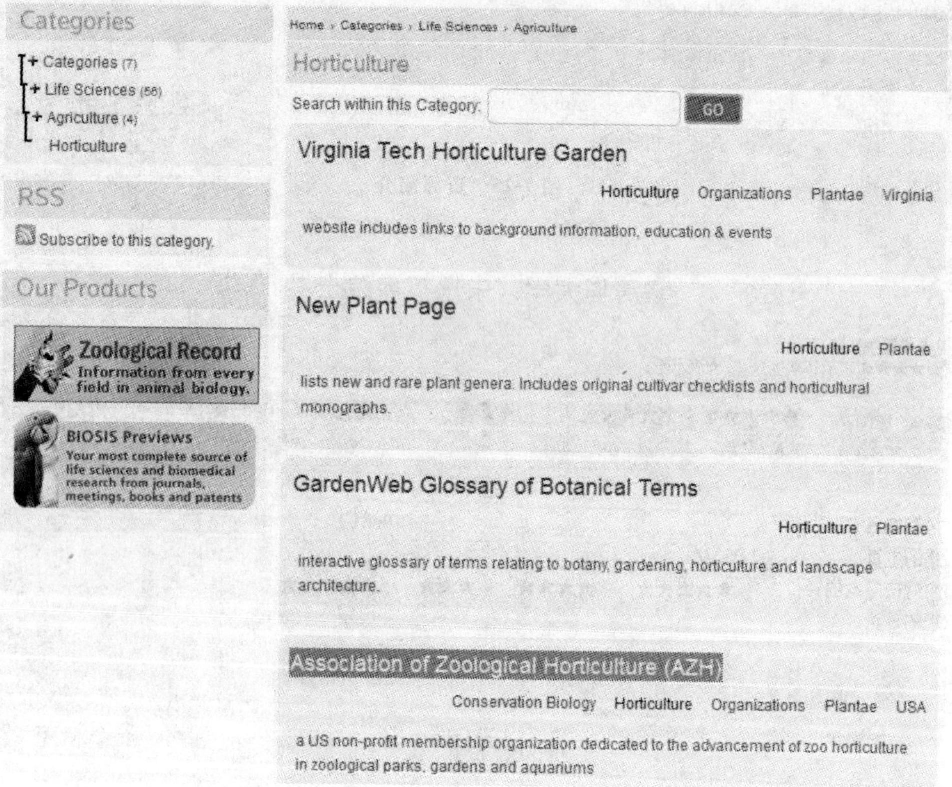

图 7-28 Biology Browser 分类浏览

7.3 开放获取资源

开放获取(open access,OA)资源是指可以在互联网免费获取的资源,允许任何用户阅读、下载、复制、发布、打印和查找,或者提供对这些文献文本的链接、对它们进行索引、将它们作为素材纳入软件以及其他任何法律许可的应用。开放获取资源的类型涉及学术期刊、电子图书、学位论文、会议文献、研究报告、专利、标准等多种文献类型。其中,以“开放获取期刊”(Open-Access Journals)最为常见。

7.3.1 开放获取期刊

1. PLOS (www. plos. org)

PLOS 为美国科学公共图书馆(the Public Library of Science)的简称。该机构由生物医学科学家哈罗德·瓦尔缪斯(Harold E. Varmus)、帕克·布朗(Patrick O. Brown)和迈克尔·艾森(Michael B. Eisen)创立于 2000 年 10 月,是一家由众多诺贝尔奖得主和慈善机构支持的非营利性学术组织,是为科技人员和医学人员服务,并致力于使全球范围的科技和医学领域文献成为免费获取的公共资源。

PLOS 出版的生命科学与医学领域期刊,如 PLOS Biology、PLOS Medicine、PLOS Computational Biology、PLOS Genetics、PLOS Pathogens、PLOS ONE、PLOS Neglected Tropical Diseases,均是国际上的顶级水平期刊。PLOS 的开放资源模式下,可以直接在网上看到 PLOS 期刊,并在注明作者和来源出处的前提下,对其免费使用和再发布。

(1)按主题浏览文献　图 7-29 为 PLOS 主页,在该页面,点击任一期刊,如 PLOS ONE,进入该期刊的主页,见图 7-30。在图 7-30 页面,点击 Browse,可以逐级缩小主题,并浏览文献。如图 7-31 所示,依次点击 Biology and Life Sciences、Agriculture、View All Articles (11586),即可浏览该刊中农业学科方面的所有文献。

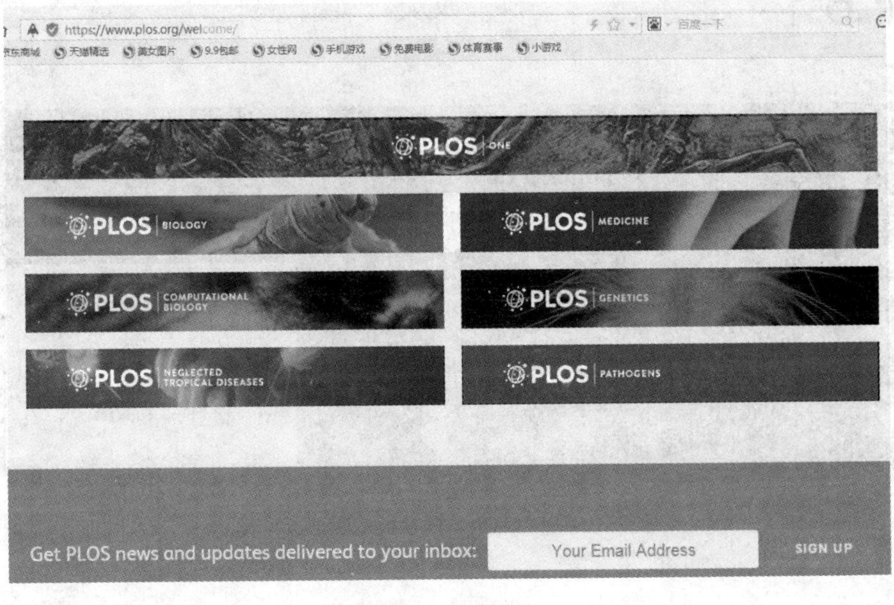

图 7-29　PLOS 主页

(2)基本检索　在图 7-30 页面输入框，输入检索词，即可实现基本检索。

(3)高级检索　在图 7-30 页面，点击 Advanced Search，即可调出如图 7-32 所示检索界面。在图 7-32 界面，选择检索字段(包括 Title、Author、Body、Abstract、Subject、Publication Date 等常用字段和一些其他字段)，输入检索词，点击 Search 即可在该刊中实现检索。

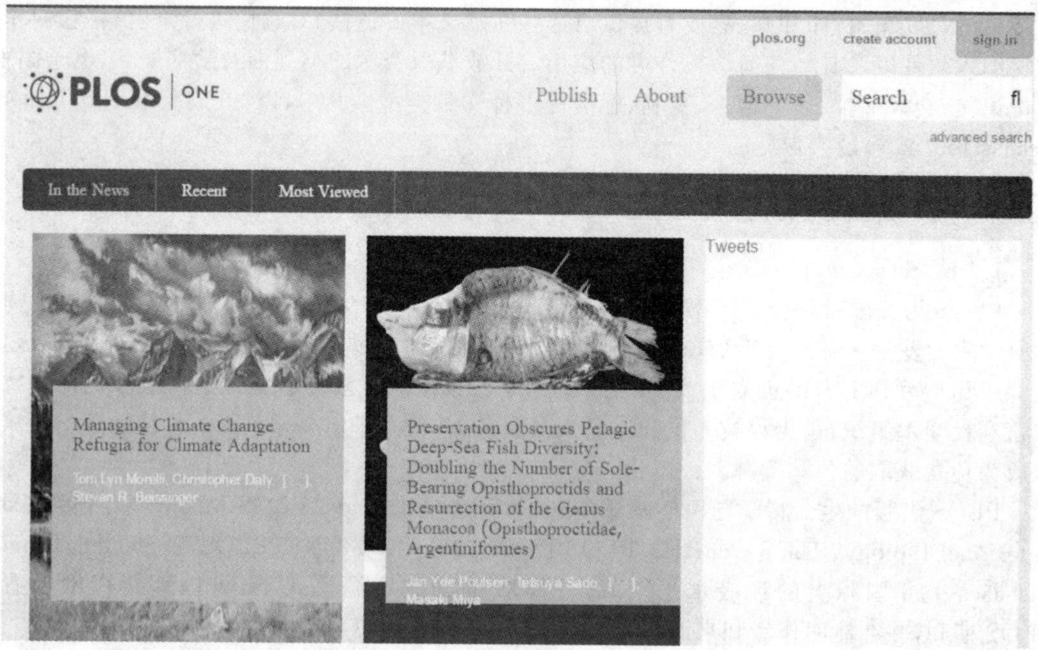

图 7-30　PLOS ONE 主页

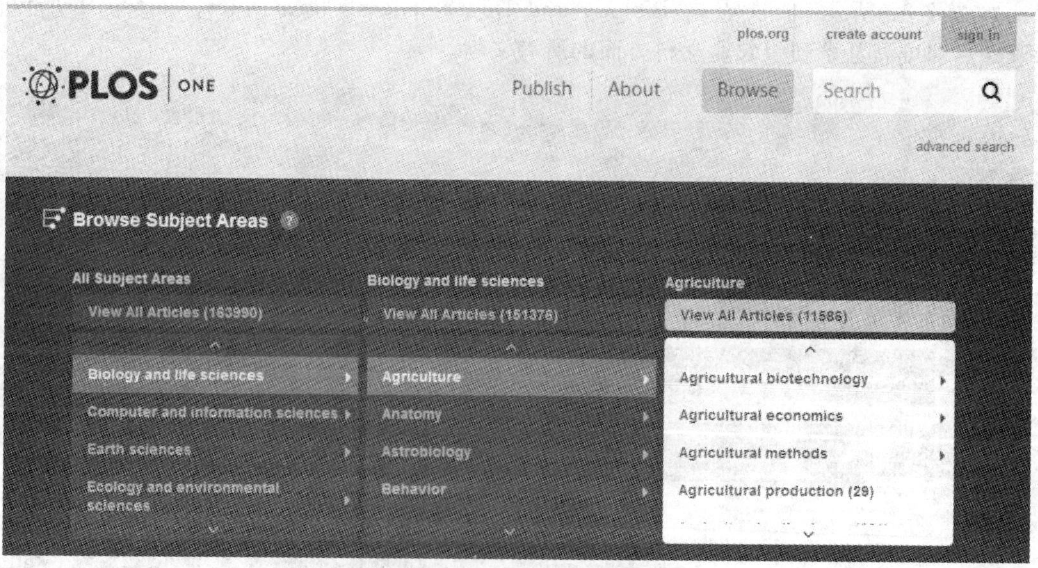

图 7-31　PLOS ONE 按学科主题浏览文献

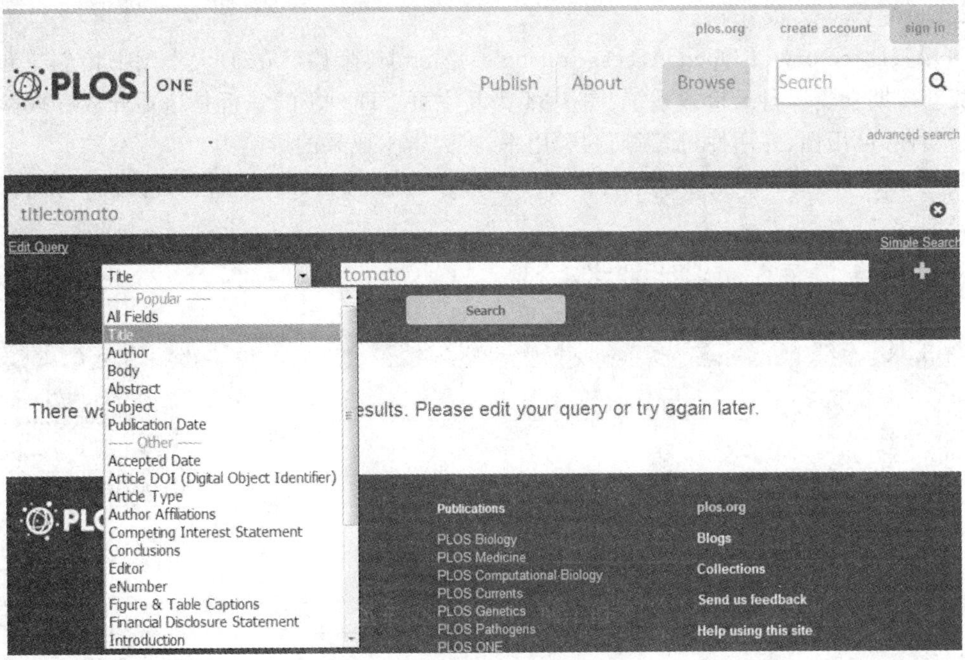

图 7-32　PLOS ONE 检索界面

(4)检索结果　如图 7-33 所示，PLOS 数据库的检索结果可按 Relevance(相关度)、Date(日期)、Most Views(浏览次数)、Most Cited(被引用次数)、Most Bookmarked(标记次数)和 Most Shared in Social Media(在社交媒体的分享次数)进行排序。可按主题等进一步聚类。

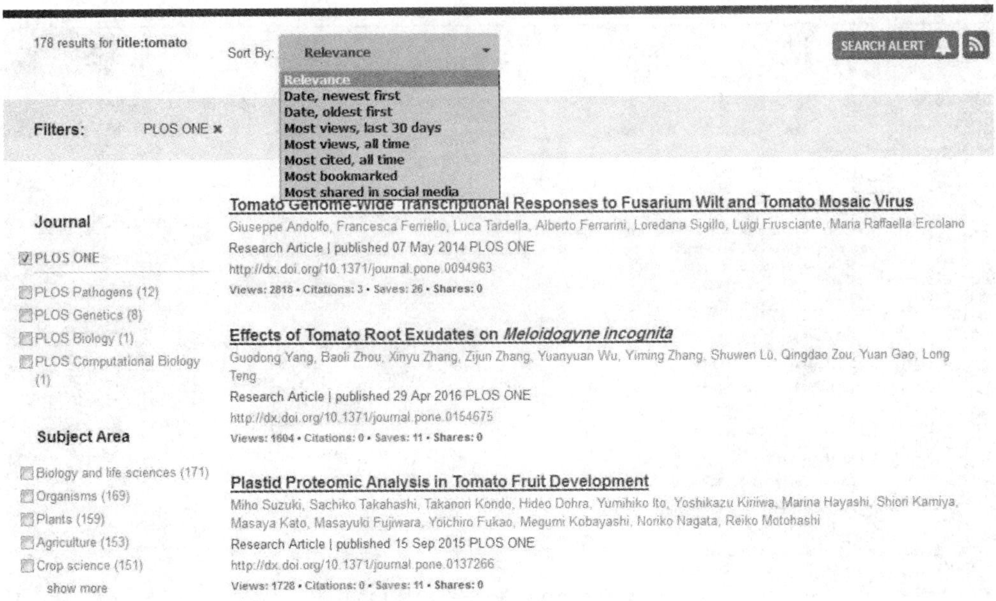

图 7-33　PLOS ONE 检索结果

2. DOAJ(www. doaj. org)

DOAJ(Directory of Open Access Journals)是由瑞典隆德(Lund)大学图书馆创建和维护的开放获取期刊资源目录检索系统,图 7-34 为其主页。DOAJ 的宗旨是增加开放存取学术期刊的透明性、可用性、易用性,提高期刊利用率,扩大学术成果的影响力。

截至 2016 年,DOAJ 共收录来自世界 130 多个国家的 9 189 种期刊,可按学科浏览期刊(图 7-35)。

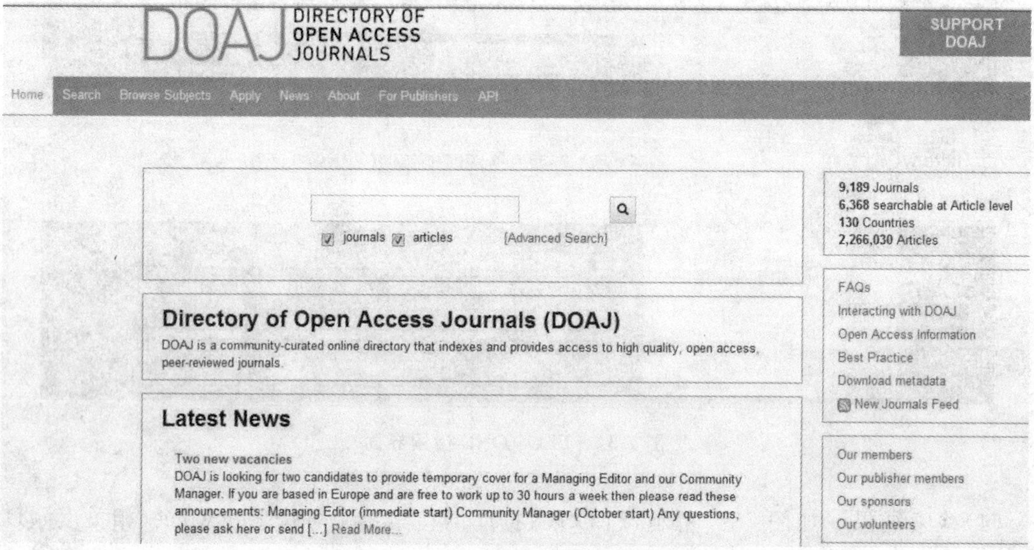

图 7-34 DOAJ 主页

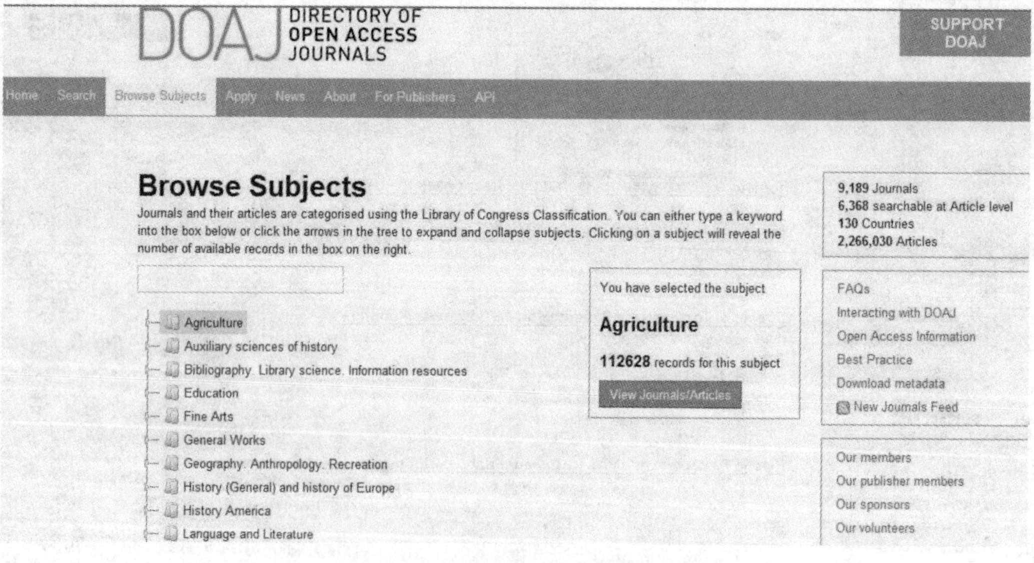

图 7-35 DOAJ 按学科浏览期刊

在图 7-34 界面,点击 Search 按钮,出现图 7-36 所示检索界面;在图 7-36,点击"Journals",出现如图 7-37 界面;在图 7-37,点击期刊网址,进入图 7-38 所示期刊主页。在图 7-38,通过

Select an issue 下拉列表，按该期刊某期目录进一步查看文章的 PDF 全文；通过在 Enter search terms 输入框输入检索词，按关键词检索所需文献。

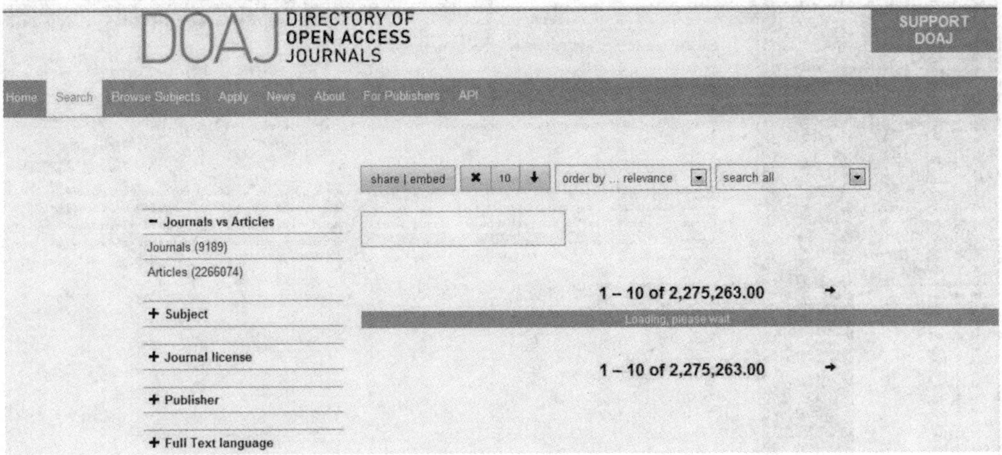

图 7-36　DOAJ 检索界面

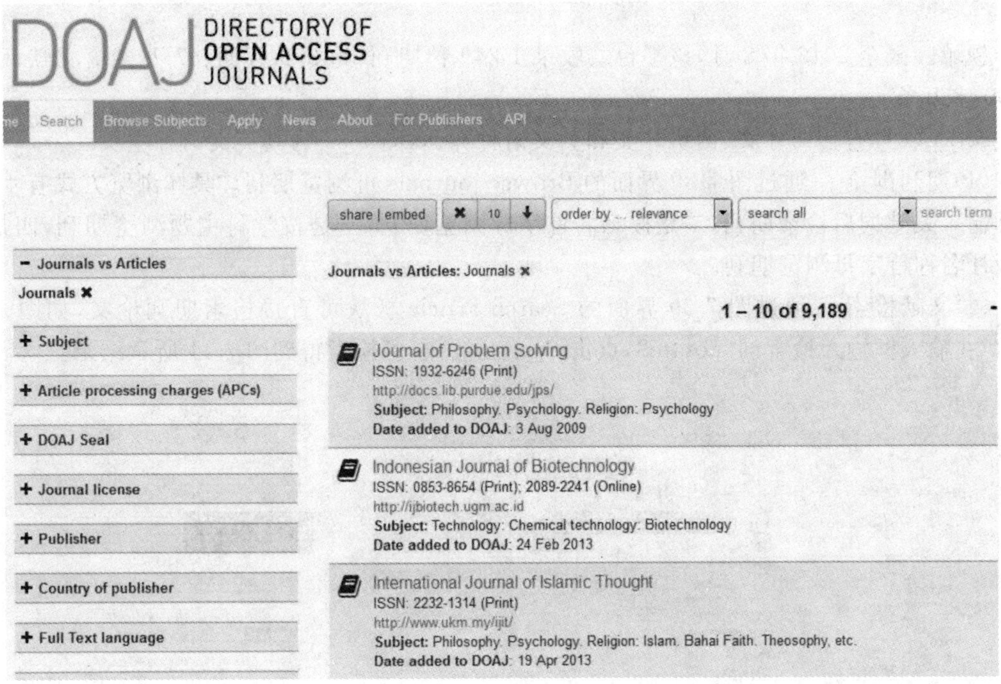

图 7-37　DOAJ 期刊

3. SciELO(www. SciELO. org)

SciELO 是 Scientific Electronic Library Online(科学在线图书馆)的简称，成立于 1998 年，由巴西圣保罗研究基金会(FAPESP)支持。SciELO 是最早为科技文献提供开放访问的机构之一。目前，SciELO 成为可以访问拉丁美洲、葡萄牙、西班牙及南非等国的自然科学、社会科学、艺术和人文领域资源的 OA 网络平台。其收录的期刊覆盖农业、植物学、动物学、医学等

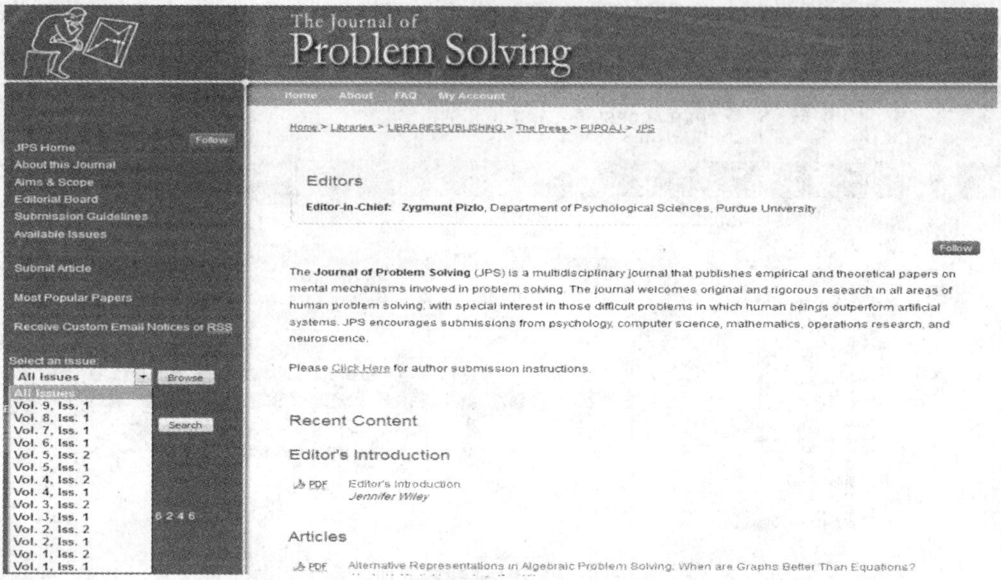

图 7-38 DOAJ 某期刊主页

多个领域。截至 2016 年 8 月，该平台共收录 1 249 种期刊、约 3.9 万期、57 万多篇文献、引文 1 300 多万条。

SciELO 具有葡萄牙文、西班牙文和英文语种界面，图 7-39 为其英文语种主页。

(1)期刊浏览　通过图 7-39 界面的 Browse journals 可浏览期刊。具体浏览方式有 4 种，一是输入关键词后检索期刊，二是按刊名首字母浏览期刊，三是按学科主题浏览期刊，四是按出版社名称首字母浏览期刊。

(2)文献检索　通过图 7-39 界面的 Search article 板块可直接检索期刊论文，如图 7-40 所示，在输入框输入检索词“potato”，点击 Search 按钮，可检索得到图 7-41 所示结果。

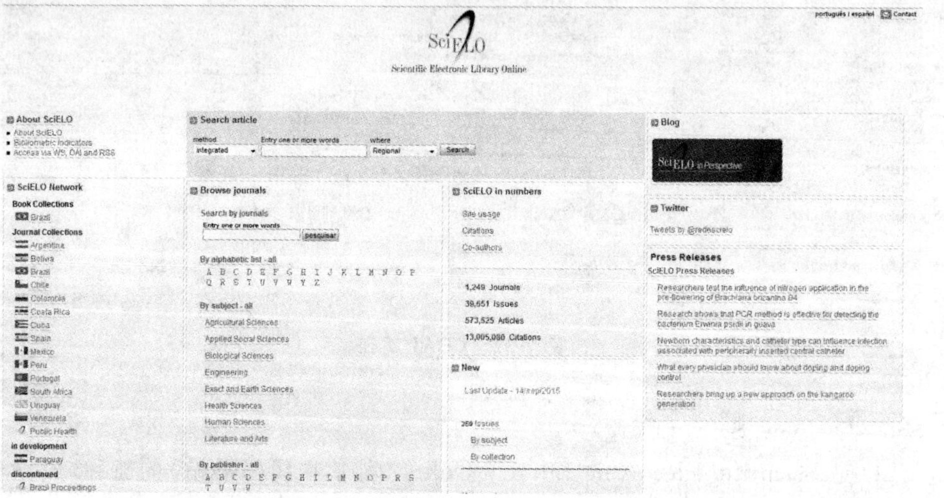

图 7-39 SciELO 主页

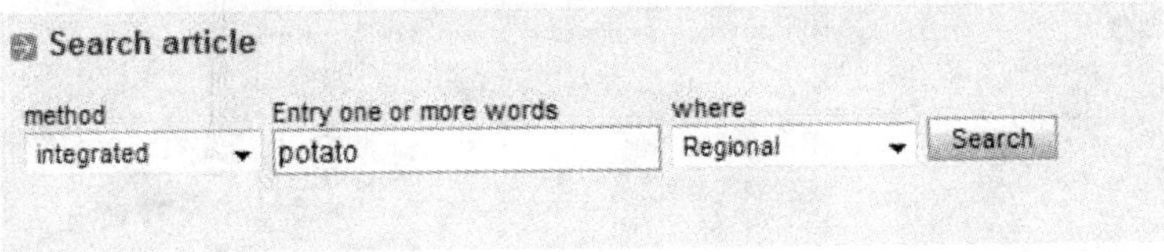

图 7-40　SciELO 检索界面

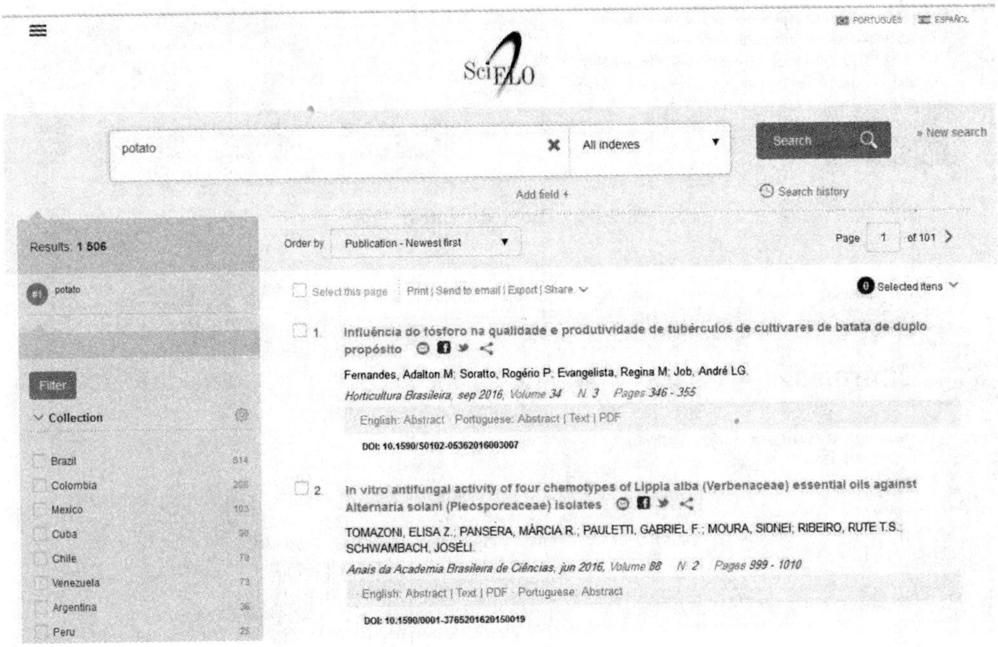

图 7-41　SciELO 检索结果

(3)检索结果　由图 7-41 可知，该平台的检索结果可按 Collection(所属期刊集)、Journal(期刊)、Language(语种)、Publication Year(出版年)等聚类；可按出版物、相关度、引文情况、被访问情况进行排序。默认显示和提供文献题名、作者、刊名、年、卷、期、起止页码、DOI 号、英文文摘、葡萄牙文文摘、文本全文和 PDF 全文等内容。

4. BioMed Central(www.biomedcentral.com)

BioMed Central 是一家独立出版社，致力于提供经同行评审的生化研究期刊论文的开放获取，其所有原创研究文章在发表之后即可在互联网上永久免费访问。图 7-42 是 BioMed Central 主页。

(1)浏览期刊　在图 7-42 页面，点击 View our journals，可按学科(Journals By Subject)或字顺(Journals A-Z)浏览期刊(图 7-43)，点击图 7-43 页面的刊名，进入图 7-44 所示期刊主页，可以进一步按关键词(Search by keyword)或按文献号(Search by Citation)检索具体文章，进而获取文献原文。

(2)文献检索　在图 7-42 右上角 Search 输入框输入关键词，点击搜索图标，可以直接检索文献，检索结果如图 7-45 所示。其检索结果排序方式包括 Relevance(相关度)和 Date(日期)，提供 PDF 格式和文本格式全文。

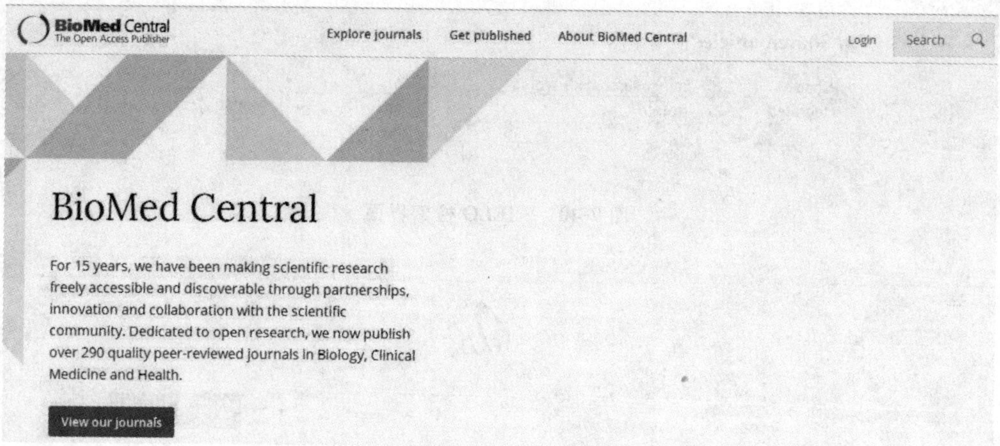

图 7-42 BioMed Central 主页

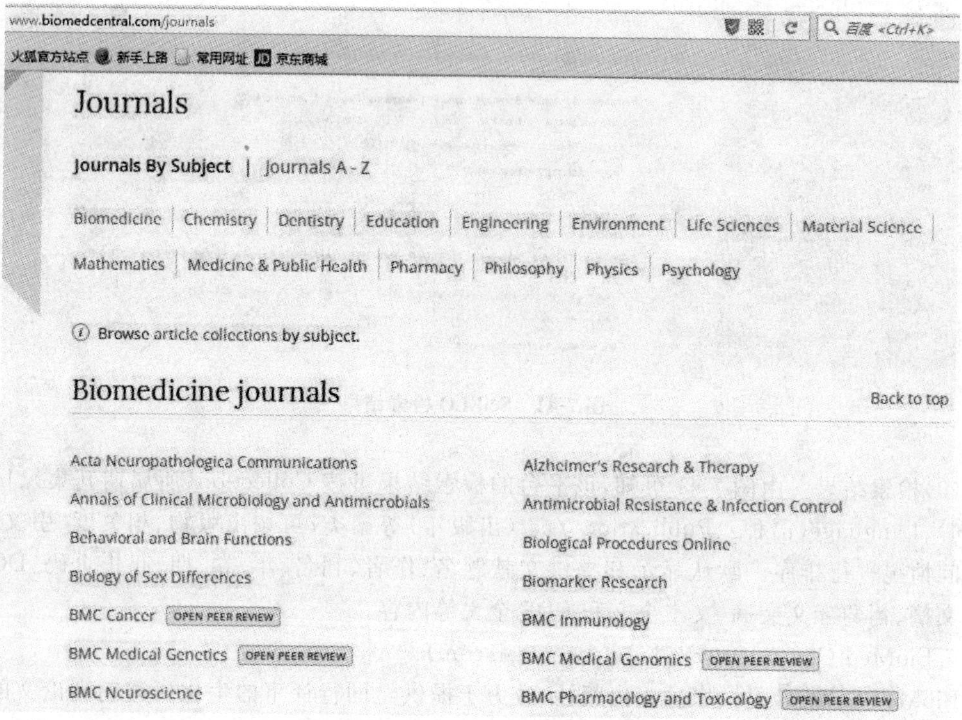

图 7-43 BioMed Central 期刊浏览

5. Hindawi (www. hindawi. com)

Hindawi 成立于 1997 年，是一个高速成长的 OA 学术出版机构。其期刊编委会由国际上相关领域的著名专家学者组成，审稿过程坚持严格标准，致力于为读者和作者提供高质量服务。Hindawi 出版 200 余种 OA 期刊，学科涵盖 STM(科学、技术和医学)大部分领域。为支持开放存取活动，2007 年 2 月，Hindawi 宣布将其出版的 100 多种高品质同行评审期刊全部转为开放存取期刊(OA 期刊)，涉及材料科学、工程、计算机、生物、医学、数学、物理、化学等多

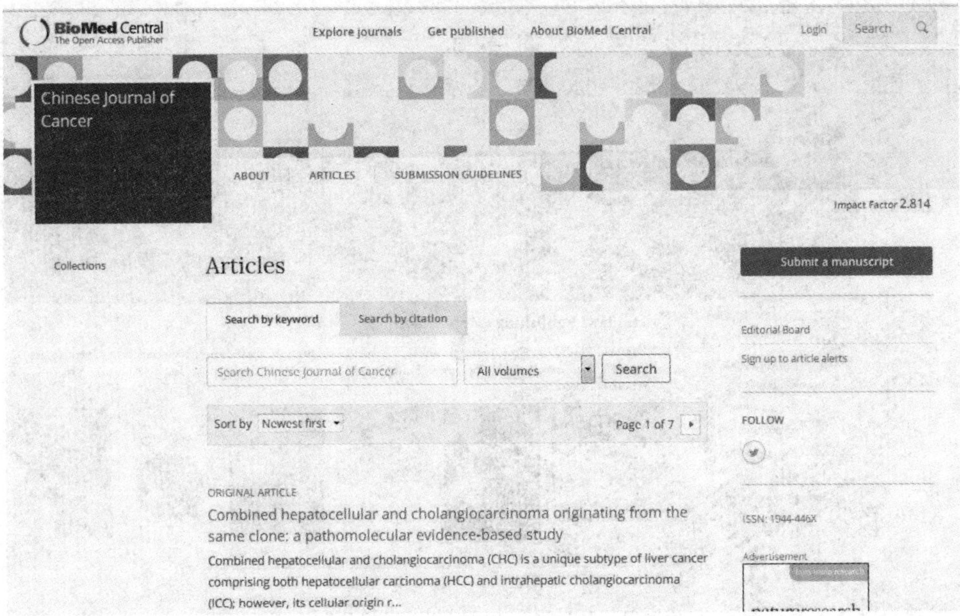

图 7-44　BioMed Central 期刊主页

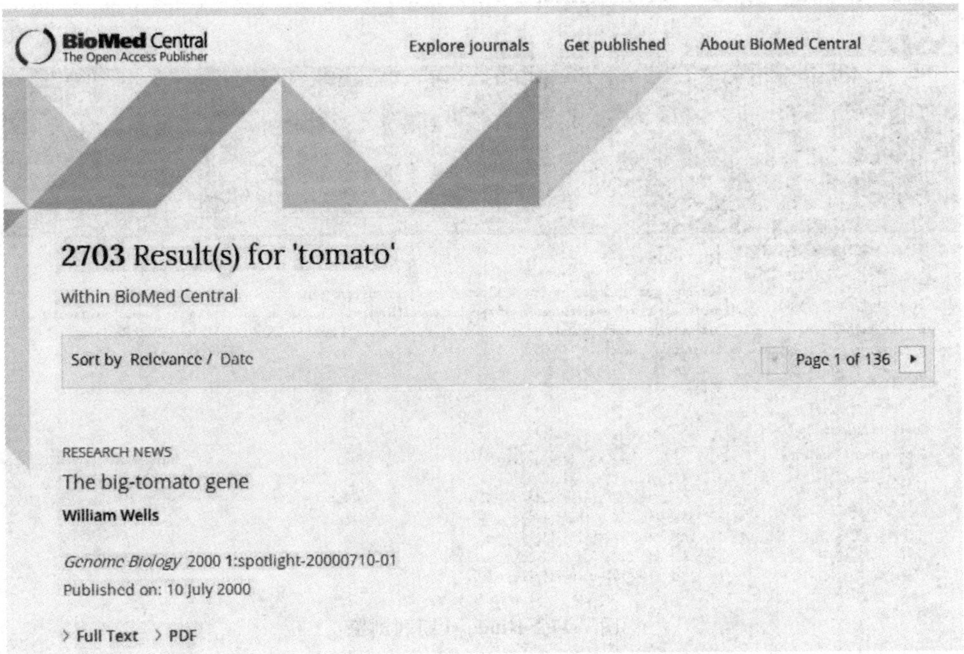

图 7-45　BioMed Central 检索结果

个学科。图 7-46 是 Hindawi 首页。

在图 7-46 页面，点击 Browse Journals，进入图 7-47 所示期刊浏览界面。在期刊浏览页面，点击刊名，进入该刊首页。在期刊首页，点击 Table of Contents，进入如图 7-48 所示页面，该页面可以浏览和阅读该刊的各期内容。大部分文献都可免费浏览全文。

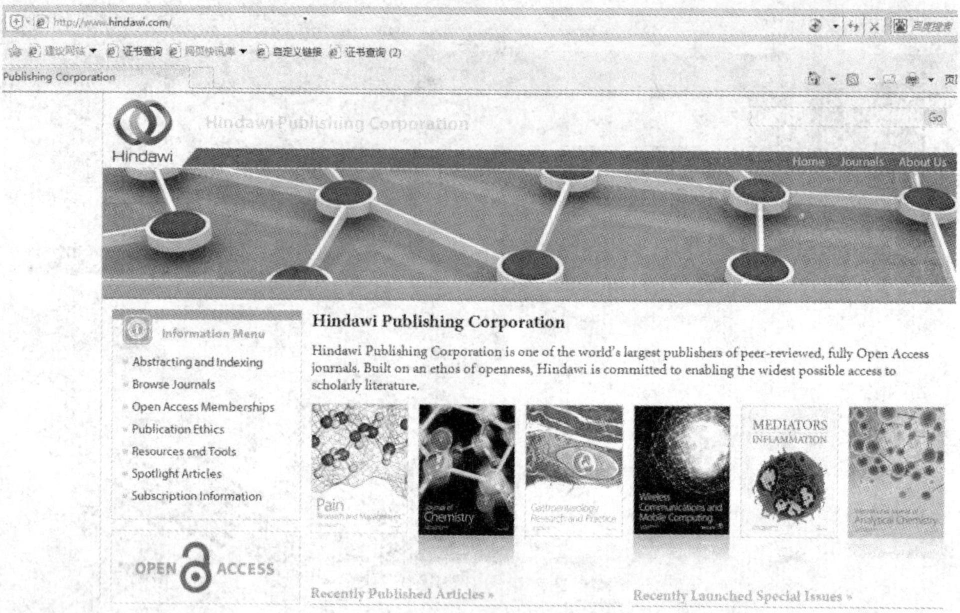

图 7-46 Hindawi 首页

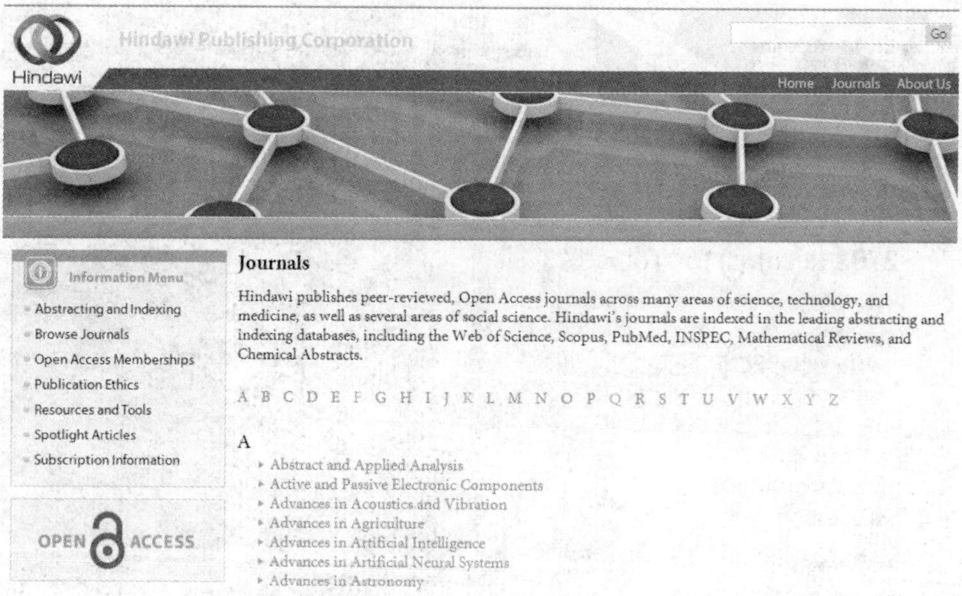

图 7-47 Hindawi 期刊浏览

6. HighWire Press (highwire. stanford. edu/cgi/search)

HighWire Press 是提供免费全文的学术文献出版商，于 1995 年由美国斯坦福大学图书馆创立。最初仅出版著名周刊“Journal of Biological Chemistry”，截至 2016 年 8 月，HighWire Press 已收录电子期刊 2 000 多种，该数据仍在不断增加。HighWire Press 收录的期刊覆盖生命科学、医学、物理学、社会科学等学科。

图 7-49 为 HighWire Press 平台的高级检索界面，点击图 7-49 左侧的“By Title”，出现图

图 7-48　Hindawi 目录页

7-50 所示期刊浏览界面。图 7-50 中 free ISSUES、free SITE 及 free TRIAL 是 HighWire 出版社的 3 种免费文献提供方式，其具体含义为：free ISSUES 表示在某个时间之前的所有文献全文均为免费；free SITE 则是可以完全免费获取全文的网站；free TRIAL 表示在试用期间，所有文献可免费使用。

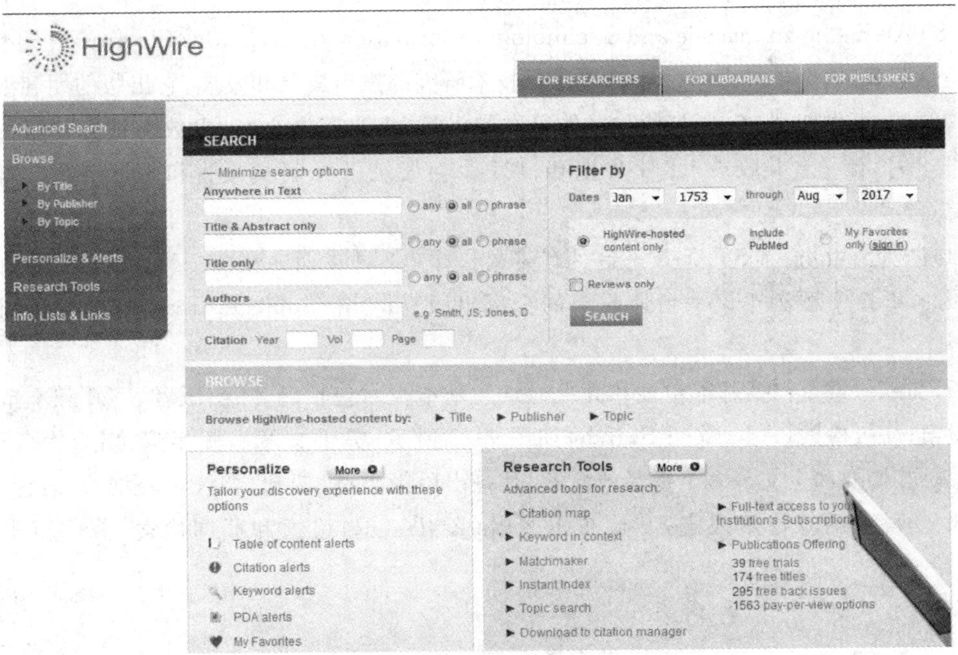

图 7-49　HighWire 高级检索

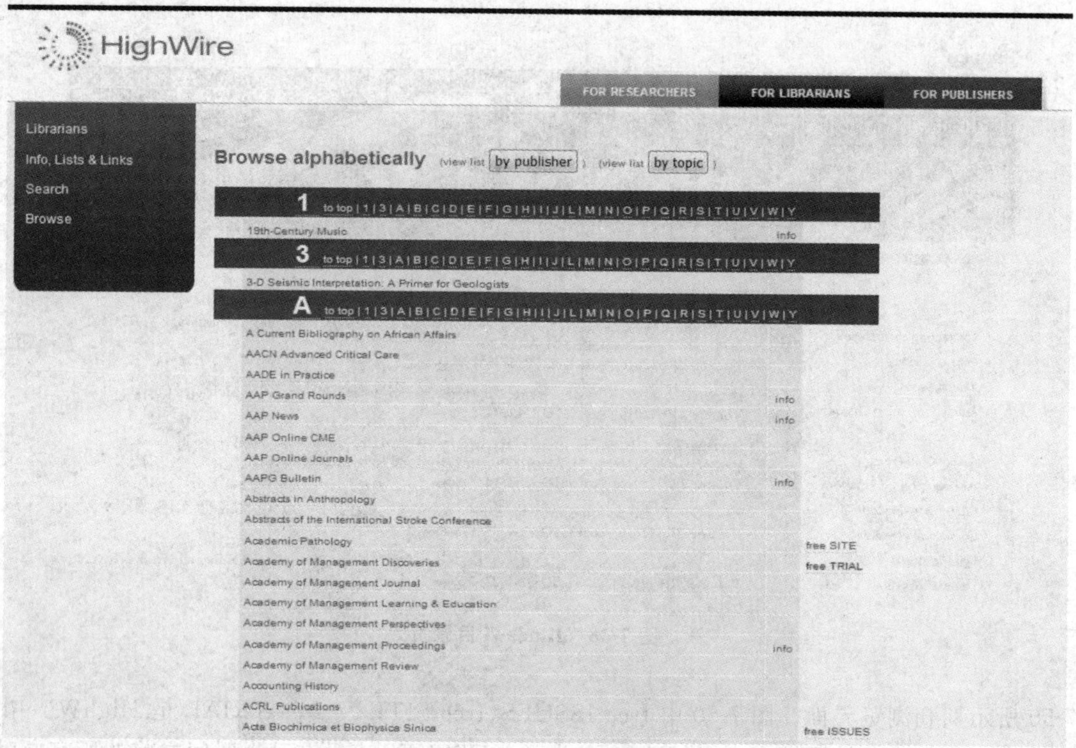

图 7-50 HighWire 浏览期刊

7. J-STAGE (www.jstage.jst.go.jp/browse)

J-STAGE (Japan Science and Technology Information Aggregator, Electronic;日本电子科技信息服务)向全世界即时发布日本科学技术研究的杰出成果和发展,它出版的期刊涉及各个学科领域,提供期刊、会议文献和报告等文献类型,多为英文文献,少数为日文文献。截至2016 年 8 月,该平台共收录 1 831 种期刊、127 个会议录、1 个科技报告和 1 种杂志。图 7-51为其首页。

(1)浏览出版物 J-STAGE 平台具有英文和日文 2 种界面。在图 7-51 所示英文界面,点击 Titles,可按字顺浏览该平台所收录的全部出版物;点击 Subject Areas,可按学科浏览出版物。

(2)文献检索 包括基本检索和高级检索。基本检索包括题名、出版者、DOI 和不指定字段的检索;高级检索(Advanced Search)如图 7-52 所示,提供文章出版年限、出版物名称、题名、关键词、摘要和全文等多个途径的检索,具备出版物类型(期刊、会议录、报告)、语种、同行评审刊、学科范围等检索限定,支持布尔逻辑(AND、OR)检索和截词检索(截词检索符号为 *)。

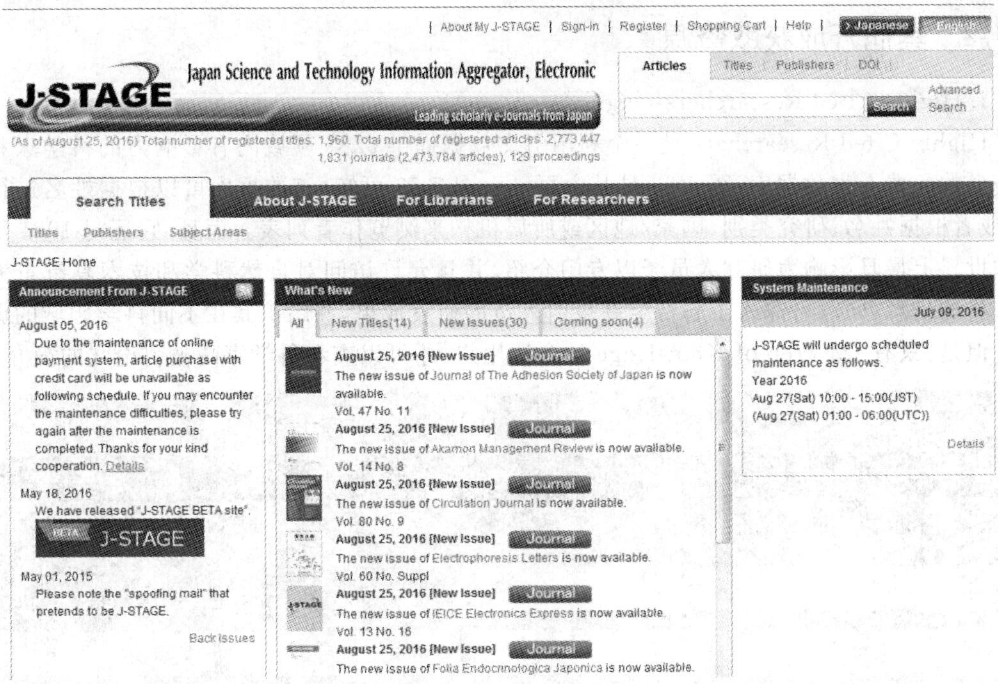

图 7-51　J-STAGE 首页

图 7-52　J-STAGE 高级检索

7.3.2 其他开放获取资源

1. Highly Cited Researchers (highlycited. com)

Highly Cited Researchers 是一个利用引文数据提供 22 个领域内有影响力的科学家和学者信息的免费专家数据库,图 7-53 是其主页。由图 7-53 可知,该数据库可以根据姓名进行检索;或者根据姓名、研究类别、国家/地区或所属机构来浏览作者列表。而且,它还对 1981 年至今的世界上最具影响力研究人员予以专门介绍,并且允许访问对自然科学和技术具有重大贡献人员的信息,同时可深入了解特定高被引人员的研发成果,并跟踪其在不同科学领域的影响力。但是,只有 ISI Web of Knowledge 的合法用户,才可以查看科学家高被引论文的简介。

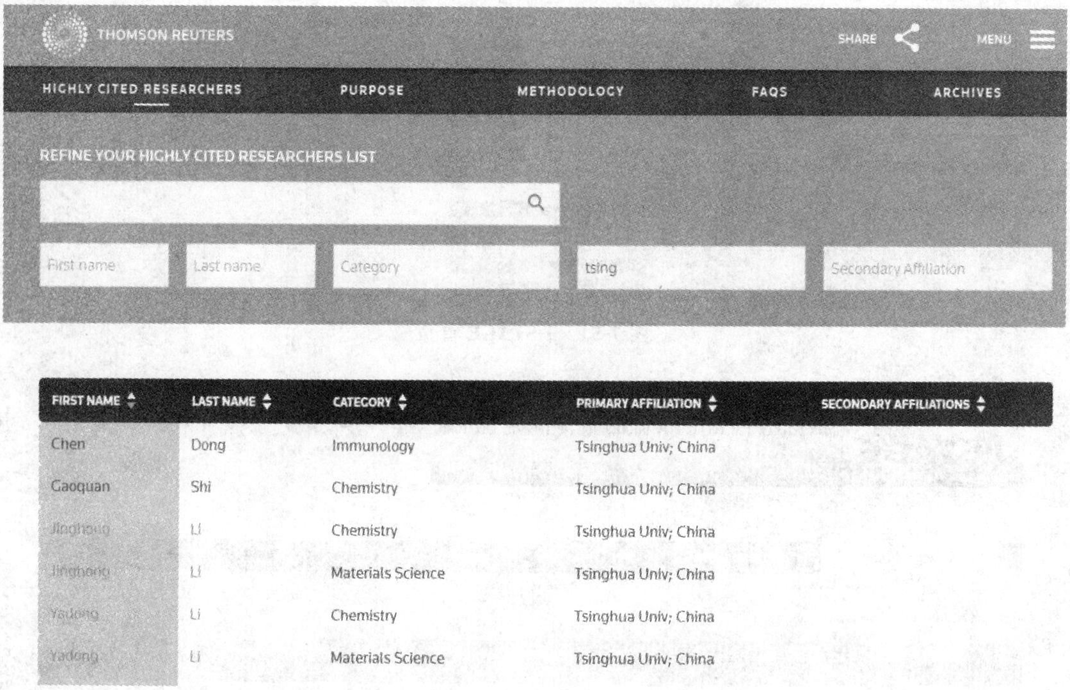

图 7-53 Highly Cited Researchers 专家库主页

2. PubMed Central(http://www.ncbi.nlm.nih.gov/pubmed/)

PubMed Central (PMC)是美国国立卫生研究院提供的一项服务,存档生物医学和生命科学文献。截至 2016 年 8 月,PubMed Central 共收录期刊 245 种,且大部分期刊可以即时免费获取全文。图 7-54 为 PMC 首页。

PMC 不是出版商,并不出版任何文献。PMC 只是一个数字仓库,一个资源整合中心,可以将各种来源的交叉引用数据以通用格式存储在数据库中,用户通过 PMC 迅速获取免费全文及相关材料,PMC 也整合了其他数据库的信息,便于科研工作者研究及知识扩充。PMC 也与具有相同理念的机构开展国际合作,多个值得信赖的数据仓库具有 PMC 的数据备份,以保证这些数字资料免遭破坏,多个机构的差异保证了 PMC 的创新和长久发展。

PMC 的主要职责是在出版商免费向其提交资料后,负责存储出版商文献以及作者手稿。PMC 的运作方式为:虽然出版商提交的数据必须遵循免费原则,但是,出版商可以采取延迟 6

个月或 12 个月免费的方式，且出版商可以在任何时间索取储存在 PMC 中的资料副本。

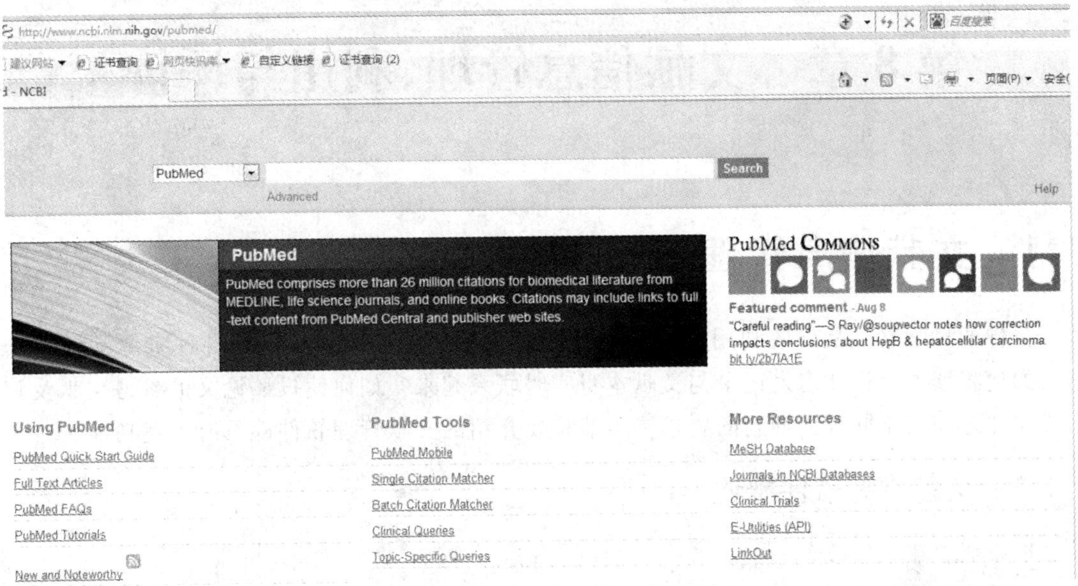

图 7-54　PubMed Central 首页

第8章　文献信息管理、利用与评价

8.1　文献信息管理

文件的科学管理是有效利用文献的前提和重要保障。如何规范保存各种来源不同的文献？如何将读书笔记和启发记录与文献本身实时联系起来？如何使投稿论文的参考文献及其格式快捷地满足不同投稿期刊的要求？本节将要介绍的文献管理软件即具有上述功能。

8.1.1　文献管理软件概述

1. 文献管理软件的含义

文献管理软件是记录、组织和调阅引用文献的计算机程序，是一种功能强大的软件，它集文献的收集、检索、导入、导出、排序、查重、引用，以及笔记提炼、文件连接功能于一体，帮助用户高效管理和快速生成参考文献。常用的文献管理软件有 EndNote Web、Reference Manager、ProCite、WriteNote、NoteExpress、RefWorks 等。

早期的文献管理软件只为研究者管理个人文献资料，而且都是以软件形式安装在个人计算机上使用。随着网络资源的不断丰富以及用户需求的不断发展，文献管理软件的功能越来越强大，不仅能够帮助科研人员检索、管理和标引文献，甚至可以对检索结果进行多种统计分析，使研究者快速了解某领域内重要专家、研究机构和研究热点等。

2. 文献管理软件的主要功能

(1)建立并维护个人的参考文献数据库　用户按照自己的学科或者主题需求，通过手工输入、批量导入或从文献数据库批量下载数据等方式，在参考文献管理软件中建立并维护个人的参考文献数据库。用户可以按字段对个人所建的参考文献数据库进行检索，如按关键词、作者、标题等字段，以布尔逻辑方式检索记录，并对数据进行排序；可以通过增加、删除和编辑数据，对数据库记录进行维护和更新；也可对数据库内数据进行自动分组、统计分析、形成统计图表等操作，并可管理子文件夹和用户的各种附件。

(2)自动生成论文的格式化参考文献　文献管理软件在编辑器(比如 Word)中可以按照各种期刊的要求自动完成参考文献引用的格式化，减轻排版工作量、加快研究报告的生成速度。

(3)直接检索网络数据库　大多数文献管理软件都可直接在线检索数据库，并将检索结果保存到用户自建的参考文献数据库中。

(4)个人知识管理　文献管理软件大都附带个人笔记和附件，可以管理硬盘上的所有文件，可以作为强大的个人知识管理系统，对用户的显性知识进行整理，对知识结构做自我评估，加强个人隐性知识的管理与开发。

(5)提供合作共享的科研社区功能　随着文献管理软件，特别是网络版文献管理软件的广泛应用，越来越多的研究团队和组织，利用这类软件建立科研社区、共享资源、开展学术交流，促进知识的创新和发展。

3. 网络版与单机版文献管理软件的比较

(1)安装和更新　单机版文献管理软件是将软件安装到个人计算机上，主要供个人使用，随着版本升级需要经常更新软件；网络版文献管理软件一般不需要在个人电脑上安装软件，而是将软件放在服务器端，不受空间和时间限制地在任何联网的计算机上使用，其版本升级是在服务器端自动完成，用户不需做任何操作。

(2)离线/连线使用　单机版文献管理工具可以在没有网络的情况下使用；而网络版文献管理软件则严重依赖网络。

(3)文件分享　单机版文献管理软件下，用户之间通过直接传送文件方式分享信息，管理或交换附带较多笔记文献资料的文件时非常麻烦；而网络版文献管理软件可以通过网络分享个人或者组织的文献信息。

(4)使用空间限制　某些单机版文献管理工具，对集团用户采用 IP 控制，若用户身处外地，即使带上自己的电脑，也不能使用；而对于网络版参考文献管理工具来说，就没有这一障碍。

8.1.2 EndNote 文献管理软件

8.1.2.1 简介

EndNote 是由汤森路透公司和汤森软件研究中心共同推出的，为各种校园用户提供服务的文献管理软件。EndNote 文献管理软件包括单机版和网络版，其网络版目前已经和 ISI Web of Knowledge 平台整合到了一起，该软件同时支持中文数据库和英文数据库的导入与导出。

8.1.2.2 EndNote 文献管理软件的使用方法(以 EndNote 7.0 网络版为例)

1. 注册与登录

首先，用户在图 8-1 所示 ISI Web of Knowledge 平台上点击“注册”，以电子邮箱进行注册和创建一个本系统内的账号，创建账号时必填部分包括姓名、电子邮件地址、身份、学科领域，以及一个长度至少 8 位、包括至少一个数字和一个特殊字符的密码。其次，注册后用户直接点击图 8-1 平台的“登录”按钮进行登录。最后，点击图 8-1 平台最上端的“EndNote™”菜单，即可进入网络版的 EndNote，见图 8-2。

2. 建立参考文献数据库

在图 8-2 界面，单击“收集”，可调出如图 8-3 所示的建立文献资料库界面。由图 8-3 可知，EndNote Web 包括“在线检索”、“新建参考文献”、“导入参考文献”共 3 种建立参考文献数据库的方式。

(1)在线检索　通过“在线检索”功能可以直接检索 PubMed 等英文数据库，而无须进入其数据库网站。具体操作步骤包括 2 步：第 1 步为单击“选择收藏夹”，选择如图 8-4 所示系统所提供的某个可检西文数据库，点击“连接”；第 2 步为在所选数据库设定检索条件后进行检

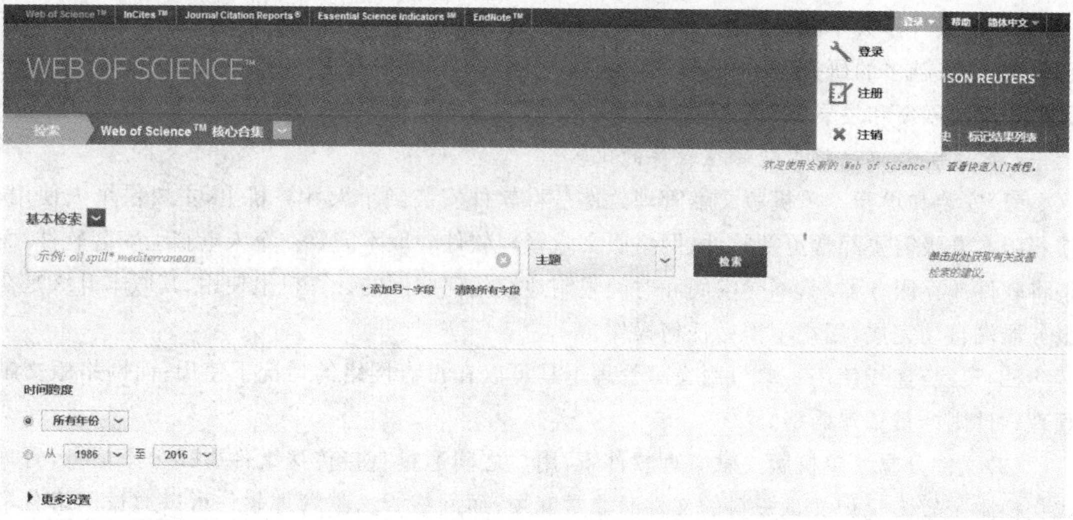

图 8-1 注册与登录

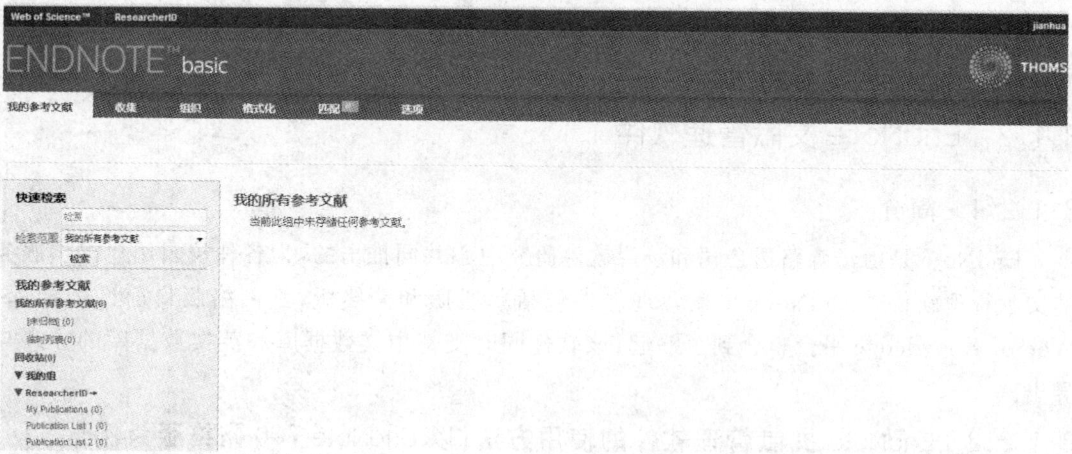

图 8-2 EndNote Web 首页

索,并将检索结果标记,单击“添加到组”下的某组(可根据需要,自行建组和选组),如图 8-5 所示。

(2)导入参考文献 “导入参考文献”功能可将其他数据库或文献管理软件的文献导入至 EndNote Web。具体做法是:

第 1 步:将数据库中查到的文献资料储存成纯文本文件导出。如图 8-6 所示,在 Science Direct 数据库,将所获文献保存成 RIS 格式后导出,将该文件命名为“文件 x”。

第 2 步:在图 8-7 所示界面,单击“浏览”,选出命名为“文件 x”的导入文件。

第 3 步:“导入选项”选择某一合适的格式,导入来自英文数据库的文献时,一般直接选择其数据库名称,如导入 Science Direct 数据库中文献时,“导入选项”选择“Science Direct”(注:“导入选项”若没有“Science Direct”选项时,单击“选择收藏夹”,在“全部”选项选出“Science Direct”到“我的收藏夹”,此时,“选择收藏夹”中会出现 Science Direct 选项);导入来自中文数

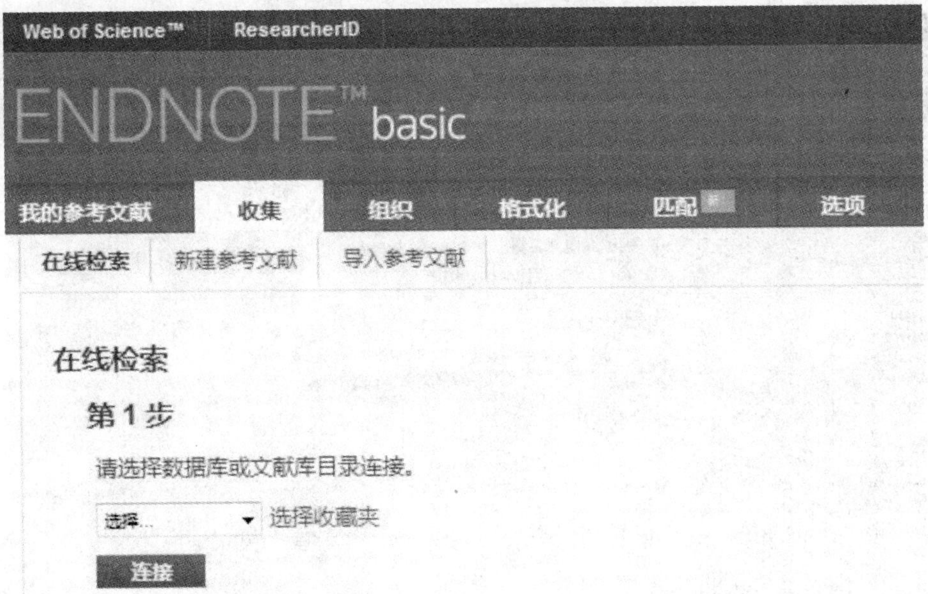

图 8-3　建立文献资料库

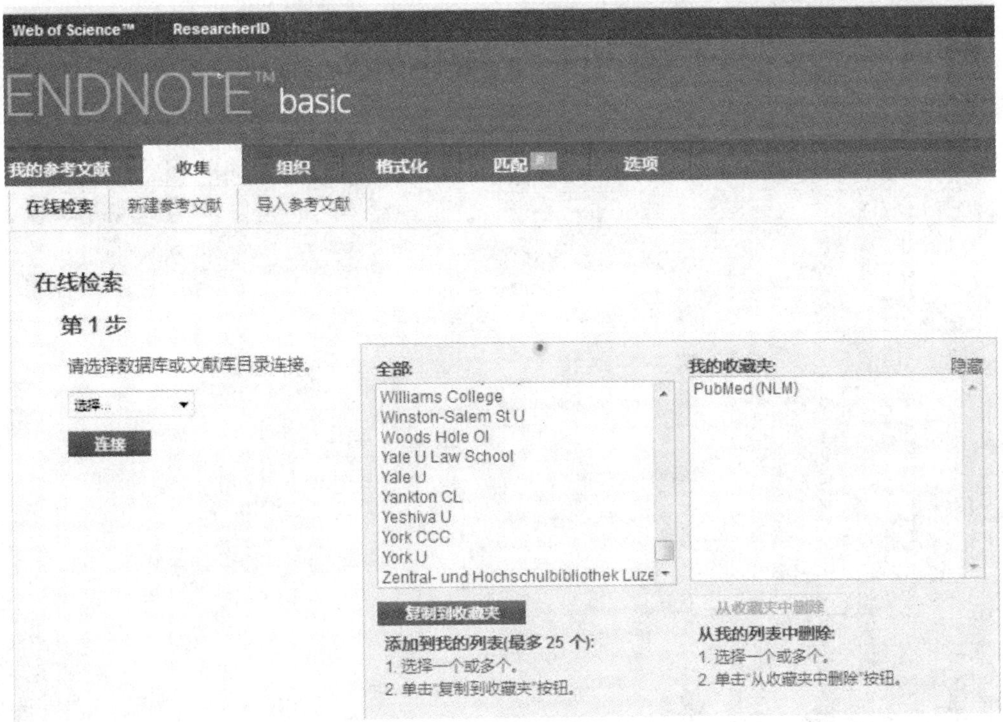

图 8-4　选择数据库

据库的文献时，直接选择“EndNote Import”格式即可。

第 4 步：“保存位置”选择合适的组，点击“导入”。

另外，由于 EndNote Web 与 ISI Web of Knowledge 之间的无缝结合。因此，由 Web of

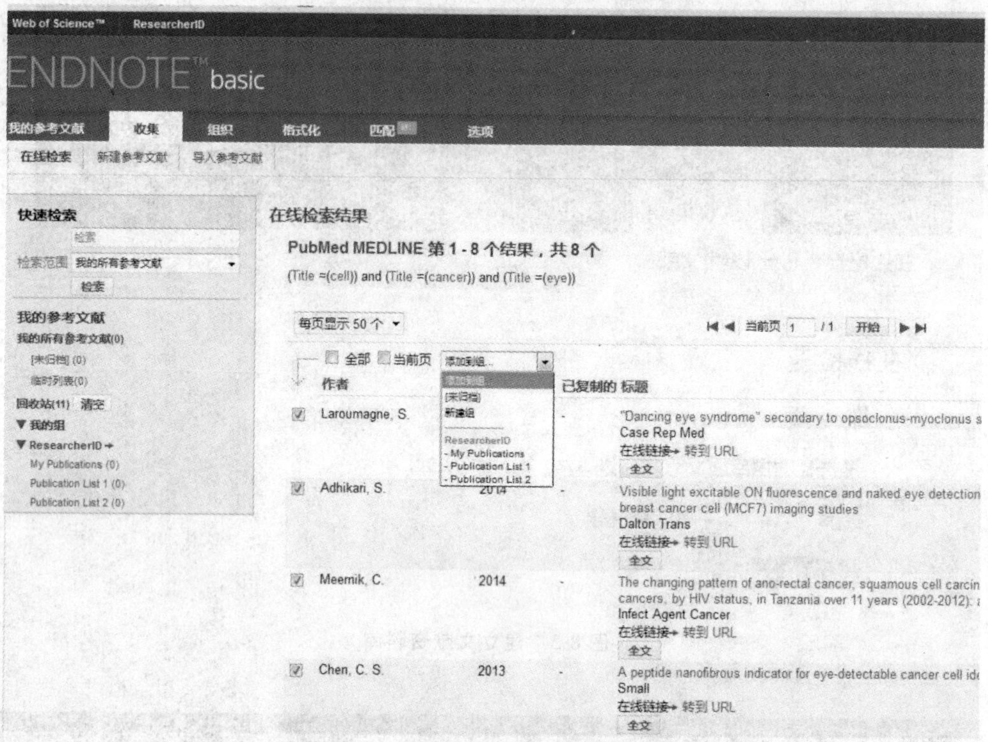

图 8-5 在线检索库的数据导入

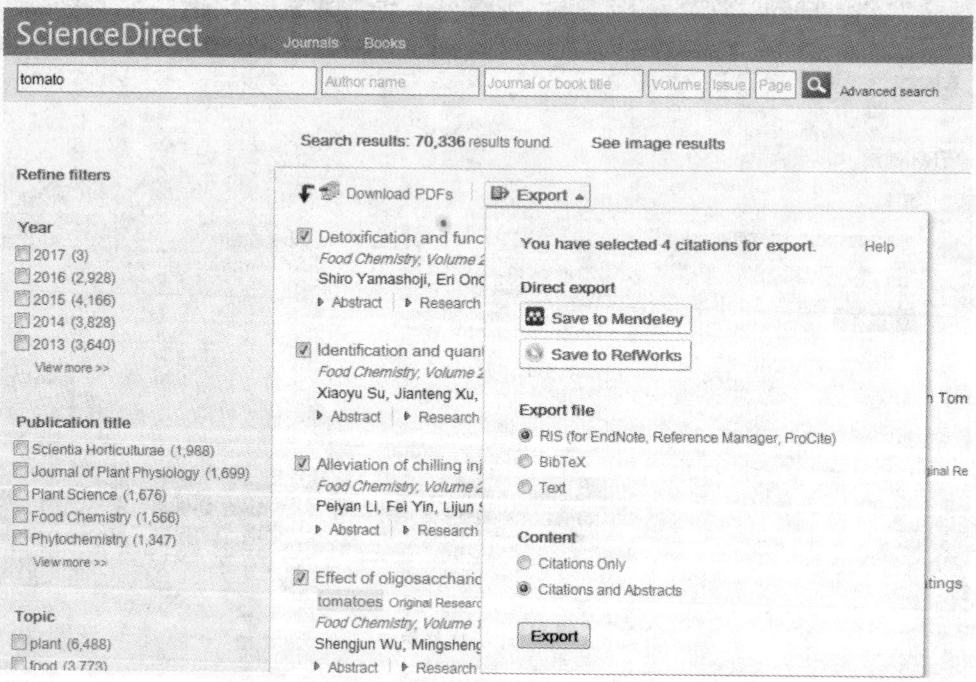

图 8-6 在 Science Direct 数据库以 RIS 格式导出文献

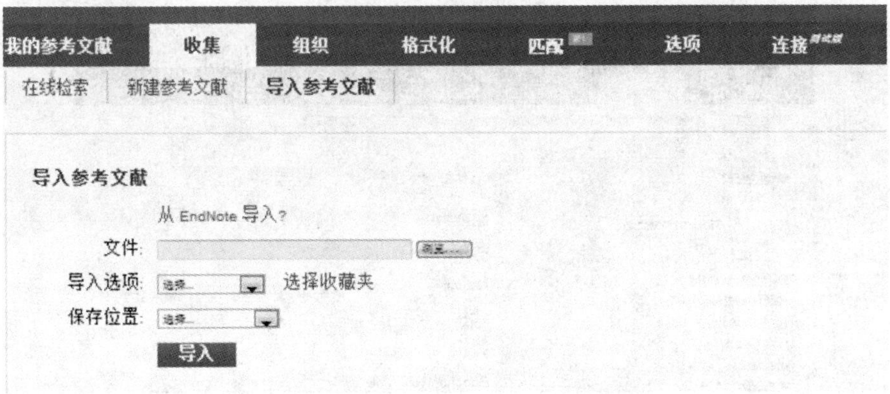

图 8-7 从其他数据库导入参考文献

Knowledge 数据库导入数据至 EndNote Web 的方法非常简单，只要在 Web of Knowledge 检索到所需文献后，在如图 8-8 检索结果页面标记文献，并选择“保存至 EndNote online”即可。

图 8-8 由 Web of Knowledge 数据库导入文献

(3)新建参考文献 “新建参考文献”功能是在如图 8-9 所示界面手工录入参考文献。依次录入 Author(作者)、Title(文献题名)、Year(年)等信息，即可完成一条参考文献的录入。

参考文献数据库建好之后，在如图 8-10 所示的 EndNote Web “我的参考文献”页面，可看到已建立的资料，最多可以保存 1 万条记录。

3. 管理参考文献数据库

在图 8-10 界面，点击作者、出版年、标题等字段，可将所有参考文献分别按作者、出版年、标题等字段进行排序。若想删除某一文献，则勾选该记录前的方框后点击“删除”按钮即可。

4. 利用 EndNote 在 Word 内文自动插入参考文献和引文

(1)安装 Cite While You Write(即插即写)插件。在图 8-10 所示 EndNote Web “选项”页面下，单击“下载安装程序”，下载并安装适用于 Word 的 Cite While You Write 插件。如图 8-

图 8-9　EndNote Web"新建参考文献"界面

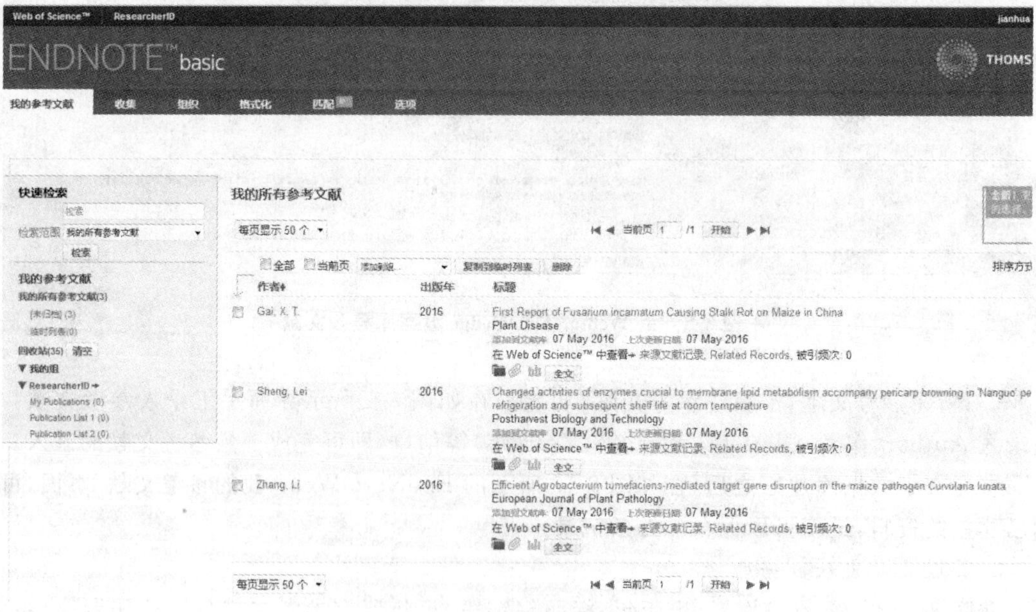

图 8-10　EndNote Web"我的参考文献"页面

11 所示,成功安装完插件的 Word 界面中会多出一个 EndNote 菜单。

(2)在图 8-11 Style 菜单项选择插入格式。插入中文文献时,宜选择 Chinese Std GBT7714(Numberic) 格式;插入外文文献时,可选格式较多,根据拟投稿期刊,选择某一合适

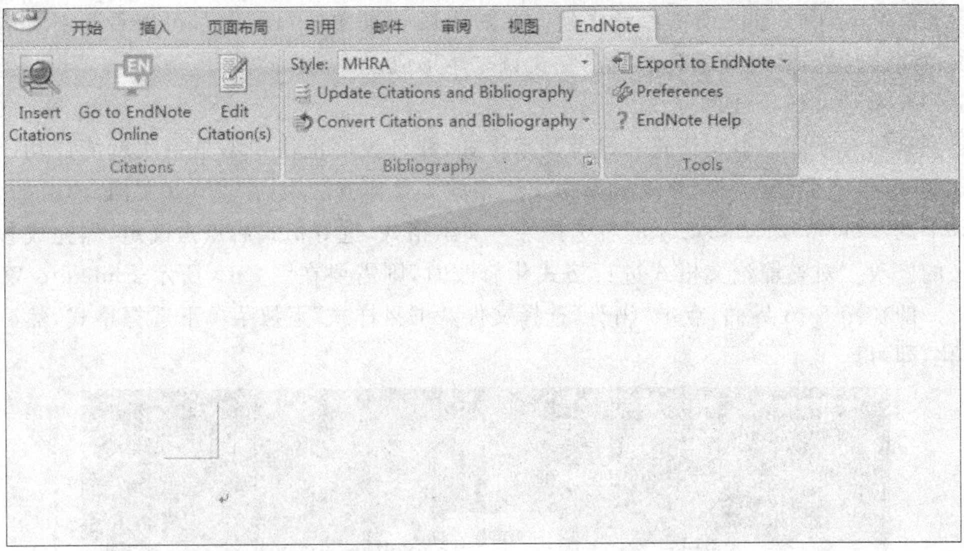

图 8-11　安装 Cite While You Write 插件后的 Word 界面

格式即可。

(3)在 EndNote Web“我的参考文献”内检索将要插入的文献。将鼠标定位在 Word 文件的所需插入引文位置，然后在图 8-11 界面，单击“Insert Citation”(此时，若没有登录 EndNote Web，系统会要求输入个人账号及密码进行登录)，利用作者姓名、关键词等，在 EndNote Web“我的参考文献”里检索出将要插入文献的题录信息。其题录信息如图 8-12 所示。

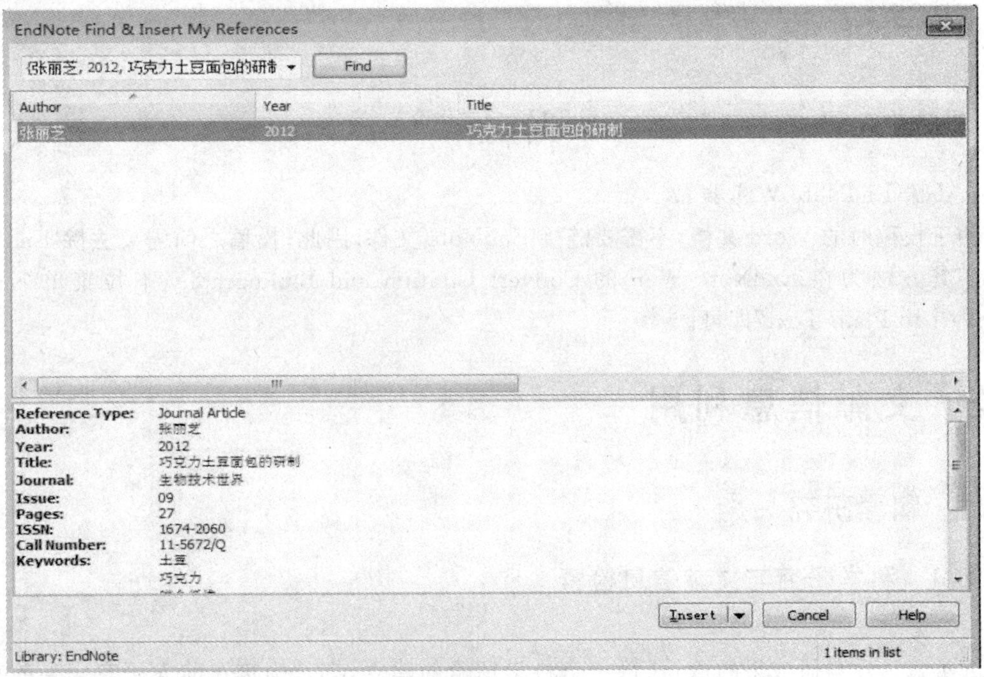

图 8-12　EndNote 题录信息

(4)在 Word 内文插入所需参考文献。在图 8-12 界面单击“Insert”,可以看到引文已经插入到文章指定位置,参考文献列表也已在文章末尾形成。

5. 修改参考文献的格式

不同刊物有不同的引文格式和参考文献格式,并且投稿也往往不是一次就能成功。当改投其他刊物时,需要修改引文格式和参考文献格式。具体方法为:在 Word 文档,单击 Style 下拉菜单下的“Select Another Style”后选择某一文献格式,选好格式后点击确定,即完成参考文献格式的修改。对整篇论文格式进行格式化修改时,则需要在图 8-13 所示 EndNote Web 页面进行。即在图 8-13 界面,点击“浏览”选择文件,“书目样式”下拉菜单下选择格式,然后单击“格式化”即可。

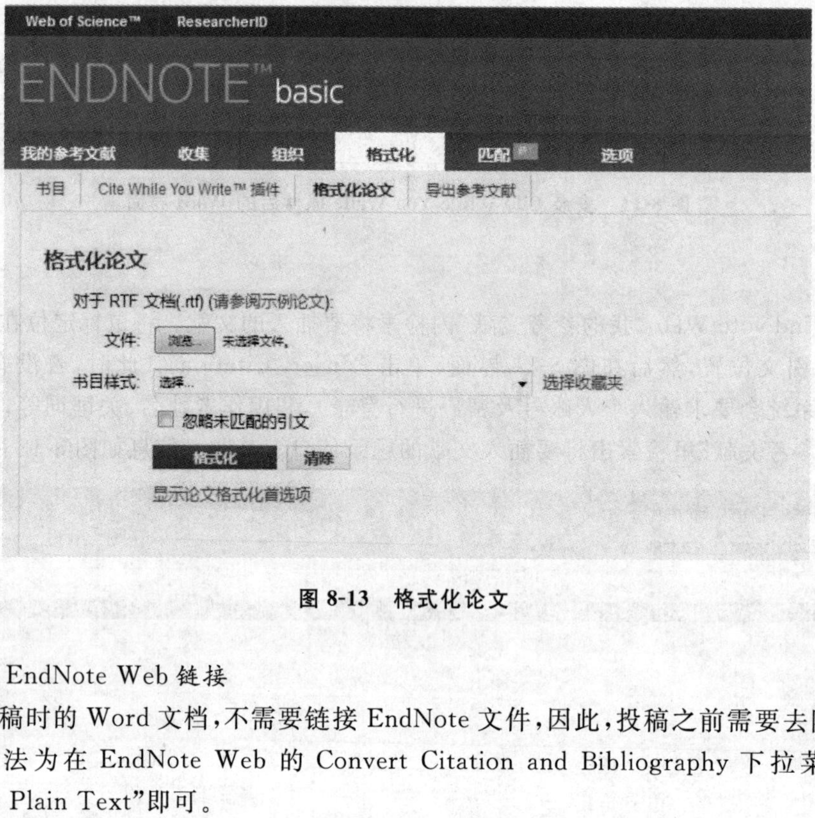

图 8-13 格式化论文

6. 去除 EndNote Web 链接

由于投稿时的 Word 文档,不需要链接 EndNote 文件,因此,投稿之前需要去除 EndNote 链接。其方法为在 EndNote Web 的 Convert Citation and Bibliography 下拉菜单下选择“Convert to Plain Text”即可。

8.2 文献信息利用

8.2.1 科学研究

8.2.1.1 科学研究与文献信息检索

1. 二者关系

人类每一项科研成果的取得、每一个科学理论的建立,都是构筑在前人研究成果的基础上。科学文献是人类宝贵的知识资源,是人类社会发展的真实记录,更是前人科学研究过程和所获科技成果的忠实记录。因此,人类从事的各种科学研究与文献信息之间存在着必然的内在联系。

文献信息对科学研究具有重要作用。文献信息利用体现在科学研究的全过程，贯穿于项目选择、立项、研究与试验、成果鉴定与奖励等各个科学研究阶段。无论哪种研究工作，都要花费大量时间用于收集、查阅、检索各种文献资料，准确、系统地了解全球范围内本学科的发展水平和动态。据调查，科研人员用于查找文献的时间占整个研究时间的 30%～50%，我国的社会科学研究人员查阅文献资料的时间则更长，达整个研究时间的 60%～70%。

信息检索是创新型科研人才必备的基本技能，是科研工作者继承与借鉴前人成果的主要手段。现代科研工作者，只要熟练掌握了信息检索技术，就能避免重复研究，就能少走弯路，就能节约科学研究的时间、节省科研经费和工程投资，提高科研工作效率，并且使自己的成果始终建立在最新成果基础之上。

2. 科学研究中的文献信息检索特点

科学研究中的文献信息检索，具有如下特点：

(1)强调查全率　科学研究中的文献信息检索往往需要全面而系统地进行检索，允许一定范围内的误检。

(2)需要多学科信息　既要求得到本学科相关信息，也希望得到相近学科和交叉学科的相关信息。

(3)重视各类型信息检索　既重视文献检索，也非常重视事实检索和数据检索。

(4)规定检索时间段　一般来说，处于高速发展时期的学科，其检索时段可以适当缩短，反之，则适当延长；社会科学、基础科学和高层次的科学研究，均要求检索最近 20 年的相关信息，自然科学一般要求检索最近 10 年左右的相关信息，应用科学和一般层次的研究，则要求检索最近 5 年的相关信息。

8.2.1.2　科学研究的基本程序

无论哪种类型的科学研究工作，其基本程序大致包括科研项目选择、立项、研究与试验、成果鉴定和成果奖励。

1. 科研项目的选择

科研项目选择是科研工作中带根本性和战略性的环节，涉及项目的主攻方向、技术路线和研究方法，集中体现着项目选择者的科学思维、理论认识、试验能力以及要达到的预期效果。科研项目选择的正确与否，对于以后科研能否顺利进行，能否取得重大科研成果，能否创造出科学技术发展新的增长点等重大问题密切相关。提出有创见的科学研究项目对自然科学的发展和人类社会的进步有着巨大的促进作用。如果选题不当，则会导致科研工作无法进行或者半途而废，造成人力、物力、财力和时间的浪费。项目选择应遵循如下基本原则：

(1)科学性原则　科学性原则是指在选择项目时所必须具备的科学理论根据。也就是说，项目的立论要符合科学发展的自身规律和客观实际。一个研究项目能否达到预期目的并取得成功，要取决于这项研究项目的提出是否建立在充分的科学理论基础之上。

(2)先进性原则　科学技术发展到今天，要求科技人员必须及时掌握有关学科发展的最新动态，在众多的科研难题面前做出选择。这需要科技工作者在选择项目时充分发挥科学的鉴识力，选择的项目应该是越新越好，超高越好，越快越好。

(3)可行性原则　所谓可行性，一般是指在进行某一研究之前，必须从主、客观方面考虑是否具备开展此项研究所需的各种条件。科学研究是一项探索性很强的认识世界、改造世界的复杂活动,它受到多种因素的限制,需要一定的支撑条件。从主观条件上来看,要求科技人员具备相应的基础理论和专业知识,具备一定的实际操作技能,具备科学分析与总结的能力,以及刻苦钻研,努力进取的精神。从客观条件上来看,要求具备开展研究工作所需要的人力、物力、资金、场地和先进的仪器设备等。

(4)实用性原则　一般情况下,在选择应用技术与开发研究项目时要重点考虑实用性原则。实用性应具体体现在是否攻克了生产建设中急需的关键技术与产品,是否产生显著的经济效益,或是否为投资少、见效快、符合国家或地区实际情况的项目。一项研究成果的水平较高,但实用性很差,从经济效益的观点来分析也是不足取的。当然,有些研究项目,如重大的基础理论研究和高技术研究,虽然距离实际应用很远,但对新技术的产生或作为技术的储备则具有重要的战略意义,应该另当别论。

在项目选择时必须将上述几项原则联系起来进行综合考虑与评价,不能在项目仅符合其中某一原则时就决定选择与否。相反,也不能要求所选择的项目必须同时具备上述几项原则。因此,在进行项目选择时要根据具体情况来考虑,比如根据研究项目的性质与分类,看是属于应用技术研究,还是开发研究,然后有针对性地进行分析、论证,在此基础上决定是否选择该项目进行研究。

2.科研项目立项

通常所说的立项是指经过一定的程序把选择好的项目确定下来。项目立得是否准确,直接关系到研究工作能否取得预期成果。一般来说,选定项目要经过以下几个程序:

(1)全面搜集信息资料,深入进行调查研究。搜集信息资料,进行调查研究,这项工作不仅在选题时进行,而且要贯穿整个研究工作的始终。做好调查研究工作的关键在于找出所需研究和解决的核心问题,明确研究工作的主攻方向和解决问题的技术路线与方法。要掌握与调查的内容主要包括国内外研究动态,所属研究领域(如农业)的要求、方针、政策,国内外市场需求以及技术推广应用前景等。

(2)运用已掌握的信息和调查结果对项目进行预测。科学研究工作的特点就是需要不断探索与创新,当然,也就伴随着风险甚至失败。但是,科学技术发展到今天,已经成为推动社会前进的真正动力,要求科学研究工作不断提高成功率,提高可预见性。因此,在研究工作中,对结果进行科学的分析与预测就显得非常重要。要使预测结果建立在科学的基础之上,就必须全面掌握信息资料,获得真实、可靠、具体的调查结果。预测的主要内容包括成果的可能性、成果的先进性、成果的应用领域与方向,以及成果应用后所创造的社会效益、经济效益、生态效益等。

(3)对初选项目进行科学、经济、技术论证。项目论证是选定程序中最关键的一环,前两个程序主要由项目组成员来完成,而项目论证则需要通过请同行专家来进行。其主要目的就是要通过同行专家的评议来保证项目的准确性与科学性。项目论证一般是首先由项目主持人提出包括选题基本原则、项目研究目标与拟采用的技术路线与方法、项目研究力量、具备的仪器设备和场地等条件,研究年限与进度指标,研究所需的经费预算等内容在内的项目论证报告,然后由科技管理部门组织同行专家对项目进行全面论证,提出具体的论证意见和建议,供科技管理部门在决策时参考。

(4)制定项目的研究计划与实施方案。目前,在我国现行的科技管理体制下,研究项目是以项目承担单位根据项目下达部门发布的研究计划大纲或项目指南等文件规定的目标、方向和指标来组织制定项目的研究计划与实施方案，并经上级科技主管部门批准后组织实施。项目的研究计划一般以"项目计划任务书""项目合同书""项目申请书"等文件形式固定下来。项目研究计划的主要内容应包括先进、合理和可行的技术路线，以及拟采取的试验研究方法、计划进度指标、人员安排计划、经费使用计划、仪器设备购置和使用计划、场地条件的建设计划等。在一般情况下，制定项目研究计划要求明确、细致、具体，并按年度或季度、月份进行分解，制定出阶段完成指标。也有按项目研究内容来考虑，根据项目主要研究内容来制定研究步骤、分配研究任务。制定项目研究计划时，一定要注意集思广益，各项任务和指标要落到实处，特别要征得上级主管部门同意，有些重要的内容和指标最好能以法规的形式（比如合同或协议）固定下来，尤其是涉及 2 个单位或部门之间的合作内容，更应如此。

3.研究与试验

（1）试验的类型　在科学研究中，人们按照试验方法的本质属性和主要特征，将研究与试验划分为对照试验、性能试验、析因试验、实验室试验、模型试验和中间试验共 6 种基本类型。

对照试验亦称对比试验，它是为确定 2 种以上对象在同一性能方面的优劣或差异而进行的试验；性能试验是为了定性或定量地了解研究对象的某种性能所进行的试验；析因试验是科学研究过程中分析产生某种结果原因的试验；实验室试验是依据某些科学原理和科学规律，采用实验室试验研究方式，为提出新的科学研究设想和假设提供依据的试验；模型试验是对科学研究中提出的假设、设想，构造试验模型，通过对试验模型的研究，取得比较完整的工程技术原理和新技术成果的一种方法；中间试验是促进和保证研究成果向生产顺利转化的一种过渡性试验方法，它是技术研究和生产之间的一个重要过程，是技术成果向生产转移的"中介"和"桥梁"。新技术成果产生之后，有的可以直接在生产过程中进行应用试验，但多数成果必须经过中间试验，才能在生产中推广应用，尤其是种子、苗木等必须在中试基地试验，再经过示范区进行区域试验后，才能在生产中进行大面积推广。

（2）试验的基本步骤　一个完整的试验过程，一般包括制定试验方案、进行试验操作和撰写试验报告 3 个主要步骤。

①制定试验方案　试验活动技术性强，涉及面广，为使试验能够顺利进行和取得预想结果，必须在正式试验之前对试验过程进行全面总体规划，制定试验方案。试验方案是试验工作实施过程中的指导性文件，它应该对整个试验的主要问题进行论述，保证试验方案的正确与完善，是整个试验能够获得预想结果的关键。试验方案一般包括试验内容、试验手段、试验程序等内容。

②进行试验操作　对试验方案的实施就是试验操作。试验操作一定要在试验方案确立和试验条件具备后，严格按照试验方案的规定程序进行。在试验进行过程中，应认真准确地记录试验中得到的包括各种意外情况在内的所有数据和详细情况，力求清晰、明确、客观、完整。

③撰写试验报告　试验结束后，无论成功还是失败，都要对试验进行全面完整的总结，写出试验研究报告。试验研究报告是对试验中所获得的数据通过加工、分析、处理之后，从感性认识上升到理性认识的结论性资料。它对于找出和解决研究项目中提出的技术问题具有重要作用。试验报告内容一般包括以下几项：问题的提出和简要的试验经过、试验条件、试验手段和方法、数据的处理方法、结果和误差范围、试验结果分析、结论、存在问题和以后打算、附录。

（3）项目年度总结和阶段成果验收　一般项目计划中都明确规定把整个研究内容划分为若干阶段，并制定出相应的阶段指标。很多项目还按年度制定出每年的计划进度指标。年度科研工作总结与阶段成果验收都是项目进行过程中的重要环节，是项目实行目标管理的重要内容。二者的区别在于年度工作总结主要侧重于项目计划的组织实施，如何采取各种有效措施与途径来加速研究工作。而阶段成果验收则侧重于试验研究的结果，看是否达到预期的研究计划。年度工作总结是由项目组与主管部门共同讨论制定；阶段成果验收则是由管理部门与邀请的部分同行专家来进行。年度工作总结是以一年为一个阶段，阶段成果验收主要以某一项相对独立研究内容的完成为一个阶段。一般来说，做好年度工作总结与阶段成果验收，是针对研究年限较长、规模较大的项目而言。对于研究年限较短，研究内容比较具体的小项目无须作此要求。

4.科研成果的鉴定

(1)成果鉴定的类别　根据中华人民共和国国家科学技术委员会《科学技术成果鉴定办法》规定，成果鉴定包括科学理论成果、应用技术成果和软科学研究成果鉴定3个类别。其中，阐明自然现象、特征、规律及其内在联系的，在学术上具有新见解，并对科学技术发展具有指导意义的科学理论成果，包括基础理论成果和部分应用基础理论成果；解决生产建设中的科学技术问题，具有新颖性、先进性和实用价值的应用技术成果，包括新产品，新技术，新工艺，新材料，新设备和生物、矿产新品种等；软科学研究成果则是对推动决策科学化和管理现代化，促进科技、经济与社会协调发展起重大作用的成果。

(2)成果鉴定的形式　科技成果多种多样，内容和性质也各不相同。因此，其鉴定形式也有区别。根据国家科委1987年公布的《科学技术成果鉴定办法》及1988年公布的《科学技术成果鉴定办法若干问题的说明》规定，科学技术研究成果鉴定的形式主要有专家评议、验收鉴定、检测鉴定。同时，还规定了视同鉴定。

①专家评议　是目前在科技成果鉴定中普遍采用的主要形式。这种形式可采用会议或通信2种方法进行。会议鉴定，主要适用于国家和省级重大项目取得的科技成果，以及自选的项目中经济效益显著的成果，通过聘请科研、教学、生产及管理部门的同行专家，召开鉴定会，请同行专家对数据、资料、现场和项目承担者所做的工作报告和研究报告进行审查、测试、评议，并做出鉴定结论，经专家签字后生效。通信鉴定，主要适用于偏重理论方面的研究成果，或者是一般不需要经过现场测试、考察，根据研究报告等技术文件即可做出鉴定评价的科技成果。通信鉴定的方法是把科技成果的全部技术文件，包括项目计划任务书（或合同书）、研究报告、工作报告、不同试验基点的试验报告、用户使用报告、经济效益证明、公开发表的研究论文、有关项目的测试证明和原始试验数据记载等，寄送同行审查，并分别写出鉴定评价，然后由主持鉴定单位汇总专家意见，写出鉴定评语，再由专家同意并签字后生效。

②验收鉴定　主要适用于规模较大的开发、推广项目。一般由上级主管部门或任务下达单位，根据合同书（或计划任务书）中规定的各项指标，组织有关的同行专家和管理专家，对任务指标的完成情况进行检查、测试和评价，并写出验收结论，出具测试证明，由验收组成员签字后生效。同时，任务完成与否还应得到任务下达单位和部门的认可。

③检测鉴定　一般是指国家指定的专业检测机构，对于一些食品、医药、农药、计量器具等方面的科技成果，依照国家的有关法规和标准，对成果进行检测，并出具检测证明和评价结论。必要时可聘请少许同行参与咨询、评议。检测鉴定证书必须由检测人员签字，检测机构盖章后生效。

④视同鉴定　是指除上述3种鉴定形式以外，经省（部）级成果管理机构批准，与上述3种

鉴定形式具有同等效力的，属于视同鉴定。主要有以下几方面：

第一，经生产实践证明，技术上已成熟，取得了显著的经济与社会效益，并由使用单位出具财务部门的经济效益证明或社会效益证明。在本单位应用，已经过其上级主管部门审核批准或证明。

第二，经法定的技术合同登记机关登记的技术项目，已按合同条款验收合格，在生产实践中应用取得了显著的经济和社会效益，并由使用单位出具财务部门的经济效益和社会效益证明。

第三，经中国专利局授予了专利权的发明专利，实施后取得了经济效益，并由实施单位出具证明。

(3)成果鉴定的材料　由于成果的类别不同，成果鉴定应具备的材料也不同。基础研究成果鉴定需具备的材料包括学术论文、试验研究报告、在国内外学术刊物上发表或学术会议上报告的证明材料、论文被引用情况，与国内外同类成果的比较及国内外专家的评价材料等；应用研究成果鉴定需准备的材料包括技术合同书或计划任务书、研究工作报告、试验研究报告、技术指标测试报告、有关设计图表、技术规程、试验现场的照片、录像片、经济效益和社会效益的旁证材料及原始试验调查记载材料等；软科学研究成果鉴定材料包括计划任务书或合同书、总体研究报告、专题研究报告、调查报告及有关背景材料、模型的运行报告、有关单位和部门采纳或应用的证明材料等。值得提及的是任何研究成果鉴定都必须出具查新检索报告。

(4)成果鉴定的条件　一项科研成果是否具备成果鉴定的条件，主要根据 3 条：第一，必须全面完成计划任务书或技术合同书中所规定的指标，并经上级主管部门或任务下达部门审查同意。第二，项目主持单位与协作单位及完成人员协商一致，无争议和纠纷。第三，技术资料齐全，经档案部门检查合格。这是所有申请鉴定的成果所必须具备的。不同类别的研究成果，除上述 3 条基本要求外，还必须具备相应的具体条件，如应用技术成果，需要经过生产实践，使用者证明技术成熟，并且具备推广应用的条件；软科学成果需经有关单位或部门采纳或应用；科学理论成果需在国内外正式的专业刊物或学术会议上公开发表，并得到学术界的公认。只有具备了这些相应的条件，才有资格申请成果鉴定。

(5)科技成果鉴定的程序　科技成果鉴定一般由成果完成者提出申请，所在单位学术委员会和主管领导审查同意，报项目任务下达单位或部门审查，并主持或委托主持鉴定，由国家指定的成果管理机构审核批准。具体的程序可分为申请、预审、鉴定、审核、签发鉴定证书。

①申请　科技成果鉴定的申请，一般是由成果的第一完成单位，第一主持人负责提出鉴定申请，填写《科技成果鉴定申请书》，备齐规定要求的技术文件，先由所在单位主要负责人和单位学术委员会负责人审查并签署意见，再提请任务下达部门或上一级业务主管部门组织预审，合格者报请科技成果管理机构申请组织鉴定。

②预审　由任务下达部门或上一级业务主管部门来完成，主要是对申请鉴定项目是否具备资格和所出具的技术文件是否齐全进行审查。凡是对没有按计划任务书或合同书规定要求完成的；成果所属权有争议，而没有协商达成一致的；研究结论不肯定，数据不可靠的；技术文件不齐全的。没按档案管理要求立卷的，理论研究成果未公开发表或发表不到 1 年的，应用技术成果没有实施或无应用单位使用证明的。以上条件中有一条不合格，预审也不予通过，待补充完善后再重新申请。

③鉴定　一般是由任务下达部门主持或委托主持鉴定，根据成果的性质，分别采取检测、

验收、通信或者会议的形式进行鉴定。

④审核及签发证书 成果通过鉴定后,由组织鉴定单位,对鉴定委员会提交的鉴定报告进行全面审查,当发现评价不实、弄虚作假、搞形式者,有权驳回鉴定报告,责成原鉴定委员会作补充鉴定或另邀专家重新鉴定,对审查合格者,给予签发鉴定证书。

⑤科技成果的登记 取得登记资格的科技成果,由科技成果管理部门颁发可作为科技成果持有凭证的证书。一般由科技成果的第一完成单位提出科技成果登记的申请,只有通过正式鉴定(或视同鉴定)的成果才能申请和登记,且不得重复登记。科技成果登记后必须在数据库或印刷型检索工具中进行公布。对于公布的科技成果,任何单位和个人都有权提出异议,如经调查核实,确属剽窃或弄虚作假者,科技成果管理部门将在原公布范围内予以撤销。

5.科技成果的奖励

我国于1999年5月23日发布实施了《国家科学技术奖励条例》。新条例明确规定国家最高科学技术奖、国家自然科学奖、国家技术发明奖、国家科学技术进步奖和中华人民共和国国际科学技术合作奖为我国五大奖项,并对奖励的含义和范围做了明确界定。2003年12月20日,新的《国家科学技术奖励条例》对奖项设置再次调整,在国家自然科学奖、技术发明奖、科技进步奖中增设了特等奖。加大对在科学技术领域做出特别重大科学发现或者技术发明、具有特别重大意义的科学技术项目的奖励力度,赋予他们更高的荣誉。

(1)国家最高科学技术奖 国家最高科学技术奖授予在当代科学技术前沿取得重大突破或者在科学技术发展中有卓越建树的,或在科学技术创新、科学技术成果转化和高技术产业化中,创造巨大经济效益或者社会效益的科技工作者。

(2)国家自然科学奖 国家自然科学奖授予在基础研究和应用基础研究中阐明自然现象、特征和规律,做出重大科学发现的公民。

(3)国家技术发明奖 国家技术发明奖授予运用科学技术知识做出产品、工艺、材料及其系统等重大技术发明的公民。

(4)国家科学技术进步奖 国家科学技术进步奖授予在应用推广先进科学技术成果,完成重大科学技术工程、计划、项目等方面,做出突出贡献的公民和组织。

(5)中华人民共和国国际科学技术合作奖 中华人民共和国国际科学技术合作奖授予对中国科学技术事业做出重要贡献的外国人或者外国组织。

上述奖项每年评审1次。其中,国家最高科学技术奖每年授予人数不超过2名,获奖者的奖金额为500万元人民币,报请国家主席签署并颁发证书和奖金。中华人民共和国国际科学技术合作奖由国务院颁发证书。国家最高科学技术奖和中华人民共和国国际科学技术合作奖不分等级。其他3个奖项由国务院颁发证书和奖金,分为一、二等奖2个等级;对做出特别重大科学发现或者技术发明的公民,对完成具有特别重大意义的科学技术工程、计划、项目等做出突出贡献的公民、组织,可以授予特等奖。

知识拓展:国家最高科学技术奖

国家最高科学技术奖正式设立于2000年,由国家科学技术奖励委员会主办,是中国5个国家科学技术奖中的最高等级奖项,每年评审1次,每次授予不超过2名的科技成就卓著、社会贡献巨大的个人,由国家主席亲自签署、颁发荣誉证书和高额奖金。与国家自然科学奖、技术发明奖、科技进步奖的申报制不同，国家最高科技奖采取推荐制，有推荐资格的单位和个人包括：省、自治区、直辖市人民政府；国务院有关组成部门、直属机构；中国人民解放军各总部；经国务院科学技术行政部门认定的符合国务院科学技术行政部门规定资格条件的其他单位和科学技术专家。截至 2016 年 1 月 8 日，共有 25 位杰出科学工作者获得国家最高科学技术奖，2004 年度和 2015 年度国家最高科学技术奖出现空缺。

8.2.1.3　科学研究各阶段中的文献信息检索

1. 项目选择和立项阶段

在项目选择和立项阶段，为使项目选择达到科学性、先进性、可行性、实用性等原则，必须查阅大量的国内外文献，进行调查研究；为使课题能够实施下去，必须通过文献，找出研究课题的核心，明确研究工作的主攻方向、技术路线和方法，并对成果的先进性、成果应用的领域与方向、成果应用后所创造的社会效益、经济效益和生态效益做出科学预测。项目选择和立项阶段，文献检索的具体内容主要包括以下 3 点：

(1)全面了解本项目在国内外的状况。需要了解的问题主要包括：项目在国内外是否有人研究过？如果有人研究，当前进展如何？成就如何？水平如何？本课题范围内存在哪些问题？哪些问题已经解决，哪些问题还未解决？

(2)制定可行性技术路线和拟解决问题的方案。对于有立项必要的项目，进一步根据已掌握的项目国内外状况，综合考虑各种主客观条件，并在分析项目的科学价值、社会效益和经济效益基础上，明确研究工作方向，论述其市场前景，制定拟采用的技术路线和可能解决问题的途径，进而制定出科学可行的项目研究计划。

(3)确定本课题的创新点和优势。课题的创新点是课题立项的生命，资料准备时应把重点放在本课题的创新之处和各项优势方面，明确本课题的创新点和优势。

2. 科学研究与试验阶段

为保证科学研究与试验工作的顺利进行，加速科研进程，缩短科研周期，需要以占有大量文献信息为前提。

(1)信息采集与数据整理时，需要参考、借鉴甚至模仿前人的经验，而这些经验主要来自文献。

(2)分析和解释试验结果时，需要充分利用已有文献对研究工作进行归纳、总结、分析、综合和概括。

(3)科学研究与试验阶段的整个过程，科技人员都需及时了解所在领域的最新科技动态，掌握世界科技发展前沿，获取更多的创新点和技术突破方面的信息。

3. 科研成果鉴定与奖励阶段

科研成果鉴定与奖励阶段，需要进行以考察项目新颖性和先进性为目的的科技查新检索。科技查新检索是保证科技成果立项、鉴定和奖励的客观、公平、合理，实现科技管理科学化的一项重要措施。有关科技查新检索的内容详见 8.2.2 科技查新部分的内容。

8.2.2 科技查新

8.2.2.1 科技查新概述

1.科技查新的含义

科技查新是指具有查新业务资质的查新机构(分布在各级科技信息咨询机构和各大高校的科技查新工作站)根据查新委托人的需求,查证其科学技术内容的新颖性,按照《科技查新规范》(国科发计字[20001544]号)进行操作,并做出结论(查新报告)。

2.科技查新的对象

在我国,科技查新工作目前已经应用到科学研究的很多方面,其应用对象包括:

(1)申报国家级或省(部)级科学技术奖励的个人或机构;

(2)申报各级各类科技计划、各种基金项目、新产品开发计划的个人或机构;

(3)各级成果的鉴定、验收、评估、转化;

(4)科研项目开题立项;

(5)技术引进;

(6)国家和地方有关规定要求查新的。

8.2.2.2 科技查新的基本流程

(1)查新委托人选择查新机构。查新机构是指具有查新业务资质的信息咨询机构,主要分布在各级科技信息咨询机构和各大高校的科技查新工作站。查新委托人应按照就近、权威、方便、快捷的总体要求,选择一个科技查新工作站进行查新检索。

(2)查新委托人领取并填写“科技查新委托书”。科技查新委托书是双方建立委托关系的一种凭证式文档资料。一般情况下,查新委托人可在科技查新机构主页下载电子版查新委托书或到查新机构直接领取纸质版查新委托书后,由课题负责人或掌握课题全面情况的研究人员填写委托书,签字应当使用钢笔或者碳素笔,然后加盖委托者所属单位公章。

(3)查新机构接受委托人的查新申请。查新机构根据自身所能承担的查新检索范围和能力,确定是否接受该项目的查新委托。查新机构如果接受委托人的查新委托,则需为该查新项目安排具体的查新检索人员、双方签订查新合同并收取科技查新预付款。

(4)查新检索人员与委托人围绕科技查新事宜进行沟通和交流。确定委托人所填写的查新委托书是否规范、有无缺陷,要求委托人提供与查新项目密切相关的国内外同类科学技术或相关科学技术方面的背景材料、项目组成员已发表的国内外相关文献和立项申请书、结题报告书等材料。委托人向查新检索人员介绍查新项目的研究内容、技术要点、查新点、关键词和专有名词。

(5)查新检索人员实施检索。查新检索人员在实施检索时,首先,应根据查新课题特点和所涉学科范围,以及委托人提出的科学技术要点、查新要求和主要技术指标,确定查新检索的文献类型、专业范围和时间范围。其次,基于委托人提供的检索词,同时又不受委托人所提供检索词的局限或误导,选择合适的检索词,制定科学准确的检索策略,并反复调整和试验所制定检索策略。在此基础上,实施机检为主的查新检索。选择机检数据库时,因 Dialog 国际联机检索系统(Dialog 国际联机检索系统介绍见第 1 章的 1.2.2 部分)所具有的大量信息资源和强大检索功能,多数查新机构均将其作为外文文献检索的必查数据库。

(6)查新检索人员撰写查新报告。查新报告的内容必须符合查新合同的要求,一般包括如下几个方面:查新目的、查新项目的技术要点、查新点与查新要求、文献检索范围及检索策略、检索结果和查新结论等内容。其中的查新结论,是一篇相对独立的具有鉴别、证明作用的短文,可以为专家评审和科研管理部门提供科学、真实的依据,应特别注意其完整性、逻辑性和客观性。

(7)查新审核员审核查新报告。查新报告审核是查新报告提交给委托人前最后的质量把关,由专门的查新审核员完成。其审核内容主要包括:查新程序是否规范、检索词及检索式是否恰当、检索结果是否查全和查准、文献分析对比是否准确、查新结论的撰写是否公正和客观、查新结论的表述是否准确无误、查新报告的整体格式是否符合规范。

(8)提交查新报告。根据审核员对查新报告的审核意见,查新员对查新报告做出必要的修改之后,且审核员和查新员均在报告上签字、盖章后。查新机构在查新合同规定的时间内,以规定方式和份数向查新委托人提交查新报告及其附件,委托人向查新工作站索取查新工作报告的同时,向查新机构支付全部的查新检索费用。

8.2.2.3　科技查新报告的撰写规范

科技查新报告是查新机构根据查新委托书的要求,将检索结果与课题查新点进行对比分析,对查新点做出新颖性判别后,以书面形式撰写的客观、公正的技术文件,是科技查新活动的最终成果。

一般情况下,如图 8-14 所示,科技查新报告的封面包括报告编号、项目名称、委托单位、委托人、委托日期、查新机构、完成日期。

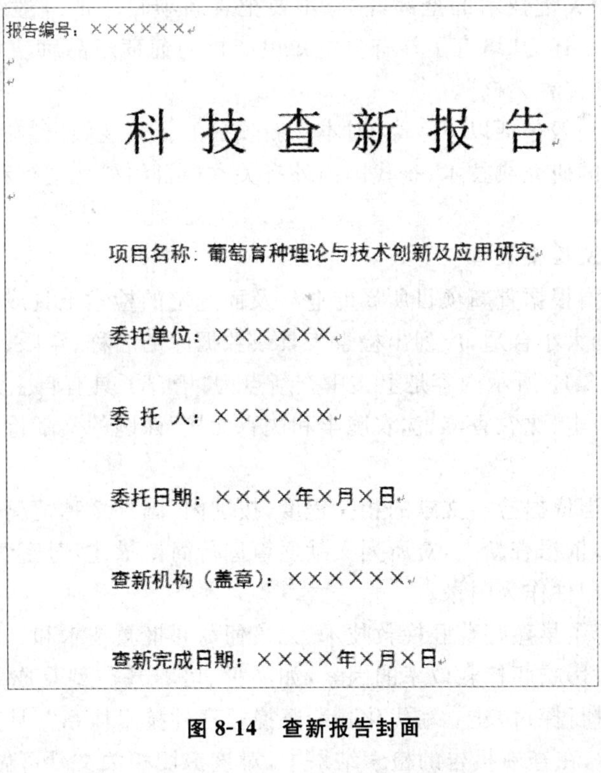
报告编号:××××××

科 技 查 新 报 告

项目名称:葡萄育种理论与技术创新及应用研究

委托单位:××××××

委 托 人:××××××

委托日期:××××年×月×日

查新机构(盖章):××××××

查新完成日期:××××年×月×日

图 8-14　查新报告封面

科技查新报告的正文一般包括查新项目名称、查新机构、查新目的、项目的科学技术要点、查新点、查新范围要求、文献检索范围及检索策略、检索结果、查新结论、查新员和审核员声明、附件清单和备注。下面，就项目的科学技术要点、查新点、文献检索范围及检索策略、检索结果、查新结论等需投入较多智力活动部分内容的撰写规范进行重点介绍。

1. 项目的科学技术要点

根据不同的查新目的，在项目科学技术要点的写法上应有所侧重。

(1)立项查新时，应概述项目的国内外背景，拟研究的主要科学技术内容，要研究解决哪些问题，达到的具体目标(指标)和水平。

(2)项目鉴定类查新，简略说明项目的研究背景，介绍项目的主要科学技术特征，已完成项目与现有同类研究、技术、工艺相比所具有的新颖性所在、主要创新点和体现项目科学技术水平的数据和量化指标。

(3)专利申报项目查新，应阐明项目的主要技术特征或权项范围，与现有(专利)技术的比较，突出项目的创新内容。

(4)开发类项目的查新，应简述其用途、功能，介绍能反映其技术水平的主要工艺、成分、性能指标等数据，与国内外同类产品的参数对比，项目已达到的规模及效益。

(5)申报科技成果奖励的查新，应说明项目的国内外背景、基本原理和技术指标、与同类研究相比达到的水平、产生的经济效益和社会效益、推广应用前景。

2. 查新点与查新要求

查新点是体现查新项目新颖性的技术创新点，应逐条列出。查新点一般从技术要点中提取，或者是技术要点中关键技术的全部，注意不要把查新项目中的一般性技术特征列为查新点。如可以把查新点表述为“培育了具有自主知识产权的葡萄新品种沈农金皇后、沈农硕丰、沈农香丰、沈农脆丰和沈香无核”。

查新要求的表述一般包括以下3类：对本查新项目的新颖性做出判断；查找国内外是否有与本项目相同或类似的研究或技术；查找国内外有关本项目的科技文献和专利报道，并根据检索结果做出对比性结论。

3. 文献检索范围及检索策略

文献检索范围是指根据查新项目所属专业涉及面选定的检索工具或数据库。检索范围应当符合具体要求，做到大小合适，应列出检索工具或数据库的名称、年限、列出实际使用的检索词和检索策略。如图8-15所示内容是上文中查新点为“培育了具有自主知识产权的葡萄新品种沈农金皇后、沈农硕丰、沈农香丰、沈农脆丰和沈香无核”课题的文献检索范围及检索策略。

4. 检索结果

检索结果部分应当依据检出文献的相关程度，按国内、国外2种情况，分别列出相关文献，并在原文摘要基础上，依据查新点，对所列文献逐篇进行简要描述，对密切相关文献，可节录部分原文或提供原文复印件作为附录。

对查新点为“进行了早熟葡萄胚挽救技术、无核葡萄胚挽救技术和二倍体与四倍体葡萄杂交胚挽救技术研究，对影响胚挽救效率的因素，如品种、培养基类型及成分、接种时期、激素浓度、胚珠处理方式等进行探讨，建立和优化葡萄胚挽救育种技术体系”，且其密切相关文献具有如图8-16所示摘要时，在查新报告的检索结果中，对该密切相关文献可做如图8-17所示简要描述。

四、文献检索范围及检索策略

（一）国内数据库

1.中文科技期刊数据库（维普）　2016.7以前
2.中国学位论文全文数据库（万方）　2016.7以前
3.中国学术会议论文全文数据库（万方）　2016.7以前
4.中国科技成果数据库（万方）　2016.7以前
5.数字化期刊全文数据库（万方）　2016.7以前
6.中外专利数据库（万方）　2016.7以前
7.中外标准数据库　2016.7以前
8.中国期刊网全文数据库（知网）　2016.7以前
9.中国博士学位论文全文数据库（知网）　2016.7以前
10.中国优秀硕士学位论文全文数据库（知网）　2016.7以前
11.国家科技成果数据库（知网）　2016.7以前
12.中国专利全文数据库（知网）　2016.7以前
13.中国重要会议论文全文数据库（知网）　2016.7以前
14.读秀学术搜索（百链外文搜索）　2016.7以前
15.中国标准服务网 www.cssn.cn　2016.7以前

（二）检索词

1. 沈农金皇后　沈农香丰　沈农硕丰　沈农脆丰　沈香无核
2. 品种选育

（三）检索式或检索策略

1. 葡萄 AND（沈农金皇后 OR 沈农香丰 OR 沈农硕丰 OR 沈农脆丰 OR 沈香无核）AND 品种选育

图 8-15　文献检索范围及其策略

5. 查新结论

查新结论应当包括下列内容：相关文献检出情况、检索结果与查新点的比较分析、对查新项目新颖性的判断结论。撰写查新报告时，原则上对科技成果的水平不作“国际先进”“国内先进”“填补国内空白”此类等级的结论，而是采用如下某种形式，做出查新结论。

(1)查到完全相同的文献时，在用户无可置疑的情况下，应给予明确的“否定”结论，以否定申报的课题、专利、成果或产品。

(2)未查到完全相同的文献时，应找出相关背景材料，写出相关文献与查新项目的异同点，并在进行有关技术内容、指标等对比分析的基础上，对所查项目的新颖性、科学性和实用性做出评价。如“建立动物布鲁氏菌病的分子生物学综合诊断方法的报道见文献[6]-[7]。其中，文献[6] 所涉基因为布鲁氏菌 VirB-8 基因，不同于本课题所涉 B. abortus 31 kD 蛋白基因；文献[7]所涉基因与本课题相同，但其引物与本课题引物不同”。

(3)未查到相同或相关的文献时，可做出“在所查范围内，未发现……”这样的结论。如“所查文献中未有日本落叶松保护地播种育苗的栽培管理技术方面的文献”。

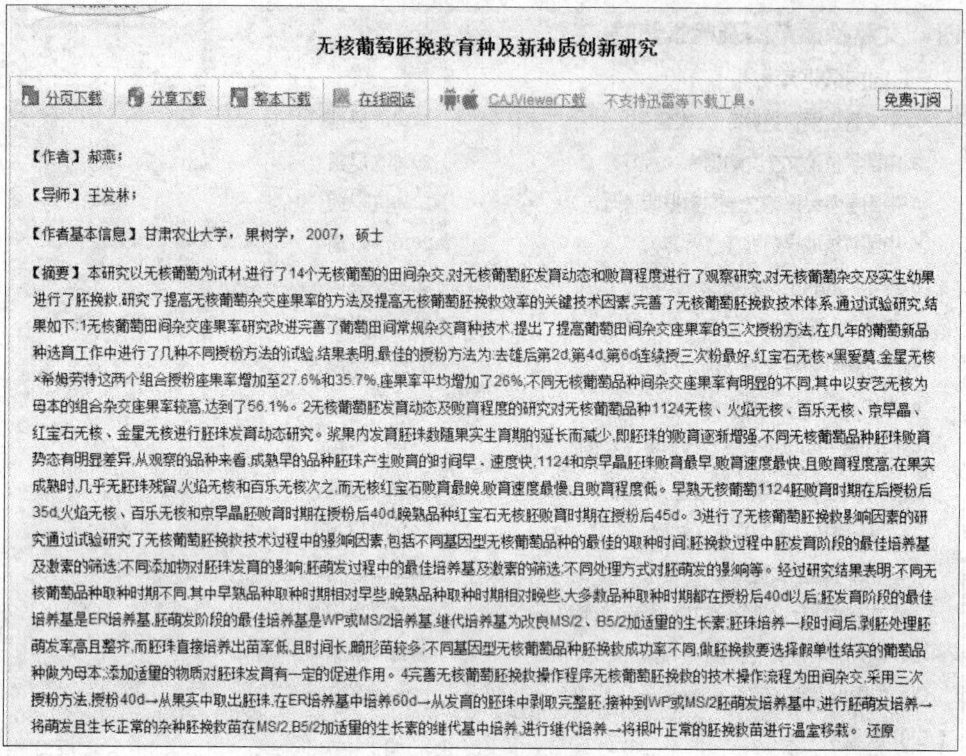

无核葡萄胚挽救育种及新种质创新研究

分页下载 分章下载 整本下载 在线阅读 CAJViewer下载 不支持迅雷等下载工具。 免费订阅

【作者】郝燕；

【导师】王发林；

【作者基本信息】甘肃农业大学，果树学，2007，硕士

【摘要】本研究以无核葡萄为试材,进行了14个无核葡萄的田间杂交,对无核葡萄胚发育动态和败育程度进行了观察研究,对无核葡萄杂交及实生幼果进行了胚挽救,研究了提高无核葡萄杂交座果率的方法及提高无核葡萄胚挽救效率的关键技术因素,完善了无核葡萄胚挽救技术体系,通过试验研究,结果如下:1无核葡萄田间杂交座果率研究改进完善了葡萄田间常规杂交育种技术,提出了提高葡萄田间杂交座果率的三次授粉方法,在几年的葡萄新品种选育工作中进行了几种不同授粉方法的试验,结果表明,最佳的授粉方法为:去雄后第2d,第4d,第6d连续授三次粉最好,红宝石无核×黑爱莫,金星无核×希姆劳特这两个组合授粉座果率增加至27.6%和35.7%,座果率平均增加了26%,不同无核葡萄品种间杂交座果率有明显的不同,其中以安艺无核为母本的组合杂交座果率较高,达到了56.1%。2无核葡萄胚发育动态及败育程度的研究对无核葡萄品种1124无核、火焰无核、百乐无核、京早晶、红宝石无核、金星无核进行胚珠发育动态研究。浆果内发育胚珠数随果实生育期的延长而减少,即胚珠的败育逐渐增强,不同无核葡萄品种胚珠败育势态有明显差异,从观察的品种来看,成熟早的品种胚珠产生败育的时间早、速度快,1124和京早晶胚珠败育最早,败育速度最快,且败育程度高,在果实成熟时,几乎无胚珠残留,火焰无核和百乐无核次之,而无核红宝石败育最晚,败育速度最慢,且败育程度低。早熟无核葡萄1124胚败育时期在后授粉后35d,火焰无核、百乐无核和京早晶胚败育时期在授粉后40d,晚熟品种红宝石无核胚败育时期在授粉后45d。3进行了无核葡萄胚挽救影响因素的研究通过试验研究了无核葡萄胚挽救技术过程中的影响因素,包括不同基因型无核葡萄品种的最佳的取种时间,胚挽救过程中胚发育阶段的最佳培养基及激素的筛选;不同添加物对胚珠发育的影响,胚萌发过程中的最佳培养基及激素的筛选;不同处理方式对胚萌发的影响等。经过研究结果表明:不同无核葡萄品种取种时期不同,其中早熟品种取种时期相对早些,晚熟品种取种时期相对晚些,大多数品种取种时期都在授粉后40d以后,胚发育阶段的最佳培养基是ER培养基,胚萌发阶段的最佳培养基是WP或MS/2培养基,继代培养基为改良MS/2、B5/2加适量的生长素;胚珠培养一段时间后,剥胚处理胚萌发率高且整齐,而胚珠直接培养出苗率低,且时间长,畸形苗较多;不同基因型无核葡萄品种胚挽救成功率不同,做胚挽救要选择假单性结实的葡萄品种做为母本;添加适量的物质对胚珠发育有一定的促进作用。4完善无核葡萄胚挽救操作程序无核葡萄胚挽救的技术操作流程为田间杂交,采用三次授粉方法,授粉40d→从果实中取出胚珠,在ER培养基中培养60d→从发育的胚珠中剥取完整胚,接种到WP或MS/2胚萌发培养基中,进行胚萌发培养→将萌发且生长正常的杂种胚挽救苗在MS/2,B5/2加适量的生长素的继代基中培养,进行继代培养→将根叶正常的胚挽救苗进行温室移栽。 还原

图 8-16 相关文献的摘要

[14]郝燕.无核葡萄胚挽救育种及新种质创新研究[D].导师：王发林.甘肃农业大学,2007.

对比分析： 研究了包括不同基因型无核葡萄品种的最佳取种时间、胚挽救过程中胚发育阶段的最佳培养基及激素筛选、不同添加物对胚珠发育的影响、胚萌发过程中的最佳培养基及激素筛选、不同处理方式对胚萌发的影响等提高无核葡萄胚挽救效率的关键技术因素。所涉无核葡萄品种为 1124 无核、火焰无核、百乐无核、京早晶、红宝石无核、金星无核。

图 8-17 检索结果的简要描述

8.2.3 学术论文写作

学术论文是作者向社会描述自己研究成果的工具。我国国家标准(GB 7713—1987)将它定义为:“某一学术课题在实验性、理论性或观测性上具有新的科研成果或创新见解和知识的科学记录;或是某种已知原理应用于实际并取得新进展的科学总结,用以提供学术会议上宣读、交流或讨论;或在学术刊物上发表;或作其他用途的书面文件。”学术论文具有科学性、学术性和创新性特征。其中创新性是学术论文的基本特征,是世界各国衡量科研工作水平的重要标准,是决定论文质量高低的主要标准之一,也是反映论文自身价值的标志。学术论文包括期刊论文、会议论文和学位论文。一般情况下,学术论文写作的程序依次为:选题、获取资料、提炼观点、设计提纲、草拟文稿、修改文稿和定稿。

8.2.3.1　论文选题

1.选题的意义

多个因素决定学术论文的质量高低和价值大小，选题是其中起决定性作用的重要因素。选题决定论文写作的目标和方向，确定了选题意味着研究者选定了研究范围、思路以及方法，意味着研究者将围绕该选题去搜集材料、论证观点和得出结论。因此，只有选题正确，才使后续的材料收集、观点提炼和研究成果书面化工作具有价值和意义。否则，即使花费再多精力、付出再多努力，到头来也会劳而无功。如果选题意义不大，甚至没有意义，即使文章写得再好，论文也没多大价值。

2.选题的策略

选题时，可以从主管部门、专业学会和各类研讨会等指定的研究课题中，筛选出符合自己工作实际和研究专长的典型问题作为论题加以研究，撰写成文；也可在实践中细心观察、勤于思考，对自己体验较深的工作实践加以提炼，将其上升到理论高度后形成选题，进行研究；还可以在综合、借鉴别人科研成果的基础上，受到有关论点和问题启发后，发现论题，总结经验，推陈出新，发表自己与众不同的见解。另外，选题应建立在对自身掌握材料的深度和广度、课题理解能力和材料驾驭能力等方面做出客观评估，充分了解所要研究课题的已有成果、尚待研究问题等现状基础上。此外，还要考虑选题时间、课题难易和课题大小。选题时间宜在有了一定专业基础之后，以免专业知识单薄情况下贸然选题后，因专业知识的匮乏而造成选题偏颇，或选题之后不知如何完成研究；要根据本人的专业基础、时间、资料条件和经费等相关因素，选择大小合适的课题，进行深入研究。

8.2.3.2　文献综述及其撰写

文献综述是学术论文的重要组成部分，文献综述也可以作为独立论文发表在各种学术刊物之上。

1.文献综述的特点

文献综述是对将要开展的研究课题或建设项目的历史背景、国内外研究成果或技术成就及其特点、发展趋势，进行全面系统的文献收集、分析和研究后，归纳、整理、总结出的专题调研报告(论文)。文献综述具有如下特点：

(1)对原文中的各类理论、观点、方法的叙述不是简单重复，而是基于原文基础上的高度概括。

(2)集中反映一定时期内一批文献的内容。一篇综述可以反映几十至上百篇的原始文献。

(3)客观、真实地反映原文献内容。综述者应将有关资料的观点，巧妙地贯穿在一起、融合为一体。

(4)题目多包含“综述”“述评”“评述”“进展”“研究动态”，或是“现状、趋势和对策”“分析与思考”等直接体现综述性特点的文字。

2.文献综述的内容

不同学科、不同课题，以及不同作者撰写的文献综述，均有不同的侧重点。但是，由于综述性论文的特点，其内容一般包括如下几部分：

(1)课题的研究意义　着重说明相关活动的重要性及对解决实际问题的作用所在。

(2)研究背景和发展脉络　简要介绍相关活动的研究起因和简单过程。

(3)目前的研究水平、存在问题及可能的原因　重点介绍已经取得的研究成果与存在的问题。

(4)作者的见解　客观总结课题未来的研究、发展方向及趋势。通过上述文献调研的结果分析、总结，客观地提出未来研究的重点、解决问题的思路。

3.文献综述的结构

一般而言，文献综述由前言、正文、结语和参考文献构成，每一部分都有独特的写作要求和方法。

(1)前言　说明撰写本综述的目的、意义、学术背景、目前状况、争论焦点、编写过程，介绍搜集资料的范围等，使读者对综述有一个轮廓性的了解。前言要写得简明扼要，重点突出，字数以 100～200 为宜。

(2)正文　正文是综述文献的主体，叙述某一时期某一学科领域的现状、水平和成就。依次综述各个问题，列举出各种观点、理论、方法和数据，并对每一项内容提出自己的看法和评价。在此基础上，列举历年来的成果、数据，进行数据分析，构建模型。进行推演和论证。

在写作方法上，正文的写法多样，没有固定格式，可按事物发展的先后顺序层层叠进；或按课题所含的几个方面(主题)分路挺进；或按不同的观点进行比较综述。无论何种写作方式，都应在全面系统搜集资料基础上，客观、真实地反映原文献内容，做到层次分明、条理清楚、语言简练、详略得当。

(3)结语　结语是对前面论述内容的总结，或是提出自己的取舍褒贬，指出存在问题及解决问题的方法和所需条件；或是提出预测及今后的发展方向。还可提出展望和希望。结语的作用是突出重点，结束整篇文献。字数以 100～200 为宜。

(4)参考文献　列出综述所引用和参考的文献。应当详细列举并注明篇目、著者、出处等。参考文献著录不仅表示对被引用文献作者的尊重及引用文献的依据，而且为读者深入探讨有关问题提供线索。

8.2.3.3　参考文献的引用规范

我国的参考文献著录主要有“顺序编码制”和“著者-出版年制”2 种体系。其中，顺序编码制是国内大多数期刊和学位论文所采用的参考文献著录体系。各刊可根据其学科专业特点和期刊传统进行自由选择采用何种著录体系，但在一文或一刊中，必须采用同一著录体系。无论何种参考文献著录体系，均需在正文和文后同时做参考文献标注，文后的参考文献列表称为参考文献表。

1.著者-出版年制

(1)正文中的标注规则　正文中的标引内容由著者姓名与出版年构成，并置于“()”内。如引用多著者文献时，对欧美著者标注第一个著者的姓，其后附“et al”；对中国著者标注第一著者姓名，其后附“等”字。多次引用同一著者的同一文献，在正文中标注著者与出版年，并在“()”外，以角标形式著录引文页码。

(2)参考文献表的标注规则　文后参考文献的编排首先按文种中、日、西、俄和其他共 5 部分集中，然后按著者姓氏或汉语拼音顺序排列，亦可按引用文献的重要程度排列。若在参考文献表中著录同一著者在同一年发表的多篇文献时，出版年后应用 a、b、c 区别。

2.顺序编码制

(1)正文中的标注规则　顺序编码制是按正文引用文献的先后顺序连续编码，并将序号置于方括号中，如果同一处引用多篇文献时，将各篇文献的序号在方括号内全部列出，序号间用“，”隔开，如遇序号连续可标注起讫号；多次引用同一著者的同一文献时，在正文中标注首次引用的文献序号，并在“[]”中著录引文页码。

(2)参考文献表的标注规则　文后参考文献表的顺序应与正文标引顺序一一对应，序号写在“[]”内。参考文献的责任者不超过3个时，全部照录；超过3个时，只著录前3个责任者，其后加“，等”；对欧美著者，以“et al”表示省略。个人著者采用姓在前、名在后的著录形式，个人著者名可以用缩写字母，缩写名后省略缩写点，欧美著者的中译名可以只著录其姓，同姓不同名的欧美著者，其中译名不仅要著录其姓，还需著录其名。用汉语拼音书写的中国著者姓名不得缩写。

中华人民共和国国家标准《信息与文献参考文献著录规则》(GB/T 7714—2015)，分别对文后参考文献著录项目与著录格式具有明确规定，其中几种主要类型文献的文后参考文献著录格式如下：

①普通图书的著录格式

[序号]主要责任者.题名：其他题名信息[M].其他责任者.版本项.出版地：出版者，出版年：引文页码[引用日期].获取和访问路径(电子资源必备).数字对象唯一标识符(电子资源必备).

著录实例：[1]罗杰斯.西方文明史：问题与源头[M].潘惠霞，魏婧，杨艳，等译.大连：东北财经大学出版社，2011：15-16.

②论文集、会议录的著录格式

[序号]主要责任者.题名：其他题名信息[C].出版地：出版者，出版年[引用日期].获取和访问路径(电子资源必备).数字对象唯一标识符(电子资源必备).

著录实例：[1]雷光春.综合湿地管理：综合湿地管理国际研讨会论文集[C].北京：海洋出版社，2012.

③报告的著录格式

[序号]主要责任者.题名：其他题名信息[R].出版地：出版者，出版年[引用日期].获取和访问路径(电子资源必备).数字对象唯一标识符(电子资源必备).

著录实例：[1]World Health Organization. Factors regulating the immune response：Report of WHO Scientific Group[R]. Geneva：WHO，1970.

④学位论文的著录格式

[序号]主要责任者.题名[D].大学所在城市：大学名称，出版年[引用日期].获取和访问路径(电子资源必备).数字对象唯一标识符(电子资源必备).

著录实例：[1]马欢.人类活动影响下海河流域典型区水循环变化分析[D].北京：北京大学，2011.

⑤专利文献的著录格式

[序号]专利申请者或所有者.专利题名：专利号[P].公告日期或公开日期[引用日期].获取和访问路径(电子资源必备).数字对象唯一标识符(电子资源必备).

著录实例：[1]张凯军.轨道火车及高速轨道火车紧急安全制动辅助装置：201220158825[P].2012-04-05.

⑥标准文献的著录格式

[序号]主要责任者.标准名称:标准号[S].出版地:出版者,出版年:引文页码[引用日期].获取和访问路径(电子资源必备).数字对象唯一标识符(电子资源必备).

著录实例:[1]全国信息与文献标准化技术委员会.文献著录:第4部分 非书资料:GB/T 3792.4—2009[S].北京:中国标准出版社,2010:3.

⑦期刊文献的著录格式

[序号]主要责任者.题名:其他题名信息[J].期刊名,年,卷(期):页码[引用日期].获取和访问路径(电子资源必备).数字对象唯一标识符(电子资源必备).

著录实例:[1]袁训来,陈哲,肖书海,等.蓝田生物群:一个认识多细胞生物起源和早期演化的新窗口[J].科学通报,2012,55(34):3219.

⑧报纸文献的著录格式

[序号]主要责任者.题名:其他题名信息[N].报纸名,出版日期(版面数)[引用日期].获取和访问路径(电子资源必备).数字对象唯一标识符(电子资源必备).

著录实例:[1]丁文祥.数字革命与竞争国际化[N].中国青年报,2000-11-20(15).

⑨电子资源(不包括电子专著、电子连续出版物、电子学位论文、电子专利)的著录格式

[序号] 主要责任者.题名:其他题名信息[EB/OL].出版地:出版者,出版年:引文页码[引用日期].获取和访问路径(电子资源必备).数字对象唯一标识符(电子资源必备).

著录实例:[1]萧钰.出版业信息化迈入快车道[EB/OL].(2001-12-19)[2002-04-15].http://www.creader.com/news.20011219/200112190019.html.

8.2.3.4 学术论文投稿

1.学术成果发表制度

(1)学术刊物编辑部　读者通常将稿件投送至学术刊物编辑部。学术刊物编辑部通常由主编、协主编和责任编辑构成。国外著名学术刊物的主编和协主编通常不是专职编辑,而是大学教授或研究机构的资深学者,是集教学、研究、编辑于一身的"三栖"人员,他们负责制定期刊发展战略,以及期刊征稿、与编辑顾问团联系、参加会议和向同行推荐期刊,能够决定期刊所要发表的文章类型。责任编辑则是负责编辑部的具体操作,其日常事务是将期刊从主编处转来后,及时送到质检部门,在进入生产程序前,由质检部门检查文字输入错误、逻辑矛盾等,并将文稿进行排版、校对,直至出版。责任编辑也和主编一起拟定期刊的长期发展计划、定位期刊市场,也经常参加会议,以提高负责期刊的档次或知名度,帮助主编使期刊进入世界知名的顶尖期刊行列。

(2)匿名评审制度　匿名评审制度是一个学术规范程序,是一套专业的隐名外部人审稿制度。"专业""隐名"和"外部人"是这套制度的3个要素,"专业"即审稿人是对稿件主题素有研究的学者,而不是行政主管或财界大亨;"隐名"指被审稿件作者和审稿人的名字均不告知对方,以保证审稿人能够做到"对文不对人";"外部人"即审稿人不应限于编辑部成员,更不应是稿件作者的单位同事,与文献作者越无个人关系的人越适合作某文献的审稿人。当然,不同学科领域,或同一学科的不同出版物,同一出版物在不同主编的任职期间,匿名评审制度在具体操作方式上会有差异。

2.投稿流程

(1)投稿前准备

①选择拟投稿期刊。如果稿件投向了不合适期刊,则可能会出现稿件以“不适合本刊”为由被简单退回;因编辑和审稿人不熟悉稿件所涉研究领域,可能导致稿件受到较差或不公正的同行评议;作者本人因其成果刊载在同行很少关注的期刊而达不到与同行交流的目的。所以,选择投稿期刊应考虑的因素应包括:稿件的主题是否适合期刊所规定的范围,“读者须知”中有关刊登论文范围的说明,作者本人经常阅读和引用的期刊,期刊的声誉,引证指标(影响因子、总被引频次等),期刊在学术界的影响力(同行的看法),投稿周期(稿件从接收至发表的时间),是否收取版面费以及版面费的多少等。

知识拓展:什么是期刊影响因子?什么是期刊总被引频次?

影响因子(Impact Factor)是一个代表期刊影响力大小的定量指标,具有动态性,某刊在某年的影响因子等于该刊前两年发表的论文在该年被全部源刊物引证的次数与该刊前两年所发表的全部论文数之比。不同学科期刊的影响因子没有可比性,一般情况下,综述类期刊具有较高的影响因子。

总被引频次(Total Citations)指某刊自创刊以来所刊登的全部论文在某年被引用的总次数(包括期刊自引),是期刊在学术交流中实际被利用次数的最直接指标,指示期刊受重视程度。

②按拟投稿期刊的全部投稿要求,整理和编辑所投稿件。包括依据拟投稿期刊的论文模板/格式规范,对稿件格式进行编辑;根据期刊的栏目设置情况,检查稿件内容是否符合该刊特点。另外,还要做到尽可能不在文中进行“自我引证”,合理引用数据和资料时必须注明出处。

(2)投稿　在投稿时,很多学术期刊都要求提供投稿信(Cover Letter)。投稿信一般包括所投稿件的核心内容、主要发现和意义、对稿件处理有无特殊要求、推荐审稿人及其联系方式等项目。

投稿时务必遵照期刊的要求,将期刊投寄给指定的收稿人或收稿单位(期刊的编辑部、编委会、主编、执行编委或助理编辑),与编辑部联系的所有信件(包括磁盘、打印稿或复印件等)都应标注作者的姓名和联系地址。另外,还要注意尽量不要投增刊、单位署名要规范,以及利用成套经验数据或资料(如问卷调查等)时,必须准备好原始完整形态的材料,以备接受审稿人或读者的检验。

(3)投稿结果处理　论文投稿之后,一般有同意接收无须修改;原则上接收但须根据匿名评审人的意见进行一些小修改;原则上可以发表,但须做重大修改;先做重大修改,再重新审阅是否能够发表;没有修改必要,拒绝发表等共5种评审结果。即使是学科顶尖专家也不能够确定其论文一定能在某刊发表,因此,绝大多数作者得到的是第4和第5种回复,第4种已是非常满意的回复。投稿人应根据评审人的报告在规定时间内完成修改,并将改好的稿件上传至编辑部,同时附一份措辞诚恳的修改稿投稿信,一并发送至编辑部或上传至投稿系统。

能够收到修改稿件的机会,说明编辑和审稿专家,尤其是审稿专家,已然为作者稿件提供了服务和指导,他们同意稿件修改,也在一定程度上代表他们对稿件价值和意义的认同,因此,作者在修改稿投稿信中首先应向编辑和审稿专家表示诚挚谢意。同时,为方便编辑部快速查对和审稿，作者需向编辑部提供原稿件编号、题目以及所有作者姓名。在投稿信中还应重点说明修改稿的主要修改部分，着重强调稿件已按照编辑部和审稿专家的意见做了全部或基本修改，应详细说明未做修改部分的理由。

8.3 信息资源评价

8.3.1 信息资源评价方法

8.3.1.1 信息资源评价概述

信息资源评价是指依据一定的判断标准体系，运用科学的方法和程序，对信息资源的学术价值、影响力等所做的评估。信息资源评价往往是由具有相当资质的专家或专门机构来承担。经权威机构评定的优质信息资源，也往往成为人们进行信息检索、信息鉴别和信息筛选的参照与标准。通常情况下，信息资源评价主要是从信息资源的科学性、重要性和影响力 3 个方面来进行。

(1)信息资源的科学性　信息资源的科学性主要体现在资源内容的先进性和真实性 2 个方面。先进性指信息资源内容必须具有新颖性、独创性等，真实性指信息资源内容应当体现客观性、确定性、完整性、无虚假性的特征。

(2)信息资源的重要性　信息资源的重要性主要是指信息资源所反映的科技成果、学术思想具有代表性、准确性和不可或缺性。

(3)信息资源的影响力　信息资源的影响力是指相关信息资源在所属领域具有领头作用，属于业内用户不可不用且反复引用的对象。

8.3.1.2 信息资源评价方法

按评价方法的性质划分，信息资源评价的方法可划分为定性评价法、定量评价法和综合评价法。

1. 定性评价法

定性评价法就是以主观角度为出发点，根据一定的评价标准或指标体系，对信息资源做出定性结论的价值判断。定性评价法的评价标准和指标以定性为主，对评价标准和指标大多未做权重设置及量化处理。有些评价标准甚至只是一些准则，并不涉及有关的数量关系。常见定性评价法包括同行评议法、问卷调查法等。

(1)同行评议法　同行评议法是建立在科学基础上的群体决策，是某一领域或若干领域的专家采用同一评议标准，对涉及相关领域的某一事项进行共同评价的活动。专家的知识体系和价值取向会直接影响评价结果，因此，同行评议法中的专家选择至关重要，不当选择同行专家或非同行专家的比重过大会造成评价效果的折损。同行评议包括通信评议、会议评议等多种具体实施形式。通信评议是指通过信件或电子邮件等书面形式进行信息交流和评价，会议评议则是专家通过会议讨论交流得出评价结果。不同的实施形式适用于不同的评价项目。同行评议具有能够非常真实地“逼近”乃至“再现”大多数人对评价对象的主观印象，能够避免量化评估中数据失真对评估结果的不良影响。但同行评议也存在成本较高、公平和客观性难以保障等不足。

(2)德尔菲(DELPHI)法　又称专家调查法，是最为常用的问卷调查法之一。专家调查法与同行评议法的最大不同在于专家调查法是匿名发表评价意见的方式，采用多轮专家调查，专家之间不发生任何横向联系。这种方法中，一方面专家可以从调查人员手中获取上一轮其他专家的观点，进行参考和思考后做出自己的判断，使其考虑问题的角度更为全面；另一方面避免了同行评议中的盲目服从多数或屈从于权威的问题，使得有价值的意见得以表达。同样，德尔菲法存在着专家选择问题。德尔菲法和其他的问卷调查一样有着问卷设计难度大、效率低等不足和时空限制小、节约时间和经费成本等优点。

总体来说，定性评价方法可以从多个角度，综合、深入地评价信息资源，但其主观角度的出发点也带来了评价客观性方面的不足。

2. 定量评价法

定量评价法是通过统计、分析和计算，从客观量化的角度，以具体数值对信息资源进行评价。定量评价与定性评价相比，其结果更直观和准确，更具操作性。但定量评价法的计算复杂，需借助计算机等技术的帮助。定量评价法的关键在于选择合适的评价指标、设置合理的量化评价指标体系。

3. 综合评价法

综合评价法是指对以多属性体系结构描述的对象系统做出全局性和整体性评价。简单来说，就是用一定的方法对事物的多种信息进行综合分析并作出判断，其基本思想是将多个指标转化为一个能够反映综合情况的指标来进行评价。综合评价可以将定量指标和定性指标相结合，既发挥定性评价全面、细致的优点，也兼顾定量评价客观、科学的优势。用于综合评价的方法很多，如层次分析法、灰色关联分析法、主成分分析法等。

8.3.2　信息资源评价指标

8.3.2.1　影响因子和分区

影响因子(Impact Factor，IF)，是国际上通行的期刊评价指标之一。由加菲尔德博士于 1972 年在 Science 杂志上提出。其计算方式为某期刊前两年发表的论文在统计当年被引用总次数除以该期刊在前两年内发表的论文总数。影响因子具有计量公式简单且易于理解，能够消除发行量大、出版年代长或者出版量大期刊所具有的天然评价优势，比较关注短期和近期研究等特点。

一般来说，期刊影响因子越高，表明其刊载文献的被引用率越高，代表该研究成果的影响力越大，也反映该刊物的学术水平较高。但是不同学科的引用率有着较大差异，单凭影响因子值横向比较不同领域、不同学科的期刊有欠公平，为了兼顾学科自身引用的特性，较为客观地反映期刊的真实价值，引进了“期刊影响因子分区”这一概念。即根据学科内部杂志的真实水平，对杂志进行分区，使不同学科之间可以根据期刊所处分区进行横向比较。目前，影响因子分区主要有 2 种：一种是汤森路透公司自身制定的分区(简称“JCR 分区”)，另一种是中国科学院国家科学图书馆制定的分区(简称“中科院分区”)。

1. 汤森路透期刊分区

汤森路透期刊分区将收录期刊分为不同学科类别，把某一个学科的所有期刊按照上一年的影响因子降序排列，然后平均 4 等分(各 25%)，依次排列为 Q1、Q2、Q3、Q4 共 4 个区。一些新收录期刊，由于还没有建立收录期刊的被引数据而无法计算影响因子，也就无法决定其分区位置,一般在2～3年后才有分区记录。另外,某些期刊因自引率过高等问题而被暂停公布影响因子,也无法分区,汤森路透建议将此类期刊按照Q4期刊对待(此类期刊会比较危险,如果短期内不能有所改进,有可能会被剔除出数据库收录范围)。

2. 中科院分区

根据每年的JCR数据,将学科分为14个大类和174个小类,每个学科期刊按照其影响因子高低分为4个区,各学科分类中影响因子前5%(含5%)期刊划分为1区,位于学科总刊数前5%至20%(含20%)的期刊为2区,位于学科总刊数前20%～50%(含50%)的期刊为3区,位于学科总刊数后50%的期刊为4区。发表在1区和2区的SCI论文通常被认为是该学科领域比较重要的成果。

8.3.2.2 h指数

h指数是2005年美国加州大学物理学家Hirsch(赫西)设计的一种用于研究人员个人科研成就评价的指标。随着h指数在实践应用中的不断推广,现已被应用到学科领域、出版物、研究机构、国家等不同评价对象的评价。

赫西给出的原始定义是:"一个科学家的h指数值是指在他(她)发表的N篇论文中,有h篇论文每篇论文的引文数至少为h次,同时剩余的(N－h)篇论文的引文数都小于h次"。该定义后来被格伦策尔修正为:"一个科学家的h指数是指在该科学家的N篇论文中,最多有h篇论文的引文数最少为h次。即如果某科研人员一定期间内所发表论文中至少有h篇的被引频次不低于h次,则其h指数等于h"。

h指数从论文数量和被引频次2个角度来评价科学家的个人研究绩效,是对科学家全部科研成果重要性、意义和影响力进行评估的指标。在评价科研人员绩效方面,h指数具有遏制片面追求论文数量的不良倾向,同时又能够激发科研人员探索深层次科学问题的作用。

8.3.2.3 核心期刊

某学科(或某领域)的核心期刊是指刊载该学科(或该领域)论文数量较多,使用率(含被引率、文摘率、利用率)相对较高,在本学科学术水平较高、影响力较大的那些期刊。

该概念起源于20世纪30年代著名的布拉德福定律,即发现某时期某学科1/3的论文刊登在3.2%期刊上的文献"集中与分散规律";1967年联合国教科文组织研究的二次文献在期刊上的分布规律,发现75%的文献出现在10%的期刊中;1971年,SCI的创始人加菲尔德统计了参考文献在期刊上的分布情况,发现24%的引文出现在1.25%的期刊上。上述研究均表明文献分布是有规律可循的,任何一个学科,其文献总量呈现一种特殊的分布规律,会形成核心、重要和一般3个部分,即期刊存在"核心区域",从而产生了"核心期刊"概念。

20世纪80年代,核心期刊概念从西方引入我国。最初是作为一种源于文献工作的理论。随着科学研究的发展和期刊评价理论体系的日趋成熟,其应用范围已超越文献工作的范畴,常被作为评价学术研究成果的工具,核心期刊也因此从参考工具变成了评价标准。

目前,国内核心期刊(或来源期刊)遴选体系主要有北京大学图书馆《中文核心期刊要目总览》、中国科技信息研究所《中国科技期刊引证报告》、南京大学社会科学研究评价中心《中文社会科学引文索引》、中国社会科学院文献信息中心《中国人文社会科学核心期刊要览》、中国科学院文献情报中心《中国科学引文数据库(CSCD)来源期刊》等。

8.3.2.4 其他评价指标

(1)高被引论文(Highly Cited Paper) 高被引论文是指将同一年同一个ESI学科发表论

文的被引用次数按照由高到低进行排序，排在前 1%的论文。

（2）热点论文（Hot Paper）　统计某一 ESI 学科最近 2 年发表的论文，最近 2 个月里被引用次数进入前 0.1%的论文。

（3）高水平论文（Top Paper）　高被引论文和热点论文取并值后的论文集合。

8.3.3　信息资源评价的数据源

本书第 2 章介绍的 SCI（科学引文索引）、EI（工程索引）、CPCI（科技会议引证索引，原 ISTP），不仅是世界著名的检索工具，也是重要的科研成果评价系统。下面，我们将对它们以外的一些重要文献信息评价数据源进行简要介绍。

8.3.3.1　国际数据库

1. Journal Citation Reports (JCR)

Journal Citation Reports，简称 JCR，中文名字为期刊引证报告，是 Web of Science 数据库中一个综合性、多学科的期刊分析与评价报告。JCR 在客观统计 Web of Science 收录期刊所刊载论文的数量、论文参考文献数量、论文被引次数等原始数据基础上，应用文献计量学原理，计算出各种期刊的影响因子、立即指数、被引半衰期等反映期刊质量和影响的定量指标。

2. Essential Science Indicators (ESI)

Essential Science Indicators，简称 ESI，中文名字为基本科学指标，是由美国科技信息所（ISI）于 2001 年推出的一项文献评价与分析工具，是一个基于 SCI（Science Citation Index Expanded，科学引文索引）和 SSCI（Social Sciences Citation Index，社会科学引文索引）所收录的全球 1 万多种学术期刊建立的计量分析数据库。ESI 从多个角度对各国科研水平、期刊的声誉和影响力，以及科研机构和科学家的学术水平进行全面衡量，并对当前正在深入研究和有突破性进展的学科领域进行直观反映。因此，通过该数据库，用户可以了解各研究领域中处于最领先地位的国家、期刊、科学家、论文和研究机构，能够确定研究领域内的具体研究成果及其影响力，评估潜在的雇员、合作者和竞争对手，从而具备更深层次的战略竞争情报意义。

3. ISI-InCites

InCites 是基于 Web of Science（SCIE/SSCI）权威引文数据建立的科研评价工具。与 Web of Science 相比，InCites 具备更强大和全面的评价功能。InCites 可以着重从如下 3 个角度进行科研产出及影响力分析。

（1）机构引文报告　以科研机构为单位，提取该机构研究人员所发表的论文及引用信息，同时提供高附加值的文献计量学指标，进行深入的分析和有效的科研评估，帮助科研机构及时了解本机构的发展情况。

（2）国家指标数据　以国家及地区为单位，汇总其论文与引文总数，同时提供全球 170 多个国家与若干个地区在各学科领域的综合科研绩效评估指标。

（3）机构指标数据　以大学或研究机构为单位，汇总其论文与引文总数，同时提供各国大学/研究机构在各学科领域的综合研究绩效评估指标。

8.3.3.2　国内数据库

1. 中国科技期刊引证报告（CJCR）

中国科技期刊引证报告由中国科学技术信息研究所出版发布，具有总被引频次、影响因子、即年指标、被引半衰期、论文地区分布、基金论文数和自引总引比等评价指标，按期刊所属学科、影响因子、总被引频次和期刊字顺分别排序，是我国最权威的期刊质量评价报告之一。

2. 中国科技期刊引证指标数据库（CSCD JCR Annual Report）

中国科技期刊引证指标数据库是根据中国科学引文数据库（CSCD）年度期刊指标统计数据创建的。该统计数据以CSCD核心库为基础，对刊名等信息进行了大量的规范工作，所有指标统计遵循文献计量学的相关定律及统计方法，这些指标如实反映国内科技期刊在中文世界的价值和影响力。

3. 中文社会科学引文索引（CSSCI）

中文社会科学引文索引由南京大学中国社会科学研究评价中心编制，提供中文人文和社会科学期刊的影响因子。CSSCI采取定量与定性评价相结合的方法从全国2 700余种中文人文社会科学学术性期刊中精选出学术性强、编辑规范的期刊作为来源期刊。目前收录包括法学、管理学、经济学、历史学、政治学等在内的25大类的500多种学术期刊。

4. 中文核心期刊要目总览（2014年版）

中文核心期刊要目总览，其定量评价采用了被索量、被摘量、被引量、他引量、被摘率、影响因子、被国内外重要检索工具收录、基金论文比、Web下载量等9个评价指标，选作评价指标统计源的数据库及文摘刊物达60余种，被用作学术评价方面的功能日渐突出。

5. 中国科学文献计量指标数据库（CSCD ESI Annual Report）

中国科学文献计量指标数据库数据自1999年开始，以CSCD及SCI年度数据为基础，对我国的科技论文进行详细统计，也对我国年度科技论文的产出力和影响力及其分布情况进行客观的统计和描述，多角度地展现我国科学研究的成果。可以辅助科研管理部门、科学研究人员了解我国的科技发展动态。

附录　Web of Science 学科分类一览表

A

ACOUSTICS	声学
AGRICULTURAL ECONOMICS & POLICY	农业经济学和政策
AGRICULTURAL ENGINEERING	农业工程
AGRICULTURE, DAIRY & ANIMAL SCIENCE	农业、乳制品和动物科学
AGRICULTURE, MULTIDISCIPLINARY	农业、多学科
AGRONOMY	农学
ALLERGY	过敏
ANATOMY & MORPHOLOGY	解剖学和形态学
ANDROLOGY	男科学
ANESTHESIOLOGY	麻醉学
ANTHROPOLOGY	人类学
AREA STUDIES	区域研究
ASTRONOMY & ASTROPHYSICS	天文学和天体物理学
AUDIOLOGY & SPEECH-LANGUAGE PATHOLOGY	听力和语言语音病理学
AUTOMATION & CONTROL SYSTEMS	自动化与控制系统

B

BEHAVIORAL SCIENCES	行为科学
BIOCHEMICAL RESEARCH METHODS	生物化学研究方法
BIOCHEMISTRY & MOLECULAR BIOLOGY	生物化学与分子生物学
BIODIVERSITY CONSERVATION	生物多样性保护
BIOLOGY	生物学
BIOPHYSICS	生物物理学
BIOTECHNOLOGY & APPLIED MICROBIOLOGY	应用微生物学
BUSINESS	商业
BUSINESS, FINANCE	商业、金融

C

CARDIAC & CARDIOVASCULAR SYSTEMS	心脏和心血管系统
CELL & TISSUE ENGINEERING	细胞与组织工程
CELL BIOLOGY	细胞生物学
CHEMISTRY, ANALYTICAL	化学分析
CHEMISTRY, APPLIED	化学、应用
CHEMISTRY, INORGANIC & NUCLEAR	化学、无机和核
CHEMISTRY, MEDICINAL	化学、药用
CHEMISTRY, MULTIDISCIPLINARY	化学、多学科
CHEMISTRY, ORGANIC	化学、有机
CHEMISTRY, PHYSICAL	化学、物理
CLINICAL NEUROLOGY	临床神经学
COMMUNICATION	通信
COMPUTER SCIENCE, ARTIFICIAL INTELLIGENCE	计算机科学、人工智能
COMPUTER SCIENCE, CYBERNETICS	计算机科学、控制论
COMPUTER SCIENCE, HARDWARE & ARCHITECTURE	计算机科学、硬件和架构
COMPUTER SCIENCE, INFORMATION SYSTEMS	计算机科学,信息系统
COMPUTER SCIENCE, INTERDISCIPLINARY APPLICATIONS	计算机科学、跨学科的应用程序
COMPUTER SCIENCE, SOFTWARE ENGINEERING	计算机科学、软件工程
COMPUTER SCIENCE, THEORY & METHODS	计算机科学理论和方法
CONSTRUCTION & BUILDING TECHNOLOGY	建筑与建筑技术
CRIMINOLOGY & PENOLOGY	犯罪学和刑罚学
CRITICAL CARE MEDICINE	危重病医学
CRYSTALLOGRAPHY	晶体学
CULTURAL STUDIES	文化研究

D

DEMOGRAPHY	人口统计学
DENTISTRY, ORAL SURGERY & MEDICINE	牙科、口腔外科和医学
DERMATOLOGY	皮肤病学
DEVELOPMENTAL BIOLOGY	发育生物学

E

ECOLOGY	生态学

ECONOMICS	经济学
EDUCATION & EDUCATIONAL RESEARCH	教育和教育研究
EDUCATION, SCIENTIFIC DISCIPLINES	教育、科学学科
EDUCATION, SPECIAL	特殊教育
ELECTROCHEMISTRY	电化学
EMERGENCY MEDICINE	急诊医学
ENDOCRINOLOGY & METABOLISM	内分泌学
ENERGY & FUELS	能源和燃料
ENGINEERING, AEROSPACE	航空航天工程
ENGINEERING, BIOMEDICAL	生物医学工程
ENGINEERING, CHEMICAL	化学工程
ENGINEERING, CIVIL	民用工程
ENGINEERING, ELECTRICAL & ELECTRONIC	电气与电子工程
ENGINEERING, ENVIRONMENTAL	环境工程
ENGINEERING, GEOLOGICAL	地质工程
ENGINEERING, INDUSTRIAL	工业工程
ENGINEERING, MANUFACTURING	制造工程
ENGINEERING, MARINE	海事(海军)工程
ENGINEERING, MECHANICAL	机械工程
ENGINEERING, MULTIDISCIPLINARY	多学科工程
ENGINEERING, OCEAN	海洋工程
ENGINEERING, PETROLEUM	石油工程
ENTOMOLOGY	昆虫学
ENVIRONMENTAL SCIENCES	环境科学
ENVIRONMENTAL STUDIES	环境研究
ERGONOMICS	人体工程学
ETHICS	伦理学
ETHICS STUDIES	伦理研究
EVOLUTIONARY BIOLOGY	进化生物学

F

FAMILY STUDIES	家庭研究
FISHERIES	渔业
FOOD SCIENCE & TECHNOLOGY	食品科学与技术

FORESTRY	林业

G

GASTROENTEROLOGY & HEPATOLOGY	胃肠病学和肝脏病学
GENETICS & HEREDITY	基因和遗传学
GEOCHEMISTRY & GEOPHYSICS	地球化学和地球物理学
GEOGRAPHY	地理位置
GEOGRAPHY, PHYSICAL	地理、物理
GEOLOGY	地质学
GEOSCIENCES, MULTIDISCIPLINARY	多学科地质
GERIATRICS & GERONTOLOGY	老年病学与老年学
GERONTOLOGY	老年医学
GREEN & SUSTAINABLE SCIENCE & TECHNOLOGY	绿色和可持续的科技

H

HEALTH CARE SCIENCES & SERVICES	卫生保健科学与服务
HEALTH POLICY & SERVICES	卫生政策与服务
HEMATOLOGY	血液学
HISTORY	历史
HISTORY & PHILOSOPHY OF SCIENCE	历史和科学哲学
HISTORY OF SOCIAL SCIENCES	社会科学历史学
HORTICULTURE	园艺学
HOSPITALITY, LEISURE, SPORT & TOURISM	休闲、运动和旅游

I

IMAGING SCIENCE & PHOTOGRAPHIC TECHNOLOGY	影像科学与摄影技术
IMMUNOLOGY	免疫学
INDUSTRIAL RELATIONS & LABOR	劳资关系和劳动
INFECTIOUS DISEASES	传染病学
INFORMATION SCIENCE & LIBRARY SCIENCE	信息科学与图书馆学
INSTRUMENTS & INSTRUMENTATION	工具和仪器
INTEGRATIVE & COMPLEMENTARY MEDICINE	整合和补充医学
INTERNATIONAL RELATIONS	国际关系

L

LAW	法律
LIMNOLOGY	湖沼学
LINGUISTICS	语言学
LOGIC	逻辑学

M

MANAGEMENT	管理
MARINE & FRESHWATER BIOLOGY	海洋和淡水生物
MATERIALS SCIENCE, BIOMATERIALS	材料科学、生物材料
MATERIALS SCIENCE, CERAMICS	材料科学、陶瓷
MATERIALS SCIENCE, CHARACTERIZATION & TESTING	材料科学、表征和测试
MATERIALS SCIENCE, COATINGS & FILMS	材料科学、涂料和电影
MATERIALS SCIENCE, COMPOSITES	材料科学、复合材料
MATERIALS SCIENCE, MULTIDISCIPLINARY	多学科材料科学
MATERIALS SCIENCE, PAPER & WOOD	材料科学、纸张和木材
MATERIALS SCIENCE, TEXTILES	材料科学、纺织品
MATHEMATICAL & COMPUTATIONAL BIOLOGY	数学和计算生物学
MATHEMATICS	数学
MATHEMATICS, APPLIED	应用数学
MATHEMATICS, INTERDISCIPLINARY APPLICATIONS	数学的跨学科应用
MECHANICS	力学
MEDICAL ETHICS	医学伦理学
MEDICAL INFORMATICS	医学信息学
MEDICAL LABORATORY TECHNOLOGY	医学实验室技术
MEDICINE, GENERAL & INTERNAL	药学总论
MEDICINE, LEGAL	法医学
MEDICINE, RESEARCH & EXPERIMENTAL	医学研究与实验
METALLURGY & METALLURGICAL ENGINEERING	冶金和冶金工程
METEOROLOGY & ATMOSPHERIC SCIENCES	气象学和大气科学
MICROBIOLOGY	微生物学
MICROSCOPY	显微镜学
MINERALOGY	矿物学
MINING & MINERAL PROCESSING	采矿和矿物加工

MULTIDISCIPLINARY SCIENCES	多学科的科学
MYCOLOGY	真菌学

N

NANOSCIENCE & NANOTECHNOLOGY	纳米科学与纳米技术
NEUROIMAGING	神经影像学
NEUROSCIENCES	神经科学
NUCLEAR SCIENCE & TECHNOLOGY	核科学与技术
NURSING	护理学
NUTRITION & DIETETICS	营养和营养学

O

OBSTETRICS & GYNECOLOGY	产科和妇科
OCEANOGRAPHY	海洋学
ONCOLOGY	肿瘤学
OPERATIONS RESEARCH & MANAGEMENT SCIENCE	运筹学和管理科学
OPHTHALMOLOGY	眼科学
OPTICS	光学
ORNITHOLOGY	鸟类学
ORTHOPEDICS	整形外科学
OTORHINOLARYNGOLOGY	耳鼻喉科学

P

PALEONTOLOGY	古生物学
PARASITOLOGY	寄生虫学
PATHOLOGY	病理学
PEDIATRICS	儿科
PERIPHERAL VASCULAR DISEASE	周围性血管疾病
PHARMACOLOGY & PHARMACY	药理学和药店
PHYSICS, APPLIED	应用物理学
PHYSICS, ATOMIC, MOLECULAR & CHEMICAL	物理、原子、分子和化学
PHYSICS, CONDENSED MATTER	凝聚态物理
PHYSICS, FLUIDS & PLASMAS	流体和等离子体物理
PHYSICS, MATHEMATICAL	数学物理
PHYSICS, MULTIDISCIPLINARY	多学科物理

PHYSICS, NUCLEAR	核物理
PHYSICS, PARTICLES & FIELDS	粒子物理
PHYSIOLOGY	生理学
PLANNING & DEVELOPMENT	规划与发展
PLANT SCIENCES	植物科学
POLITICAL SCIENCE	政治科学
POLYMER SCIENCE	高分子科学
PRIMARY HEALTH CARE	初级卫生保健
PSYCHIATRY	精神病学
PSYCHOLOGY	心理学
PSYCHOLOGY, APPLIED	应用心理学
PSYCHOLOGY, BIOLOGICAL	心理学、生物
PSYCHOLOGY, CLINICAL	临床心理学
PSYCHOLOGY, DEVELOPMENTAL	发展心理学
PSYCHOLOGY, EDUCATIONAL	教育心理学
PSYCHOLOGY, EXPERIMENTAL	心理学实验
PSYCHOLOGY, MATHEMATICAL	数学心理学
PSYCHOLOGY, MULTIDISCIPLINARY	多学科心理学
PSYCHOLOGY, PSYCHOANALYSIS	精神分析心理学
PSYCHOLOGY, SOCIAL	社会心理学
PUBLIC ADMINISTRATION	公共管理
PUBLIC, ENVIRONMENTAL & OCCUPATIONAL HEALTH	公共卫生、环境和职业健康

R

RADIOLOGY, NUCLEAR MEDICINE & MEDICAL IMAGING	放射学、核医学和医学成像
REHABILITATION	康复
REMOTE SENSING	遥感
REPRODUCTIVE BIOLOGY	生殖生物学
RESPIRATORY SYSTEM	呼吸系统
RHEUMATOLOGY	风湿病学
ROBOTICS	机器人

S

SOCIAL ISSUES	社会问题

SOCIAL SCIENCES, BIOMEDICAL	社会科学、生物医学
SOCIAL SCIENCES, INTERDISCIPLINARY	跨学科的社会科学
SOCIAL SCIENCES, MATHEMATICAL METHODS	社会科学、数学方法
SOCIAL WORK	社会工作
SOCIOLOGY	社会学
SOIL SCIENCE	土壤科学
SPECTROSCOPY	光谱学
SPORT SCIENCES	运动科学
STATISTICS & PROBABILITY	统计与概率
SUBSTANCE ABUSE	药物滥用
SURGERY	手术

T

TELECOMMUNICATIONS	电信
THERMODYNAMICS	热力学
TOXICOLOGY	毒理学
TRANSPLANTATION	移植
TRANSPORTATION	运输
TRANSPORTATION SCIENCE & TECHNOLOGY	交通科技
TROPICAL MEDICINE	热带医学

U

URBAN STUDIES	城市研究
UROLOGY & NEPHROLOGY	泌尿外科及肾脏学

V

VETERINARY SCIENCES	兽医学
VIROLOGY	病毒学

W

WATER RESOURCES	水资源
WOMENS STUDIES	女性研究

Z

ZOOLOGY	动物学

参考文献

[1] 赵立桢,赵欢乐.信息检索与利用[M].北京:中国农业出版社,2009.
[2] 肖珑.数字信息资源的检索与利用[M].北京:北京大学出版社,2013.
[3] 马三梅,王永飞,张立杰.科技文献检索与利用[M].北京:科学出版社,2014.
[4] 花芳,战玉华.文献检索与利用[M].北京:清华大学出版社,2015.
[5] 张俊慧.信息检索与利用[M].北京:科学出版社,2015.
[6] 杨毅.数据库系统原理及应用[M].北京:科学出版社,2004.
[7] 王卫国,罗志明,张伊.Access 2007 中文版入门与提高[M].北京:清华大学出版社,2009.
[8] 谭英.信息传播位能原理与转化策略[M].北京:中国农业大学出版社,2014.
[9] 江骏.信息资源检索与利用[M].北京:中国水利水电出版社, 2010.
[10] 王细荣,韩玲,张勤.文献信息检索与论文写作[M].4 版.上海:上海交通大学出版社,2013.
[11] 邓翀,陈守鹏.中医药文献检索[M].修订版.上海:上海科学技术出版社,2013.
[12] 张惠芳,陈红艳.信息检索与利用[M].武汉:华中科技大学出版社,2015.
[13] 陈新艳,陈振华.信息检索与利用[M].武汉:武汉理工大学出版社,2015.
[14] 张稚鲲,李文林.信息检索与利用[M].南京:南京大学出版社,2015.
[15] 吴红光,艾莉,张溪.信息检索与利用[M].武汉:武汉大学出版社,2015.
[16] 刘桂锋.医学信息检索与利用[M].镇江:江苏大学出版社,2015.
[17] 刘竟.理工信息检索与利用[M].镇江:江苏大学出版社,2015.
[18] 海涛.信息检索与利用[M].北京:北京航空航天大学出版社,2015.
[19] 邹广严,王红兵.信息检索与利用[M].2 版.北京:科学出版社,2015.
[20] 毕玉侠.药学信息检索与利用[M].北京:中国医药科技出版社,2015.
[21] 吴燕,金少林.信息检索与利用[M].上海:上海交通大学出版社,2014.
[22] 陈树.信息检索与利用[M].长沙:国防科技大学出版社,2014.
[23] 韩冬,傅兵.文献信息检索与利用[M].北京:清华大学出版社,2014.
[24] 孙福强.网络信息检索与利用[M].北京:北京理工大学出版社,2014.
[25] 赵静.信息检索与利用[M].北京:清华大学出版社,2014.
[26] 徐庆宁,陈雪飞.新编信息检索与利用[M].3 版.上海:华东理工大学出版社,2014.
[27] 陈红勤,梁平,杨慕莲.医学信息检索与利用[M].武汉:华中科技大学出版社,2014.
[28] 张玉慧.网络信息检索与利用[M].北京:北京理工大学出版社,2014.
[29] 伍雪梅.信息检索与利用教程[M].2 版.北京:清华大学出版社,2014.
[30] 刘湘萍.科技文献信息检索与利用[M].北京:冶金工业出版社,2014.
[31] 李晓玲,符礼平.医学信息检索与利用[M].5 版.上海:复旦大学出版社,2014.
[32] 刘萍,刘琳,孙宁.新编信息检索与利用[M].哈尔滨:哈尔滨工业大学出版社,2014.

[33] 杨长平.信息检索与利用[M].2版.北京:中国农业出版社,2014.
[34] 葛虹,范文昌.医药信息检索与利用[M].北京:化学工业出版社,2014.
[35] 董卫军,高飞.网络信息检索与利用[M].北京:电子工业出版社,2014.
[36] 隋莉萍.网络信息检索与利用[M].2版.北京:清华大学出版社,2014.
[37] 王晓丽,撖宏,高兵.图书馆文献信息检索与利用[M].长春:吉林大学出版社,2014.
[38] 王立诚.社会科学文献检索与利用[M].3版.南京:东南大学出版社,2014.
[39] 王立诚.科技文献检索与利用[M].5版.南京:东南大学出版社,2014.
[40] 黄丽霞,周丽霞,赵丽梅.信息检索教程[M].北京:知识产权出版社,2014.
[41] 魏晟,吴晓川.当代信息检索技术[M].2版.北京:科学出版社,2014.
[42] 代涛.医学信息搜集与利用[M].北京:人民卫生出版社,2014.
[43] 马林山.信息检索与利用[M].合肥:安徽科学技术出版社,2013.
[44] 赵生让.信息检索与利用[M].西安:西安电子科技大学出版社,2013.
[45] 彭奇志.信息检索与利用[M].北京:中国轻工业出版社,2013.
[46] 曾英姿.信息检索与利用[M].成都:四川大学出版社,2013.
[47] 王丽萍.文献信息检索与利用[M].广州:华南理工大学出版社,2013.
[48] 李明理,刘巧英.信息检索与利用教程[M].南京:南京大学出版社,2013.
[49] 乔好勤,冯建福,陈爱军.文献信息检索与利用[M].2版.武汉:华中科技大学出版社,2013.
[50] 刘霞.网络信息检索与利用[M].济南:山东人民出版社,2013.
[51] 邓发云.信息检索与利用[M].2版.北京:科学出版社,2013.
[52] 李红梅,王振亚.医学信息检索与利用[M].北京:人民邮电出版社,2013.
[53] 罗敏.文献信息检索与利用[M].北京:人民邮电出版社,2013.
[54] 张捷.文献信息检索与利用[M].南京:江苏教育出版社,2013.
[55] 李晓玲.医学信息检索与利用[M].4版.上海:复旦大学出版社,2013.
[56] 喻萍.现代经济信息检索与利用[M].北京:化学工业出版社,2013.
[57] 黄晓鹂.医学信息检索与利用 案例版[M].北京:科学出版社,2013.
[58] 陈蔚杰,徐晓琳,谢德体.信息检索与分析利用[M].3版.北京:清华大学出版社,2013.
[59] 吉久明,孙济庆.文献检索与知识发现指南[M].2版.上海:上海人民出版社,2013.
[60] 尤建忠.数字资源检索与利用 文科类[M].杭州:浙江工商大学出版社,2013.
[61] 洪全.信息检索与利用[M].北京:人民邮电出版社,2012.
[62] 张树忠,黄继东.信息检索与利用[M].南京:东南大学出版社,2012.
[63] 陈氢,陈梅花.信息检索与利用[M].北京:清华大学出版社,2012.
[64] 王文钧.信息检索与利用[M].长春:吉林大学出版社,2012.
[65] 杨青,乔冬敏.信息检索与利用[M].北京:人民邮电出版社,2012.
[66] 袁芳,何全旭.信息检索与利用[M].北京:人民邮电出版社,2012.
[67] 徐庆宁.新编信息检索与利用[M].2版.上海:华东理工大学出版社,2012.
[68] 周晓政.医药信息检索与利用[M].2版.南京:东南大学出版社,2012.
[69] 詹华清.人文社会科学信息检索教程[M].4版.上海:上海大学出版社,2012.
[70] 周新年.科学研究方法与学术论文写作 理论、技巧、案例[M].北京:科学出版社,2012.

[71] 李霞,赵华,胡文忠.科技发展与科技情报交流及利用[M].北京:电子工业出版社,2012.
[72] 王荣民,杜正银.化学化工信息及网络资源的检索与利用[M]. 3 版.北京:化学工业出版社,2012.
[73] 郭爱章.网络应用与信息检索[M].北京:清华大学出版社,2012.
[74] 宋诚英,时东晓.网络信息检索实例分析与操作训练[M].北京:电子工业出版社,2012.
[75] 乔好勤.行走书林 乔好勤文集[M].上海:华东师范大学出版社,2011.
[76] 王玉.信息资源检索与利用[M].北京:中国人民大学出版社,2011.
[77] 黄晓鹂.医学文献检索 案例版[M].北京:科学出版社,2011.
[78] 王琦,丛连钢.文献信息检索教程[M].北京:电子工业出版社,2011.
[79] 彭奇志.信息检索与利用教程[M].北京:中国轻工业出版社,2010.
[80] 何晓萍.数字文献信息检索与利用[M].北京:机械工业出版社,2010.
[81] 陈新红.生物医学信息检索与利用[M].哈尔滨:黑龙江教育出版社,2010.
[82] 黄如花.信息检索[M].武汉:武汉大学出版社,2010.
[83] 谢德体,陈蔚杰.信息检索与分析利用[M].北京:科学出版社,2010.
[84] 杨守文.数字信息资源检索与利用[M].北京:化学工业出版社,2010.
[85] 齐东峰,陈文珏.图书引文索引(BKCI)——新的图书评价及参考工具[J].图书馆杂志,2013(04):45-48.
[86] 高春玲.从海量数字信息中发现知识的钥匙——评《数字信息资源的检索与利用(第二版)》[J].图书情报工作,2013,57(13):145-146.
[87] 李健康,夏旭.当前文献检索课教材普遍存在的若干问题剖析[J].图书馆杂志,2010(12):62-68+51.
[88] 袁家莉.泛在信息环境下文献检索课的教学改革探究[J].中国教育学刊,2015(S1):188-189.
[89] 顾烨青,吴信岚.更全 更新 更细——读《数字信息资源的检索与利用》[J].2 版.图书馆论坛,2014(07):62-66+112.
[90] 林佳.十年磨一剑,利器今更锐——评《数字信息资源的检索与利用》[J].2 版.大学图书馆学报,2014(02):125-127.
[91] 曹利,张大漠,刘学文,皇甫卫华.关于编写医学文献检索课大专教材的思考[J].四川图书馆学报,2001(02):70-71.
[92] 张大为.体育文献检索课教材编写原则的思考[J].哈尔滨体育学院学报,2001(02):36-37.
[93] 培根.贯彻《文献检索课教学基本要求》的好教材——《文献检索教程》评价[J].大学图书馆学报,1993(05):61.
[94] 谢奇,关晶,杨错.后 GoogleScholar 时代新的学术利器——百度学术搜索[J].农业图书情报学刊,2015(06):110-114.
[95] 王悦辰.国内四大中文知识发现系统比较分析[J].图书馆工作与研究,2015,09:42-45.
[96] 任静,周凤飞,杨丰全,马新蕾.国内外文献检索课教材的分析与思考[J].图书情报知识,2008(01):63-67.
[97] 朱偲渝.人文社科网络学术资源导航系统调查和分析[J].现代情报,2007,03:72-74,77.

[98] GB/T 7714—2015《信息与文献 参考文献著录规则》主要文献类型的著录格式[J]. 油气储运，2015(2)：703.

[99] 雷春蓉. 试论文献检索课教材建设[J]. 湖北大学学报(哲学社会科学版)，1999(06)：103-105.

[100] 农夫山泉用大数据卖矿泉水[EB/OL]. [2016-12-18]. http：// news. pedaily. cn/201304/20130408827824_all. shtml.

[101] 兰德公司的公司简介[EB/OL]. [2016-12-18]. https：// zhidao. baidu. com/question/691338817940813524. html? fr = iks&word = %C0%BC%B5%C2%B9%AB%CB%BE+%D6%D0%B9%FA%BD%AB%B3%F6%B1%F8%B3%AF%CF%CA&ie=gbk.

[102] 文章 doi 号是什么[EB/OL]. [2016-12-18]. https：// zhidao. baidu. com/question/387149912. html? fr=iks&word=DOI%C2%EB%B5%C4%D7%E9%B3%C9&ie=gbk.

[103] H 指数[EB/OL]. [2016-12-18]. http：// baike. baidu. com/subview/560169/560169. htm.

[104] 国家最高科学技术奖[EB/OL]. [2016-12-18]. https：// baike. baidu. com/item/%E5%9B%BD%E5%AE%B6%E6%9C%80%E9%AB%98%E7%A7%91%E5%AD%A6%E6%8A%80%E6%9C%AF%E5%A5%96.

[105] 医疗大数据助美国保健行业年提升 3 000 亿美元[EB/OL]. [2016-12-18]. http：// news. hc3i. cn/art/201208/20779. htm.